中国资本市场估值理论体系的要素分析

ELEMENTAL ANALYSIS OF VALUATION THEORY SYSTEM IN CHINESE CAPITAL MARKET

吴晓求 等 著

中国人民大学出版社
·北京·

图书在版编目（CIP）数据

中国资本市场估值理论体系的要素分析/吴晓求等著. --北京：中国人民大学出版社，2024.1
ISBN 978-7-300-32401-2

Ⅰ.①中… Ⅱ.①吴… Ⅲ.①资本市场—估价—中国 Ⅳ.①F832.5

中国国家版本馆CIP数据核字（2023）第244602号

中国资本市场估值理论体系的要素分析
吴晓求 等 著
Zhongguo Ziben Shichang Guzhi Lilun Tixi de Yaosu Fenxi

出版发行	中国人民大学出版社		
社　　址	北京中关村大街31号	邮政编码	100080
电　　话	010-62511242（总编室）		010-62511770（质管部）
	010-82501766（邮购部）		010-62514148（门市部）
	010-62515195（发行公司）		010-62515275（盗版举报）
网　　址	http://www.crup.com.cn		
经　　销	新华书店		
印　　刷	固安县铭成印刷有限公司		
开　　本	720 mm×1000 mm　1/16	版　　次	2024年1月第1版
印　　张	28.25 插页2	印　　次	2024年6月第2次印刷
字　　数	396 000	定　　价	98.00元

版权所有　侵权必究　印装差错　负责调换

目 录

导 论　全球资本市场估值差异：实证分析 ·········· 001
　一、估值的基本理论 ································ 001
　二、全球市场估值特征与差异 ························ 004
　三、中国股票市场估值问题分析 ······················ 017

制度因素篇

第一章　金融文化、法律模式与市场估值 ·············· 031
　一、金融文化与市场估值 ···························· 032
　二、法律模式与市场估值 ···························· 053
　三、结语 ·· 064

第二章　经济制度、股权结构与市场估值 ·············· 067
　一、引言 ·· 067
　二、文献综述 ······································ 068
　三、国有控股与非国有控股上市公司数据分析 ·········· 074
　四、国有控股上市公司估值折价的实证结果 ············ 086
　五、结论和建议 ···································· 097

第三章　营商环境与市场估值 ························ 103
　一、营商环境及其评价体系 ·························· 103
　二、营商环境评价体系的构建 ························ 106

001

三、我国的营商环境概览及启示 ·· 108
　　四、我国股票市场估值的区域特征 ·· 113
　　五、营商环境差异对区域市场估值差异的解释 ···························· 122
　　六、小结 ··· 127

经济变量篇

第四章　宏观经济变量、外部经济环境与市场估值 ························ 133
　　一、宏观经济运行与市场估值 ·· 133
　　二、宏观经济政策与市场估值 ·· 159
　　三、外部经济环境与市场估值 ·· 170
　　四、小结 ··· 179
第五章　科技创新、产业周期与市场估值 ····································· 184
　　一、科技创新与市场估值 ·· 184
　　二、产业周期与市场估值 ·· 210
　　三、总结及政策建议 ·· 232
第六章　公司财务与市场估值 ·· 236
　　一、资产定价理论与公司财务 ·· 237
　　二、公司财务与市场估值的实证分析：总体情况 ······················· 240
　　三、公司财务与市场估值的实证分析：重点行业情况 ················· 249
　　四、公司财务与市场估值的实证分析：国有企业与非国有企业对比 ······· 261
　　五、结论与展望 ··· 264

市场行为篇

第七章　功能定位、减持规则与市场估值 ···································· 271
　　一、中国资本市场制度设计：历史变迁与功能定位 ··················· 271
　　二、融资市场的功能定位与市场估值 ····································· 280

三、投资市场的功能转型与市场估值 …………………………… 297
　　四、主要结论与建议 ……………………………………………… 311

第八章　投资者结构与市场估值 ……………………………………… 321
　　一、全球资本市场投资者结构的历史变化 ……………………… 321
　　二、不同类型投资者对估值的影响 ……………………………… 328
　　三、A股市场投资者结构与行为 ………………………………… 336
　　四、A股市场投资者结构存在的问题分析 ……………………… 347

第九章　交易制度与市场估值 ………………………………………… 357
　　一、中国股票市场交易制度发展历程 …………………………… 357
　　二、中美资本市场交易制度对比 ………………………………… 367
　　三、交易制度对估值的影响：理论与实证 ……………………… 382
　　四、量化交易的度量和公平性 …………………………………… 394
　　五、交易制度建设的主要任务和方向 …………………………… 401

第十章　市场估值的校正 ……………………………………………… 417
　　一、市场估值的基本理论框架 …………………………………… 417
　　二、中国资本市场估值的常规影响因素 ………………………… 419
　　三、估值功能转型——股权分置改革2.0版本 ………………… 421
　　四、估值土壤培育——资本市场法律体系的完善与透明度建设 …… 427
　　五、估值主体改革——以上市公司为主体的市场化改革 ……… 433
　　六、估值导向调整——与科技创新紧密耦合 …………………… 436
　　七、估值挑战应对——量化交易带来的监管挑战 ……………… 439

后　记 …………………………………………………………………… 445

Contents

Introduction Valuation Differences in Global Capital Markets:

    An Empirical Analysis ·· 001

Section of Institutional Factors

Chapter 1 Financial Culture, Legal System and Market Valuation ··· 031

Chapter 2 Economic System, Equity Structure and Market Valuation ··· 067

Chapter 3 Business Environment and Market Valuation ················ 103

Section of Economic Variables

Chapter 4 Macroeconomic Variables, External Economic Environment

           and Market Valuation ·· 133

Chapter 5 Technology Innovation, Industry Life Cycle and Market

           Valuation ·· 184

Chapter 6 Corporate Finance and Market Valuation ······················ 236

Section of Market Behavior

Chapter 7 Functions, Selling Rules and Market Valuation ··············· 271

Chapter 8　Investor Structure and Market Valuation ……………… 321

Chapter 9　Trading System and Market Valuation ………………… 357

Chapter 10　Self-Correcting of Market Valuation ………………… 417

Postscript ……………………………………………………………… 445

导 论

全球资本市场估值差异：实证分析

摘 要：估值是投资决策的基础，合理的估值对于资本市场健康发展以及市场各项功能的发挥有着重要的意义。中国资本市场经历 30 多年的发展取得了长足的进步，无论是市值规模还是融资规模都位居全球资本市场前列，市场各项制度建设也在不断完善。中国资本市场已经发展成为全球资本市场的重要组成部分。然而，长期以来，A 股市场上市公司估值问题一直不断受到人们的诟病。探索建立一个能够深刻体现中国经济发展阶段特征、行业产业结构、企业持续发展能力、市场体制机制的估值体系，促进市场资源有效配置，对于中国资本市场而言是一个重要且现实的问题。

一、估值的基本理论

在讨论估值体系之前，我们首先需要厘清一个问题，即资产的估值是否存在国别特色或差异。"一价定律"（Law of One Price）告诉我们，从理论上来讲，两个具有完全相同的支付结构的证券应该具有相同的价格。在这种情况下，资产的价值与其交易的场所或者交易对象无关，同一资产在不同国家的估值应该完全一致，否则就会存在套利机会。然而，该理论的成立要求满足一系列苛刻的前提条件，包括信息充分透明、理性预期、不存在市场摩擦等。当这些条件无法满足的时候，即便考虑到市场套利者的存在，一价定律在现实市场中也很难成立。事实上，金融市场中有悖于一价定律的所谓"市场异象"比比皆是（Lamont and Thaler，2003）。但是，这并不妨碍我们把理想状态下的定价作为讨论估值体系的"基准"（Benchmark），然后再通过不断放宽假设,分析现实市场中企业估值应该如何进行调整。

(一)传统估值理论的发展

关于企业价值评估的理论最早可以追溯到20世纪初。Fisher(1906)提出了净现值(NPV)的概念,他认为资本的价值是其未来提供的收入流的贴现值。当然,他这里提到的资本主要是指房地产或者债券这些传统的资产,还不涉及股票的价值评估。股票估值理论的产生则是美国颁布《1933年证券法案》,对上市公司信息披露做出强制性规定之后的事情了。1938年,Williams提出了股息贴现模型(DDM),即一只普通股的内在价值应该等于该股票在未来能够提供的所有股息收入按照一定贴现率贴现后的现值。

以上两个模型本质上都是按照"贴现"的思想构建的。然而,在实践中这一方法面临两个问题:一是如何准确预测公司未来提供的股息收入流;二是如何准确测算贴现率。关于前者,人们通常借用MM定理,假定股息派发与否对公司价值没有影响,从而在模型中以每股收益取代股息作为参数。但即便如此,对每股收益的准确预测同样也是一件难以实现的事情。于是,一些简化计算的方法应运而生,例如,假设股利或者每股收益每年以恒定的速度g增长(Gordon and Shapiro,1956),或者将公司股利增长速度粗略划分成若干阶段,并假设在不同阶段有不同的增长速度(Molodovsky et al.,1965),从而计算公司价值水平。这样一来,在考虑影响企业估值的因素时,除了将企业当前的盈利水平纳入之外,还将企业盈利的增速,也就是企业的成长性纳入了。关于后者,早期的贴现率主要是在预测通货膨胀率以及经济增长风险的基础上估算出一个风险溢价率,然后将其与长期利率相加后得到股票的贴现率。随着包括资本资产定价模型(CAPM)在内的一系列定价模型的出现,就可以利用这些定价模型计算出风险资产的必要回报率,并将其作为风险溢价的度量指标对贴现率进行测算。由此,人们可以粗略地估算出公司的绝对价值。

除了利用贴现率计算公司的绝对价值之外，人们还会利用市盈率（PE，Price/Earnings）、市净率（PB，Price/Book Value）、市盈率相对盈利增长比率（PEG，PE/Growth Rate）等指标来比较不同资产的市场估值的相对高低。简单而言，相对估值法背后的逻辑就是"一价定律"。以市盈率为例，如果股票A和股票B能够提供的每股收益相同，而股票A的价格更高，那么股票A的PE也就更高，此时我们可以认为相对于股票B而言，股票A的价值被高估了。与绝对估值法相比，相对估值法绕开了收入流贴现值的计算，尤其是在用来比较不同资产相对估值高低的时候更加简单易行。

（二）传统估值模型面临的问题

在实践过程中，利用传统估值模型对一个企业或者资产进行精确的估值是非常困难的事情。主要的障碍体现在如下几个方面：

第一，传统的模型过于依赖财务信息，对于企业利润表、资产负债表和现金流量表之外的价值关注较少。然而，从长期发展的角度来讲，诸如企业家精神、公司治理、社会责任承担等因素对于企业而言更加重要，而这些因素很难基于当前的财务信息进行预测，也就难以直接进入传统的估值模型中。

第二，技术给企业估值带来的颠覆性变化未在传统估值模型中得到充分体现。近年来，科学技术创新在公司估值中的重要性日益增加，然而，对处于初创期或高速成长期的科技类公司而言，技术创新的不确定性程度也在大幅提高，而且这种不确定性并非传统模型基于概率分布能够进行测度的。与此同时，虽然数据作为一种核心生产要素对企业生产经营进而盈利能力产生着越来越重要的影响，但对数据价值的评估依然缺乏明确的标准，这些都导致了传统的基于财务信息的估值变得越来越不可信任。

第三，制度环境因素对企业价值的复杂影响在传统估值模型中未能得到充分体现。传统的估值模型是在完全市场化的环境下得到的结论，然而，不同国家的经济制度和市场化环境存在很大差异。以中国为例，国有企业和民营企业在生产和经营管理方式、生产要素获取、企业社会责任承担乃至企业经营目标等诸多方面都存在巨大差异。以往人们普遍更看重国有企业在公司治理、经营管理能力与运行效率、社会责任承担等方面的短板，从而得出了国有企业估值理应比市场化程度更高的民营企业低的结论。然而，从另一个角度看，国有企业有更多投资关键产业或国家战略性新兴行业的机会，更加稳健的财务状况，更多获取融资和政府补贴的渠道，这些差异会从企业盈利能力、成长性、经营风险等多个维度对国有企业价值产生积极的影响。因此，简单推断国有企业应该比民营企业估值高或者估值低都是不严谨的。

第四，投资者风险偏好和投资理念对公司价值的影响在传统估值模型中未能得到充分体现。在现代金融中，无论是投资组合选择模型，还是资本资产定价模型，它们对投资者的一个基本假设都是：在风险相同的情况下，他们会选择期望收益率最高的资产组合。然而，在中国股票市场往往可以看到，大量个人投资者热衷于短期的概念炒作，并愿意为此承担巨大的价格波动，而不是以一种理性的态度参与市场投资。这导致市场对高风险资产要求的风险溢价偏低，高风险资产的估值随之提升。而传统的估值模型并未将这些影响纳入进来。

从以上几个角度来讲，在我们用传统模型对公司进行估值的时候，需要对其主要参数进行修正，而对于不同国家的资本市场而言，这种修正必然存在差异。这是导致不同国家的市场估值体系呈现不同特征的主要原因。

二、全球市场估值特征与差异

（一）全球市场估值特征

我们采用 MSCI World Index（由 23 个发达市场国家组成的指数）和 MSCI EMF Index（由 28 个新兴市场国家组成的指数）来度量估值水平。此外，我们从这两个组别中分别挑选了 4 个代表性国家的主要股票指数进行比较，分别是美国（标普500指数）、日本（日经225指数）、英国（富时100指数）和德国（DAX30指数）；中国（沪深300指数）、印度（MSCI印度指数）、韩国（KOSPI指数）和越南（胡志明指数）。2014年以来，市场的估值呈现出如下特征：

第一，新兴市场国家的股票估值显著低于发达市场国家。总体而言，从2014年第二季度到2023年第三季度，新兴市场国家股票市场的平均市盈率为14.04，而发达国家股票市场的平均市盈率为19.60。这表明，平均而言，发达国家股票市场的平均市盈率是新兴市场国家股票市场的平均市盈率的1.4倍。具体来看，就样本区间的均值来说，在发达市场国家中，美国股票市场的市盈率为21.04，而日本、英国和德国股票市场的市盈率分别为23.36、16.23和15.31。与此相对，在新兴市场国家中，中国股票市场的市盈率为15.21，印度、韩国和越南股票市场的市盈率分别为24.58、15.86和16.96。如图0-1和图0-2所示，新兴市场国家和发达市场国家股票市场的平均市盈率在2022年疫情缓解后普遍出现了显著回升。

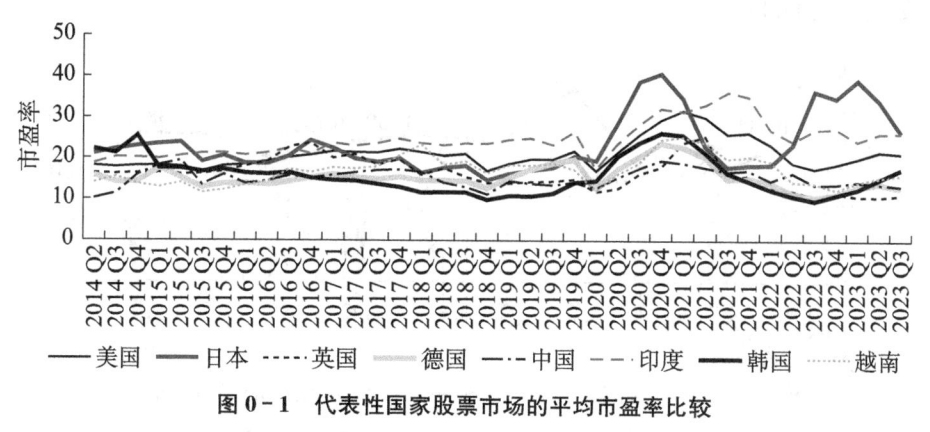

图0-1 代表性国家股票市场的平均市盈率比较

资料来源：Bloomberg.

第二，相较发达市场国家，新兴市场国家的股票估值波动更大，且新冠疫情以来呈现波动加剧趋势。图0-3和图0-4展示了以季度市盈率变化的标准差来度量的股票估值波动的幅度。可以清晰地观察到，在过去十年中，

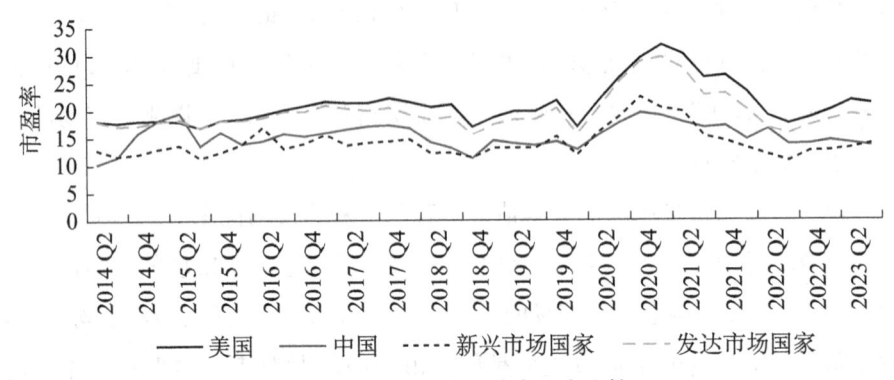

中国资本市场估值理论体系的要素分析

图 0-2 代表性市场的市盈率比较

资料来源：Bloomberg.

发达市场国家的估值标准差为 0.106，而新兴市场国家的估值标准差为 0.133。进一步细分，2020 年新冠疫情暴发之前和之后，发达市场国家的估值标准差分别为 0.065 和 0.148，而新兴市场国家的估值标准差分别为 0.115 和 0.156。这表明，自 2020 年新冠疫情后，市场的市盈率普遍经历了更大幅度的波动。

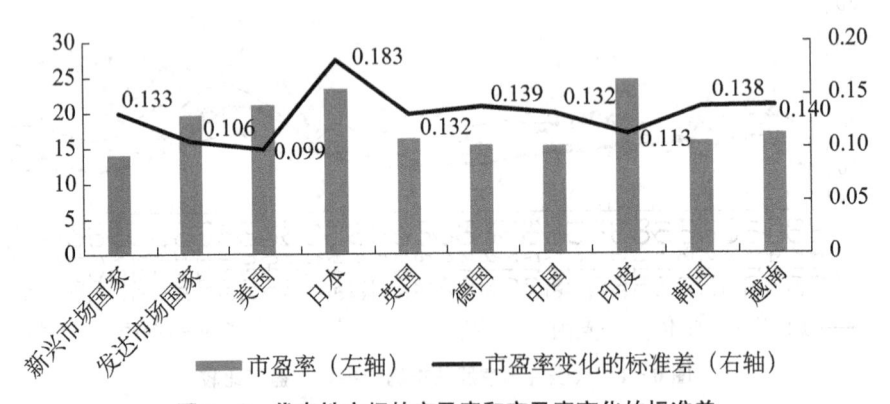

图 0-3 代表性市场的市盈率和市盈率变化的标准差

资料来源：Bloomberg.

第三，中国股票市场的市盈率偏低且无好转迹象，同时，中国股票市场疫情后估值波动持续降低。在八个代表性国家中，中国股票市场的市盈率最低。具体而言，与发达市场的代表性国家美国的平均市盈率（21.04）相比，

图 0-4 估值标准差比较

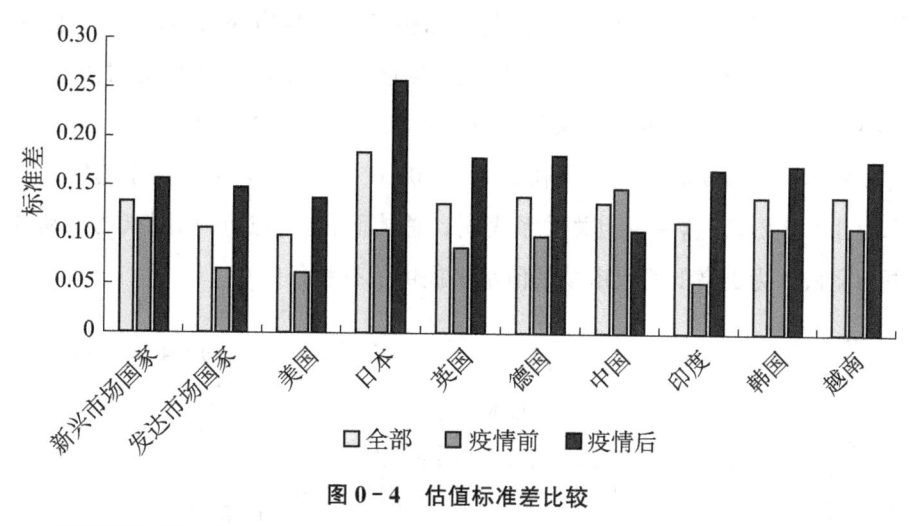

资料来源：Bloomberg.

新兴市场的代表性国家中国的平均市盈率仅为15.21。这表明，即使在新兴市场国家中，中国股票市场的估值也仅略高于新兴市场国家的平均水平。除了中国股票市场之外，其他国家股票市场在新冠疫情结束后普遍出现了改善。值得一提的是，中国股票市场的股票估值波动（13.23%）略低于新兴市场国家股票市场整体水平，比美国股票市场波动（9.89%）更大。此外，由于估值持续下降的趋势，中国是代表性国家中唯一一个新冠疫情结束后股票市场估值波动呈现逐渐减小趋势的市场。

（二）发达市场与新兴市场股票估值差异分析

决定一个国家股票市场估值的因素众多，我们认为，发达市场国家估值较高、波动较低的可能原因涵盖宏观和微观两个层面。从宏观层面来看，以下几个因素具有重要影响：

一是发达市场国家的实际利率更低，市场资金流动性充足。流动性在影响股票市场估值方面扮演关键角色，尤其是在经济衰退和危机期间。各个国家普遍采取宽松的货币政策和财政政策来刺激经济增长，从而提高股票市场估值。以我们的样本期为例，美国的实际利率从2014年的1.354 8%下降至 −1.189 4%。图0-5清晰展示了股票市场估值与实际利率之间的对比关系，值得注意的是，发达市场国家的实际利率普遍低于新兴市场国家，具体而言，发达市场国家的平均实际利率为1.108 0%，而新兴市场国家的实际利率为3.623 2%。这一负相关关系表明，总体而言，发达市场国家的流动性更为宽松，为更高的股票市场估值水平提供了有利条件。

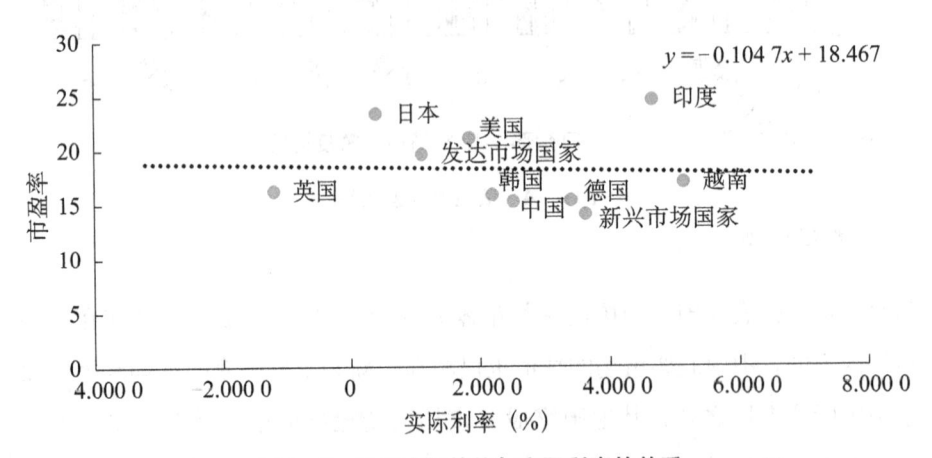

图0-5 股票市场估值与实际利率的关系

资料来源：世界银行．

二是发达市场国家具有更高的市场开放程度。根据国际上广泛采用的衡量资本账户开放程度的指标，即 Chinn-Ito 金融开放指数（KAOPEN）(Chinn and Ito, 2006)，我们可以观察到新兴市场国家与发达市场国家在金融开放方面存在显著差异。例如，样本期内，发达市场国家的金融开放指数平均值为2.310 6，而中国、印度、韩国和越南的平均值分别为−1.234 2、−1.234 2、1.860 1和−0.159 9（见图0-6）。

将资本账户开放程度与股票市场估值联系起来，我们可以深入探讨金融市场开放程度与股票市场估值之间的关系。如图0-6所示，两者之间存在正向关系。通常情况下，金融市场更加开放的国家更容易吸引外国资本流入，这可能会对股票市场的估值产生积极影响。外国资本流入通常提高了股票市场的流动性,并有助于推动股价上升,从而提高市盈率。正如图 0-6 所揭示的,发达市场国家通常在资本自由流动性方面得分较高,这有助于解释其股票市场估值相对较高的原因。相反,新兴市场国家可能由于其相对较低的风险承受能力而采取了一定程度的资本管制。① 这种做法可能导致资本自由流动性的降低,从而对股票市场的估值水平产生负面影响。

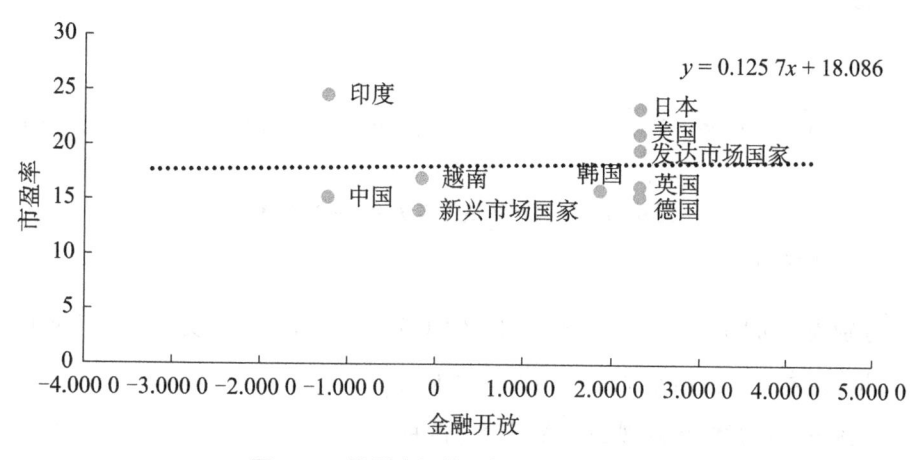

图 0-6 股票市场估值与金融开放的关系

资料来源:世界银行.

三是发达市场国家具有更高的法治水平。良好的法治环境是支撑成熟、健全的资本市场的不可或缺的因素。我们以世界银行全球治理指标中的法治原则作为衡量标准,该指标得分越高表示国家的法治水平越高。相关结果可参见图 0-7。从该图中明显可见,股票市场估值与法治水平之间存在正向关系,发达市场国家在法治方面表现出高水平,而新兴市场国家与发达市场国家的法治水平存在明显差距。具体而言,新兴市场国家的平均法治水平为 0.161 8,而发达市场国家的平均法治水平为 1.587 4。在发达市场国家中,美国、日本、英国和德国的平均法治水平分别为 1.525 6、1.518 8、1.650 6 和 1.654 5,而在新兴市场国家中,中国、印度、韩国和越南的平均法治水

---

① 根据"三元悖论",一国不可能同时实现货币政策独立、汇率稳定以及资本自由流动三大金融目标,只能同时选择其中的两个。

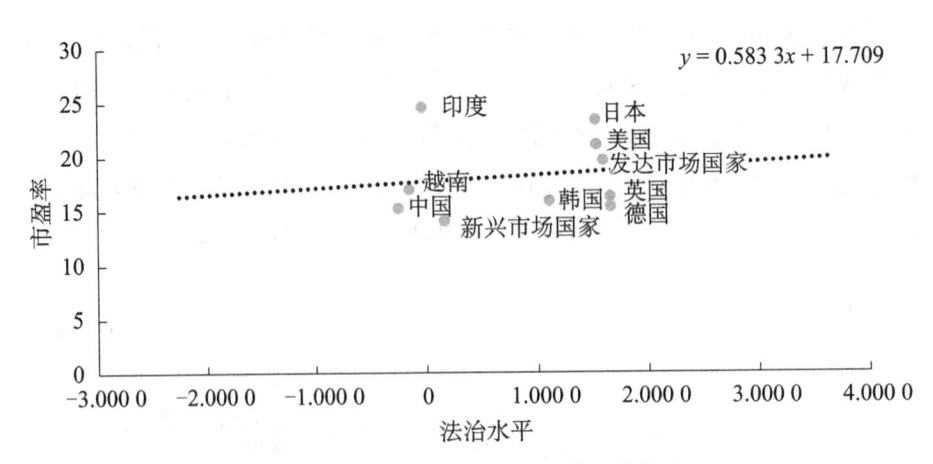

图 0-7 股票市场估值与法治水平的关系

资料来源：世界银行．

平分别为-0.257 1、-0.038 6、1.101 0和-0.158 2。为实现资本市场的长期稳定发展，法治水平的持续提高至关重要。

接下来，我们从微观层面探讨以下两点：

第一，发达市场国家的公司通常具有更高的净资产回报率。净资产回报率表示公司税后利润与净资产的比率，用于评估公司在所投入资本下的盈利能力。高净资产回报率通常被视为积极迹象，因为它意味着公司能够有效地运用股东权益实现盈利。这可能会增强投资者的信心，进而推高公司股票价格。图0-8呈现了新兴市场国家及其代表性国家中国、发达市场国家及其代表性国家美国公司的净资产回报率。可明显观察到，总体而言，发达市场国家公司的净资产回报率（11.60%）高于新兴市场国家公司（11.19%），且近年来这一差距有逐渐扩大的趋势。美国公司的净资产回报率最高，达到了14.85%，而中国公司的净资产回报率为12.42%。

图0-9呈现了净资产回报率与市盈率之间的正向关系。这表明：高净资产回报率为发达市场国家的股票市场提供了支持，并在一定程度上解释了其市盈率相对较高的现象。

第二，发达市场国家的公司通常具有更高的股利支付比例。股利支付比例

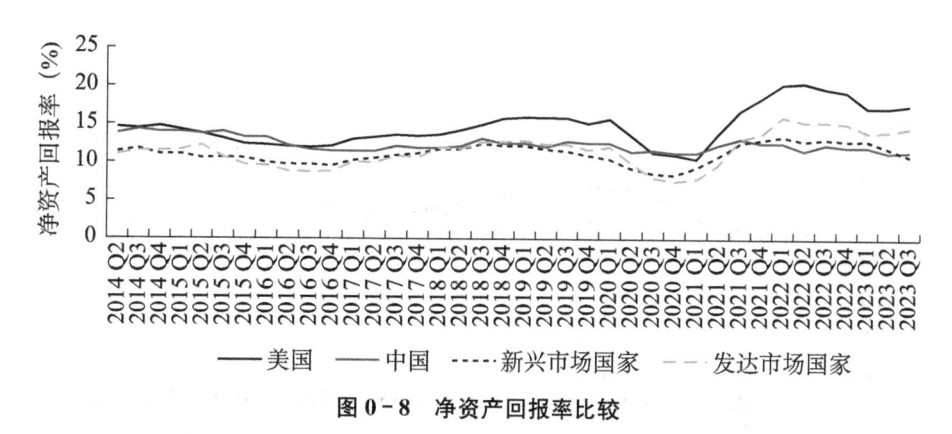

图 0-8 净资产回报率比较

资料来源：Bloomberg.

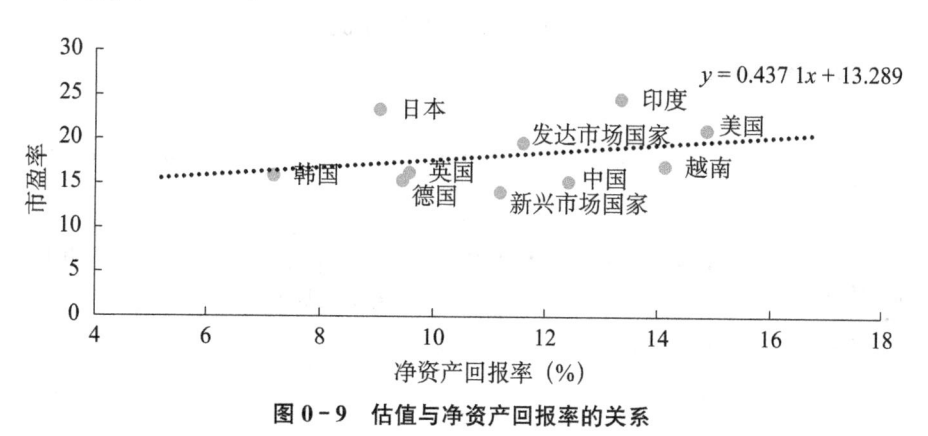

图 0-9 估值与净资产回报率的关系

资料来源：Bloomberg.

表示一家公司支付给股东的股利与其净利润之间的比例，较高的股利支付比例通常意味着公司向股东分配了更多的利润，这可能吸引那些寻求股息收入的投资者。在这种情况下，公司的股票可能会更有吸引力，从而会对其估值产生积极影响。图 0-10 展示了新兴市场国家及其代表性国家中国和发达市场国家及其代表性国家美国公司的股利支付比例（年度）。可以明显看出，总体而言，发达市场国家公司的股利支付比例（49.88%）高于新兴市场国家公司（39.31%），其中美国公司的股利支付比例为 42.73%，而中国公司的股利支付比例仅为 33.26%，在八个代表性国家中仅高于韩国。此外，图 0-11 展示了市盈率和股利支付比例之间的正向关系，强调了这两者之间的相互关联性。

图 0-10 股利支付比例比较

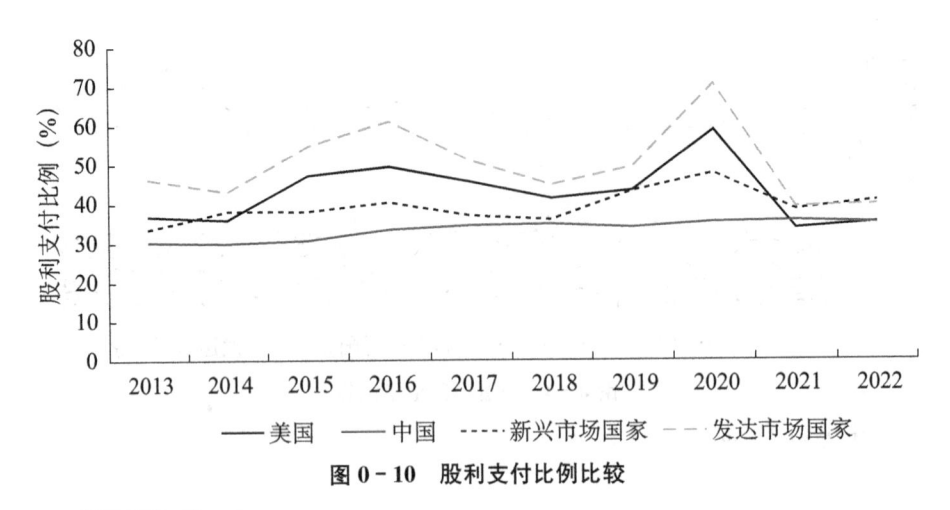

资料来源：Bloomberg.

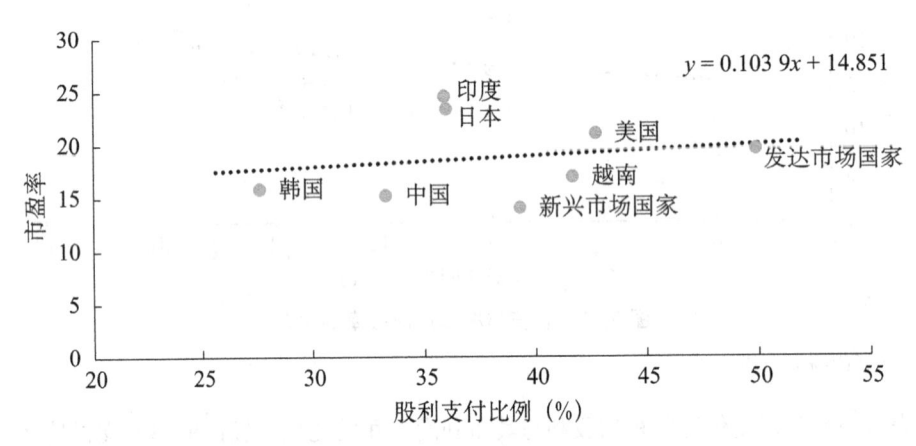

图 0-11 估值与股利支付比例的关系

说明：英国和德国的数据异常值较多，故图 0-11 的回归中没有用到这两个国家的股利支付比例数据。

资料来源：Bloomberg.

（三）美国股票市场的估值分析

在全球市场中，美国股市规模庞大，发展水平和估值高，因此我们选取其作为案例深入分析影响股票市场估值的关键因素，为其他国家提供经验参考。

(1) 美国逐渐降低的实际利率为美股提供了流动性支撑。

美国股市的演进可根据经济和市场状况划分为三个阶段，即1996—1999年、2000—2008年和2009—2021年。图0-12列出了1996—2021年美国标普500指数市盈率。

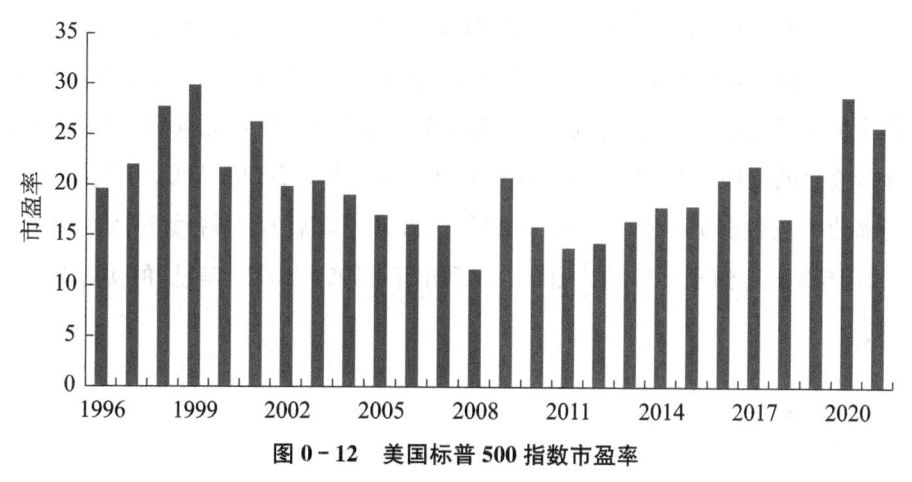

图0-12 美国标普500指数市盈率

资料来源：Bloomberg.

在20世纪90年代，美国经济陷入了衰退，其GDP增长率下降至1.89%，CPI通货膨胀率高达5.40%，实际利率达到6.04%。这一时期高通货膨胀率和高实际利率对投资环境产生了不利影响，限制了股市的表现。然而，不久后美国经济开始复苏，GDP增长率回升至3.52%，CPI下降至3.03%，实际利率略有下降。在这一时期，美国股市表现出色，其估值水平不断上升。

到了2000年，科技股行情见顶，经济明显放缓，2001年GDP增速仅为0.95%。由于经济下滑，美联储迅速下调联邦基金目标利率，2001年内，联邦基金目标利率从年初的6.5%下降至年末的1.75%，贴现率也从6.0%下降至1.25%。同时，美国政府采取了多项措施，包括降低利率和其他优惠政策，以刺激经济。然而，担心通货膨胀的美联储于2004年6月开始紧缩货币政策，推高利率，导致房地产泡沫破裂，并引发了"次贷危机"。在这一时期，美股的估值整体经历了震荡下行。

随着金融危机的爆发，美国和全球各国采取了一系列货币和财政刺激政策。2009年下半年，全球经济和股市开始迎来一轮回弹，美股估值迅速回升。2015年底，美联储启动了货币政策正常化进程，美股估值在2015年下半年略有调整后仍然保持上涨趋势。2019年，美联储再次采取"预防性降息"措施，美股估值再次回升。2020年3月，新冠疫情暴发，美股暴跌，美联储随后迅速将利率降至零并实施大规模量化宽松政策，导致美股估值迅速反弹。

总体而言，这一时期内，美股估值虽然经历了小幅调整，但总体水平呈现稳步上升的趋势。美股估值水平离不开流动性的支撑，尤其是在经济增长逐渐放缓的阶段。1996—1999年、2000—2008年、2009—2021年美国实际利率的中位数分别为6.55%、3.11%、2.16%，表现为持续下降的趋势，2021年甚至达到-1.19%。图0-13列出了1999—2021年美国的实际利率。

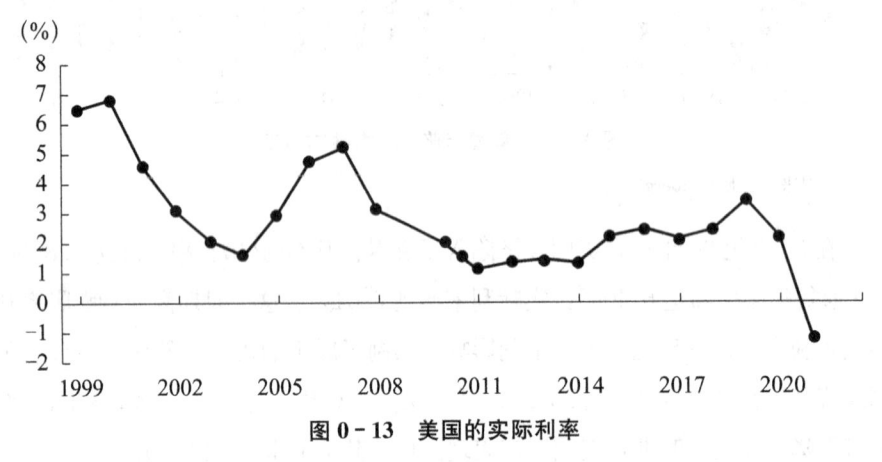

图0-13 美国的实际利率

资料来源：世界银行.

(2) 企业利润持续增长是美股长期高估值的基础。

尽管美国股市的估值水平受到多种因素的共同影响，但经济增长一直是股市长期估值的基础要素。在1996—2022年间，标普500指数的市盈率中位数为18.69，高于同期的富时100指数以及绝大部分新兴市场股票指数。如图0-14所示，除了2020年新冠疫情初期之外，标普500指数成分公司的利润率长期内呈现逐渐上升的趋势。同时，价值收入比作为评估公司估值相对于其收入规模的指标，也呈现整体上升的趋势，这体现了投资者对美国股市的乐观估值。

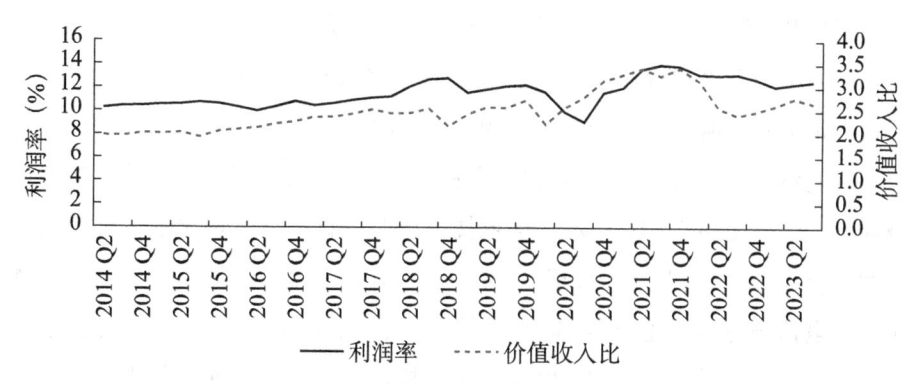

图 0-14　标普 500 指数成分公司利润率和价值收入比

资料来源：Bloomberg.

以世界 500 强企业的经营数据为例，图 0-15 展示了美国拥有的世界 500 强企业（约 130 家）的营业收入和利润。无论是营业收入还是利润，美国企业都有着卓越的增长表现。在 2011—2022 年间，这些美国世界 500 强企业的营业收入年均增长率为 4.29%，利润年均增长率为 13.46%。[①] 这些企业在基本面上表现出色，展示了强大的盈利能力，这对支撑美国股市的估值水平具有积极影响，构成了美国股市长期维持较高估值的基础。

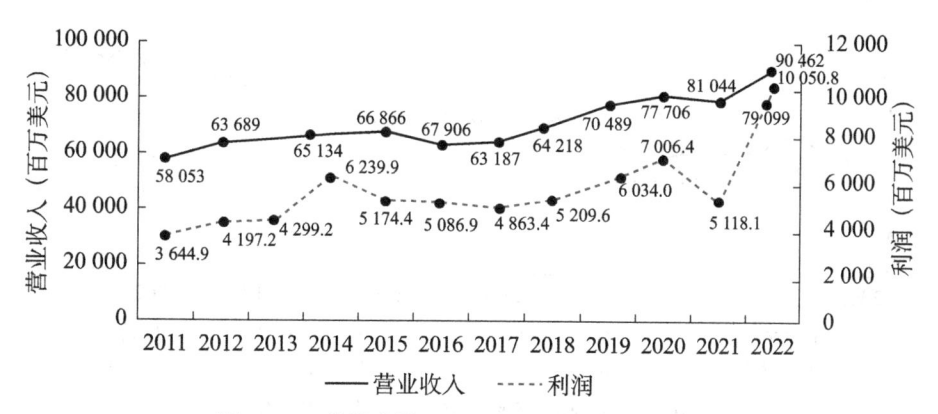

图 0-15　美国世界 500 强企业的营业收入和利润

资料来源：2011—2022 年《财富》世界 500 强企业榜单.

[①] 若扣除新冠疫情异常值，2011—2020 年的营业收入年均增长率为 3.91%，利润年均增长率为 8.74%。

(3) 产业结构升级为美股提供了持续的竞争力。

产业结构升级和行业盈利增长是美国经济长期保持竞争力的根本原因，同时也是美股估值稳定保持高水平的主要原因。

我们将根据标普500指数重要行业的权重来考察美国股市产业结构的升级演变，结果如图0-16所示。信息技术行业一直占据着重要地位，其权重自2001年以来持续上升，直至2022年底占比达到25.74%。除信息技术领域外，电信服务行业也拥有众多科技巨头，如谷歌、Meta等，其权重于2018年底超过10%，截至2022年底仍保持在7.28%的水平。标普500医疗保健行业的权重相对稳定，自1995年以来总体呈上升趋势，截至2022年底达到15.82%。非核心消费行业包括亚马逊、特斯拉等新兴产业公司，截至2022年底，非核心消费行业的权重为9.8%。这些重要行业的权重不断提高，与之相对比的是传统产业占比逐渐下降。总的来看，美国股市的产业结构正在升级，科技、医疗保健和非核心消费这些在全球范围内具有强大竞争力的产业近十年来逐渐占主导地位。

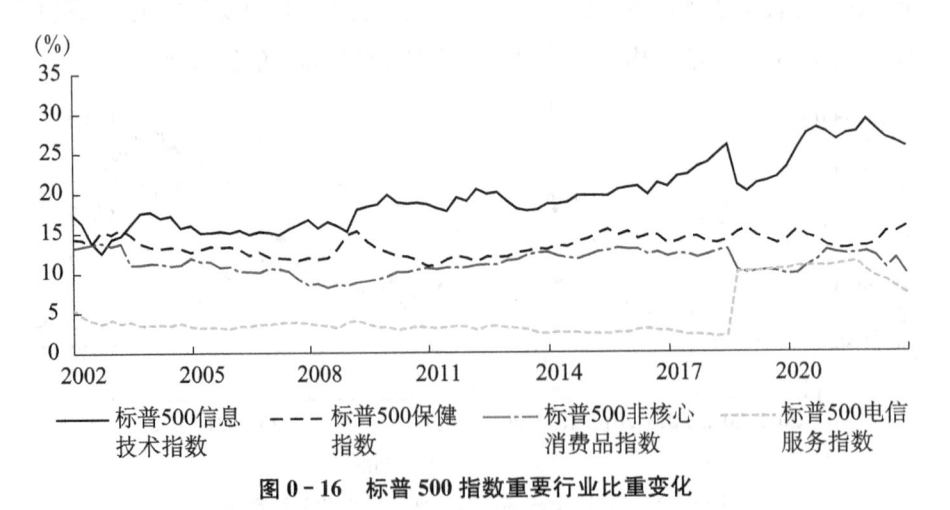

图0-16 标普500指数重要行业比重变化

资料来源：Bloomberg.

在产业结构调整的同时，这些重要行业盈利的增长是影响美股市盈率的重要因素。如表0-1所示，2000—2022年以来，标普500信息技术指数、保健指数、非核心消费品指数和电信服务指数的盈利增长率位居行业之首，分别是 14.57%、49.23%、10.37% 和 8.35%，为美国股市的长期增长提供了持续竞争力。

表 0-1 标普 500 分行业指数的盈利增长率

行业	盈利增长率（%）
标普 500 信息技术指数	14.57
标普 500 保健指数	49.23
标普 500 金融指数	3.16
标普 500 非核心消费品指数	10.37
标普 500 电信服务指数	8.35
标普 500 工业指数	9.71
标普 500 核心消费品指数	7.99
标普 500 能源指数	6.19
标普 500 公用事业指数	-5.19
标普 500 原材料指数	15.05
标普 500 房地产	4.31

资料来源：Bloomberg.

三、中国股票市场估值问题分析

（一）中国股票市场企业估值的整体特征

从中国股票市场 30 多年的发展历程看，中国上市公司估值整体呈现出如下几个特征：

第一，整体上看，在宏观经济发展的不同阶段，市场估值水平都较好地反映了该阶段热点行业。21 世纪之初，中国经济呈现出明显的以投资和出口拉动为主的外向型特征，基础设施投资和城市化进程不断加快，推动钢铁、水泥、有色、煤炭等能源资源型行业及地产、金融等服务业需求快速增长。在产品需求的快速拉动下，相关行业也获得了较高的估值。2003 年，银行、钢铁、煤炭、有色四个行业的平均市盈率分别达到 30 倍、16 倍、33 倍和 39 倍。然而，到了 2022 年底，上述四个行业的平均市盈率分别为 4.6 倍、22 倍、6.3 倍和 15 倍。2013 年以来，随着居民收入水平的提升，消费升级带动食品饮料、美容护理板块的估值分别由 17 倍和 39 倍提升至 36 倍和 61 倍；随着产业升级和经济向高质量发展转型，以新一代信息技术、人工智能、新能源汽车等为代表的战略性新兴产业得到快速发展，而市场也对相关行业上市公司给出了更高的估值。整体上看，A 股市场整体估值还是能够很好地反映宏观经济发展阶段、产业发展周期以及国家政策导向。

第二，与美国市场相比，A 股市场核心资产估值持续偏低。以沪深 300 指数和标普 500 指数成分股为例，这两个指数成分股市值在各自市场总市值中的占比分别达到 60% 和 83%，说明两个指数都有足够强的代表性。然而，在 2013—2022 年间，标普 500 指数成分股的平均市盈率为 22.8 倍，沪深 300 指数成分股的平均市盈率为 12.0 倍。图 0-17 给出了这段时间中美两个市场指数成分股市盈率的变化趋势。从该图可以看出，沪深 300 指数成分股的平均市盈率持续地、远远低于标普 500 指数。

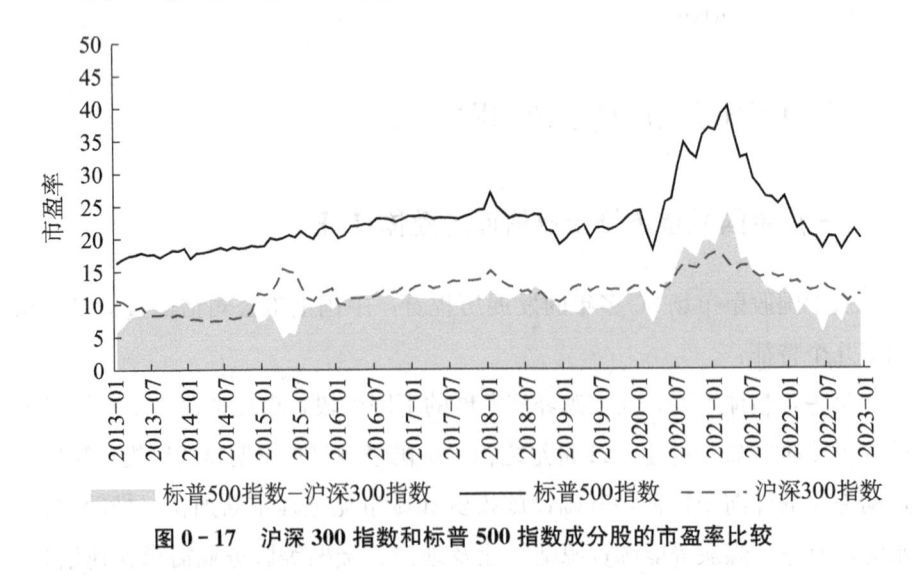

图 0-17 沪深 300 指数和标普 500 指数成分股的市盈率比较

进一步地，我们按照行业将两个指数成分股进行分类比较，同样可以发现，除了日常消费和医疗保健两个行业 A 股的估值较大幅度高于美股外，其他行业 A 股估值要么与美股接近，要么远远低于美股，其中，尤其以房地产、金融和能源类行业估值折价幅度最大（见表 0-2）。

表 0-2 2022 年分行业的平均市盈率比较

行业	市值占比 沪深 300 指数	市值占比 标普 500 指数	市盈率 沪深 300 指数	市盈率 标普 500 指数	沪深 300 指数成分股与标普 500 指数成分股的市盈率比值
金融	28%	10%	6.09	11.10	54.9%
工业	13%	8%	18.04	26.04	69.3%
信息技术	12%	35%	27.17	23.67	114.8%
日常消费	12%	8%	48.40	24.42	198.2%
材料	8%	2%	14.52	14.85	97.8%
可选消费	7%	13%	23.15	28.28	81.9%
医疗保健	6%	13%	36.15	22.36	161.7%
能源	6%	4%	8.64	14.79	58.4%
电信服务	4%	1%	12.31	11.89	103.5%
公用事业	3%	3%	26.37	26.56	99.3%
房地产	1%	2%	7.94	35.88	22.1%
所有行业	100%	100%	12.06	20.56	58.7%

说明：行业划分按照全球行业分类标准（GISC）。

第三，与民营企业相比，国有企业的估值显著偏低。我们按照所有制结构把沪深 300 指数成分股划分成国有企业和民营企业，然后分别计算两类企业在 2013—2022 年间的月市盈率平均值，结果发现民营企业的月市盈率平均值大约在 20.3 倍，国有企业的月市盈率平均值大约在 10.47 倍，民营企业的月市盈率平均值显著高于国有企业，而且这一趋势在 2019 年之后显著扩大。进一步将上述两类企业与标普 500 指数成分股相比可以发现，同期标普 500 指数成分股的月市盈率平均值大约为 22.77 倍，与沪深 300 指数中的民营企业相当。而且 2019 年之后二者之间几乎没有显著性差异了（见图 0-18）。

我们将国有企业进一步细分成中央国有企业（简称央企）和地方国有企

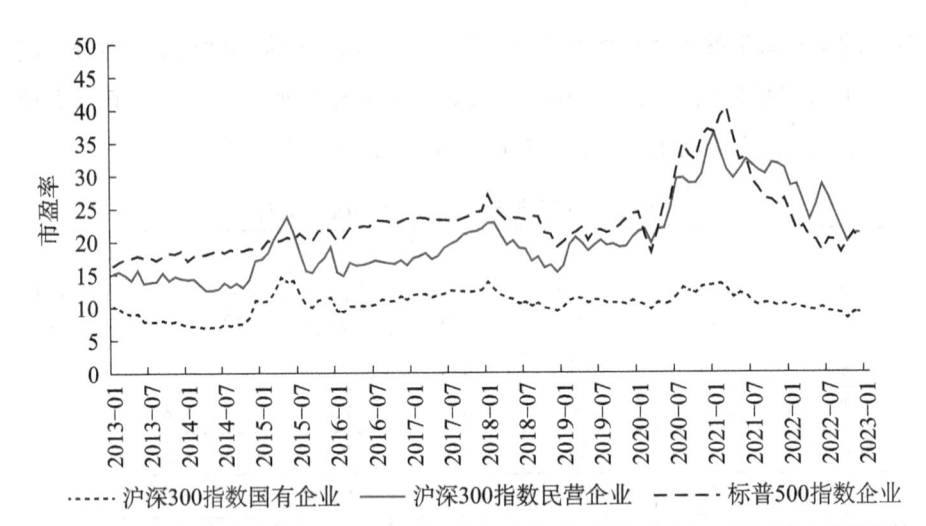

图 0-18 沪深 300 指数国有企业、民营企业与标普 500 指数企业的月市盈率平均值比较

业（简称地方国企），然后基于中证指数成分股，分别考察了中证央企、中证地方国企、中证民企的平均市盈率，可以发现，民营企业的市盈率水平远高于地方国有企业，地方国有企业又高于中央国有企业（见图 0-19）。所有制结构成为影响企业估值的重要因素。然而，这种差异性很难用传统的估值模型解释。

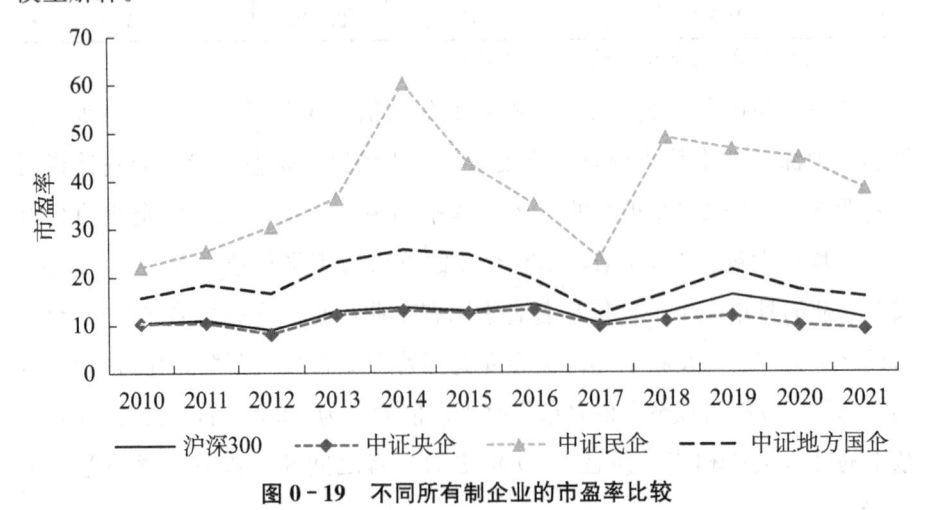

图 0-19 不同所有制企业的市盈率比较

资料来源：锐思数据库（时间截至 2022 年 12 月 30 日）.

首先，从成长性角度看，沪深 300 国有企业在过去 10 年间净利润的复合增长率为 7.26%，与之相对，标普 500 指数成分股的净利润复合增长率为 8%。除 2021 年因受新冠疫情影响数据出现较大异常之外，其他年度沪深 300 指数国有企业的成长性整体优于标普 500 指数成分股（见图 0-20）。因此，成长性难以解释国有企业低估值现象。

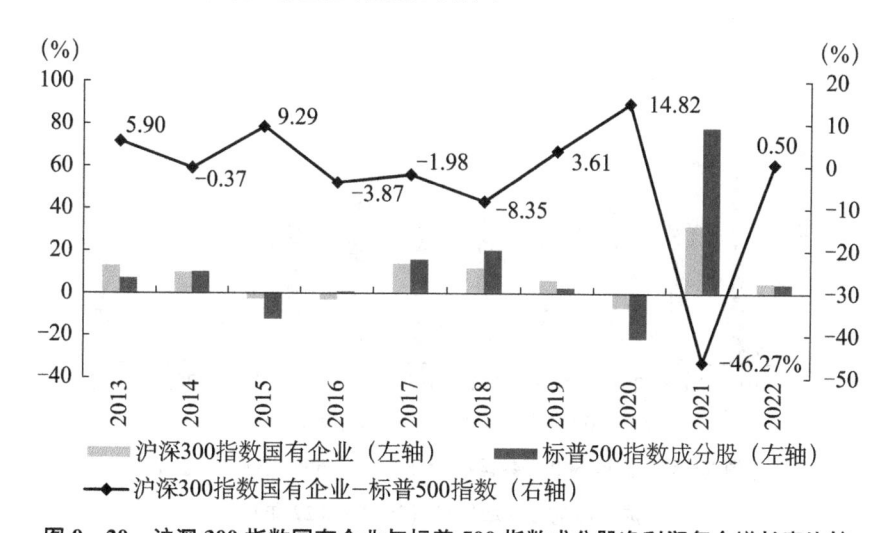

图 0-20　沪深 300 指数国有企业与标普 500 指数成分股净利润复合增长率比较

资料来源：国泰安中国经济金融研究（CSMAR）数据库、证券价格研究中心（CRSP）数据库、万得（Wind）数据库.

其次，从盈利能力角度看，国有企业盈利能力显著强于民营企业。截至 2022 年底，A 股上市公司中国有企业数量占比为 26.5%，民营企业数量占比为 63.5%；两类企业的市值占比分别是 46.9% 和 39.9%。但是，在 A 股上市公司合计 66.66 万亿元的营业总收入中，国有企业占 65.9%，民营企业占 21.8%，国有企业大体是民营企业的 3 倍；在上市公司合计 5.11 万亿元的归母净利润中，国有企业占 70.6%，民营企业占 15.7%，国有企业是民营企业的 4.5 倍。因此，国有企业的低估值无法从盈利能力角度进行解释。

再次，从股息率角度看，过去 10 来年间沪深 300 指数国有企业的股息率的平均值为 3.32%，而标普 500 指数成分股的股息率的平均值为 2.23%，沪深 300 指数国有企业的股息率每年要高出一个百分点。而且，从分年度的股息率比较也可以看出，除了 2022 年之外，沪深 300 指数国有企业的股息率在过去十年中都是显著高于标普 500 指数成分股的（见图 0-21）。因此，从股息率的角度难以解释沪深 300 指数国有企业低估值的现象。

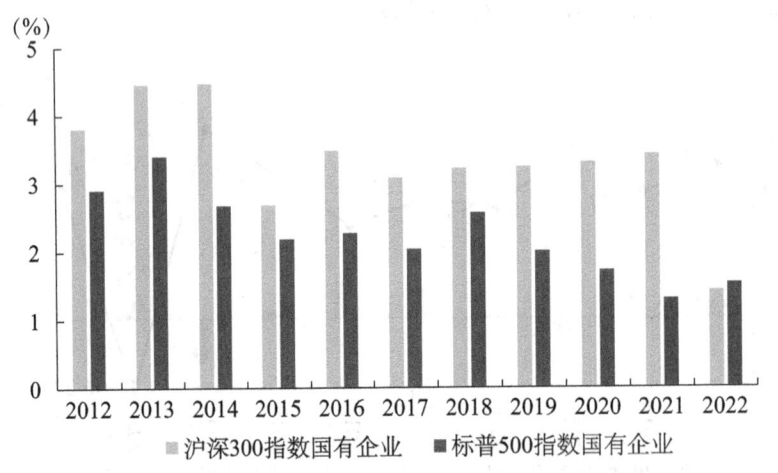

图 0-21 沪深 300 指数国有企业和标普 500 指数国有企业成分股的股息率比较（2012—2022 年）

最后，从经营风险角度看，由于国有企业背后是国家信用，而且国有企业在税收、信贷等方面往往享受了比民营企业更多的优惠政策，经营的不确定性相对较小，在面临外部环境冲击的时候，抵御风险的能力也相对较强。因此，国有企业持续的低估值成为困扰中国资本市场的一个异常现象，也成为我们需要深入分析研究的一个问题。

（二）国有企业低估值的可能解释

在上述背景下，我们认为，国有企业长期低估值[①]可能的原因有如下几个方面：

[①] 本书主要聚焦于两个现象：一是对外，国有企业估值大幅低于标普 500 指数成分股；二是对内，国有企业估值大幅低于民营企业。

（1）中国资本市场的市场化程度相对较低，国有企业内在价值未能有效体现。回顾中国资本市场的发展历程可以看到，中国资本市场是在国家刚刚从计划经济向市场经济转型的时点诞生的。初期面临的第一个争论就是资本市场是"姓资"还是"姓社"的问题。市场化所需要的法律、制度、文化等基本要素在中国资本市场都是欠缺的。按照吴晓求的观点，"无论是从当时中国经济规模、人均收入水平还是从经济的市场化程度以及人们对市场经济的认识等软硬环境看，都难以符合逻辑地得出当时要建资本市场的结论"。虽然经历了30多年的发展，但是，直到今天，中国资本市场无论是一级市场的发行定价还是二级市场的交易定价都与实际水平存在较大的偏差。具体到国有企业的估值，主要的问题在于市场对国有企业财务数据之外的价值没有充分考虑，从而低估了国有企业的内在价值。

一般而言，企业的价值包括经济价值和社会价值两个方面，其中，经济价值是指企业能够给股东提供的利润回报，社会价值则是指企业对经济社会发展的重要性。国有企业大多分布在诸如能源、金融、通信、国防军工、尖端科技、公用事业等事关国民经济命脉或者国家发展重大战略的领域。这种重要性在财务指标中是无法体现的。更有甚者，在我国当前的社会制度下，一些国有企业往往为了更大的国家战略需要而牺牲公司短期盈利和发展，从而给公司估值造成负面冲击。图0-22列出了系统重要性行业的上市国有企业市值及其占比。2023年9月22日，中国人民银行、国家金融监督管理总局发布中国系统重要性银行名单，认定了20家国内系统重要性银行。其中，中国工商银行、中国银行、中国建设银行、中国农业银行的系统重要性等级最高，然而，从估值的角度看，市场对这四家银行的估值远低于银行板块的平均估值。从这个角度来讲，传统的基于企业财务数据的估值体系在应用于中国资本市场时存在弊端。

（2）市场投融资功能严重失衡，在资金匮乏的情况下市场选择了抛弃大盘国有企业。A股市场从成立以来就肩负着"为企业融资提供服务"的使命。20世纪80年代，深圳和上海率先筹建证券交易所的一个重要原因在于

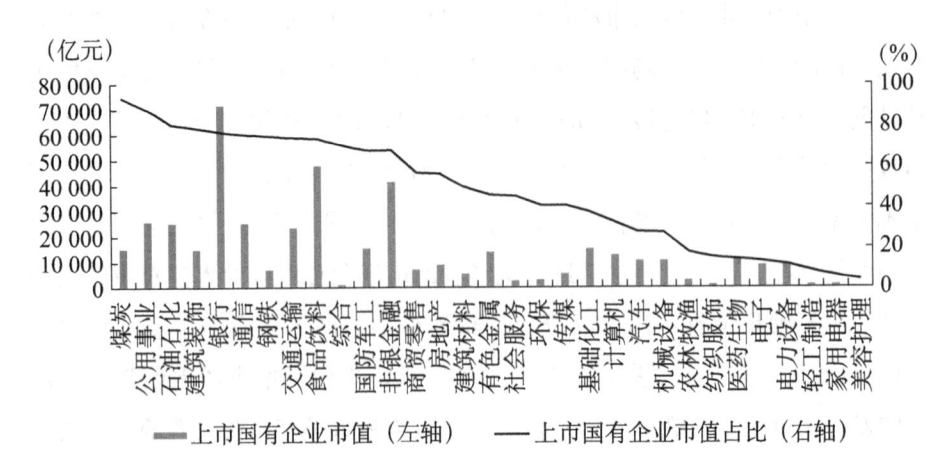

图 0-22 系统重要性行业的上市国有企业市值及其占比（截至 2023 年 2 月）

资料来源：Wind 数据库.

两地政府在推进经济特区建设的过程中出现了较大的资金缺口，而传统的银行信贷资金和地方财政资金难以弥补这一资金缺口，因此，便尝试通过资本市场这种新的途径解决资金缺口问题。20 世纪 90 年代末期，随着国有企业改革的深入推进，为国有企业纾困成为资本市场承担的一项重要的政治任务。2005 年股权分置改革的顺利推进解决了中国资本市场长期以来存在的一个制度缺陷，一个活跃的资本市场也为中国工商银行、中国建设银行等一批大型蓝筹股从香港证券市场回归 A 股市场以及中国石油、中国神华、中国中铁等一大批央企发行股票上市融资提供了足够的资金。党的十八大以来，国家对资本市场的功能定位始终围绕着"支持实体经济发展""提高直接融资比重""支持技术创新"。

从数据上看，对融资功能的过分强调带来的问题就是市场募集资金规模维持在高位。2015 年之前，A 股市场每年通过新股发行、定向增发和配股方式（见图 0-23）募集资金总额大体在 5 000 亿元左右。然而，2015 年之后，这一指标基本维持在万亿元以上的规模。2015—2022 年间，市场募资总规模达到 10.62 万亿元。然而，市场忽视投融资功能平衡性的一个直接结果就是：市场中资产的扩张速度远远超过资金流入速度。在资金有限甚至匮乏的情况下，市场很容易就抛弃市值规模庞大的国企乃至央企，转而炒作短期热点，国有企业的真实价值自然难以得到合理体现。从这个角度而言，市场投融资功能的平衡同时也是场内存量资产（已上市公司）价值与场外资产价值之间的平衡，是场内大市值公司（以国有企业为主）与中小市值公司（以民营企业为主）估值的平衡。

图0-23 上市公司融资规模（2009—2022年）

（3）国有企业信息披露的主动性不强，对自身公司市值变化的关注度不高，从而增大了公司价值被低估的可能性。一方面，国有企业更多分布在涉及国家安全或国民经济命脉的领域，承担了实施国家发展战略、填补国家发展过程中大量关键核心技术空白的重任。例如，在过去10多年间，我们国家在能源电力、集成电路、5G通信、工业母机、发动机、北斗导航、航空航天、高速铁路、大飞机等领域的技术创新取得了长足的发展，然而，很多技术创新以及企业未来发展战略规划可能并不适宜公开对外披露。与此同时，以基金为代表的机构投资者往往也不愿意到国企、央企进行调研。图0-24给出了近年来不同类型企业获基金调研的平均次数的统计。从该图可以看出，中央国有企业和地方国有企业获基金调研的平均次数长期少于其他类型企业。这从客观上导致了市场难以对国有企业做出更加合理、准确的估值。

中国资本市场估值理论体系的要素分析

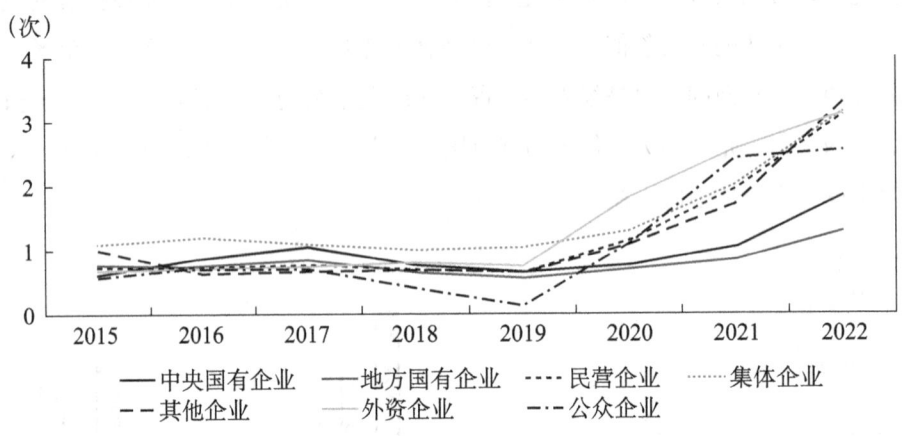

图 0-24 不同类型企业获基金调研次数比较

另一方面，从国有企业自身角度而言，它们对公司价值是否被低估也缺乏主动关注。虽然股权分置改革后，国有股理论上完全可以在市场上自由流通，但在实际操作中，国有企业减持股份的情况还是比较少见。而且，从国有企业管理人绩效考核的角度来看，政府更看重国有企业的营业收入、净利润、纳税金额等指标。因此，与公司的营业收入或净利润数据相比，国有企业管理人对公司市值大小的重视程度相对较低。这一方面导致国有企业较少通过并购重组方式提升企业价值；另一方面导致在国有企业出现价值被低估的情况下，其管理层也很少通过股份回购、高管持股、管理层股权激励等市场化手段向市场释放信号，引导投资者正确衡量上市公司的内在实力和业绩表现，促进股票价值回归合理水平。

(4) 投资者结构不合理，理性的投资理念尚未建立。一是个人投资者规模庞大。近年来A股市场机构投资者的规模不断扩大，机构投资者持股比例（占总市值）已从2007—2014年的平均11.4%提升至2022年末的27.7%（约20万亿元人民币）。然而，从交易规模看，个人投资者的交易规模占比长期维持在80%左右，即便近年随着量化交易的发展，量化交易规模大幅提升，个人投资者的交易规模占比也远远超过机构投资者。市场换手率长期处于高位，例如，深市换手率常年维持在400%以上，沪市换手率常年维持在

200%以上，二者都远高于发达国家的成熟股票市场。二是机构散户化特征明显。2001年以来，证券监管部门一直在不断加强机构投资者建设。然而，迄今为止，我们看到中国资本市场以基金为代表的专业机构的投资能力远远无法满足市场的需要。机构也普遍存在"追涨杀跌""抱团取暖""泡沫骑乘"等可能加大市场波动的行为。三是大规模长期资金入市缓慢。截至2019年，基本养老金仅有5.4%的资产委托社保基金理事会投资。在2009年修订后的《中华人民共和国保险法》颁布后，保险资金的投资渠道大大增加，但截至2020年，仅有13.8%的保险资金被用于股票和证券投资。截至2018年底，全国企业年金基金实际运作的养老金产品仅有324个，其中权益类资产占比也仅有6.4%。四是国际资金参与度低。改革开放是过去40多年中国经济奇迹产生的重要原因。尤其是在2001年11月加入世界贸易组织（WTO）之后，中国经济全面融入全球经济体系。然而，与实体经济高度开放不同，中国金融行业开放的步伐明显滞后。长期以来，人民币资本项目下不可兑换导致中国资本市场只能通过B股、QFII（合格境外机构投资者）、QDII（合格境内机构投资者）、RQFII（人民币合格境外机构投资者）、沪港通、深港通、债券通等制度性安排实现"管道式"开放。截至2023年一季度末，外资持有A股市值规模达3.5万亿元，占A股总市值的比重不到4%；境外机构在中国债券市场的托管余额为3.3万亿元，占中国债券市场托管余额的比重仅为2.2%。因此，虽然从规模上来看，中国资本市场已经成为全球第二大市场，但是资本市场投资者结构相对单一，市场参与者的专业能力以及市场制度的完善程度与成熟市场相比明显滞后。

（5）并购功能的丧失导致国有企业外延式发展机会受限，形成流动性折价。并购重组是资本市场最基本的功能之一。一方面，企业通过并购重组可以在较短的时间内完成资产和业务布局的优化，改变企业内部的预算约束，实现资源运营配置效率的提升。另一方面，科技的发展并非线性变化，也不会完全依靠自身积累，而是具有爆发性和协同性的特征。企业可以通过并购重组快速推动科技创新成果的整合，提升企业核心竞争力，实现科技水平的跨越式发展。如果并购重组功能无法发挥应有的作用,资本市场就没有生命力,企业的发展也将缺少一个重要的动力来源。然而,受限于国有企业特殊的公司治理结构以及国有资产经营管理的相关规定,国有企业往往是将自身所在集团公司未上市资产通过并购重组的方式注入上市公司,国有企业市场化并购重组的动力和能力均有不足。然而,以行政手段或"拉郎配"方式推动的并购重组不但难以发挥协同效应、促进资源优化配置,反而有可能因为整合困难造成企业价值受损。

参考文献

[1] Chinn, Menzie and Hiro Ito. "What Matters for Financial Development? Capital Controls, Institutions, and Interactions," *Journal of Development Economics*, 2006, 81 (1).

[2] Gordon, M. J. and E. Shapiro. "Capital Equipment Analysis: The Required Rate of Profit." *Management Science*, 1956, 3 (1).

[3] Irving Fisher. *The Nature of Capital and Income*. New York: Macmillan Co., 1906.

[4] Lamont, O. and R. Thaler. "Anomalies: The Law of One Price in Financial Markets." *Journal of Economic Perspectives*, 2003, 17 (4).

[5] Molodovsky, N., C. May and S. Chottiner. "Common Stock Valuation: Principles, Tables and Application." *Financial Analysts Journal*, 1965, 21 (2).

制度因素篇

第一章

金融文化、法律模式与市场估值

摘　要：金融文化和法律模式是影响股票市场估值及其变化的重要制度性因素。受崇尚节俭的中国传统文化和与市场经济转型伴生的金钱文化等的共同影响，当前中国的金融文化颇具特色，在储蓄倾向和储蓄积累冠绝全球且强烈偏好存款等低风险资产的同时，市场的投资行为呈现出审慎性和投机性并存、短线交易和价值投资理念交织的复杂状况，致使在中国市场中出现了高波动、高换手率和低市值股票的估值显著高于低波动、低换手率和高市值股票的现象。鉴于中国经济体制改革的整体推进模式以及市场化、国际化等多重因素的推动，当前中国资本市场的法律模式与欧美不尽相同，且仍处于持续完善进程中。股权分置改革、新《中华人民共和国证券法》实施等重大法律制度变迁改善了投资者保护状况，对股票市场总体估值以及具有不同产权性质、不同换手率和成长性的股票估值分化产生了显著影响。

众所周知，世界上任何一个经济社会都是在特定的文化、法律等制度背景下运转的。这里的文化指的是这个国家或地区社会传承的生活态度和信仰，而法律则是其政治家们通过公共选择，体现特定社会意识形态并对大众具有强制约束力的正式制度规范。实践中，一方面，一个经济体包含了经济制度、经济文化或其他方面的文化，其法律则涉及社会公共活动和私人活动的方方面面；另一方面，尽管在主流经济学中并不强调文化的因素（或者说隐含假定了只有西方文化这一种文化存在），但人类学、法学等众多学科的研究表明：不同国家或地区的社会文化存在较为明显的差异，且这种差异对于人类行为有着重要影响——以金融为例，全球不同经济体的金融文化和法律模式不仅存在较大差异，而且这种文化和法律层面的差异对于其银行、资本市场等金融制度的设计及其运行有着极为明显的影响（艾伦和盖尔，2002；洛，1999；菲尔普斯，2013）。

证券估值是资本市场运行的关键所在，其水平高低及波动直接关系着市场参与主体的经济利益及其重新分配。从理论上看，尽管任何一家公司的股票价格都应该反映其未来的收益流（股息）的现金价值（即"基本价值"），但由于这种收益建立在市场参与主体对未来的预期之上，考虑到他们并不能准确地知道企业未来的盈利和股息数据，所以他们也就不可能对基本价值做出准确的预测，同时也很难评价股票市场价格是不是其基本价值的准确反映。这实际上就意味着市场参与者对于储蓄投资等金融行为的态度和信仰以及主观层面对受法律保护的认知可能会成为影响其对投资收益的未来预期和市场估值的重要因素之一。无论从历史还是现实来看，证券估值的国别或地区差异向来就是一个长期存在的现象：从宽基股票价格指数的国际对比情况看，中国A股创业板指数、中证500指数、中证1000指数等的估值水平及其波动区间在相当长一个时期内均相对高于道琼斯指数、标普500指数、纳斯达克指数以及日经225指数、韩国综合指数、德国DAX指数、富时100指数等海外主要国家宽基指数，而同时在中国内地和香港地区上市的（"A+H"）公司的A股价格显著高于H股价格。因此，金融文化、法律模式等制度因素可能是理解中国股票市场的估值及其变化的重要视角。本章立足中国金融实际，尝试梳理中国经济运行中对于储蓄、投资、风险以及资本市场的理解或认知和证券法律模式的阶段性变化，就金融文化和法律模式对市场估值的影响进行了一些理论和实证层面的分析，发现金融文化和法律模式对中国资本市场中的证券估值有着不可忽视的影响。

一、金融文化与市场估值

一个国家或地区的金融文化一般指的是身处其中的各类经济主体对于储

蓄和投资等金融活动的主流态度、规范和信仰。这些金融文化要素作为社会主流价值观的一部分，可能通过对制度和政策的作用影响非物质回报，也可以更直接地作用于金融活动参与者的动机和期望，成为支撑其金融投资业长期稳定健康发展的底气所在、力量之源。换句话说，一个国家或地区证券行业发展质量和生态的背后，往往是包含其对储蓄和投资的价值观、风险观、发展观等在内的金融文化的综合体现。鉴于资本市场估值是市场主体对上市公司价值的判断，归根结底取决于身处其中的微观主体的价值观念，因此，金融文化也就成为影响市场估值不可忽视的重要制度因素之一。

（一）储蓄和投资视野下的中国金融文化：审慎、短线交易与价值投资理念的复杂交织

鉴于金融市场为人们提供了一种储蓄未来财富的方式、一种对生活中的不确定性进行对冲的手段，使人们能够投资于提供商品和服务的大小企业，因此，储蓄和投资视野下的金融文化主要涉及人们对于储蓄和投资的态度、理念或信仰。这里的储蓄涉及资金来源，进而可视为金融市场存在和发展的前提或基础，而投资则指的是投入资本以获得收益，涉及储蓄载体形式的选择，关系着个人、家庭、公司，甚至整个国家的繁荣。无论从历史还是从现实来看，任何一种类型的金融市场要正常运行，都必须有某种作为支撑的文化。不过，并不是所有行为都属于"文化"，很多行为可能是结果而非原因。

从实践来看，中国涉及储蓄和投资活动的金融文化在全球范围内均颇具特色：在国民经济快速增长、国民收入水平迅猛提升的大背景下，国民储蓄率和储蓄绝对量增长冠绝全球，同时投资行为呈现出审慎性与投机性并存、短线交易和价值投资理念交织的独特复杂状况。

总体来看，基于节俭的审慎性（也可以理解为保守性）是中国金融文化最为突出的一个特征。1979年以来，随着经济的快速、持续增长，极强的储蓄倾向和快速的储蓄积累成为中国金融文化这一特征的最好证明——根据

IMF的统计数据，中国的国民储蓄率从20世纪70年代至今一直位居世界前列，20世纪90年代初居民储蓄占国民生产总值的35%以上，到2005—2010年间储蓄率更是一度超过50%的水平，而同期全球平均储蓄率仅为19.7%左右。2010—2019年间，随着内外部经济环境的巨大变化，中国储蓄率整体上呈现持续下降的态势，但下降水平并不明显，2019年的最低值仍有44.2%。2020年新冠疫情暴发之后，储蓄率出现了较为明显的回升，2021年和2022年分别为45.9%和46.8%。[①]

除了高储蓄率之外，中国审慎金融文化的另一个直观表现就是：在中国，以居民为代表的经济主体长期对于银行存款、国债等低风险、低收益金融资产有着强烈偏好。从图1-1中我们可以发现，尽管在资本市场发展的背景下中国居民部门的存款占比总体呈现持续下降的趋势，但直到今天，银行存款仍是其储蓄的首选形式，2022年末规模达到了122.97万亿元（为当年GDP的101.6%）。

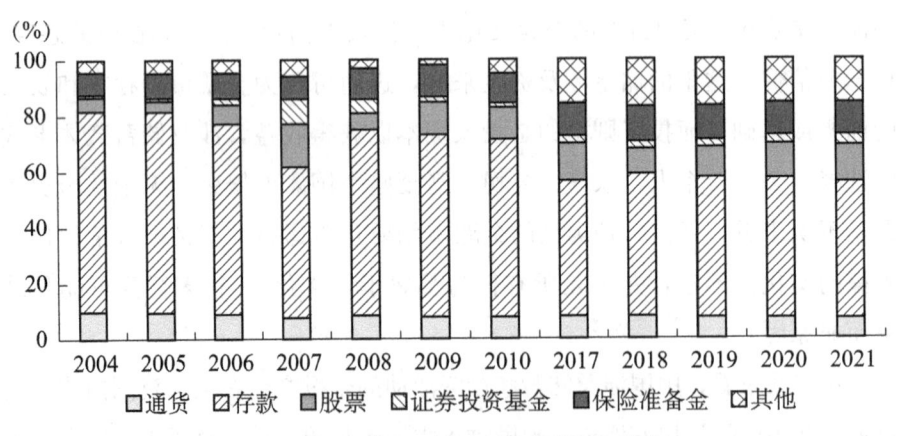

图1-1　中国居民部门主要金融资产构成

说明：央行在《中国金融稳定报告2012》中公布了2004—2010年数据，在历年金融账户资金存量表中公布了2017—2021年数据，其他年份数据未公布。

[①] 由于居民消费支出占比较低，中国的居民储蓄率水平也存在类似的状况。根据世界银行的世界发展指数（WDI）数据库的数据，2022年中国居民消费占GDP的比重仅为38.4%，不仅低于全球平均水平16.5个百分点，也分别低于中等收入国家和高收入国家11.2个和19.6个百分点。

饶有意味的是，如果从投资行为视角看，可以发现，与国民经济的高储蓄率以及居民储蓄偏好存款形成鲜明对比的是，随着1990年末资本市场的创建，资本市场的各类投资者（尤其是中小投资者）却表现出颇为明显的风险偏好，其投资行为往往过于注重市场行情的短期波动，持有证券集中且期限短，交易次数频繁，带有较强的短线交易（或者说投机性）特征。①

首先，中国居民的股市直接参与度极高（截至2022年，A股市场的个人投资者账户达21 105.06万户，占投资者总数的99.77%），同时中小投资者持股金额低，持仓在10万元以下的中小投资者占比居高不下（见图1-2）。

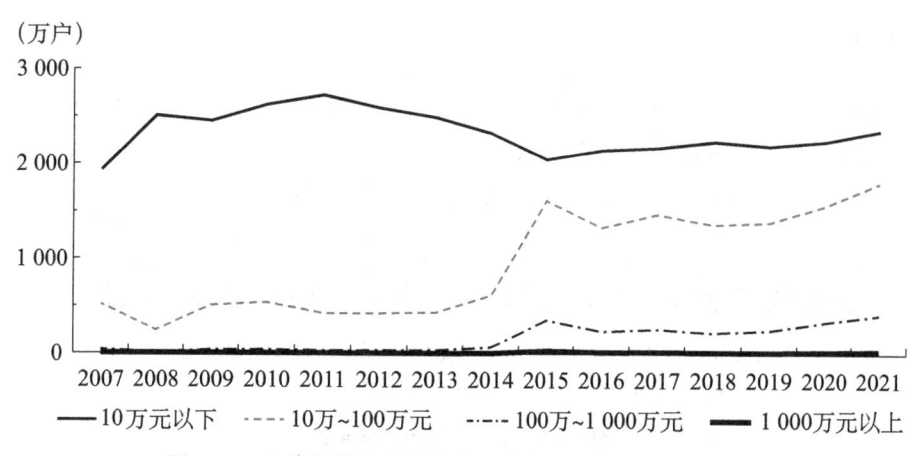

图1-2 上海证券交易所个人投资者不同持股规模账户数

资料来源：历年《上海证券交易所统计年鉴》.

中小投资者持股集中，绝大多数中小投资者持股数仅1~3只，缺乏组合投资理念。在2010年左右，中国的中小投资者平均持有3只不同的股票。如果将所有散户投资者按照持股只数进行分类，那么占比最高的中小投资者群体是持有两只股票的，而接近30%的中小投资者在任一时间点平均只持有一只股票。

其次，从换手率这个指标看，与国际平均水平相比，中国投资者的交易显

---

① 关于中国资本市场中的这种短线交易偏好，最为形象的一个描述是将投资者在市场中买卖股票的行为概括为"炒股"，而不是"股票投资"。

得尤其频繁——在相当长一个时期内，中小投资者的股票投资换手率达到每年500%~600%，在2007年大牛市的时候，甚至达到了每年800%~900%。国内以公募基金为代表的机构投资者的平均换手率也达到每年400%~500%。这意味着，从总体上看，中国的中小投资者基本上每两个月左右对所持有的股票进行一次完整的换仓，而基金则是3个月左右。[①] 分板块来看，主板A股和其他板块的换手率分化明显。如图1-3所示，在小盘股居多的科创板、创业板和中小板，投资者的投机倾向更明显，换手率常年高企；而在大盘股居多的主板A股，近年来换手率则稳定在200%~300%。

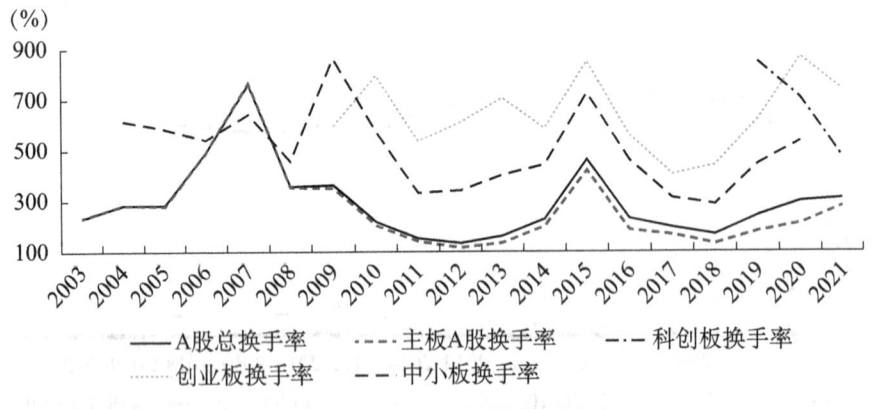

图1-3　A股不同板块换手率

说明：2021年中小板纳入主板A股统计。

最后，从入市时机选择看，中国资本市场中新开股票账户数并非平稳增长，而是与大盘走势高度相近，当大盘走势上升时，新进投资者数量往往会迎来一个高峰，而当大盘走势震荡乃至下行时，投资者进入股市的意愿较弱，这反映了投资者进入资本市场的主要动机就是受价格上升吸引，并非简单地出于对投资（长期持有）的考量（见图1-4）。

值得一提的是，随着2019年以来证券发行注册制在科创板、创业板的

---

① 证监会早年披露的信息也显示，以2012年为例，专业机构平均持股期限约为143个交易日，自然人平均持股期限约为44个交易日，持股市值越大的自然人，平均持股期限越长。

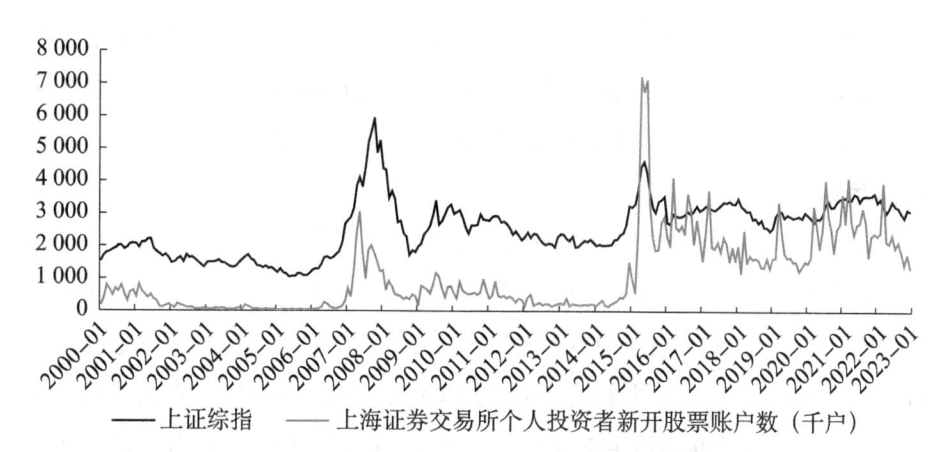

第一章 金融文化、法律模式与市场估值

图 1-4 上证综指与上海证券交易所个人投资者新开股票账户数

资料来源：CEIC 数据库.

试点以及主板的全面落地，部分业绩较差的公司面临估值与流动性"双低"，壳资源价值不再，"炒壳""炒小""炒差""讲故事"渐成历史的同时，虽然短期股价受政策、资金、技术、情绪等因素影响大，但长期来看投资者越来越看重业绩，价值投资的理念逐渐形成。

（二）中国金融储蓄投资文化的渊源分析

任何一个国家的金融储蓄投资文化均来源于市场参与者的储蓄和投资实践，并伴随着投资实践而不断总结、提炼和升华。在中国，当前的金融储蓄投资文化既深受传统文化的影响，也和由计划经济向市场经济转轨所伴生的金钱文化、独特股市制度设计下的市场运行氛围等存在密切关联。

1. 审慎/保守的金融储蓄文化的渊源

对于节俭和勤奋的崇尚是中国传统文化的核心要义之一，而儒家文化等中国传统文化无疑是审慎/保守的金融储蓄文化的渊源之一。

中国传统文化强调勤俭持家、勤俭节约的观念。勤俭节约就是辛勤劳动、生活节俭。它是古代士人修身养性的一种生活方式，更是古老的中华民族代代相传之美德。古往今来，勤俭节约的理念一直深入人心，诸葛亮在

《诫子书》中道："夫君子之行，静以修身，俭以养德。"这种观念使很多中国人意识到了量入为出、财富积累、未雨绸缪的重要性，因此人们愿意储蓄，对储蓄的偏好使得人们表现出风险厌恶，形成了独特的审慎/保守的金融储蓄文化。

审慎/保守的金融储蓄文化的另一个渊源在于在东方社会的集体主义导向和西方社会的个人主义导向引起的经济行为方式差异。具体而言，西方社会的行为方式更倾向于偏好风险的个人主义，而在中国这样一个典型的东方社会，人们的行为方式则具有浓厚的集体主义色彩，风险厌恶占据主导。之所以如此，是因为在集体主义社会中，个人往往缺乏独立做出自由选择和显示个人声誉的条件，集体或某些组织在声誉显示方面具有比较优势，于是人们自然而然地对集体和某些组织产生心理依赖，也习惯于将个人选择权和经济决策权委托和让渡给这些组织。

中国传统社会是一个伦理本位，即梁漱溟所谓的关系本位的社会，身处其中的个人并非西方经济理论所界定的纯粹理性人，而是将对方利益、自身利益和集体利益放在一起，追求动态皆有合理增进的主体。在这种情况下，出于多方面的考虑，人们往往担心自己的冒进会给他人或者社会带来损失，因而往往表现出风险厌恶的特征，这也是我国居民偏好储蓄的重要原因之一。

与此同时，经济转型中的制度变迁导致了众多不确定性，如子女的教育开销、基本的医疗开销、未来的养老需求以及对住房的刚需等都加大了人们的储蓄需求，使得我国居民更愿意把手里的资金储蓄起来，以备不时之需。而经济发展波动伴生的不确定性更是影响着当前中国居民的后续预期，引致了他们的预防性储蓄需求，进一步导致了审慎/保守的金融储蓄文化的流行。

进一步强化中国这种审慎/保守的金融储蓄文化的是可带来持续收益的市场化金融产品的缺失。现实地看，房地产、股票的价格波动均极为剧烈，类似股票等证券投资市场情绪受政策面的影响极大，且总体上来说并未给广大中小投资者带来明显的收益。

2. 偏好短线交易的金融投资文化的形成

（1）市场化投资渠道的缺失和投资者分流。

金融文化引导着居民资产配置发生天然分流，进而使得不同市场的投资者特征表现迥异。审慎/保守的金融储蓄文化使得以银行存款为代表的低风险储蓄方式吸纳了多数风险厌恶以及风险中性的投资者，故而其余投资者的风险偏好更加突出：他们积极参与资本市场等其他市场，使得金融文化在其他投资方面表现为更强的投机性。从个人角度考虑，在将较高比例的资产配置于低风险、低收益的储蓄和国债的情况下，其对于股票等投资的收益有着更高的追求，以实现整体资产配置的风险与收益的平衡。

（2）市场经济转型和经济全球化中的金钱文化。

随着20世纪70年代末开启的全球化的日益深入以及90年代的信息技术革命和21世纪以人工智能等为核心的新一轮工业革命的爆发，金钱文化在包括中国在内的全球范围内再度被强化。企业走向世界、个人成为亿万富翁的传奇故事很自然地点燃了许多企业和个人的激情。资本市场在20世纪60年代的巨大收益、私募股权机构在80年代通过并购积累的财富以及90年代的互联网投机热潮，都证明了获得永无止境的超级回报的可能性。在这样的背景下，投资人和企业经理人对"挣快钱"的兴趣提高了，金融业通过加大资金杠杆在其熟悉的领域投入巨额赌注（居民家庭贷款、从事政府债券和外汇交易等），并进入没有太多经验的领域，而实体部门的扩张和投资则被挤压。受可观的金钱回报的吸引，越来越多有天赋的年轻人选择投身金融业，而非产业部门，大量资本也从产业部门转向金融部门。

居民个人的资产配置也表现出此类特征。人们在有足够的资金用于储蓄后，便开始将剩余资金投向资本市场，从事营利活动。从投资周期来看，大部分居民更热衷于短期投资，偏好"挣快钱"，只关注股票短期价格增幅带来的收益，而并不关注公司长期业绩带来的分红，即投资者更偏好资本利得，而非现金股利。

（3）资本市场发展中的路径依赖。

包括文化在内的制度变迁带有明显的路径依赖特征。历史地看，我国一度形成过一种不注重股票的内在价值，而注重股票炒作的投资理念。投资者漠视公司的经营业绩和创业能力，而更多地专注于市场炒作。上市公司的市场表现与财务绩效倒挂，各种有炒作题材的股票受到追捧，导致市盈率越高的股票换手率越高，从股票价格一度严重偏离其内在价值。

目前，市场中较为典型的炒作主要有"炒小"、"炒新"和"炒亏"等。

"炒小"指的是投资者追捧一些小盘股的行为。尽管小盘股财务业绩整体较差，但由于它们的投资成本相对较低，炒作题材较多，易于受到资金推动并容易被控盘和操纵，所以它们会受到投资者的青睐，进而导致股票的收益率、换手率和市盈率严重地向小盘股倾斜。这就使得人们不注重公司的财务绩效和发展前景，而只是追逐短期收益。

"炒新"是指在公司首次公开发行股票（IPO）时，投资者认购新股的行为。在"炒新"过程中，投资者可以通过认购公司新发行的股票，参与公司上市的过程，并有机会享受到新股上市后的增值收益。"打新"带来的收益增加了人们对新股的认购热情，往往使得部分新股发行时一签难求，这客观上也反映了人们重视短期收益，而并不关注公司的长期绩效的现象。

"炒亏"指的是投资者追捧一些市场表现与财务业绩倒挂，有炒作题材的股票，一些ST股票和PT股票甚至成为市场高收益明星的行为。"炒亏"形成的原因也与金钱文化息息相关，因为人们在投资的过程中往往存在"金钱至上"的理念，只关注股票带来的短期收益，而不太关注公司本身的经营状况。

此外，随着外部环境和政策面关注重点的变化，中国股票市场中的炒作热点不断轮换，"题材股""概念股"此起彼伏，短期内价格波动极为剧烈，进一步助长了短线交易的投资理念。

3. 偏好价值投资的金融投资文化的影响因素

随着我国资本市场的不断发展与完善，我国投资者的投资理念已经开始从传统的金钱文化向价值投资理念转变，其中比较有代表性的事件主要包括上市公司结构变化和质量改进、半强制性分红政策的制定和实施，以及投资者教育活动的开展等。

首先，我国上市公司结构发生了变化、质量得到了改进，新兴战略性产业上市公司占比快速提升。新兴战略性产业公司普遍处于成长期，属于国家重点支持的行业，因而有着良好的发展前景。对于投资者来说，长期持有该类公司的股票可以获得比较可观的收益，因此新兴战略性产业公司的占比提升有利于改变投资者"金钱至上"的投资理念，培育投资者投长、投远的价值投资理念。

其次，上市公司半强制性分红政策等市场运行制度得到了优化实施。为改变上市公司完全不分红，而是直接在证券市场上融资这种状况，我国证监会在2000年之后，通过行政手段开始对上市公司分红进行规制，并将现金分红与再融资挂钩，逐步形成了半强制性分红政策。2019年修订的《中华人民共和国证券法》（以下简称《证券法》）首次从法律高度明确了上市公司税后利润分配义务，规定了上市公司要以现金分红的方式向投资者分配红利。上述政策将投资者收益与上市公司经营状况挂钩，有利于投资者更加关注上市公司的经营和发展，而不是仅仅关注资本利得。

最后，现代金融投资理论介绍等投资者教育活动逐步开展。投资者作为资本市场最重要的参与主体，是资本市场持续健康发展的基础，常态化做好投资者教育（以下简称投教）工作，是切实维护投资者合法权益的重要内容。自2021年《证券公司投资者教育工作评估指南》发布以来，行业自律组织通过建立联合评估机制，对证券公司的投教工作开展评估。经过两年多的持续深入推进，证券公司对投教工作的重视程度不断提升，在聚焦资本市场重大改革、加强投教机制建设、创新投教工作形式、发挥投教基地作用以及践行投教纳入国民教育体系等方面均取得了积极成效。投资者教育活动通过讲授资本市场和上市公司经营的相关信息，有利于帮助投资者摒弃"金钱至上"的短期投资理念，使得他们更加关注上市公司的经营和发展，形成稳定的价值投资理念。

(三) 金融文化对市场估值的影响

金融文化的差异会对包括投资者在内的金融市场上各类经济主体对股票投资行为乃至企业价值的主观判断产生较大的影响。在中国，由于投资者群体（尤其是中小投资者）有着较为强烈的风险偏好，以及很多投资者进入市场时带有极为明显的短线交易意向，所以中国资本市场中具有不同波动率、换手率以及市值规模的股票在很长一个时期内呈现出明显的市场估值差异。

1. 金融文化对具有不同波动率的股票的市场估值的影响

中国资本市场中较为盛行的短线交易偏好意味着投资者存在一定的波动率偏好。这里的波动率偏好指的是投资者由于持股意向期较短，因而并不关注未来股息率的高低，而更寄希望于利用短期内股价的波动"低买高卖"获得资本利得。因投资文化而形成的这一偏好导致了对具有不同波动率的市场的估值存在较为明显的系统性差异，即波动率高的股票的市场估值要高于波动率低的股票。

表1-1报告了市盈率（PE）、市净率（PB）、市销率（PS）三种市场估值指标在不同的股票波动率中呈现的统计学特征，其中股票波动率使用日收益率的标准差来衡量。我们按照股票波动率的高低将样本划分为五组，可以看出上市公司估值随着股票波动率的提高而单调递增。

表1-1 按波动率分组检验的结果

组别	指标	样本量	均值	标准差	中位数
1（低）	PE	10 768	35.657	109.116	24.623
	PB	10 769	2.589	2.184	1.969
	PS	10 768	3.644	5.029	2.152
2	PE	10 772	41.740	126.545	30.087
	PB	10 772	3.141	2.474	2.436
	PS	10 772	4.409	6.029	2.576

续表

组别	指标	样本量	均值	标准差	中位数
3	PE	10 770	47.880	147.770	34.689
	PB	10 770	3.742	2.891	2.929
	PS	10 770	5.433	7.000	3.190
4	PE	10 765	55.352	165.390	40.436
	PB	10 770	4.646	3.489	3.683
	PS	10 765	6.690	8.152	4.101
5（高）	PE	10 676	64.619	156.346	48.020
	PB	10 729	5.766	4.238	4.482
	PS	10 682	8.716	9.792	5.358

如按照波动率均值将样本划分为波动率高和波动率低两组，那么借助图1-5可以发现，在中国，波动率高的股票的估值在多数时间内高于波动率低的股票。

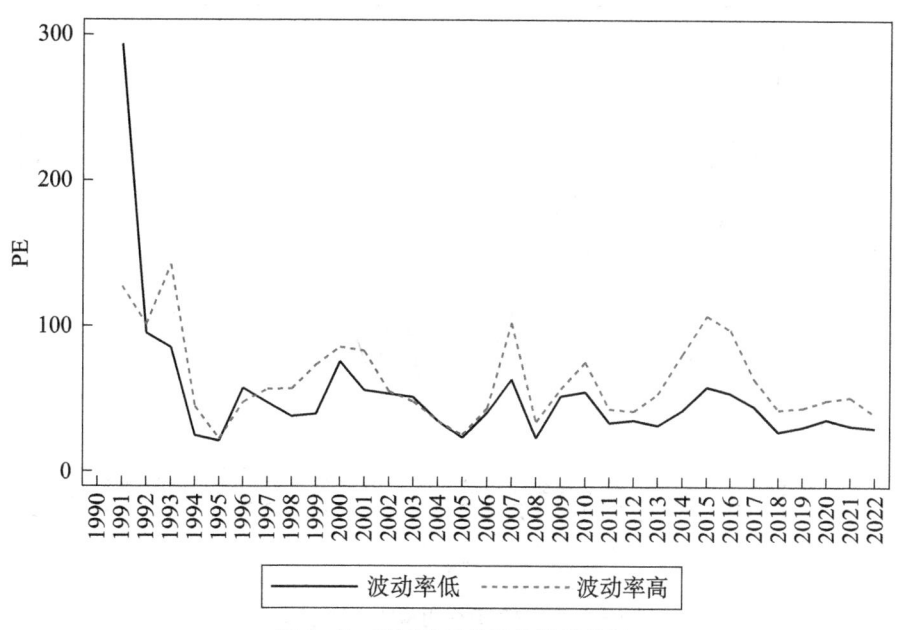

图1-5 按波动率分组检验的结果

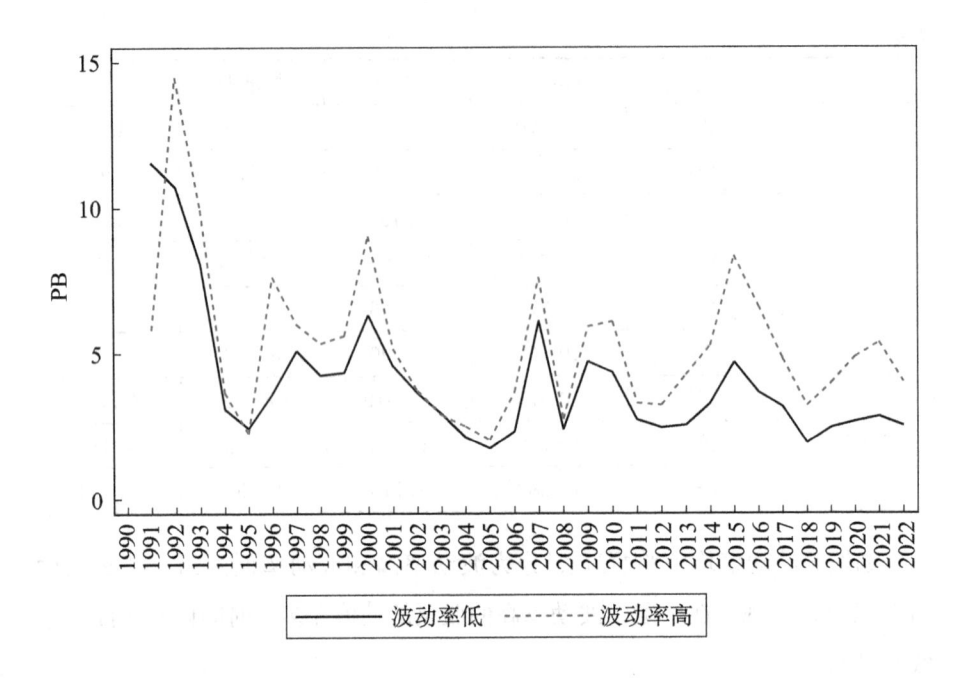

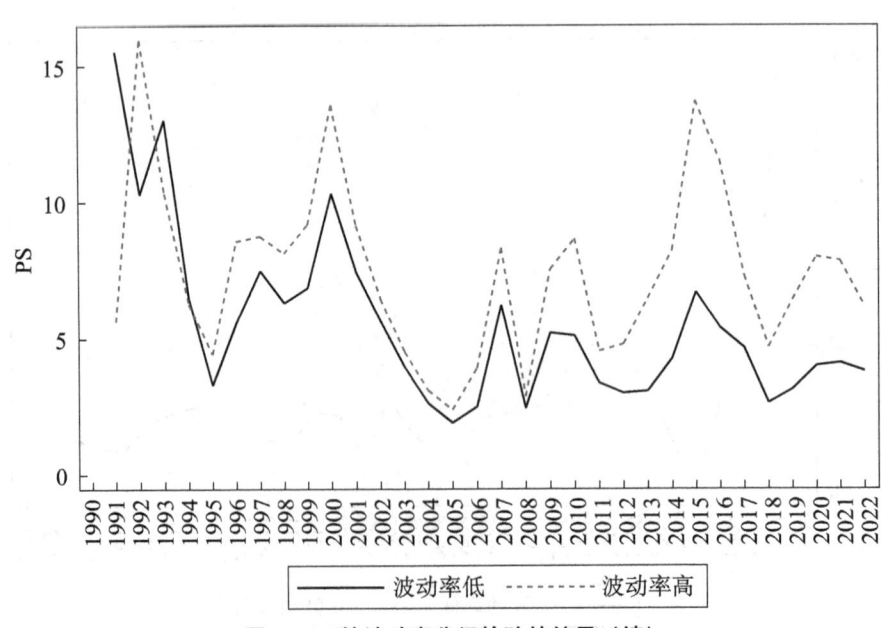

图 1-5 按波动率分组检验的结果（续）

2. 金融文化对具有不同换手率的股票市场估值的影响

与波动率偏好类似，中国金融文化还导致资本市场中存在换手率偏好，即交投较为活跃的股票对于投资者更有吸引力，进而可以获得相对较高的估值，而对于交投清淡的股票，估值就处于相对较低的水平。

为了了解换手率与市场估值之间的关系，我们分别按照日均换手率、月均换手率和年换手率对 A 股上市公司进行分组，探讨具有不同换手率的股票市场估值的差异。这里的换手率均指基于总股数衡量的换手率，基于总股数和基于流通股衡量的换手率分组检验得到的结论基本一致。

（1）日均换手率。

表 1-2 报告了 PE、PB、PS 三种市场估值指标在不同的日均换手率中呈现的统计学特征。本节按照日均换手率的高低将样本划分为五组，可以看出上市公司估值随着日均换手率的提高而单调递增。

表 1-2 按日均换手率分组检验的结果

组别	指标	样本量	均值	标准差	中位数
1（低）	PE	10 715	40.445	115.261	27.949
	PB	10 750	3.328	2.904	2.435
	PS	10 720	4.892	6.683	2.715
2	PE	10 758	41.069	116.736	29.458
	PB	10 768	3.561	3.143	2.514
	PS	10 759	5.142	7.021	2.789
3	PE	10 761	46.111	131.922	33.472
	PB	10 770	3.674	3.083	2.738
	PS	10 759	5.318	7.079	2.990
4	PE	10 768	51.810	152.016	39.575
	PB	10 771	4.197	3.357	3.204
	PS	10 769	6.089	7.785	3.554
5（高）	PE	10 771	65.687	184.675	47.490
	PB	10 773	5.119	3.819	3.997
	PS	10 772	7.434	8.931	4.461

如果按照日均换手率均值将样本划分为换手率高和换手率低两组，那么借助图1-6可以发现，在中国，日均换手率高的股票的估值在多数时间高于日均换手率低的股票。

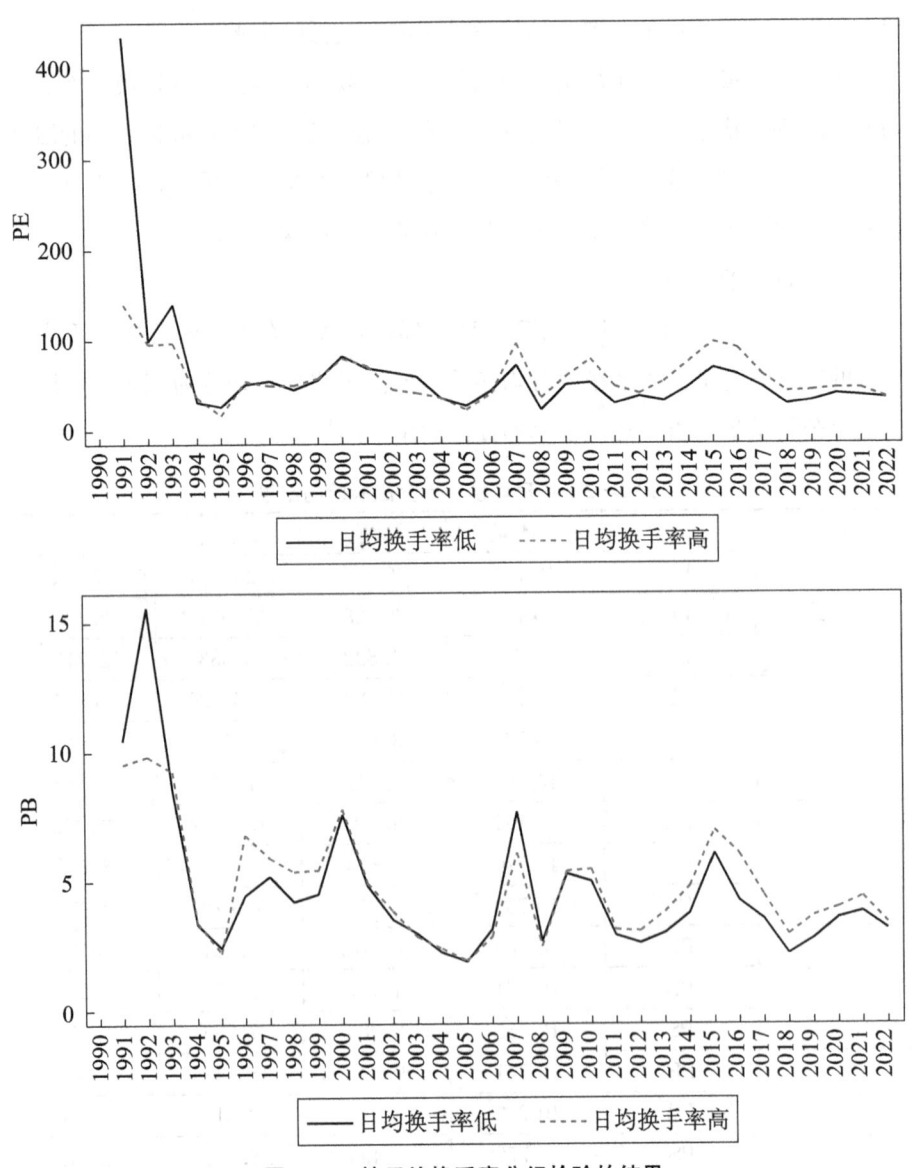

图1-6　按日均换手率分组检验的结果

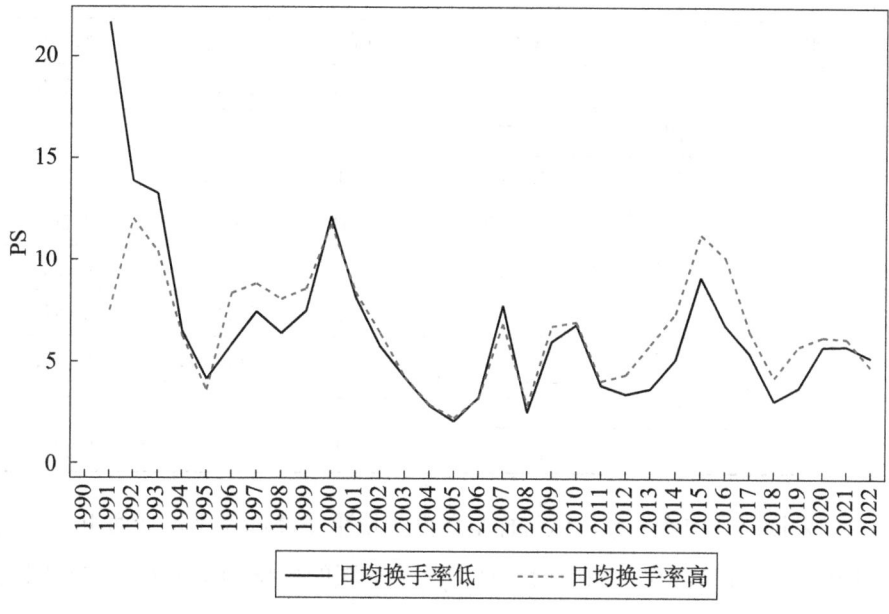

图 1-6　按日均换手率分组检验的结果（续）

（2）月均换手率。

表 1-3 报告了 PE、PB、PS 三种市场估值指标在不同的月均换手率下呈现的统计学特征，其中月均换手率为年内月换手率的均值。本节按照月均换手率的高低将样本划分为五组，可以看出上市公司估值随着月均换手率的提高而单调递增。

表 1-3　按月均换手率分组检验的结果

组别	指标	样本量	均值	标准差	中位数
1（低）	PE	10 719	40.919	116.326	28.109
	PB	10 752	3.357	2.939	2.455
	PS	10 724	4.945	6.744	2.736
2	PE	10 750	41.195	116.554	29.544
	PB	10 763	3.588	3.170	2.524
	PS	10 751	5.192	7.151	2.795

续表

组别	指标	样本量	均值	标准差	中位数
3	PE	10 763	45.894	131.673	33.703
	PB	10 771	3.725	3.151	2.753
	PS	10 761	5.364	7.076	3.012
4	PE	10 768	52.794	150.798	39.505
	PB	10 773	4.197	3.368	3.192
	PS	10 770	6.173	7.883	3.567
5（高）	PE	10 773	64.318	185.412	46.504
	PB	10 773	5.013	3.746	3.924
	PS	10 773	7.202	8.744	4.337

如果按照月均换手率均值将样本划分为换手率高和换手率低两组，那么借助图1-7可以发现，在中国，月均换手率高的股票的估值在多数时间高于月均换手率低的股票。

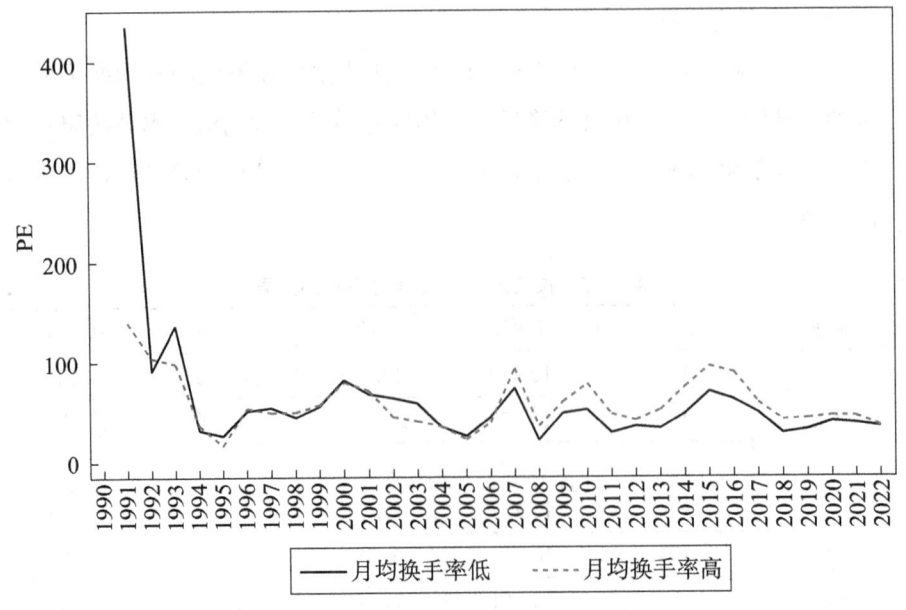

图1-7 按月均换手率分组检验的结果

第一章 金融文化、法律模式与市场估值

图 1-7 按月均换手率分组检验的结果（续）

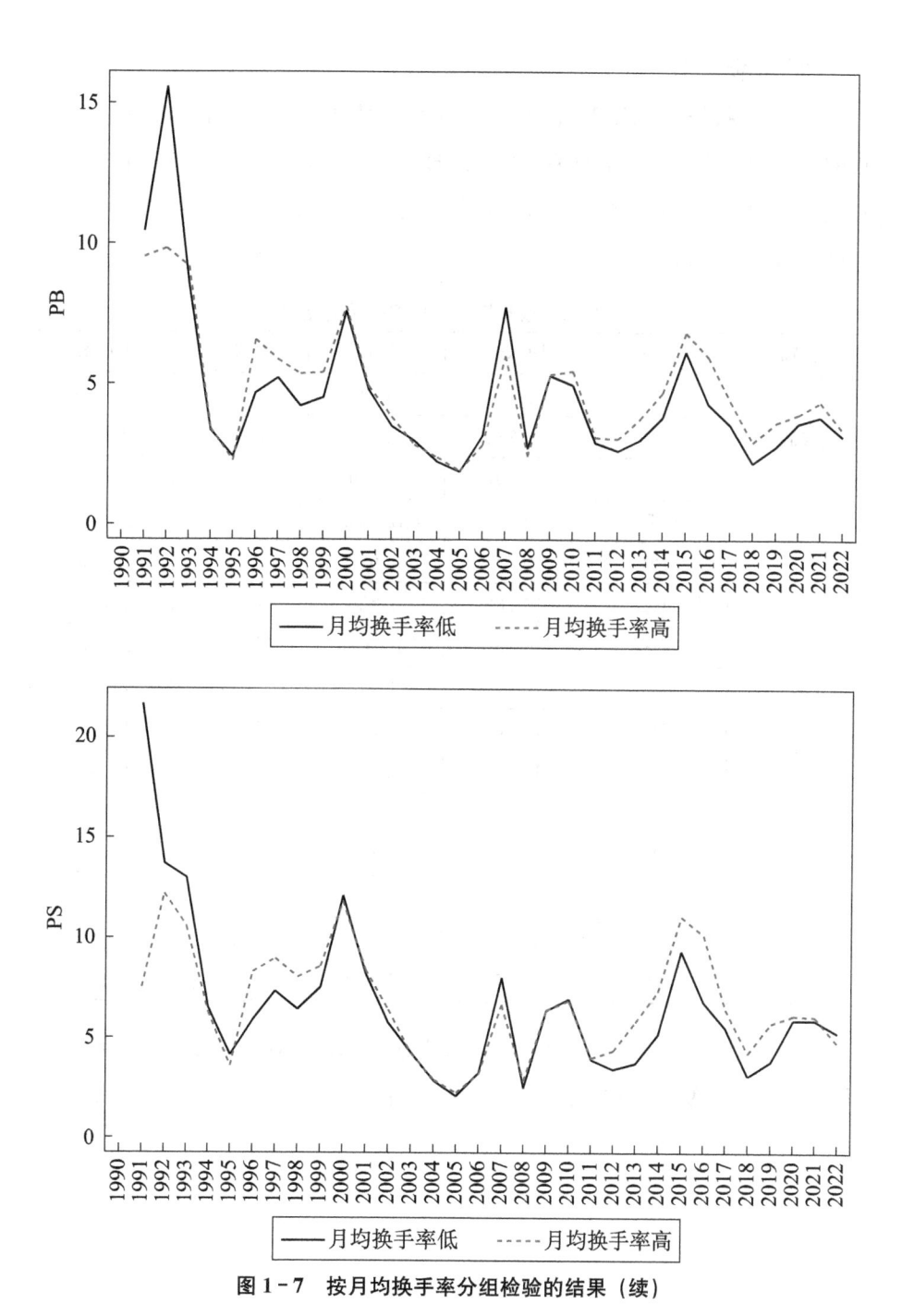

(3) 年换手率。

表1-4报告了PE、PB、PS三种市场估值指标在不同的年换手率中呈现的统计学特征，其中年换手率为年内日换手率（总股数）之和。本节按照年换手率的高低将样本划分为五组，可以看出上市公司估值随着年换手率的提高先减小后增大。

表1-4　按年换手率分组检验的结果

组别	指标	样本量	均值	标准差	中位数
1（低）	PE	10 691	43.062	114.361	30.528
	PB	10 736	3.707	3.341	2.649
	PS	10 697	5.529	7.411	3.050
2	PE	10 763	42.150	114.222	30.428
	PB	10 770	3.678	3.213	2.640
	PS	10 763	5.455	7.199	3.037
3	PE	10 769	45.136	128.147	32.896
	PB	10 773	3.673	3.080	2.716
	PS	10 768	5.358	7.111	2.965
4	PE	10 774	51.091	154.957	37.666
	PB	10 777	4.028	3.238	3.085
	PS	10 775	5.833	7.648	3.336
5（高）	PE	10 776	63.681	187.253	44.688
	PB	10 776	4.793	3.653	3.730
	PS	10 776	6.703	8.469	3.915

如果按照年换手率均值将样本划分为换手率高和换手率低两组，那么借助图1-8可以发现，在中国，年换手率高的股票与年换手率低的股票的估值之间的差异并不稳定。

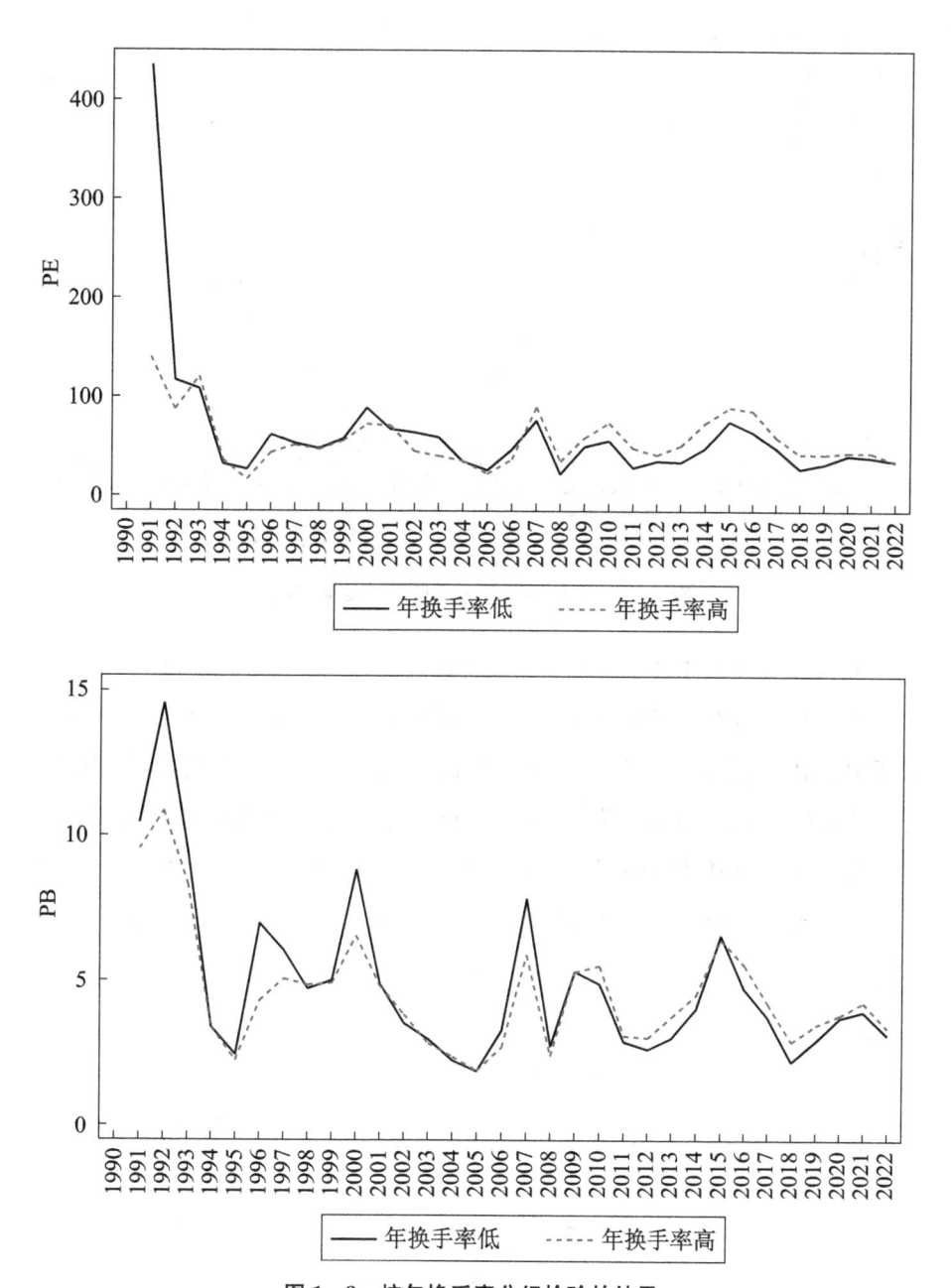

图 1-8 按年换手率分组检验的结果

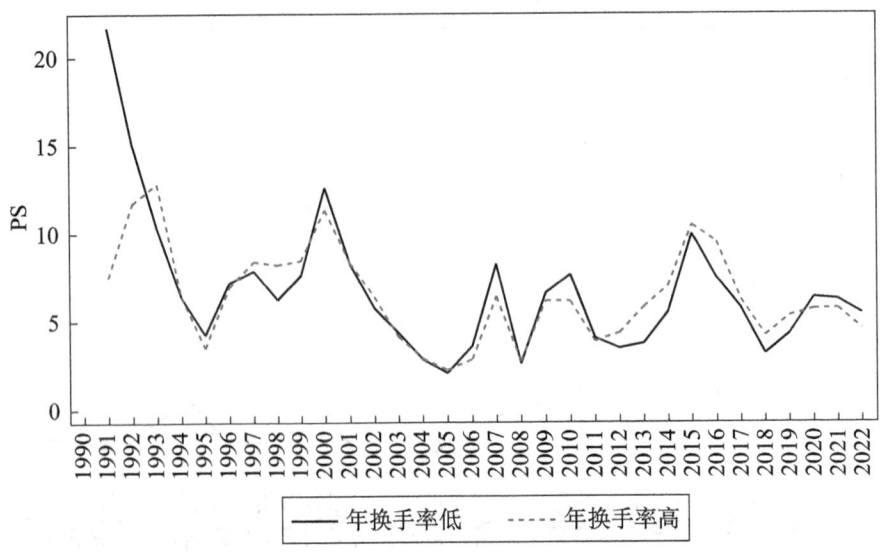

图 1-8　按年换手率分组检验的结果（续）

3. 金融文化对于具有不同市值规模的股票的市场估值的影响

鉴于股票的波动率和换手率与市值之间存在密切关联，投资者对于波动率和换手率的偏好实际上也导致了对低市值的偏好，换句话说，低市值股票的估值水平往往要高于高市值股票。为了了解这一点，这里我们按照市值规模将样本划分为大规模公司和小规模公司两组后进行了估值对比。借助图 1-9 可以发现，在中国，小规模公司的股票估值在多数时间要高于大规模公司的股票估值水平。

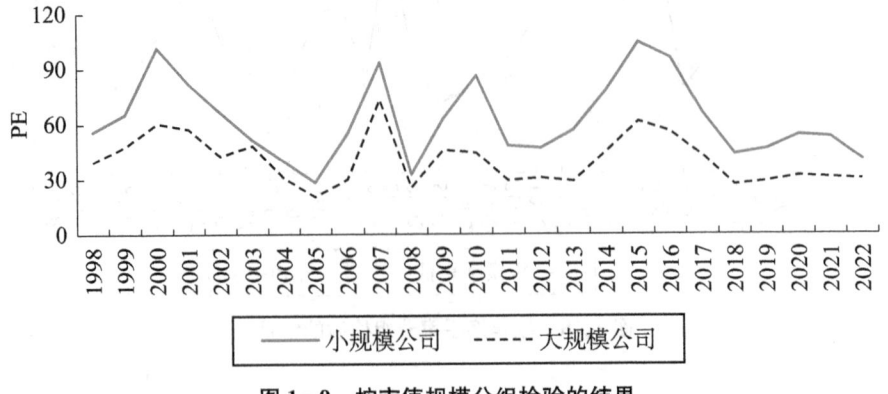

图 1-9　按市值规模分组检验的结果

图 1-9 按市值规模分组检验的结果（续）

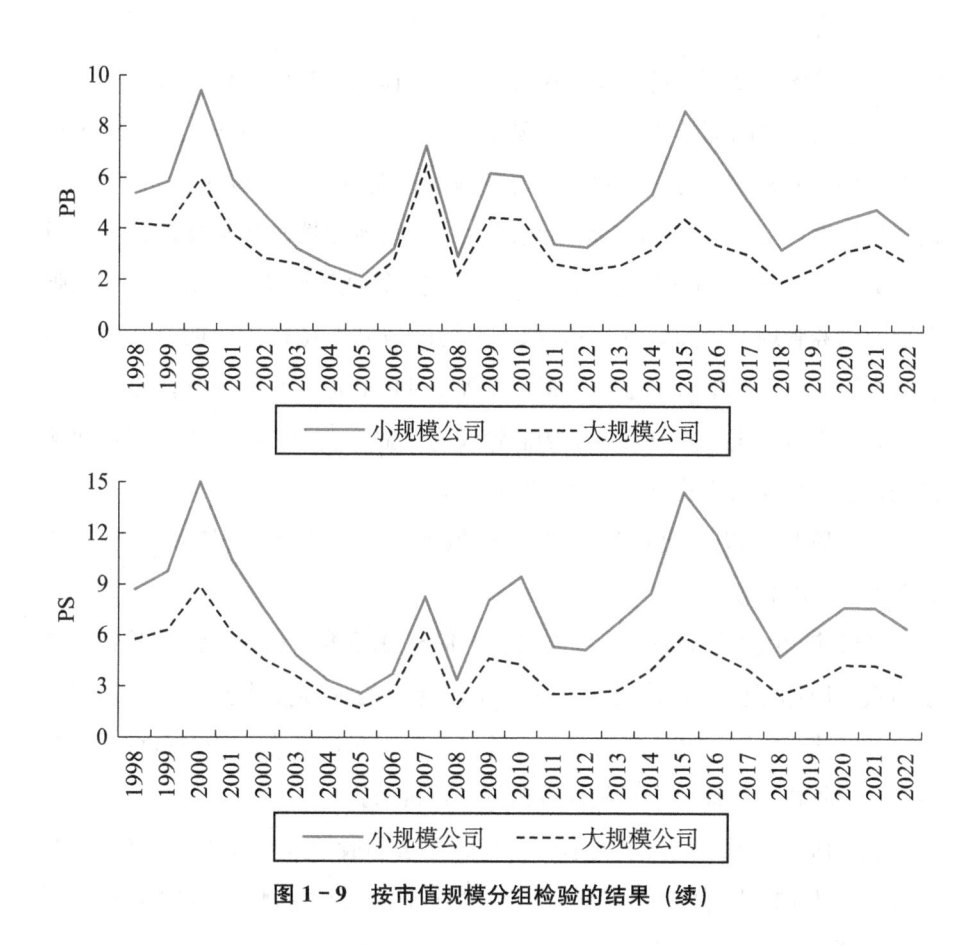

二、法律模式与市场估值

（一）中国资本市场法律模式

中国资本市场法律模式较为特殊，不仅经历了较为明显的阶段变迁，而且其内容架构不同于美英的普通法系和欧洲的大陆法系，带有较强的自身特色。

1. 中国资本市场法律模式的演变：历史与现状

改革开放以来，中国资本市场的法律模式大致经历了五个阶段的演变。

第一阶段：资本市场法律模式的早期探索阶段（1981—1991年）。

一般认为中国证券法规体系的建设起点是1981年《中华人民共和国国库券条例》的颁布实施。此后，随着各地股份制试点的启动及推进，上海、北京等省市在1984—1986年间陆续出台了一些地方性法规来规范证券发行等行为。1987年，国务院先后发布《企业债券管理暂行条例》和《关于加强股票、债券管理的通知》。这一时期，市场的地方性特征较为明显，证券监管格局以中国人民银行为主，国家计委等多部门和地方政府分散管理。

整体来看，这一阶段资本市场监管较为松散，专业性的证券立法和执法缺失，监管模式的构建可以说处于萌芽状态。

第二阶段：以分业监管为内核的资本市场法律模式初步成型阶段（1992—1998年）。

1992年10月，国务院证券委员会（简称证券委）和中国证券监督管理委员会（简称证监会）的成立意味着中国特色的证券分业监管模式初步构建。1992年12月，国务院明确证券委是国家对全国证券市场进行统一宏观管理的主管机构，证监会则是证券监管执行机构。

这一阶段，国家加快了资本市场统一立法和股票发行制度改革的进程。1993年4月国务院发布的《股票发行与交易管理暂行条例》成为国内第一部规范股票发行与交易行为的法规，而1994年《中华人民共和国公司法》的实施则为公司制的确立和资本市场的发展奠定了法律基础。随后，证券委和证监会根据相关授权和规定，单独起草或联合中央其他部委共同起草，出台了一系列规范资本市场的具体法律规范。

整体来看，这一阶段虽然国家层面尚未制定《证券法》这一基本法，被形象地称为"无法有天"的阶段，但监管机构的设立无疑使得全国统一的证券规则体系和执法监管体系均向前迈进了一大步，基于分业监管理念的中国特色资本市场监管模式初步成型。

第三阶段：资本市场法律模式市场化转型的奠基阶段（1999—2004年）。

1999年7月《证券法》这一资本市场基础性法律的正式实施，标志着证券市场在中国社会主义市场经济中的重要地位得到了法律确认，为规范我国资本市场发展提供了法律保障，为防范化解市场风险、培育发展市场、保护中小投资者合法权益提供了法律依据，是我国资本市场法制发展史上的重要里程碑，也标志着中国资本市场监管模式进入了转型阶段。

第四阶段：资本市场法律模式市场化转型的重塑阶段（2005—2013年）。

2005—2008年，我国启动并基本完成了上市公司的股权分置改革进程，一改"流通股和非流通股并存，且非流通股占据主体"的状况，通过非流通股股东以多种方式向流通股股东赎买流通权，实现"同股同权、同股同利"。股权分置改革的完成化解了原来上市公司股东之间的利益冲突，使股东之间的权益得到了有效的平衡，市场运行机制更加符合市场化规律。股权分置改革的完成标志着限制我国资本市场发展的制度障碍已经基本被扫清。随着全国集中统一市场的日渐成熟，我国资本市场得到了长足的发展，从此进入了全新的发展阶段。

第五阶段：资本市场法律模式定型阶段（2014年至今）。

这一时期以"建制度、不干预、零容忍"为理念，资本市场法律模式体现出较为明显的"放管结合"特征，在把选择权交给市场的同时，强化市场约束和法治约束。在发挥市场的主导作用方面，2014年《中国证券监督管理委员会关于改革完善并严格实施上市公司退市制度的若干意见》的出台有利于市场发挥优胜劣汰作用，解决上市公司有进无退问题。有关注册制的法律法规和监管体系不断完善。顺应管制放松的潮流，证监会探索了监管分权机制，将部分监管权下放给中国证券投资基金业协会、中国证券业协会、证券交易所等机构。在强化法律约束方面，2020年3月1日新《证券法》的实施标志着中国资本市场发展进入新的历史阶段，开启了"更严监管"的征程。新《证券法》进一步明确了发行人及控股股东、实际控制人、高级管理人员的法律责任；提高了信息披露的要求，加大了对欺诈发行、信息披露违法行为的惩处力度，加强了监管执法和风险防控，并强化了民事责任，还对中介服务机构的"看门人"责任进行了规定。

同时，资本市场执法工作取得了重要进展，依法从严打击证券违法活动的执法司法体制和协调配合机制初步建立。新《证券法》和《中华人民共和国刑法修正案（十一）》的配套制度相继推出，证券期货行政执法当事人承诺制度、证券纠纷特别代表人诉讼制度等落地，证监会牵头成立跨部委协调工作小组，各方共同打击证券违法活动的格局持续巩固。证券违法犯罪成本显著提高，重大违法犯罪案件多发频发态势得到遏制。

2. 中国资本市场法律模式：不同于欧美的第三种模式

La Porta 等（1997）通过对比普通法系国家和地区与大陆法系国家和地区的法律体系，发现包括英国、美国在内的普通法系国家和地区更加重视对债权人与股东利益的保护，而以德国法系、法国法系为代表的大陆法系国家和地区对债权人与股东利益的保护则弱一些，进而认为英国、美国这种普通法系的国家和地区更容易建立起市场导向型金融体系。

Allen 等（2005）的研究显示，从对债权人与股东利益的保护及执法体系情况看，中国当时的法律模式既不同于以英国法系为代表的普通法系国家，也与以德国法系、法国法系为代表的大陆法系国家有着较大的差异，而是在立足自身国情的背景下，兼容并包，事实上构建了不同于欧美的第三种法律模式（见表1-5和表1-6）。

表1-5 普通法系国家、大陆法系国家和中国对债权人与股东利益的保护

	英国法系均值	德国法系均值	法国法系均值	普通法系和大陆法系全样本均值	中国
债权人利益					
对资产的自动留置权	0.72	0.67	0.26	0.49	0
抵押债权人的优先偿付权	0.89	1	0.65	0.81	0
对进入重组的限制权	0.72	0.33	0.42	0.55	1
管理层不得参与重组	0.78	0.33	0.26	0.45	1
总体债权人利益	3.11	2.33	1.58	2.3	2
股东利益					
同股同权	0.17	0.33	0.29	0.22	1
允许通过邮寄行使代理权	0.39	0	0.05	0.18	0

续表

	英国法系均值	德国法系均值	法国法系均值	普通法系和大陆法系全样本均值	中国
在股东会召开前股权未受阻	1	0.17	0.57	0.71	0
累积投票权/份额代表权	0.28	0.3	0.29	0.27	0
受压制少数股东保护	0.94	0.5	0.29	0.53	1
新发行优先认购权	0.44	0.33	0.62	0.53	1
召集临时股东会股权份额	0.09	0.05	0.15	0.11	0.1
对抗董事会的权利	4	2.33	2.33	3	3
强制性股利	0	0	0.11	0.05	0

资料来源：Allen et al. (2005).

表1-6 普通法系国家、大陆法系国家和中国的执法体系

	英国法系均值	德国法系均值	法国法系均值	普通法系和大陆法系全样本均值	中国
司法体系效率	8.15	8.54	6.56	7.67	N.A.
法律规则	6.46	8.68	6.05	6.85	5
腐败	7.06	8.03	5.84	6.90	2
受剥夺的风险	7.91	9.45	7.46	8.05	N.A.
合同毁约风险	7.41	9.47	6.84	7.58	N.A.

资料来源：Allen et al. (2005).

（二）中国资本市场法律模式变迁的理论逻辑

中国资本市场法律模式变迁是由渐进式经济体制改革的整体推进模式以及资本市场改革发展的市场化、国际化等多种因素共同推动的。

1. 渐进式经济体制改革的整体推进模式

历史地看，中国资本市场监管"从无到有"以及后续监管模式的变化很大程度上是由渐进式经济体制改革的整体推进模式决定的。资本市场在中国的创建和发展一开始就是一个新颖的实践，而这种实践在做出首次尝试时必然会出错，尤其是在一个监管缺失的环境中。一方面，从当时的情况看，要

想使实践成功，作为监管者的政府必须有耐心，要保持思想开放，并学会迅速采取行动——建立有利于实践发展的规章制度或能在情况恶化时及时叫停；另一方面，对于希望通过引进这种创新制度来推动改革发展的人们而言，最有效的方法就是尽可能多地试验，在有限的时间里找出切实有效的因素的同时，也清醒地意识到风险所在——试验的次数越多，错误也必然会越多。① 这意味着中国资本市场的监管模式变迁根源于渐进式经济体制改革的整体推进模式。

2. 市场化

众所周知，中国资本市场的发展并非完全依靠市场自发力量实现的"诱致性"制度变迁，而带有"强制性"制度变迁色彩。换句话说，在资本市场创建之初，中国并未依靠市场自然演化推动证券市场发展，而是利用后发优势，由政府主导证券市场的建设与发展，通过形成顶层设计和制定大政方针确定基调，并由证券监管部门予以执行来推动资本市场各项事业的快速发展。总体上，资本市场的发展与国家政策走向保持着高度一致，市场的政策导向明显，监管者的一举一动对市场发展和股价变化都有举足轻重的影响。受过去计划经济管理方式的影响，监管者在很长时间内牢牢把握了资本市场资源的分配和协调，诸多市场准入方面的"审批制""核准制"成为监管者规划市场发展前景、掌控市场发展节奏的有力工具，但也正因这种自上而下的监管主导和行政介入，股票市场始终难以摆脱"政策市"的名声，并存在"一放就乱，一管就死"的问题。

随着资本市场改革的深化，监管与市场作为市场发展的两股力量也随之发生变化。一方面，监管者贯彻国家大政方针，逐步放松管制、简政放权，为资本市场提供更多金融创新与业务发展的空间，市场的自我选择在推动资本市场发展方面也越来越多地发挥积极作用；另一方面，法律制度从注重审批的事前监管开始转向维护秩序和施加惩罚的事中事后监管，不仅客观上为

---

① 实际上，这也是邓小平的名言"不争论，大胆地试，大胆地闯"背后的逻辑。

市场力量发挥主导作用提供了可能，而且有利于政府做好市场的保护者和管理者，维护市场秩序，保护投资者权益。可见监管与市场力量并非简单地此消彼长，二者明确合理的职能划分和功能互补将有助于我国建立一个更加公平、公正、公开的证券市场。

3. 国际化

中国资本市场的开放进程循序渐进、逐步加深，实现了从最初的A股和B股分割到资本市场单向开放，再到资本市场双向开放的转变。从股票市场来看，重要的制度性安排包括B股、QFII、QDII、RQFII、沪港通、深港通等。资本市场开放不断推动我国法律模式与时俱进，立足国情，积极地借鉴大陆法系与普通法系中涉及证券发行、公司治理以及投资者保护等方面的成熟制度。资本市场监管标准趋于规范化与国际化，监管方式越发专业化与协作化，监管手段更加科技化与现代化。这些都促进了我国资本市场向国际化、法治化、市场化方向迈进。

（三）法律模式对市场估值的影响

法律模式影响金融市场的两条主要渠道分别是政治渠道（Political Channel）和适应性渠道（Adaptability Channel）。政治渠道假定不同法律模式给予私有产权和国家权力不同的优先程度，认为大陆法系倾向于促进国家权力的发展，并对金融发展产生负面影响。适应性渠道强调法律传统在面对不断变化的社会经济环境时响应速度有所不同，与英系普通法国家和德系大陆法国家相比，法系大陆法国家更容易发展出效率低下的刚性法律制度，从而对金融发展产生不利影响。Beck等（2003）的研究结果为适应性渠道提供了支持。不同法律模式在适应不断变化的社会经济环境的能力方面存在差异，迅速适应金融需求的法律制度将比刚性法律制度更有效地促进金融发展。德系大陆法国家和英系普通法国家的金融中介机构和金融市场明显比法系大陆法国家发达，对私有产权的保护也比法系大陆法国家强，即法律模式的适应性渠道能够解释金融中介机构发展、股票市场发展和私有产权保护的跨国差异。

从中国的实践来看，法律模式的变迁对于市场估值有着明显的影响。这里借助股权分置改革和新《证券法》颁布前后的市场估值变化，在大致了解监管模式的改变对市场估值的影响的基础上，就新《证券法》颁布前后公司层面投资者保护程度对其市场估值的影响进行了一些实证分析。①

1. 股权分置改革

股权分置是在以公有制为基础的股票市场中形成的特殊问题，它严重扭曲了资本市场定价机制。为解决制度缺陷，股权分置改革于2005年4月启动试点，8月全面推开。股权分置改革提高了上市公司内在价值的价格相关性，降低了市场中其他因素对股票价格的影响（杨善林等，2006）。在此基础上，我们实证分析了股权分置改革对企业市场估值的影响。

首先，我们对比了股权分置改革前后上市公司估值的变化②，发现PE、PB、PS均有所下降（见表1-7）。在股权分置改革之前，流通股获取成本高，发行价格和市盈率居高不下，而非流通股丧失流通性溢价后也很容易在控制权市场上得到补偿，存在控制权溢价，致使市场存在价格泡沫（朱小平等，2006）。股权分置改革刺破了价格泡沫，推动了流通股与非流通股间利益协调与重新分配，能够让价格回归理性。

表1-7 股权分置改革检验

指标	改革前 （2006年和2007年）		改革后 （2008年和2009年）	
	样本量	均值	样本量	均值
PE	2 144	65.47	2 144	42.16
PB	2 144	4.80	2 144	3.70
PS	2 144	5.02	2 144	3.95

---

① 本节的样本为A股主板上市公司，估值指标来自Wind数据库，企业基本信息和财务数据来自CSMAR数据库。

② 截至2006年底，沪深两市已完成或者进入改革程序的上市公司共1 301家，占应改革上市公司的97%，对应市值占比98%。（数据来源于中国政府网。）

第一章　金融文化、法律模式与市场估值

其次，我们按照企业股权性质将上市公司划分为国有企业和非国有企业，不同股权性质企业的估值情况见图1-10。就PE而言，国有企业的估值在2005年之前高于非国有企业，两者的估值差异在2006—2008年间变小，2009年起国有企业与非国有企业发生明显分化，国有企业的估值低于非国有企业。而就PB和PS而言，国有企业的估值小于非国有企业，且这种差距逐渐明显。我们推测：相比非国有企业，国有企业股票流动性相对较差，股权分置改革后国有企业股票因流动性折价导致估值相对较低。

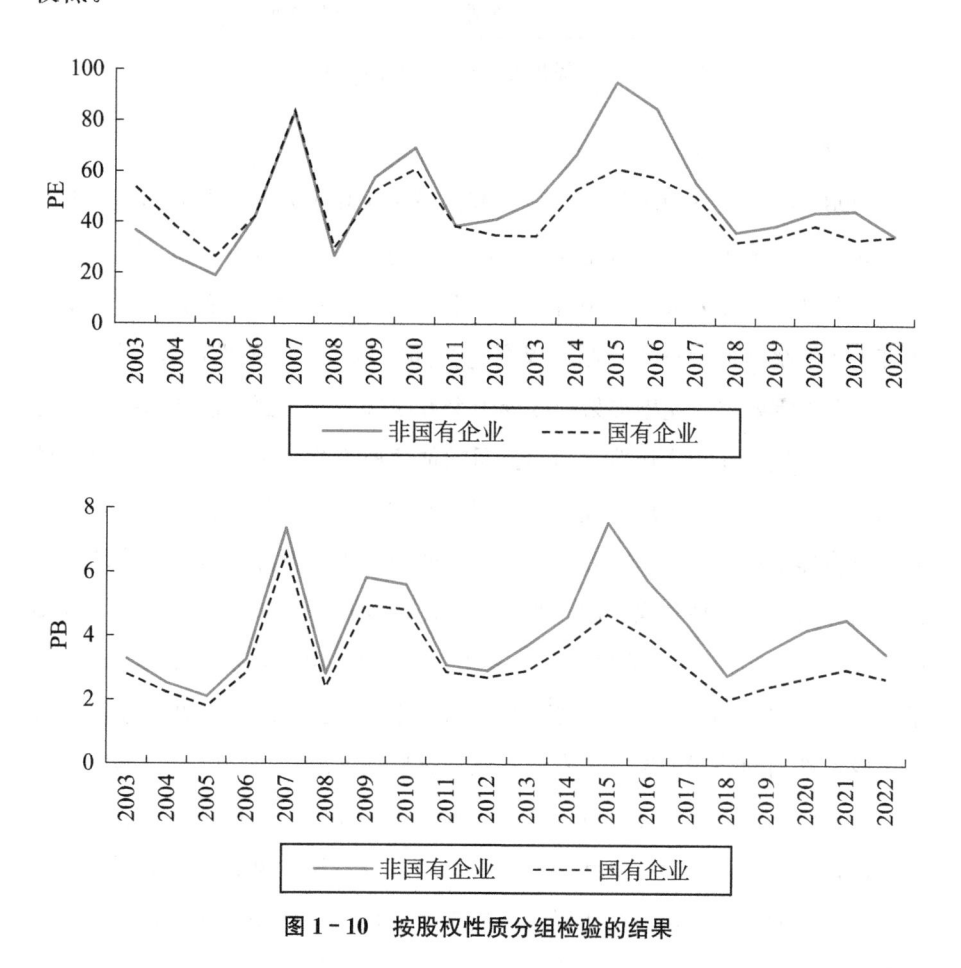

图 1-10　按股权性质分组检验的结果

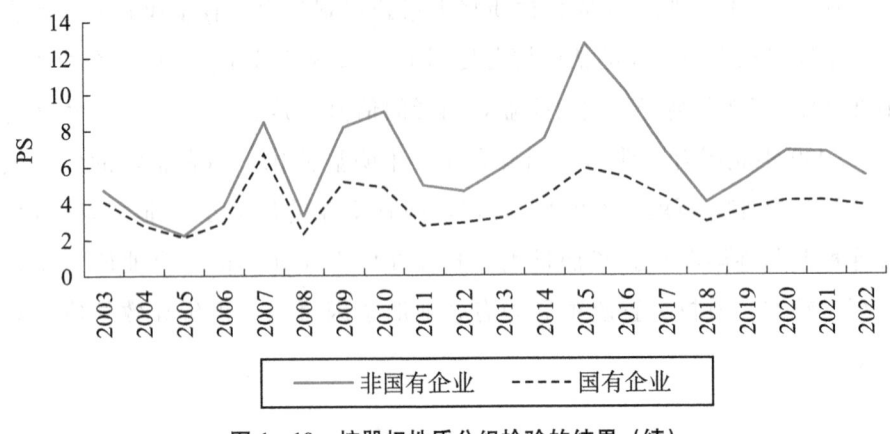

图 1-10 按股权性质分组检验的结果（续）

2. 新《证券法》颁布

1998年颁布的《证券法》一度在我国资本市场上发挥重要的作用，多年间一共历经了多次修订，但随着中国资本市场出现新问题、新情况，原来的规定难以满足现实需求。2020年3月1日起，新《证券法》正式施行，本次修订主要围绕推行发行注册制、提高违法违规成本、完善投资者保护制度、强化信息披露要求、完善交易制度等十个方面进行。下面我们探讨新《证券法》颁布对流动性和成长性不同的公司的估值所产生的差异化影响，其中流动性使用日均换手率衡量，成长性使用营业收入增长率衡量。本节根据换手率均值将样本划分为换手率高和换手率低两组，根据营业收入增长率均值将样本划分为成长性高和成长性低两组，对比流动性和成长性不同的公司在新《证券法》颁布前后的估值情况。由表1-8可知，相比换手率高的公司，换手率低的公司在新《证券法》颁布之后估值增长更快；相比成长性低的公司，成长性高的公司在新《证券法》颁布之后估值增长更快。这可能是因为新《证券法》全面推行证券发行注册制度，完善投资者保护制度，从而有利于促进投资者进行价值投资和长期投资。新《证券法》颁布使得市场中存在更多有耐心的投资者，他们看好公司的未来发展并长期持有其股票，促使换手率和成长性不同的公司的估值出现分化，表现为换手率低和成长性高的公司的估值增长较快。

表1-8 新《证券法》颁布对公司估值的差异化影响

分组	指标	颁布前（2018年和2019年）样本量	均值	颁布后（2020年和2021年）样本量	均值	变化率
换手率低	PE	2 494	27.84	2 494	31.16	11.90%
	PB	2 494	2.28	2 494	2.84	24.72%
	PS	2 494	3.05	2 494	3.84	25.79%
换手率高	PE	2 492	42.62	2 492	40.12	−5.87%
	PB	2 492	2.79	2 492	3.38	21.32%
	PS	2 492	3.81	2 492	4.39	15.34%
成长性低	PE	2 492	37.12	2 492	31.48	−15.20%
	PB	2 492	2.27	2 492	2.59	14.29%
	PS	2 492	3.38	2 492	3.88	15.04%
成长性高	PE	2 492	33.38	2 492	39.80	19.25%
	PB	2 492	2.77	2 492	3.63	30.88%
	PS	2 492	3.44	2 492	4.35	26.40%

3. 投资者保护程度对估值的影响

当投资者权利得到更好的法律保护时，投资者愿意为股权和债务等金融资产支付更高的价格。这是因为在更好的法律保护下，更多的公司利润将以利息或股息的形式回到投资者手中，而不是被管理层和控股股东攫取。通过防止利益侵占，法律保护提高了证券的市场价格。反过来，这使更多的公司能够从外部为其投资融资，从而扩大金融市场规模。从实证角度来看，La Porta 等（2002）证实了更好的投资者法律保护会导致更高的企业估值。

本节根据企业层面投资者保护程度将样本划分为投资者保护程度高和投资者保护程度低两组。由表1-9可知，第一，投资者得到更好的法律保护时股票估值提升，本节的结果支持严格的法律环境有利于价格发现；第二，相比投资者保护低的企业，投资者保护高的企业在法律规制后估值增长更快，即法律环境改善导致投资者保护与股票估值的关系更加密切。

表 1-9 不同投资者保护程度对公司估值的影响

分组	指标	新《证券法》颁布前（2018年和2019年）		新《证券法》颁布后（2020年和2021年）		变化率
		样本量	均值	样本量	均值	
投资者保护程度低	PE	2 379	35.90	2 379	37.57	4.65%
	PB	2 379	2.22	2 379	2.35	5.68%
	PS	2 379	3.11	2 379	3.38	8.86%
投资者保护程度高	PE	2 379	35.48	2 379	41.41	16.71%
	PB	2 379	2.89	2 379	3.80	31.52%
	PS	2 379	3.35	2 379	4.46	32.84%

三、结语

文化和法律等制度规范是影响一国或地区经济金融运行的重要因素之一。尽管中国在经济层面崇尚节俭和量入为出的消费文化，中国居民的储蓄倾向较强且总体上对风险有较强的厌恶倾向，银行存款、国债等低风险、低收益的资产是居民储蓄的首选，但当股票、债券交易重新回归金融舞台之后，股票等与存款截然不同的高收益、高风险、高流动等特征激发了中国民众强烈的市场参与热情。问题是，中国资本市场是在一个监管缺位（或滞后）的环境中诞生的，市场发展初期强烈的收益预期、低下的上市公司整体质量加上监管的缺失等因素的共同叠加导致了市场中短期交易行为普遍存在，进而导致在相当长一个时期内市场价格的涨落更多地受市值规模大小、题材概念、政策乃至谣言等因素的影响，市场估值与企业经营业绩关联不紧密，事实上营造出了一种偏好风险和投机的市场投资文化。而这种市场投资文化形成之后，投资者对于高波动率、高换手率以及小市值规模的偏好不断强化，致使在中国出现了高波动率、高换手率和低市值股票的估值一般要高于低波动率、低换手率和高市值的股票的独特现象。尽管后期市场监管模式几经变迁，投资者保护程度也经历了持续改进，但整体上看，由于中小投资者绝对数过大（相应地在投资者群体中占比过高）且投资金额有限，上市公司质量整体不佳且分红、再融资以及大股东减持等制度性缺陷，市场参与者的短线交易倾向并没有从根本上得到改变。

市场投资文化的影响具有持久性，很难在短期内明显逆转。从当前中国资本市场的运行来看，尽管法律模式在市场化、法治化和国际化改革的大背景下已有了长足的改进，但要想培育价值投资理念、树立长线投资理念，需要重点关注以下几点：一是以中国丰富多彩的文化传统为根基，批判性吸收借鉴西方金融文化，取其精华，去其糟粕。无论什么样的社会或者文明，都会在开放、宽容和政治稳定的环境下，通过与其他文化的融合而繁荣昌盛，相反，思想封闭和政治混乱可能引发灾难。当前的中国正在建设中国特色市场经济，推进中国式现代化，这就要求中国继续以宽容和开放的态度来看待西方文明。二是立足中国实际，以提升透明度为核心，进一步完善证券立法和执法环境，严格遵循"建制度、不干预、零容忍"的监管理念，对虚假陈述、操纵市场、内幕交易等证券违法行为加大处罚打击力度。三是端正投资者，尤其是中小投资者对股市的认识。要让投资者深刻了解在股市中投资是有风险的，而且投机程度越高，风险就越大。在风险承受能力不足时，即使一时投机成功获利，但长期投机多半会血本无归。特别是对于中小投资者而言，一定要防止过度投机，尽量选择投资价值较高的上市公司做长线投资。四是以全面推行注册制为契机，着力提升上市公司质量，完善上市公司分红、大股东减持、退市等制度，营造价值投资的市场氛围。五是有序推进机构投资者的发展，改善市场投资者结构。

参考文献

[1] 埃德蒙·菲尔普斯. 大繁荣：大众创新如何带来国家繁荣. 北京：中信出版社，2013.

[2] 富兰克林·艾伦，道格拉斯·盖尔. 比较金融系统. 北京：中国人民大学出版

社，2002.

[3] 洪艳蓉. 金融监管治理：关于证券监管独立性的思考. 北京：北京大学出版社，2017.

[4] 科斯，王宁. 变革中国：市场经济的中国之路. 北京：中信出版社，2013.

[5] 拉詹，津加莱斯. 从资本家手中拯救资本主义. 北京：中信出版社，2004.

[6] 马克·J. 洛. 强管理者 弱所有者——美国公司财务的政治根源. 上海：上海远东出版社，1999.

[7] 莫里森，维尔勒姆. 投资银行：制度、政治和法律. 北京：中信出版社，2011.

[8] 杨善林，杨模荣，姚禄仕. 股权分置改革与股票市场价值相关性研究. 会计研究，2006 (12).

[9] 朱小平，暴冰，杨妍. 股权分置改革与流动性定价问题研究. 会计研究，2006 (2).

[10] Allen, J. and M., Qian. "Law, Finance and Economic Growth in China." *Journal of Financial Economics*，2005 (77).

[11] Beck, T., Demirgüç-Kunt, A., and Levine, R. "Law and Finance: Why does Legal Origin Matter?" *Journal of Comparative Economics*，2003，31 (4).

[12] La Porta R., Lopez-de-Silanes F., Shleifer A., and Vishny R. "Investor Protection and Corporate Valuation." *The Journal of Finance*，2002，57 (3).

[13] La Porta, R., Lopez-de-Silanes, F., Shleifer, A., and Vishny, R. "Legal Determinants of External Finance." *The Journal of Finance*，1997，52 (3).

第二章

经济制度、股权结构与市场估值

摘　要：中国国有控股上市公司一直是资本市场的重要组成部分，尽管国家不断推进国有企业改革，但国有控股上市公司的市盈率普遍较低。因此，深入研究国有控股上市公司估值折价的原因和机制，并提出有效的政策建议，对于促进国有企业改革、推动资本市场的健康发展至关重要。基于此，通过分析2003—2022年的A股市场数据，本章实证检验了经济制度、股权结构与市场估值之间的关系。研究发现，上市公司的所有制结构显著影响了股票估值的大小，相对于非国有控股上市公司，国有控股上市公司的估值有显著折价现象。同时，市场更看重稳定的股权结构，第一大股东持股比例较高的企业估值水平更高。尽管已有的估值因素，如开放程度、市场条件、企业增长情况与盈利水平不确定性等多个因素也影响了国有控股上市公司的估值水平，但并不能完全解释其估值折价现象。本章最后对促进资本市场的稳定和健康发展提出建议：一方面，国有控股上市公司应积极提高盈利质量、规范信息披露、增强公司透明度、改善股权结构和公司治理，吸引更多投资者；另一方面，投资者应把握好不同类型上市公司的估值逻辑，充分认识国有控股上市公司服务国家战略应具有的国家信用估值溢价，合理提高其估值水平。

一、引言

2022年10月，党的二十大报告中提出了对资本市场的长期发展要求，特别强调了"健全资本市场功能，提高直接融资比重"的目标。因此，一个合理的估值体系对于准确反映资产的内在价值至关重要，有助于减少市场估值偏差，促进资本市场的有效运作。

中国国有企业在国家经济中扮演着重要角色，涵盖了多个关键领域，对国内和国际市场具有重要影响力，是国民经济的支柱。尽管国有控股上市公司在国家战略和国际竞争中扮演着关键角色，但其股票估值长期以来一直相对较低。具体来看，研究发现，2003—2008年间，国有控股上市公司的市盈率平均值为21.84，标准差为7.12，而非国有控股上市公司的市盈率平均值为28.47，标准差为8.01。这表明，国有控股上市公司的市盈率平均较低，相对非国有控股上市公司低30.52%。2009—2022年间，国有控股上市公司的市盈率平均值为15.09，标准差为3.78，而非国有控股上市公司的市盈率平均值为24.96，标准差为5.06，非国有控股上市公司的整体市盈率较国有控股上市公司高出约65%。这一现象引发了广泛的关注和研究兴趣。

为此，本章的主要目标是深入研究中国国有控股上市公司的估值问题，并从经济制度、股权结构等方面分析估值背后的原因。我们旨在更好地理解中国股市的估值机制，从而为政策制定者和投资者提供关于如何改进国有企业治理和提高市场估值的建议。此外，我们的研究还可以为进一步推动国有企业改革提供依据和方向，优化国有企业和资本市场的治理结构，提高其经营效率，使其在建设现代化产业体系和构建新发展格局的过程中更大限度地发挥作用。

二、文献综述

国有企业改革不断取得进展，在建立现代企业制度、完善国有资产监管体制以及调整国有经济布局等方面取得了显著成就（邓全等，2021）。然而，与其他上市公司相比，国有控股上市公司仍然存在一些治理机制不够健全、信息披露质量普遍较差以及两类委托代理问题相对突出的情况。股票市场是直接反映企业经营状况的关键指标，因此国有控股上市公司和非国有控股上市公司在股票市场上的表现差异在一定程度上可以反映出它们在经营效率和公司治理等方面的差异。然而，有关国有控股上市公司与非国有控股上市公司市场估值差异的研究文献相对较少。

（一）影响企业估值的要素

根据现有文献，影响企业估值水平的因素多种多样，包括股票经营相关因素，如盈利能力、增长趋势、分析师预测增长率，以及公司治理相关因素，如股权集中度和机构投资者持股比例。市场因素，例如股票流动性和市场关注度，也会对估值产生影响。此外，股票的基本情况，包括所在行业、财务杠杆水平和公司规模等，也被认为会对估值产生影响。

股票的价值通常由未来的基本面因素决定，因此投资者需要对公司未来经营情况进行预测。作为市场重要的参与者和信息中介，证券分析师通过搜集和分析公司相关信息，提供了更多有关股票价格的信息。证券分析师的盈利预测在市场估值中扮演着重要的角色（Bradshaw，2004；谭松涛，崔小勇，2015）。证券分析师的预测能够较好地反映市场的预期。研究表明，证券分析师盈利预测更适合作为市场预期的替代变量（Givoly and Lakonishok，1984）。Brown 等（1987）的研究也得出了相似的结论：他们比较了根据证券分析师预测计算的未预期盈余和根据四类一元时间序列模型的盈利预测计算的未预期盈余，发现前者更能体现股价对盈余的反应。

分析师对股价的影响主要体现在股价同步性方面。朱红军等（2007）在其研究中，使用了中国 A 股上市公司 2004—2005 年间的证券分析师数据作为实证研究的样本。他们的研究结果显示，企业的证券分析师跟踪数量与股价同步性呈现负相关关系，即证券分析师的关注能够降低股票价格的同步波动。此外，研究还指出，由于中国新兴资本市场的法律环境和制度建设与发达国家存在差异，因此中国的证券分析师报告在信息质量方面存在较大的差异。伊志宏等（2019a）采用文本分析和机器学习等先进方法，通过人工标注和支持向量机算法统计了大量分析师报告中与公司特质信息相关的句子比例，作为衡量证券分析师报告中公司特质信息含量的指标。他们的实证分析结果显示，企业证券分析师报告的公司特质信息含量与股价同步性呈负相关关系，而且这种负相关关系在公司信息不对称程度增加和证券分析师报告的影响力提升的情况下更为显著。此外，一些学者还深入研究了分析师的具体特征对股价同步性的影响。例如，明星分析师（如 Xu 等，2013；周铭山等，2016；伊志宏等，2019b）和女性分析师（伊志宏等，2015）在降低公司股票价格同步性方面发挥了更为显著的作用。这些研究为我们更好地理解分析师对股价同步性的影响提供了有力的实证支持。

流动性是指市场迅速以合理价格交易资产的能力。已有研究探讨了股票流动性与资产定价之间的关系。从理论上来看，股市存在流动性溢价现象：当股票流动性较低时，交易成本较高，投资者对于持有该资产的预期收益要求较高。在实证研究方面，国外学者的研究发现了类似的现象。Haugen 和 Baker（1996）的研究发现，在美国 Russell 3000 股指的所有成分股中，1979—1993 年间，股票的预期收益率与换手率呈显著负相关关系。类似的流动性溢价现象也存在于英国、法国、德国和日本等国的股市。Datar 等（1998）对纽约证券交易所（NYSE）的非金融类股票 1963—1991 年的数据进行了实证分析，结果显示，在控制其他相关变量的情况下，股票的预期收益率与换手率之间存在显著的负相关关系。然而，Brennan 等（1998）的研究发现，这种负相关关系只出现在纽约证券交易所和美国证券交易所（AMEX），而在纳斯达克市场则不存在。Chordia 等（2001）的研究发现，股票的预期收益率与交易量呈显著负相关关系，并且与交易波动程度也存在显著负相关关系。Amihud（2002）则用资产收益率绝对值与成交额的比率来衡量股票的流动性，在对纽约证券交易所 1963—1997 年间的数据进行横截面和时间序列分析后，证实了流动性溢价的存在，特别是小企业的流动性溢价最为显著。

我国学者也开展了关于股票流动性的研究。首先，他们从买卖价差的角度分析了我国股市流动性的特点和影响因素，例如，屈文洲和吴世农

（2002）借助高频数据分析了买卖价差的日内特征、变动模式和影响因素；靳云汇和杨文（2002）研究了股价和收益率波动程度对上海股市流动性指标（宽度和深度）的影响。其次，他们构建了"非流动性"指标，分析了股市流动性与资产收益率之间的关系，例如，王春峰等（2002）使用日绝对价格变化与日均成交额的比率来代表非流动性，通过研究发现上海股市的流动性与收益率呈显著的负相关；吴文锋等（2003）以日收益率绝对值与成交额的比率来衡量非流动性，其研究结果显示该指标与收益率呈正相关关系，表明我国股市存在非流动性风险补偿。最后，一些研究者使用换手率来衡量流动性，例如，苏冬蔚和麦元勋（2004）发现我国股市存在显著的流动性溢价，即换手率低、交易成本高且流动性小的资产具有较高的预期收益率。这些研究结果表明流动性对于股票定价具有重要影响，同时也揭示了不同市场和资产类型下流动性溢价的复杂性。

债务规模对于公司的价值影响体现在多个方面，包括公司治理水平和企业投资效率等。田利辉（2005）的研究指出，债务融资并没有提升我国企业的治理水平，反而增加了经理人的代理成本。他通过分组分析发现，在国有控股上市公司中，随着银行贷款规模的增大，经理层的公款消费和自由现金流也增加，这降低了企业的效率和价值。然而，在民营上市公司中，并没有观察到这种显著的关系。这种差异部分源于国有企业中存在的预算软约束问题。另外，马亚明和张立乐（2022）的研究发现，适度的杠杆率能够有效缓解融资约束，减少企业的代理成本，提高企业的投资效率。然而，在2008年的四万亿经济刺激计划下，地方政府大量发行城投债融资，导致地方债务规模急剧增加（Zhang and Barnett，2014）。与此同时，国有企业的杠杆率也不断上升，且维持在高于非国有企业的水平。在国有企业的杠杆率上升的过程中，其实际负债率偏离了目标负债率，导致企业过度负债，从而加剧了过度投资问题，显著降低了投资效率。

（二）所有制结构对公司估值的影响

林莞娟等（2016）使用双重差分法研究了国有控股比例和企业绩效的关

系，实证结果表明：国有控股比例下降使得非战略行业公司的盈利能力和时长评价指标显著提升。马新啸等（2021）指出，非国有股东参与国有企业高层治理可以显著降低冗员规模和提升资本密集度，从而使国有企业生产能力和市场价值得到显著提升。蔡贵龙等（2018）通过实证说明了单纯的非国有股东持股对高管薪酬业绩敏感性无显著影响，但非国有股东向国有企业委派高管有利于改善国企高管的薪酬业绩敏感性，并有效抑制国企高管的超额薪酬和超额在职消费。Tian和Estrin（2008）使用中国上市公司的数据发现，国有产权比重与托宾Q值和总资产回报率之间存在U形关系，即混合所有制企业的表现显著低于国有股权比重很高或者很低的公司。王立章等（2016）通过实证发现上市公司的国有性质会降低公司信息披露的水平和质量，从而减少股价中包含的公司特质信息，导致较高的股价同步性。

关于我国国有企业经营状况的研究表明，国有企业受到更高程度的政府行政干预，而且要承受更重的政策负担（Lin and Tan，1999；林毅夫和李志赟，2004）。一方面，这些企业通常需要投资于成长性和盈利能力相对较弱的行业。由于地方政府既是国有企业的"代理股东"，享受国有企业的经营利润，又承担着促进辖区内经济增长、增加税收、减少失业等社会责任，因此很可能会对国有企业的经营情况进行干预。此外，政府官员出于政绩考量，可能存在强烈的动机来干预国有企业的投资决策（曹春方和傅超，2015）。国内研究往往认为国有企业存在过度投资的趋势，这导致了投资效率的下降。总体而言，国有企业的资本配置效率明显低于非国有企业（方军雄，2007）。俞红海等（2010）的研究发现，相对于私人控股公司，政府控股公司更容易出现过度投资现象。

然而，另一方面，国有企业可以获得更多的银行贷款（Li et al.，2009），享受更低的融资利率（Brandt and Li，2003），并受到较少的贷款限制条款约束（Firth et al.，2008）。与此相反，非国有企业的债务融资成本较高（李广子和刘力，2009），且在货币政策收紧时，非国有企业的负债增长明显减缓，而国有企业的负债则继续保持增长。因此，国有企业和非国有企业所面临的融资约束存在明显差异。喻坤等（2014）的研究发现，非国有企业受融资约束的影响大于国有企业。

（三）产权性质对公司估值的影响

武巧珍（2009）通过实证研究证明了风险投资（简称风投）有利于企业创新活动，从而为创新型科技企业提供资本支持和增值服务。陈见丽（2011）则认为，风投持股比例上升并不能增加高新技术企业的技术创新资源，反而对技术创新成果和技术创新效益存在负向影响。张学勇和张叶青（2016）通过实证研究证明了，风险投资可以帮助企业提高创新能力，降低IPO时的信息不对称程度并实现企业长期市场价值的提高。如果风投支持的IPO公司缺乏创新能力，其市场表现与未获得风投支持的公司并无显著差异，即良好的创新能力才是风投支持的公司获得更好的IPO市场表现的关键。王运陈等（2020）通过实证检验发现，引入非公有资本有助于提高国有企业竞争力，外资产权和金融机构投资者能够有效提高国有企业竞争力，并且外资资本和金融机构投资者的持股比例与企业竞争力呈倒U形关系。代昀昊（2018）指出，机构投资者参与显著降低了公司的资本成本，且相对于民营企业而言，该负向影响在国有企业中更为明显。邓川和孙金金（2014）通过实证检验得出：相对于国有企业，QFII持股的民营企业从当期现金流中提取的现金储备更少，长期债务融资能力更强。刘贝贝和李春涛（2022）基于2006—2015年A股上市公司数据，通过实证研究发现：增加QFII的数目和授权额度，使其持有更多的股份和扩大其投资规模，能够更深刻地影响公司行为和投资者的投资理念，有利于中国资本市场的成熟和专业化。

已有研究表明：股权集中度与公司价值存在一定的相关关系，从而影响公司的估值水平。然而，学者们对于股权集中度与公司价值之间的关系存在不同的观点。一些研究认为，高度集中的股权结构可能具有监督和控制效应。也有研究指出，大股东对中小股东的权益侵蚀可能带来代理成本，这会对公司价值产生不利影响。大股东可能过多地干预日常经营，抑制管理者的创新能力，同时也可能降低公司的股票流动性，不利于外部治理机制的发挥，这可能会对公司的价值造成负面影响。在实证研究方面，由于研究方法、衡量指标和研究时间的不同，已有研究结果存在较大的差异。有些学者认为股权集中度与公司价值呈正相关关系（McConnel and Servaes，1990），而另一些研究则发现它们之间存在负相关关系（Mudambi and Nicosia，1998）。还有学者认为股权集中度与公司价值之间没有显著的相关性（Gedajlovic and Shapiro，1998）。孙永样和黄祖辉（1999）使用1998年在上海证券交易所和深圳证券交易所上市的503家A股上市公司作为样本，得出了股权集中度与以托宾Q值衡量的公司价值之间存在微弱的倒U形关系的结论。张红军（2000）使用前五大股东持股比例之和来衡量股权集中度，以托宾Q值衡量公司价值，发现两者之间呈显著的正线性相关关系。而林乐芬（2005）的研究发现，以前五大股东持股比例之和衡量的股权集中度与公司业绩之间存在倒U形关系。另外，以每股收益和净资产收益率衡量公司业绩的研究所得出的结果也表明，股权集中度与公司业绩呈现倒U形关系（苑德军和郭春丽，2005）。

三、国有控股与非国有控股上市公司数据分析

为了分析国有企业的表现，本章选取2003—2022年A股市场季度数据，依据CSMAR数据库关于实控人性质的划分，比较国有控股与非国有控股上市公司的A股数据。

（一）国有控股上市公司与非国有控股上市公司的估值比较

根据国资委披露的数据，截至2021年底，国有控股上市公司共1 317家，总市值达33.54万亿元，市值占境内及港股上市公司总市值的28.26%。而国有控股上市公司的估值水平整体偏低。将国有控股上市公司和非国有控

股上市公司分别视为两个大公司，求出两者的 PE，如公式（2.1）所示。其中 $S_{i,t}$ 代表国有控股或非国有控股上市公司 i 在 t 期所包含的上市公司集合，$MV_{j,t}$ 及 $NI_{j,t}$ 分别为公司 j 在 t 期的总市值（Market Value，MV）和净利润（Net Income，NI）。

$$PE_{i,t} = \frac{MV_{i,t}}{NI_{i,t}} = \frac{\sum_{j \in S_{i,t}} MV_{j,t}}{\sum_{j \in S_{i,t}} NI_{j,t}} \qquad (2.1)$$

结果如图 2-1 所示，在 2003—2008 年，国有控股上市公司市盈率平均值为 21.84，标准差为 7.12；非国有控股上市公司市盈率平均值为 28.47，标准差为 8.01。非国有控股上市公司的整体市盈率高出国有控股上市公司 30.52%（t 值=16.14）。2009—2022 年，国有控股上市公司的市盈率平均值为 15.09，标准差为 3.78；非国有控股上市公司的市盈率平均值为 24.96，标准差为 5.06，非国有控股上市公司的整体市盈率高出国有控股上市公司 65.34%（t 值=21.32）。

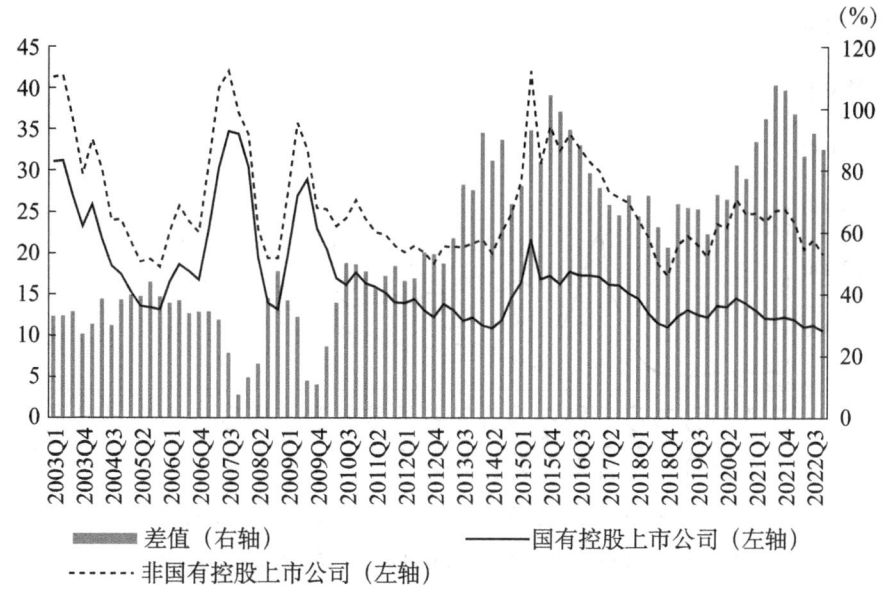

图 2-1　A 股国有控股与非国有控股上市公司整体 PE 对比

（二）国有控股和非国有控股上市公司的总市值规模和新上市规模比较

图 2-2 直观展示了国有控股和非国有控股上市公司总市值的演变情况。在我国股票市场早期阶段，A 股上市公司的总数量和总市值均相对较小。国有控股上市公司的总市值在这一时期高于非国有控股上市公司。具体来看，截至 2007 年 12 月，国有控股上市公司与非国有控股上市公司的总市值之比约为 6.1。然而，自 2008 年以后，非国有控股上市公司的总市值迅速增长，导致国有控股上市公司与非国有控股上市公司的总市值之比呈持续下降趋势。在 2020 年第一季度之后，非国有控股上市公司的总市值超过了国有控股上市公司的总市值。截至 2022 年底，国有控股上市公司的总市值达到了 34.56 万亿元，而非国有控股上市公司的总市值为 44.14 万亿元，国有控股上市公司与非国有控股上市公司的总市值之比为 0.78。

图 2-2 国有控股上市公司和非国有控股上市公司的市值

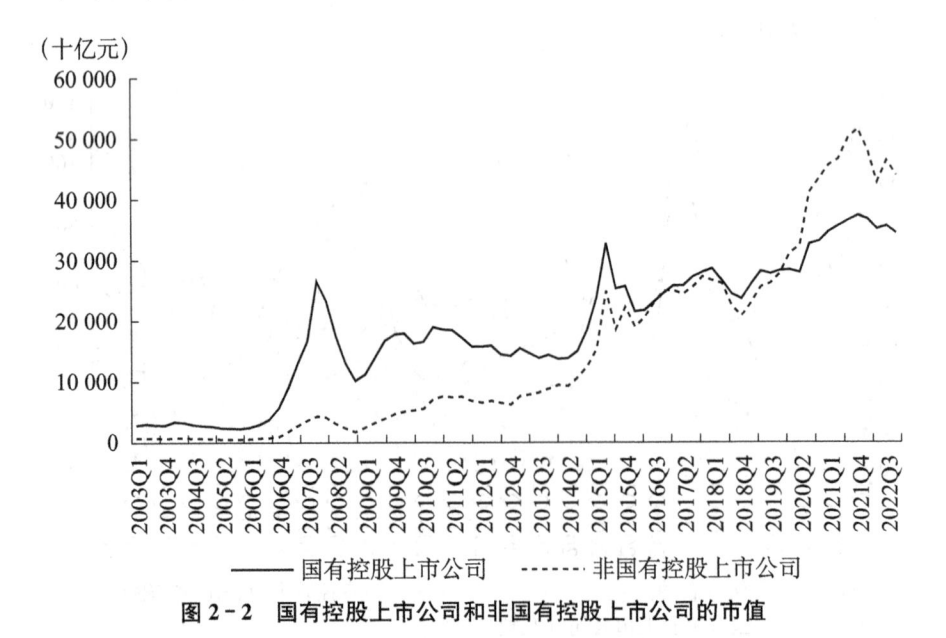

从总市值的增长情况来看，2003—2022 年，国有控股上市公司的总市值

增长了 31.96 万亿元，而非国有控股上市公司的总市值增长了 43.36 万亿元。进一步分阶段观察，2003—2008 年，国有控股上市公司的总市值增长了 7.31 万亿元，而非国有控股上市公司的总市值仅增长了 0.96 万亿元。然而，2009—2022 年，国有控股上市公司的总市值增长了 23.30 万亿元，而非国有控股上市公司的总市值则增长了 41.64 万亿元。

这两个阶段内，国有控股上市公司与非国有控股上市公司的总市值增长差异显著。因此，我们可以将股票市场的国有控股上市公司与非国有控股上市公司的比较分为两个阶段：2009 年之前，国有控股上市公司的总市值高于非国有控股上市公司；而自 2009 年之后，非国有控股上市公司的市值迅速增长，逐渐缩小了与国有控股上市公司的差距。

进一步分析可以发现，国有控股上市公司与非国有控股上市公司 A 股总市值的增长差异来源于新上市股票数量的增加以及已上市股票市值的增长。本章以 2008 年为界将 2003—2022 年这一时期划分为两个阶段，并分别考察了这两个阶段内国有控股与非国有控股 A 股新上市公司数量、IPO 融资总额以及股票增发募集资金（SEO 融资）总额，具体数据见表 2-1。

表 2-1　国有控股与非国有控股 A 股新上市公司
数量及融资额（2003—2022 年）

阶段	新上市公司数量（家）国有控股 A 股新上市公司	新上市公司数量（家）非国有控股 A 股新上市公司	IPO 融资总额（亿元）国有控股 A 股新上市公司	IPO 融资总额（亿元）非国有控股 A 股新上市公司	SEO 融资总额（亿元）国有控股 A 股新上市公司	SEO 融资总额（亿元）非国有控股 A 股新上市公司
2003—2008 年	196	241	6 527.85	1 558.95	6 760.60	2 030.98
2009—2022 年	350	3 044	10 228.47	25 359.11	59 432.88	50 125.62

2003—2008 年，国有控股 A 股新上市公司数量比非国有控股 A 股新上市公司少 45 家，而 IPO 融资总额是非国有控股 A 股新上市公司的 4.19 倍，说明非国有控股 A 股新上市公司虽然数量略多于国有控股 A 股新上市公司，但融资规模要远低于国有控股 A 股新上市公司。2009—2022 年，非国有控股 A 股新上市公司不仅数量是国有控股 A 股新上市公司的 8.70 倍，IPO 融

资总额也达到国有控股 A 股新上市公司的 2.48 倍。至于 SEO 融资方面，2003—2008 年国有控股 A 股新上市公司的融资总额是非国有控股 A 股新上市公司的 3.33 倍，2009—2022 年国有控股 A 股新上市公司的融资总额是非国有控股 A 股新上市公司的 1.19 倍，二者的差距大大缩小。

具体来看不同板块的情况，表 2-2 显示第二阶段的增长差距主要源于创业板和科创板。2009—2022 年，创业板上市的非国有控股 A 股新上市公司数量是国有控股 A 股新上市公司的 21.51 倍，而科创板上市的非国有控股 A 股新上市公司数量是国有控股 A 股新上市公司的 10.93 倍。从 IPO 的角度来看，在 2009 年之后国有控股 A 股新上市公司的数量和融资总额都落后于非国有控股 A 股新上市公司，这是导致两者在这一阶段市值增长速度拉开差距的重要原因。

表 2-2　各板块国有控股与非国有控股 A 股新上市公司数量（2003—2022 年）

单位：家

阶段	A 股（不含创业板、科创板）		创业板		科创板	
	国有控股 A 股新上市公司	非国有控股 A 股新上市公司	国有控股 A 股新上市公司	非国有控股 A 股新上市公司	国有控股 A 股新上市公司	非国有控股 A 股新上市公司
2003—2008 年	196	241	0	0	0	0
2009—2022 年	265	1 660	43	925	42	459

（三）国有控股和非国有控股上市公司的经营状况比较

接下来本章将检验非国有控股上市公司总体是否具有更好的经营状况，我们将国有控股上市公司与非国有控股上市公司分别视为两个大型公司，将历年区域内上市公司净利润加总，分别作为国有控股上市公司、非国有控股上市公司的净利润。国有控股上市公司与非国有控股上市公司净利润增长率计算如公式（2.2），其中 $S_{i,t-2}$ 代表国有控股或非国有控股上市公司 i 在 $t-2$

期所包含的上市公司集合，$NI_{j,t}$为国有控股或非国有控股上市公司j在t期的净利润，$NIGR_{i,t}$为国有控股或非国有控股上市公司i在t期的净利润增长率。类似地，计算国有控股或非国有控股上市公司收入增长率，其中$OR_{j,t}$为国有控股或非国有控股上市公司j在t期的总市值，$ORGR_{i,t}$为国有控股或非国有控股上市公司i在t期的总市值增长率。

$$NIGR_{i,} = \frac{NI_{i,t}}{NI_{i,t-1}} - 1 = \frac{\sum_{j \in S_{i,t-2}} NI_{j,t}}{\sum_{j \in S_{i,t-2}} NI_{j,t-1}} \qquad (2.2)$$

$$ORGR_{i,} = \frac{OR_{i,t}}{OR_{i,t-1}} - 1 = \frac{\sum_{j \in S_{i,t-2}} OR_{j,t}}{\sum_{j \in S_{i,t-2}} OR_{j,t-1}}$$

根据上述公式，我们计算了国有控股和非国有控股上市公司的营业收入及净利润增长情况，结果如表2-3所示。为了更加直观地呈现国有控股和非国有控股上市公司营业收入及净利润的变化情况，我们以2003年为基期，将当期国有控股和非国有控股上市公司的营业收入及净利润设为1，然后计算了国有控股和非国有控股上市公司的历年增长率并进行累积，得到了截至2022年国有控股和非国有控股上市公司的营业收入及净利润变化情况，如图2-3所示。可以看出，在第一阶段，国有控股和非国有控股上市公司的经营状况整体相差不大，国有控股上市公司略优于非国有控股上市公司。从营业收入看，2009—2022年，国有控股上市公司的年化增长率下降到11.49%，而非国有控股上市公司的营业收入年化增长率为21.88%。从净利润看，国有控股上市公司的年化增长率为10.76%，而非国有控股上市公司的年化增长率为17.85%。从图2-3中也可以清晰地看出，非国有控股上市公司的营业收入和净利润在2008年之后逐渐与国有控股上市公司拉开差距。总体来看，国有控股上市公司的经营规模不断扩大是其整体市值增长的基础。

表 2-3 A 股市场国有控股与非国有控股上市公司营业收入及净利润年化增长率（%）

阶段	营业收入年化增长率			净利润年化增长率		
	国有控股上市公司	非国有控股上市公司	国有控股上市公司－非国有控股上市公司	国有控股上市公司	非国有控股上市公司	国有控股上市公司－非国有控股上市公司
2003—2008 年	37.34	34.05	3.29	45.78	40.79	4.99
2009—2022 年	11.49	21.88	−10.38	10.76	17.85	−7.09

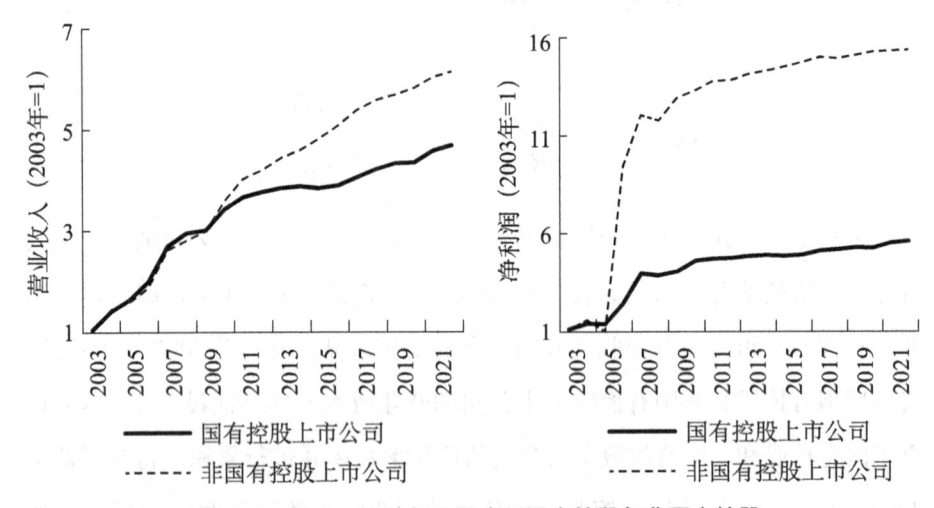

图 2-3 2003—2022 年 A 股市场国有控股与非国有控股上市公司营业收入及净利润变化

（四）国有控股和非国有控股上市公司的行业分布及行业估值水平比较

为了探究国有控股和非国有控股上市公司的估值差异是否受到行业分布的影响，我们根据证监会发布的《上市公司行业分类指引》（2012 年修订），分别研究了这两类上市公司的数量以及市值在不同行业中的分布情况，时间跨度分为 2003—2008 年和 2009—2022 年这两个阶段，结果如表 2-4 所示。

表 2-4 国有控股与非国有控股上市公司行业分布情况

行业	2003—2008年 国有控股上市公司数量（家）	非国有控股上市公司数量（家）	在国有控股上市公司中的市值占比（%）	在非国有控股上市公司中的市值占比（%）	2009—2022年 国有控股上市公司数量（家）	非国有控股上市公司数量（家）	在国有控股上市公司中的市值占比（%）	在非国有控股上市公司中的市值占比（%）
农、林、牧、渔业	15	6	1.27	1.31	12	16	0.55	1.35
采矿业	17	0	5.93	0.05	37	17	9.33	1.23
制造业	385	202	46.42	56.42	413	1 076	37.69	61.26
电力、热力、燃气及水生产和供应业	43	4	8.75	1.52	65	14	6.89	0.65
建筑业	16	6	1.55	0.88	30	29	4.8	1.59
批发和零售业	55	18	4.55	4.73	62	60	3.04	4.15
交通运输、仓储和邮政业	38	3	10.18	0.88	59	15	6.87	1.12
住宿和餐饮业	5	/	0.37	/	5	1	0.25	0.07
信息传输、软件和信息技术服务业	16	16	3.34	5.20	29	118	3.03	6.83
金融业	9	4	8.34	12.61	40	21	19.67	10.78
房地产业	30	19	4.07	6.51	51	48	3.92	5.94
租赁和商务服务业	8	3	0.89	1.27	13	14	1.19	1.01
科学研究和技术服务业	2	0	0.04	0.04	7	19	0.22	0.87
水利、环境和公共设施管理业	8	2	1.94	0.68	10	18	0.55	0.85
居民服务、修理和其他服务业	4	1	0.34	0.41	3	3	0.21	0.19
教育	/	/	/	/	1	2	0.03	0.22

续表

行业	2003—2008年				2009—2022年			
	国有控股上市公司数量（家）	非国有控股上市公司数量（家）	在国有控股上市公司中的市值占比（%）	在非国有控股上市公司中的市值占比（%）	国有控股上市公司数量（家）	非国有控股上市公司数量（家）	在国有控股上市公司中的市值占比（%）	在非国有控股上市公司中的市值占比（%）
卫生和社会工作	/	1	/	0.07	0	5	0.02	0.62
文化、体育和娱乐业	3	1	0.24	0.31	18	10	1.33	0.81
综合	15	23	1.82	7.32	11	9	0.6	0.86

说明：这张表报告了2003—2008年和2009—2022年间的时间序列平均值。"/"表示不存在该类型的企业。由于受到四舍五入的影响，企业数量可能显示为"0"。

从表中数据可以观察到以下趋势：在2003—2008年，国有控股上市公司市值占比最高的行业依次是制造业（46.42%），交通运输、仓储和邮政业（10.18%），电力、热力、燃气及水生产和供应业（8.75%），金融业（8.34%）。而在2009—2022年，国有控股上市公司市值占比最高的行业变为制造业（37.69%），金融业（19.67%），采矿业（9.33%），电力、热力、燃气及水生产和供应业（6.89%），交通运输、仓储和邮政业（6.87%）。可以看出，对于国有控股上市公司来说，制造业一直占据重要地位，但市值占比在第二阶段（2009—2022年）有所下降，而金融业的市值占比显著增加，采矿业的市值占比也有较大提升。

在2003—2008年，非国有控股上市公司市值占比最高的行业是制造业（56.42%），金融业（12.61%），综合（7.32%），房地产业（6.51%），信息传输、软件和信息技术服务业（5.20%）。而在2009—2022年，制造业依然占据最重要位置（61.26%），金融业次之（10.78%），之后依次为信息传输、软件和信息技术服务业（6.83%）、房地产业（5.94%）。这表明：对于非国有控股上市公司来说，制造业也占据重要地位，不仅市值占比上升，而且上市公司数量也增加。此外，信息传输、软件和信息技术服务业也具有重要地位，该行业上市公司数量显著增加。

综合来看，制造业对于国有控股和非国有控股上市公司来说都占据重要地位。然而，国有控股上市公司在涉及国家经济安全的垄断性行业，如采矿业，电力、热力、燃气及水生产和供应业，交通运输、仓储和邮政业，金融业等行业占主导地位。与此不同，非国有控股上市公司在信息传输、软件和信息技术服务业等行业中分布更加密集。由于两类上市公司的行业分布不同，不同行业的估值水平对它们的总体估值产生了较大影响。我们以2008年为分界点，将2003—2022年这一时期分为两个阶段，对各行业国有控股和非国有控股上市公司的PE均值进行比较，结果如表2-5所示。

表2-5　各行业国有控股与非国有控股上市公司估值情况比较

行业	2003—2008年 非国有控股上市公司PE均值	国有控股上市公司PE均值	非国有控股上市公司PE均值－国有控股上市公司PE均值	t值	2009—2022年 非国有控股上市公司PE均值	国有控股上市公司PE均值	非国有控股上市公司PE均值－国有控股上市公司PE均值	t值
农、林、牧、渔业	39.14	32.78	6.36**	2.115 2	67.23	59.84	7.39	0.449 2
采矿业	42.42	10.28	32.14	3.345 7	54.42	12.80	41.62***	4.842 9
制造业C1	23.08	35.76	−12.68***	−7.266 3	25.64	21.00	4.64***	6.193 6
制造业C2	27.25	27.48	−0.23*	−0.406 1	29.37	25.22	4.15***	5.329 3
制造业C3	26.11	18.42	7.69***	15.866 5	28.94	20.04	8.90***	15.071 7
制造业C4	34.97	50.35	−15.38***	−2.916 6	37.33	20.34	16.99***	8.193 0
电力、热力、燃气及水生产和供应业	34.55	19.46	15.09***	6.459 3	27.57	15.53	12.04***	7.551 4
建筑业	39.33	32.53	6.80	1.204 4	26.69	10.69	16.00***	13.169 3
批发和零售业	37.71	26.41	11.30***	8.609 3	27.89	17.76	10.13***	11.940 6
交通运输、仓储和邮政业	81.83	20.35	61.48***	3.637 7	34.72	13.76	20.96***	13.687 8
住宿和餐饮业	/	36.2	/	/	90.49	90.01	0.48	0.012 7

续表

行业	2003—2008年				2009—2022年			
	非国有控股上市公司PE均值	国有控股上市公司PE均值	非国有控股上市公司PE均值－国有控股上市公司PE均值	t值	非国有控股上市公司PE均值	国有控股上市公司PE均值	非国有控股上市公司PE均值－国有控股上市公司PE均值	t值
信息传输、软件和信息技术服务业	43.63	24.91	18.72***	13.145 3	50.18	28.29	21.89***	8.931 2
金融业	21.64	18.63	3.01***	3.242 7	12.22	10.34	1.88***	4.595 1
房地产业	28.35	26.96	1.39	0.724 2	12.86	13.17	−0.31	−1.482 3
租赁和商务服务业	39.41	39.33	0.08	0.045 9	31.05	27.84	3.21	1.608 3
科学研究和技术服务业	39.76	24.1	15.66	2.182 7	54.73	30.56	24.17***	8.551 8
水利、环境和公共设施管理业	21.54	28.12	−6.58***	−3.057 4	32.05	20.57	11.48***	5.993 3
居民服务、修理和其他服务业	23.32	42.31	−18.99***	−4.111 7	34.38	714.72	−680.33*	−10.193 0
教育	/	/	/	/	57.75	247.60	−189.85	−1.674 5
卫生和社会工作	/	/	/	/	51.85	47.66	4.19	1.211 7
文化、体育和娱乐业	996.5	135.25	861.25*	2.079 9	53.02	24.22	28.80***	9.365 4
综合	43.80	38.03	5.77***	3.107 1	42.59	39.57	3.02	0.861 1

说明："/"表示不存在该数据。***、**和*分别表示在1%、5%和10%的水平下显著。

观察表中数据，可以得出以下结论：（1）2003—2008年，在有些行业中，国有控股上市公司的PE均值高于非国有控股上市公司，但在大多数行业中，两者之间的差异并不显著。（2）然而，在2009年以后，除房地产、教育、卫生和社会工作等几个行业外，各行业中非国有控股上市公司的PE

均值明显高于国有控股上市公司,并且大多数差距都显著。

特别值得注意的是,国有控股上市公司市值占比更高的行业通常估值水平较低。例如,在2009—2022年间,电力、热力、燃气及水生产和供应业的PE均值仅为15.53,交通运输、仓储和邮政业的PE均值为13.76,采矿业的PE均值为12.80,都属于较低水平。相反,非国有控股上市公司市值占比更高的行业通常估值水平较高。例如,在2009—2022年间,信息传输、软件和信息技术服务业的PE均值高达50.18。这些发现说明行业分布对国有控股和非国有控股上市公司估值之间的差异产生了重要影响,有助于更深入地理解估值差异的形成原因。

根据以上分析,我们可以初步得出以下结论:国有控股与非国有控股上市公司整体的估值差异一方面是源于行业分布差异,另一方面则是源于同行业内的估值差异。为了进一步探讨这两部分的影响是否显著,我们将收益率(EY)作为主要分析对象,这是因为净利润为0的公司无法计算PE,而PE的倒数EY不受此影响,并且更容易理解。我们将EY的差距分为两部分考虑:

(1)一部分体现了国有控股与非国有控股上市公司的行业分布差异带来的EY差异。我们假设行业的EY不受股权性质的影响,首先按照净资产加权计算行业内所有公司的真实EY,然后在国有控股上市公司(非国有控股上市公司)中,按照各行业整体市值占国有控股上市公司(非国有控股上市公司)市值的比重计算国有控股上市公司(非国有控股上市公司)的整体EY,再据此计算国有控股上市公司与非国有控股上市公司的EY差值。

(2)另一部分则体现了同一行业内部国有控股上市公司与非国有控股上市公司的EY差异。我们固定行业大类,按照各行业内国有控股上市公司(非国有控股上市公司)所包含的公司净资产加权求出各行业的EY,然后计算国有控股与非国有控股上市公司在各行业的EY差值的等权平均。对于得出的结果,我们进行了t检验,结果如表2-6所示。结果证明了行业结构的差异和行业内的差异均显著,尤其是在2009—2022年,这两部分的影响差异更大。

表2-6　国有控股与非国有控股上市公司各阶段 EY 差值比较及检验

阶段	非国有控股上市公司 EY－国有控股上市公司 EY（假设行业内无差异）		非国有控股上市公司 EY－国有控股上市公司 EY（固定行业效应）	
	均值	t 值	均值	t 值
2003—2008 年	−0.006***	−12.801	−0.006***	−8.145
2009—2022 年	−0.014***	−13.930	−0.023***	−22.670

总的来说，由于国有资本的定位差异，国有控股上市公司通常集中在估值较低的行业，并且同行业内国有控股上市公司的估值通常也更低。这两个因素都导致了国有控股与非国有控股上市公司的估值差异在2009年以后不断扩大。

四、国有控股上市公司估值折价的实证结果

（一）模型设计及变量定义

为了进一步探讨国有控股上市公司的估值折价受哪些因素影响，以及折价是否能由这些因素完全解释，我们进行进一步的回归分析，具体回归方程如下：

$$\mathrm{DIFEY}_{j,t} = \alpha + \beta \mathrm{DIFX}_{j,t} + c \mathrm{DIFC}_{j,t} + \varepsilon_{j,t} \quad (2.3)$$

其中，$\mathrm{DIFEY}_{j,t} = \mathrm{EY}_{j,t}^{\mathrm{non}} - \mathrm{EY}_{j,t}^{\mathrm{soe}}$，代表行业 j 的非国有控股上市公司与国有控股上市公司在 t 期的 EY 差值；$\mathrm{DIFX}_{j,t} = X_{j,t}^{\mathrm{non}} - X_{j,t}^{\mathrm{soe}}$，代表行业 j 的非国有控股上市公司与国有控股上市公司在 t 期的 X 的差值；$\mathrm{DIFC}_{j,t}$ 为相应的控制变量差值。由于我们考察的是国有控股上市公司与非国有控股上市公司之间的估值差异，而不是国有控股上市公司（非国有控股上市公司）估值的绝对水平，因此在回归方程中我们以国有控股上市公司与非国有控股上市公司之间的差作为自变量和因变量。

根据已有估值模型，决定企业估值水平的因素包括企业盈利、增长率和贴现率。因此我们选取可能影响企业估值的相关因素，一方面是企业基本面因素，包括资本市场开放程度（是否发行了 B 股或 H 股）、企业历史增长情

况（总资产增长率和净利润增长率）、企业未来增长预期（证券分析师关于企业净利润和收入增长的预测）、企业创新情况（申请发明数量）、企业盈利水平（平均净资产收益率）、不确定性（上市时长、净资产收益率波动率）、股权结构（第一大股东持股比例、前十大股东持股比例、机构投资者）及其他基本情况（规模、财务杠杆等）；另一方面是股票市场相关因素，如股票流动性（股票换手率等）、股票的市场关注度（证券分析师研报数量、机构调研数量）。具体变量的定义及描述性统计分别如表 2-7 和表 2-8 所示。

表 2-7 变量描述及定义

	变量名称	变量符号	变量定义
被解释变量	收益率差值	$\text{DIFEY}_{j,t}$	$\text{EY}_{j,t}^{\text{non}} - \text{EY}_{j,t}^{\text{soe}}$，代表行业 j 的非国有控股上市公司与国有控股上市公司在 t 期的 EY 差值。将行业 j 的所有非国有控股上市公司（国有控股上市公司）的 EY 按净资产加权平均得到 $\text{EY}_{j,t}^{\text{non}}$（$\text{EY}_{j,t}^{\text{soe}}$）。
解释变量	是否发行了 B 股或 H 股	Dif_BH	若公司发行了 B 股或 H 股，则取 1，否则取 0。行业层面的数据为行业中公司层面的数据按照净资产比重加权求和。非国有控股上市公司与国有控股上市公司求差值。
	净利润增长率差值	Dif_eg	非国有控股上市公司的净利润增长率减去国有控股上市公司的净利润增长率。公司的季度净利润增长率＝（当季度的净利润－上一年度该季度的净利润）/上一年度该季度的净利润。行业层面的数据为行业中公司层面的数据按照净资产比重加权求和。
	总资产增长率差值	Dif_ag	非国有控股上市公司的总资产增长率减去国有控股上市公司的总资产增长率。公司的季度总资产增长率＝（当季度的总资产－上一年度该季度的总资产）/上一年度该季度的总资产。行业层面的数据为行业中公司层面的数据按照净资产比重加权求和。

续表

	变量名称	变量符号	变量定义
解释变量	净利润预期增长率差值	Dif_eg_forecast	非国有控股上市公司的净利润预期增长率减去国有控股上市公司的净利润预期增长率。 首先计算证券分析师预测的某年的净利润增长率（earnings_exp_t /earnings_actual）-1，其中 earnings_exp_t 为所有证券分析师在 t 期对该公司预测的某年年末净利润的中位数，earnings_actual 为该公司在上年末的实际净利润；然后以预测年份与 t 期之间的距离作为比重，预测年份越近，所占比重越高，计算 t 期该公司的净利润预期增长率。 行业层面的数据为行业中公司层面的数据按照净资产比重加权求和。
	收入预期增长率差值	Dif_sg_forecast	非国有控股上市公司的收入预期增长率减去国有控股上市公司的收入预期增长率。 首先计算分析师预测的某年的收入增长率（sales_exp_t /sales_actual）-1，其中 sales_exp_t 为所有证券分析师在 t 期预测的该公司某年年末总收入的中位数，sales_actual 为该公司在上年末的实际收入；然后以预测年份与 t 期之间的距离作为比重，预测年份越近，所占比重越高，计算 t 期该公司的收入预期增长率。 行业层面的数据为行业中公司层面的数据按照净资产比重加权求和。
	申请发明数量差值	Dif_inv	非国有控股上市公司的申请发明数量减去国有控股上市公司的申请发明数量。 用公司的申请发明数量除以该公司的总收入（单位：十亿元）衡量公司的发明。 行业层面的数据为行业中公司层面的数据按照净资产比重加权求和。
	平均净资产收益率差值	Dif_avgroe	非国有控股上市公司与国有控股上市公司过去 12 个季度的净资产收益率平均值的差值。 行业层面的数据为行业中公司层面的数据按照净资产比重加权求和。
	上市时长差值	Dif_listage	非国有控股上市公司与国有控股上市公司上市时长的差值。 行业层面的数据为行业中公司层面的数据按照净资产比重加权求和。

续表

	变量名称	变量符号	变量定义
解释变量	净资产收益率波动率差值	Dif_stdroe	非国有控股上市公司与国有控股上市公司过去20个季度的净资产收益率的标准差的差值。 行业层面的数据为行业中公司层面的数据按照净资产比重加权求和。
	日收益率为0的交易日比例差值	Dif_zero	非国有控股上市公司与国有控股上市公司股票日收益率为0的交易日比例的差值。 行业层面的数据为行业中公司层面的数据按照净资产比重加权求和。
	股票换手率差值	Dif_turnover	非国有控股上市公司与国有控股上市公司换手率的差值。 行业层面的数据为行业中公司层面的数据按照净资产比重加权求和。
	证券分析师研报数量差值	Dif_report	覆盖非国有控股上市公司与国有控股上市公司的证券分析师研报数量的差值。 行业层面的数据为行业中公司层面的数据按照净资产比重加权求和。
	机构调研数量差值	Dif_dy	本季度调研国有控股上市公司与非国有控股上市公司的机构数量的差值。
	机构投资者差值	Dif_ins	非国有控股上市公司与国有控股上市公司机构投资者的差值。 行业层面的数据为行业中公司层面的数据按照净资产比重加权求和。
	第一大股东持股比例差值	Dif_top1	非国有控股上市公司与国有控股上市公司第一大股东持股比例的差值。 行业层面的数据为行业中公司层面的数据按照净资产比重加权求和。
	前十大股东持股比例差值	Dif_top10	非国有控股上市公司与国有控股上市公司前十大股东持股比例的差值。 行业层面的数据为行业中公司层面的数据按照净资产比重加权求和。
控制变量	规模差值	Dif_size	非国有控股上市公司与国有控股上市公司总资产取对数的差值。 行业层面的数据为行业中公司层面的数据按照净资产比重加权求和。

续表

	变量名称	变量符号	变量定义
控制变量	财务杠杆差值	Dif_lev	非国有控股上市公司与国有控股上市公司前十大股东总负债除以总资产的差值。 行业层面的数据为行业中公司层面的数据按照净资产比重加权求和。
	净资产收益率差值	Dif_roettm	非国有控股上市公司与国有控股上市公司净资产收益率的差值。 公司当季度的净资产收益率为最近12个月的收益率除以当季度的净资产。 行业层面的数据为行业中公司层面的数据按照净资产比重加权求和。

表2-8 描述性统计

变量	平均值	标准差	最小值	最大值	中位数
$DIFEY_{j,t}$	−0.02	0.03	−0.16	0.07	−0.01
Dif_BH	−0.09	0.26	−1.00	0.91	−0.04
Dif_eg	0.14	1.45	−8.24	20.46	0.04
Dif_ag	0.07	0.41	−3.46	7.12	0.04
Dif_eg_forecast	0.02	0.61	−5.69	4.99	0.02
Dif_sg_forecast	0.59	1.24	−3.72	9.79	0.42
Dif_inv	0.30	0.92	−4.00	6.12	0.01
Dif_avgroe	0.00	0.04	−0.19	0.17	0.00
Dif_listage	−1.55	4.42	−18.19	11.08	−1.07
Dif_stdroe	0.00	0.02	−0.04	0.12	0.00
Dif_top1	−0.14	0.11	−0.56	0.30	−0.12
Dif_top10	−0.08	0.11	−0.61	0.24	−0.07
Dif_ins	−0.14	0.13	−0.54	0.23	−0.14
Dif_zero	−0.01	0.02	−0.13	0.08	0.00
Dif_turnover	0.32	0.62	−2.70	4.67	0.26
Dif_report	0.00	6.75	−22.68	28.35	−0.13
Dif_dy	4.53	23.51	−48.67	278.85	0.00
Dif_size	−0.93	1.26	−5.55	2.21	−0.70
Dif_lev	−0.04	0.12	−0.54	0.39	−0.02
Dif_roettm	−0.01	0.04	−0.20	0.25	0.00

根据各变量的描述性统计结果，我们可以得出以下结论：
- 非国有控股上市公司的总体估值水平高于国有控股上市公司。
- 非国有控股上市公司中发行B股或H股的比例低于国有控股上市公司。
- 非国有控股上市公司与增长率相关的因素，如净利润增长率和总资产增长率、分析师预测的收入和净利润增长率、申请发明数量，均高于国有控股上市公司。
- 非国有控股上市公司资产收益率的平均值高于国有控股上市公司，但波动率更高。
- 非国有控股上市公司的上市时长总体更短。
- 非国有控股上市公司的机构持股水平、第一大股东持股水平以及前十大股东持股水平均低于国有控股上市公司。
- 非国有控股上市公司获得的研报数量少于国有控股上市公司，但机构调研家数多于国有控股上市公司。
- 非国有控股上市公司的股票流动性高于国有控股上市公司。

（二）实证结果及讨论

本章使用CSMAR数据库的数据，财务数据和股票交易数据为2003—2022年的季度数据，证券分析师预测数据为2003—2022年的年度数据。本章仅研究A股数据，剔除ST和PT的股票样本，以及净资产为负以及主要变量缺失的数据。另外，由于A股新上市公司的股价波动较大，本章在剔除新上市公司前6个月的数据后开展研究，同时将负的净利润设为0。另外，剔除行业中国有或非国有控股上市公司的数量少于5家的行业。最后，对所有连续变量进行1%水平上的缩尾处理。

我们将解释变量放入模型（2.3）进行检验，分析相关机制对非国有控股上市公司与国有控股上市公司估值差异的影响。在控制了企业规模、杠杆和盈利水平后，回归结果如表2-9所示。以下是对回归结果的主要观察和解释：

表2-9 机制检验回归结果

		(1)	(2)	(3)	(4)	(5)	(6)	(7)	(8)	(9)
资本市场开放程度	Dif_BH	0.029*** (8.87)								
企业历史增长情况,企业未来增长预期和企业创新情况	Dif_ag		−0.005*** (−3.97)							
	Dif_eg		0.000 (0.75)							
	Dif_eg_forecast			−0.005*** (−9.04)						
	Dif_sg_forecast			−0.002* (−1.79)						
	Dif_inv				−0.002* (−3.14)					
企业盈利水平	Dif_avgroe					−0.164*** (−5.58)				
不确定性	Dif_stdroe						−0.245** (−6.60)			
	Dif_listage						0.002*** (9.90)			
股权结构	Dif_ins							0.015*** (3.01)		
	Dif_top1							−0.027*** (−2.69)		
	Dif_top10							−0.010 (−1.05)		

续表

		(1)	(2)	(3)	(4)	(5)	(6)	(7)	(8)	(9)
股票市场相关因素	Dif_dy								−0.000*** (−4.49)	
	Dif_report								−0.001*** (−6.36)	
	Dif_zero									0.299*** (9.83)
	Dif_turnover									0.001 (1.14)
	Cons	YES	YES	YES	YES	YES	YES	YES	YES	YES
行业固定效应		YES	YES	YES	YES	YES	YES	YES	YES	YES

说明：*、**、*** 分别代表在 10%、5%、1% 的水平上显著。括号内为 t 值。

(1) 资本市场开放程度。发行 B 股或 H 股对企业估值水平有显著的负面影响，表明在更开放的市场中，估值可能会下降。这可能是因为 B 股和 H 股的发行使得更多外国投资者进入市场，导致竞争加剧。

(2) 企业历史增长情况、企业未来增长预期和企业创新情况（合称增长情况）。企业总资产增长率和分析师预测的净利润或收入增长率对估值水平有正向影响，表明投资者更愿意赋予增长潜力较大的企业更高的估值。另外，企业的研发水平和发明数量也与较高的估值水平相关，这可能反映了市场对创新能力和未来增长的看重。

(3) 企业盈利水平。企业的平均净资产收益率对估值水平有正向影响，表明盈利能力较强的企业更受市场青睐。

(4) 不确定性。意外的是，较高的不确定性，如上市时长较短和净资产收益率波动较大，与较高的估值水平相关。这可能反映了 A 股市场投资者的较强风险偏好，即他们更愿意为较不稳定的企业支付更高的价格。

(5) 股权结构。第一大股东持股比例较高的企业的估值水平更高，这表明市场更看重稳定的股权结构。相反，机构持股比例较高的企业的估值水平较低，这可能是因为机构投资者更注重风险管理。

(6) 股票市场相关因素。股票市场流动性较好的企业以及受到更多市场关注的企业，估值水平较高。这可能是因为更容易买卖的股票更受欢迎，并且受到更多关注的公司更吸引投资者。

我们将表 2-8 中通过显著性检验的因素全部放入模型进行回归，并进一步探讨了这些因素对估值差异的影响。由于自变量中的机构调研数量仅 2013 年以后有结果，我们从自变量中去掉机构调研数量，使用 2003—2022 年的数据进行回归，结果如表 2-10 中的（1）列所示；我们将机构调研数量包含在自变量中，使用 2013—2022 年的数据进行回归，结果如表 2-10 中的（2）列所示。

表 2-10 多因素回归结果

	(1)	R^2 分解	排名	(2)	R^2 分解	排名
Dif_BH	0.013*** (3.03)	0.121	2	0.028*** (3.26)	0.110	2

续表

	(1)	R² 分解	排名	(2)	R² 分解	排名
Dif_ag	−0.003** (−0.52)	0.001	15	−0.001 (−0.52)	0.004	15
Dif_sg_forecast	−0.002** (−2.37)	0.018	8	−0.001 (−1.62)	0.015	10
Dif_eg_forecast	−0.002* (−1.79)	0.015	10	−0.004*** (−2.88)	0.015	9
Dif_inv	0.000 (0.87)	0.013	11	0.004*** (2.78)	0.012	12
Dif_avgroe	−0.157*** (−4.97)	0.044	5	−0.227*** (−4.68)	0.033	7
Dif_stdroe	−0.127*** (−3.09)	0.004	14	−0.116 (−1.63)	0.006	14
Dif_listage	0.001*** (6.50)	0.005	13	0.001*** (4.00)	0.003	16
Dif_ins	−0.002 (−0.49)	0.012	12	−0.061*** (−6.91)	0.026	8
Dif_top1	0.003 (0.30)	0.028	7	0.086*** (4.71)	0.043	5
Dif_report	−0.000*** (−3.33)	0.017	9	−0.000 (−0.64)	0.014	11
Dif_dy	/	/	/	−0.000*** (−2.66)	0.009	13
Dif_zero	0.215*** (6.82)	0.046	4	0.204*** (4.38)	0.046	4
Dif_size	0.014*** (11.70)	0.181	1	0.025*** (12.68)	0.243	1
Dif_lev	−0.019** (−2.25)	0.032	6	−0.031** (−2.16)	0.033	6
Dif_roettm	0.417*** (17.72)	0.112	3	0.419*** (12.76)	0.098	3
Cons	0.012*** (4.44)	/	/	0.008 (1.40)	/	/
行业固定效应	YES	/	/	YES	/	/
N	1 184	1 184	1 184	644	644	644
R²	0.714 0	/	/	0.776 5	/	/

说明：*、**、*** 分别代表在 10%、5%、1% 的水平上显著。括号内为 t 值。"/" 代表该数据不存在。

以下是对回归结果的主要观察和解释：第一，两种回归结果均表明，除了个别变量在回归中变得不再显著以外，其他变量仍然显著，且影响方向与之前的回归结果一致。这进一步强化了先前的观察，即企业规模、是否发行B股或H股、净资产收益率水平、股票流动性等因素对估值差异有重要影响。第二，通过R^2分解，我们计算了各解释变量对被解释变量的方差的具体贡献程度，并根据贡献大小排名。结果显示，企业规模、是否发行B股或H股、净资产收益率水平、股票流动性等因素是最为重要的几大因素，它们对估值差异的解释能力较强。第三，在使用2003—2022年的数据进行回归时，即使在加入所有相关因素进行分析后，截距项依然显著。这意味着已有的估值因素并不能完全解释国有控股上市公司的估值折价。这反映了可能还有其他未纳入模型的因素对估值差异产生影响，如市场认知、情绪等。第四，在使用2013—2022年的数据进行回归时，由于加入了机构调研数据作为自变量，回归的R^2进一步增大，且机构调研数量越多，公司估值越高。

总的来说，企业规模、股权结构、企业盈利水平、股票流动性等因素在解释国有控股上市公司和非国有控股上市公司估值差异方面起着关键作用。

为深入研究各机制对估值的影响程度，我们进行了综合性分析，将各机制中的因素的贡献程度相加并整理成表2-11。其中，资本市场开放程度被确认为影响最为显著的因素。国有控股上市公司因其对海外资本市场较高的开放程度，受到国际资本市场的较大影响。此外，受信息不对称、市场需求以及投机因素等多方面因素的影响，国际投资者可能要求更高的资产贴现率，进而导致国有控股上市公司整体的估值水平降低。

表2-11 各机制的影响程度排名

机制	2003—2022年		2013—2022年	
	R^2分解	排名	R^2分解	排名
资本市场开放程度	0.121	1	0.110	1
增长情况	0.047	2	0.045	4
股票流动性	0.046	3	0.046	3

续表

机制	2003—2022 年		2013—2022 年	
	R^2 分解	排名	R^2 分解	排名
企业盈利水平	0.044	4	0.033	5
股权结构	0.040	5	0.069	2
市场关注程度	0.017	6	0.023	6
不确定性	0.009	7	0.009	7

股票市场相关因素，包括股票流动性和市场关注程度，也在国有控股上市公司估值折价中发挥重要作用。流动性代表了市场以合理价格快速交易资产的能力。在流动性良好的股市中，交易成本较低，价格受单笔买卖的影响较小，市场较为稳定，投资者更有信心，因此估值水平可能更高。与此相反，国有控股上市公司的股权结构通常更加集中，非流动性股票的比例较高，这可能对估值产生负面影响。此外，市场对股票的关注程度越高，股票的信息越容易被充分挖掘出来，这可能提高估值水平。总的来说，非国有控股上市公司更加注重投资者关系，因此获得了更多市场关注，进而提高了估值水平。

此外，我们还考察了增长情况和盈利情况，它们反映了公司的经营状况，是影响公司估值水平的重要因素。从不确定性的角度看，A 股市场总体上具有较高的投机性，散户投资者占比较高，这可能导致投资者更倾向于对不确定性较高的企业进行炒作，从而引起一定的估值溢价。股权结构会影响公司治理，从而进一步影响公司估值水平。

总之，各个因素相互交织，对国有控股上市公司和非国有控股上市公司估值水平产生复杂而多方面的影响。这一分析有助于深入理解估值背后的关键驱动因素，并为投资者和决策者提供了更全面的信息，可以帮助他们更好地理解和评估金融市场中的估值差异。

五、结论和建议

本章旨在深入研究中国国有控股上市公司估值折价的问题，并探讨了各种因素对估值折价的影响程度。通过对中国 A 股市场的分析，我们得出了以下结论：

首先，资本市场开放程度是影响国有控股上市公司估值折价的最重要因素之一。国有控股上市公司对海外资本市场的开放程度较高，受到国际资本市场的较大影响，导致了较高的估值折价。因此，我们建议国有控股上市公司进一步提高对海外投资者的吸引力，通过规范信息披露、增强透明度等方式，提高海外投资者对企业的信心，降低估值折价幅度。

其次，市场因素如股票流动性和股票的市场关注度也会对估值折价产生重要影响。流动性较高、市场关注度较高的股票通常能够获得更高的估值，因此，国有控股上市公司应致力于提高股票流动性和市场关注度，以提升估值水平。

此外，股权结构和公司治理因素也对估值水平产生了影响。国有控股上市公司的股权集中度较高，非流动性股票占比较高，这可能导致估值折价。因此，国有控股上市公司应积极优化股权结构，增强股票流通性，改善公司治理，提高估值水平。

最后，公司增长情况和盈利水平以及不确定性都会对估值产生影响。国有控股上市公司应努力提高盈利质量，通过改善盈利情况和增长潜力，降低不确定性，从而提升估值水平。

基于上述结论，我们提出以下政策建议，以促进国有控股上市公司改革并推动中国资本市场的健康发展：

（1）提高信息披露的质量和透明度。国有控股上市公司应积极提高信息披露的质量和透明度，以吸引更多的海外投资者参与，减少估值折价。

（2）优化股权结构。国有控股上市公司可以考虑优化股权结构，增加流通性，以降低估值折价的影响。

（3）改善公司治理。加强公司治理，提高公司的运营效率和透明度，有助于提高估值水平。

（4）促进市场流动。政府可以采取措施促进市场流动，提高市场的健康程度，从而提高估值水平。

（5）支持创新和增长。政府可以提供更多的支持，以鼓励国有控股上市公司的创新和增长，减少不确定性，提高估值水平。

（6）投资者应把握好不同类型上市公司的估值逻辑，充分认识国有控股上市公司服务国家战略应具有的国家信用估值溢价，合理提高其估值水平。

参考文献

[1] 蔡贵龙，柳建华，马新啸．非国有股东治理与国企高管薪酬激励．管理世界，2018，34（5）．

[2] 曹春方，傅超．官员任期与地方国企捐赠：官员会追求"慈善"吗？．财经研究，2015，41（4）．

[3] 陈见丽．风险投资能促进高新技术企业的技术创新吗？——基于中国创业板上市公司的经验证据．经济管理，2011，33（2）．

[4] 代昀昊．机构投资者、所有权性质与权益资本成本．金融研究，2018（9）．

[5] 邓川，孙金金．QFII持股、产权性质与企业融资约束．管理世界，2014（5）．

[6] 邓全，等．国企改革历程研究：基于改革开放以来的全周期．中国经贸导刊（理论版），2021（4）．

[7] 方军雄．我国上市公司信息披露透明度与证券分析师预测．金融研究，2007（6）．

[8] 靳云汇，杨文．上海股市流动性影响因素实证分析．金融研究，2002（6）．

[9] 李广子，刘力．债务融资成本与民营信贷歧视．金融研究，2009（12）．

[10] 林莞娟，王辉，韩涛．股权分置改革对国有控股比例以及企业绩效影响的研究．金融研究，2016（1）．

[11] 林乐芬．上市公司股权集中度实证研究．南京社会科学，2005（11）．

[12] 林毅夫，李志赟．政策性负担、道德风险与预算软约束．经济研究，2004，39（2）．

[13] 刘贝贝，李春涛．合格境外机构投资者与公司盈余管理．管理科学，2022，35（2）．

[14] 马新啸，汤泰劼，蔡贵龙．非国有股东治理与国有企业去僵尸化——来自国有

上市公司董事会"混合"的经验证据. 金融研究，2021（3）.

[15] 马亚明，张立乐. 地方政府债务扩张对国有企业投资效率的影响——基于国有企业过度负债的中介效应. 会计与经济研究，2022，36（1）.

[16] 屈文洲，吴世农. 中国股票市场微观结构的特征分析：买卖报价价差模式及影响因素的实证研究. 经济研究，2002（1）.

[17] 苏冬蔚，麦元勋. 流动性与资产定价：基于我国股市资产换手率与预期收益的实证研究. 经济研究，2004（2）.

[18] 孙培源，施东晖. 微观结构、流动性与买卖价差：一个基于上海股市的经验研究. 世界经济，2002（4）.

[19] 孙永祥，黄祖辉，上市公司的股权结构与绩效. 经济研究，1999（12）.

[20] 谭松涛，崔小勇. 上市公司调研能否提高分析师预测精度. 世界经济，2015，38（4）.

[21] 田利辉. 国有股权对上市公司绩效影响的U型曲线和政府股东两手论. 经济研究，2005（10）.

[22] 王春峰，韩冬，蒋祥林. 流动性与股票回报：基于上海股市的实证研究. 经济管理，2002（24）.

[23] 王立章，王咏梅，王志诚. 控制权、现金流权与股价同步性. 金融研究，2016（5）.

[24] 王运陈，左年政，谢璇. 混合所有制改革如何提高国有企业竞争力？. 经济与管理研究，2020，41（4）.

[25] 吴文锋，芮萌，陈工孟. 中国股票收益的非流动性补偿. 世界经济，2003，26（7）.

[26] 武巧珍. 风险投资支持高新技术产业自主创新的路径分析. 管理世界，2009（7）.

[27] 伊志宏，李颖，江轩宇. 女性分析师关注与股价同步性. 金融研究，2015（11）.

[28] 伊志宏，杨圣之，陈钦源. 分析师能降低股价同步性吗？：基于研究报告文本分析的实证研究. 中国工业经济，2019a（1）.

[29] 伊志宏，朱琳，陈钦源. 分析师研究报告负面信息披露与股价暴跌风险. 南开

管理评论，2019b，22（5）.

［30］于东智，池国华. 董事会规模、稳定性与公司绩效：理论与经验分析. 经济研究，2004，39（4）.

［31］俞红海，徐龙炳，陈百助. 终极控股股东控制权与自由现金流过度投资. 经济研究，2010，45（8）.

［32］喻坤，李治国，张晓蓉，等. 企业投资效率之谜：融资约束假说与货币政策冲击. 经济研究，2014，49（5）.

［33］苑德军，郭春丽. 股权集中度与上市公司价值关系的实证研究. 财贸经济，2005（9）.

［34］张红军. 中国上市公司股权结构与公司绩效的理论及实证分析. 经济科学，2000（4）.

［35］张学勇，张叶青. 风险投资、创新能力与公司IPO的市场表现. 经济研究，2016，51（10）.

［36］周铭山，林靖，许年行. 分析师跟踪与股价同步性——基于过度反应视角的证据. 管理科学学报，2016，19（6）.

［37］朱红军，何贤杰，陶林. 中国的证券分析师能够提高资本市场的效率吗？——基于股价同步性和股价信息含量的经验证据. 金融研究，2007（2）.

［38］Amihud, Y. "Illiquidity and Stock Returns: Cross-section and Time-series Effects." *Journal of Financial Markets*, 2002, 5 (1).

［39］Bradshaw, M. T. "How Do Analysts Use Their Earnings Forecasts in Generating Stock Recommendations?" *Accounting Review*, 2004, 79 (1).

［40］Brandt, L. and Li, H. "Bank Discrimination in Transition Economies: Ideology, Information, or Incentives?" *Journal of Comparative Economics*, 2003, 31 (3).

［41］Brennan, M. J., Chordia, T., and Subrahmanyam, A. "Alternative Factor Specifications, Security Characteristics, and the Cross-section of Expected Stock Returns." *Journal of Financial Economics*, 1998, 49 (3).

［42］Brown, L. D., Hagerman, R. L., Griffin, P. A., et al. "Security Analyst Superiority Relative to Univariate Time-series Models in Forecasting Quarterly Earnings." *Journal of Accounting and Economics*, 1987, 9 (1).

[43] Chordia, T., Subrahmanyam, A., and Anshuman, V. R. "Trading Activity and Expected Stock Returns." *Journal of Financial Economics*, 2001, 59 (1).

[44] Datar, V. T., Naik, N. Y., and Radcliffe, R. "Liquidity and Stock Returns: An Alternative Test." *Journal of Financial Markets*, 1998, 1 (2).

[45] Firth, M., Lin, C., and Wong, S. M. L. "Leverage and Investment under a State-owned Bank Lending Environment: Evidence from China." *Journal of Corporate Finance*, 2008, 14 (5).

[46] Gedajlovic, E. R. and Shapiro, D. M. "Management and Ownership Effects: Evidence from Five Countries." *Strategic Management Journal*, 1998, 19 (6).

[47] Givoly, D. and Lakonishok, J. "The Quality of Analysts' Forecasts of Earnings." *Financial Analysts Journal*, 1984, 40 (5).

[48] Haugen, R. A. and Baker, N. L. "Commonality in the Determinants of Expected Stock Returns." *Journal of Financial Economics*, 1996, 41 (3).

[49] Li, K., Yue, H., and Zhao, L. "Ownership, Institutions, and Capital Structure: Evidence from China." *Journal of Comparative Economics*, 2009, 37 (3).

[50] Lin, J. and Tan, G. "Policy Burdens, Accountability, and the Soft Budget Constraint." *American Economic Review*, 1999, 89 (2).

[51] McConnel, J. and Servaes, H. "Additional Evidence on Equity Ownership and Valuation: An Empirical Analysis." *Journal of Financial Economics*, 1990, 27 (2).

[52] Mudambi R. and Nicosia C. "Ownership Structure and Firm Performance: Evidence from the UK Financial Services Industry." *Applied Financial Economics*, 1998, 8 (2).

[53] Tian, L. and Estrin, S. "Retained State Shareholding in Chinese PLCs: Does Government Ownership Always Reduce Corporate Value?" *Journal of Comparative Economics*, 2008, 36 (1).

[54] Xu, N., Jiang, X., Chan, K., et al. "Analyst Coverage, Optimism, and Stock Price Crash Risk: Evidence from China." *Pacific-Basin Finance Journal*, 2013 (25).

[55] Zhang, Y. S. and Barnett, S. "*Fiscal Vulnerabilities and Risks from Local Government Finance in China.*" IMF Working Papers, 2014.

第三章

营商环境与市场估值

摘　要：营商环境与市场估值存在互动关系。营商环境作为一种公共信息普遍影响着企业的经营活动，因此自然在资本市场中有所体现。从影响来看，营商环境的优劣决定着地区生产要素资源的集聚与流向，这与资本市场在资源配置中的作用具有密切的关系：首先，营商环境从根本上影响着资本市场发挥作用的限度和效果。好的营商环境为企业经营提供了沃土，使得企业平均而言拥有更好的发展前景，因此在资本市场更受青睐，进而可以更顺利地融资，实现进一步发展。其次，好的营商环境本就意味着金融市场更加成熟和活跃，这有助于上市公司更积极地参与其中。因此，区域营商环境差异及其对于内部各个企业产生的普遍性影响将在资本市场的市值、估值等重要指标中得到反映。更有趣的是，由于营商环境包含众多方面，其在时间上的演变是相对平稳和缓慢的，而资本市场的反应则十分迅速。这意味着区域间的营商环境差异很有可能造成资本市场表现差异长时间扩大并分化。

本章将对营商环境的影响因素、评价体系和我国的营商环境现状进行全面的梳理和讨论，并进一步分析其在企业发展及资本市场中的作用，讨论实际数据反映出的现象，得出经济学启示和政策建议。

一、营商环境及其评价体系

作为企业全生命周期的外部环境加总，营商环境涉及区域在政治、经济、文化等领域的众多影响因素。本节对这些影响因素进行分类概括，并简述其如何影响企业活动。

1. 政治环境

政治环境是影响营商环境的关键因素之一，其深刻决定着一个地区的吸引力和可投资性。企业通常会仔细评估政治环境的稳定性、政府政策、法律制度和市场准入条件，以确定最适合其业务的地点。政府也可以通过改进政策、降低政府干预度、提高法治水平和减少腐败来改善营商环境，以吸引更多投资并促进当地企业发展。

政府政策和法律制度是政治环境的核心组成部分，它们对企业经营产生直接影响。政府可以通过税收政策、贸易政策、劳工法规等来鼓励或限制企业的发展。例如，低企业税税率和贸易自由化政策通常有利于吸引国内外投资，而高税负和过于严苛的经营限制则可能对企业不利。政府的干预及监管同样会对企业产生重大影响。例如，价格管制、垄断监管、质量标准、许可证要求等都会直接影响企业的运营方式和成本。另外，一些政府通过提供激励性政策来吸引和支持企业。这些政策包括提供投资激励、研发资金、税收减免、出口补贴等。这些政策支持显著地提高了当地企业的竞争力。

此外，政治稳定程度是影响一个地区的政治环境的关键因素。政治动荡和不稳定可能导致不确定性，使企业难以做出长期计划和投资。相反，政治稳定的地区通常更受欢迎，因为其为企业生产经营活动提供了可预测性。

2. 经济环境

经济环境主要包括企业经营所面临的经济指标、市场环境及金融环境。经济指标差异在国家层面的横向对比中尤其突出，并对各地产业发展和结构形成产生了长期的影响。例如，工资水平较低的国家和地区吸引劳动力密集型产业集聚；长期稳定的较低通胀率使价格水平相对稳定、可预测，有利于企业制定长期规划。

市场的规模和增长趋势对企业的吸引力至关重要。一个具有庞大市场规模且规模持续增长的地区通常会吸引更多的投资，并为企业生产提供充足的市场需求。此外，市场环境还包括更多的方面，如消费习惯、趋势和偏好等可以影响产品及服务的定位和创新的因素。

金融环境包括金融市场的成熟程度、融资渠道的可获得性、利率水平和汇率水平等。成熟的金融市场有助于更有效率地将资本配置到各个产业，减少摩擦，从而为企业发展创造沃土。融资渠道的可获得性影响企业的资金需求。如果融资难以获得或成本较高，那么企业可能会受到制约，难以进行扩张或投资。利率水平和汇率水平的波动会对企业的盈利和成本结构产生直接影响。此外，新技术的发展及其在金融场景中的应用不断更新着金融活动的运行方式。金融环境的创新和数字化水平可以影响支付、融资和投资方式。金融科技的发展已经改变了许多企业的财务管理和交易方式，提高了效率和便捷性。

3. 社会文化环境

社会文化环境包括文化差异、社会价值观、人力资源构成和消费习惯等。社会文化因素塑造了消费者的需求和偏好。不同地区的文化、宗教、道德价值观和生活方式都会影响人们对产品和服务的选择，由此形成不同的产业发展特征和趋势。社会文化环境也反映在劳动力素质和价值观上。某些地区的人才可能更加注重工作纪律、创新和团队协作，而另一些地区的人才则可能更加强调家庭和个人生活。这不仅从人力资源投入的角度影响着企业的生产活动，而且关系到企业在长期发展中的企业文化和发展战略。

社会文化环境还影响企业的社会责任观念和可持续发展承诺。在许多地区的社会文化背景下，企业被视为社会的一部分，被要求履行更多的社会责任，包括环境保护、社区支持和公平雇佣等。

此外，在全球经济高度互动的时代，跨文化沟通和跨国经营已经成为常态。企业必须处理不同文化之间的交流和合作挑战。跨文化敏感性和跨文化管理能力变得非常重要，国家间社会文化差异的影响也愈发被重视。

4. 技术及硬件环境

科技发展、创新能力和数字化水平都会对企业竞争力产生影响。创新和技术进步的溢出效应可以提高企业的效率和市场竞争力，并进一步吸引投资，形成正向循环。而良好的基础设施和交通网络可以降低企业经营成本，提高企业生产效率，同时扩大潜在市场，发挥辐射效应。硬件环境与地方企业发展是相辅相成的。良好的企业发展带动地方相关基础设施建设，而这些提升又进一步塑造了更好的经营环境。

值得一提的是，上述几个方面的影响因素常常是相伴相生、相互作用的——这也正是营商环境得以作为一个统一的概念和指标被提出和使用的重要原因之一。企业的全生命周期涉及经济活动的方方面面，并由此关系到上述众多因素的共同影响。其中每一条具体的影响路径都可能延伸出非常多的机制探讨。另外，区域的纵向比较及区域间的横向比较则需要借助一些综合性的可量化的指标。这便使得营商环境指标体系的构建工作引起了广泛的关注。

二、营商环境评价体系的构建

（一）国际主流营商环境评价体系

国际层面的营商环境评价体系主要包括世界银行的 Doing Business 项目（该项目更新至 2020 年，后由 B-READY 项目替代[①]）、经合组织（OECD）的创业环境评价体系、经济学人智库（EIU）的评价体系等。

世界银行的 Doing Business 项目于 2001 年成立，并于 2003 年发布第一份全球营商环境报告，旨在鼓励各国竞相提高监管效率；为改革提供可衡量的基准指标；为学术界、媒体、私营部门研究者及其他关注各国营商环境的人士提供参考。其最新的研究涵盖了 190 个经济体。具体而言，该评价体系的一级指标从设定营商环境的定义，即企业全生命周期内的各项活动出发，

---

① B-READY（Business Ready）相较于 Doing Business 项目在具体编制细节上有诸多更新，详见世界银行网站。由于新的项目尚未发布调查报告，该指标的有关分析及研究仍然建立在 Doing Business 项目的数据集的基础上。

包括企业开设（Starting a Business）、施工许可办理（Dealing with Construction Permits）、电力获取（Getting Electricity）、财产登记（Registering Property）、信贷获取（Getting Credit）、少数股东权益保障（Protecting Minority Investors）、纳税（Paying Taxes）、跨境业务（Trading across Borders）、合同履行（Enforcing Contracts）及破产过程（Resolving Insolvency）。[①] 作为权威且最早提出营商环境评价体系的项目，该项目已形成高质量的面板数据集，这些数据集现已成为众多国别横向和纵向比较研究的主要数据来源。

OECD的创业环境评价体系同样从企业发展阶段出发，构建创业企业的决定因素，反映企业发展的直接效应，以及企业成熟所产生的社会效应共三个阶段的评价。

EIU的评价体系对子环境进行分类，包括政治环境、宏观经济环境、市场机遇、自由市场及竞争政策、外资政策、外贸及汇率管制、税率、融资、劳动市场及基础建设十个一级指标。

（二）我国的营商环境评价体系

国际营商环境评价为全球经济体间的研究和分析提供了重要的资料，而对特定国家内部相对发展的比较则并非其报告的重点。以世界银行报告为例，其对于大多数经济体的测算方式是抽取最大商业城市作为样本，而对于我国等人口超过一亿的经济体则增加第二大商业城市作为样本。我国参与评价的样本城市为北京和上海。[②] 因此，要想更为全面深入地了解我国营商环境的区域间差异，并分析其对经济发展的影响，我们仍需要构建更加细致的契合我国情况的营商环境评价体系。

中国省级市场化指数（樊纲等，2003）是最具有代表性的最早被使用的评价体系之一。该指数的计算包括了政府与市场的关系、非国有经济的发

[①] 资料来源于世界银行的 Doing Business 项目网站。
[②] 世界银行 Doing Business 项目曾于2008年发布针对中国的地区营商环境报告。该报告包含了分省份的各项指标测算，但并非年度更新的数据集，详见世界银行的 Doing Business 项目网站。

展、产品市场的发育程度、要素市场的发育程度、市场中介组织发育和法律制度环境五个方面的指标，并在评价区域从计划经济向市场经济过渡的纵向比较、区域间横向比较，以及市场化程度在更多经济活动中的关联影响等研究中得到了广泛应用。作为营商环境中的重要组成部分，以及我国经济发展特色的核心之一，政商关系作为一个专门的评价指标体系被细致地构建和研究（聂辉华等，2019）。中国城市营商环境评价指标体系（李志军，2019）及其后续的演进和更新构成了现阶段最为全面和深入的我国营商环境评价指数之一。该指标体系包括政府效率、人力资源、金融服务、创新环境、公共服务和市场环境六大方面，从（地级）市一级进行了指标计算和分析。张三保，康壁成和张志学（2020）以市场、政务、法律政策、人文作为四个一级指标维度，借鉴国内外评价指标并结合《优化营商环境条例》，构建了中国省份营商环境评价指标体系，并以年度进行更新（张三保，张志学和黄敏学，2023；张三保和张志学，2023）。这项指标构建工作为深入分析我国各区域营商环境的横向对比情况、演进历程及在其他经济活动中的参与提供了重要便利和支撑。

营商环境指标的构建和测算在有关研究和政策制定中具有极强的参考价值。与此同时，需要强调的是，营商环境评价体系的制定和应用并不旨在将复杂的现实环境概括为一个评价各级政府工作状况的"分数"，而是为地区发展提供可比较、可追溯的状态估计，为制定有针对性的政策提供参考，同时明确短期及长期的标杆与工作方向，从而充分发挥指标体系的"以评促建"功能。对于经济研究和实践，则更应在了解得分的基础上进一步思考，回归各项指标所代表的具体环节，理解其内在的经济机制。

三、我国的营商环境概览及启示

（一）我国营商环境在全球范围的相对水平

世界银行的 Doing Business 项目于 2008 年起包括了对中国的营商环境

评价。作为一个经测算得出的相对指标，营商环境评价的具体得分往往并不直接作为讨论对象，而纵向变化及横向对比则能比较好地发挥这类指标的优势。首先，关注我国在样本内的排名及变化趋势。2008—2020年间，中国在全部样本内经济体中的排名呈现"长时间保持，并于近年快速提升"的趋势，如图3-1所示。①

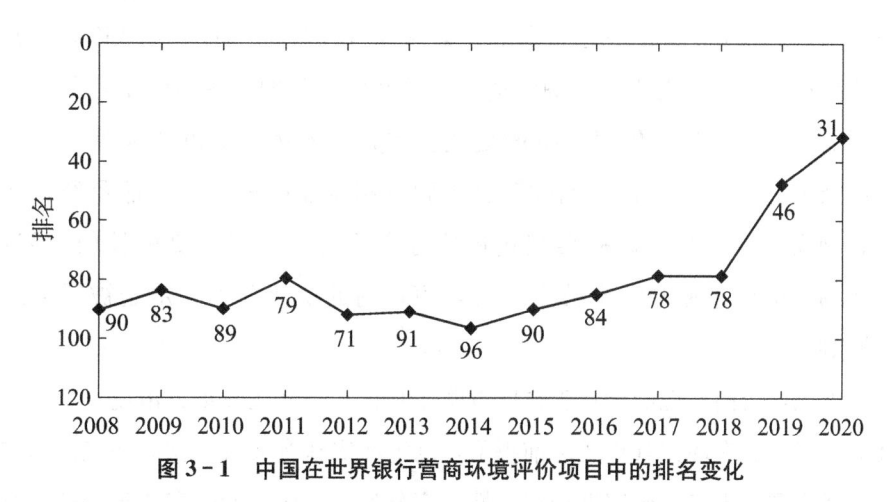

图3-1 中国在世界银行营商环境评价项目中的排名变化

资料来源：张三保，康璧成和张志学（2020）；世界银行全球营商环境报告（2008—2020年）.

在世界银行最新版本的报告中，我国整体排序为第31位。从分项指标来看，我国在合同履行（第5位）和电力获取（第12位）方面具有明显的相对优势，而在纳税（第105位）和信贷获取（第80位）方面得分相对较低。此外，中国香港的整体排序为第3位，仅次于新西兰和新加坡。从全球各经济体排名的分布来看，排名的高低与经济发展水平高低呈现大致的正相关关系，但存在很大的摇摆范围。这是因为在许多具体情境下，不同经济体所面临的具体情况不同，对应的最优举措也不同，因此在同一计算标准下就可能表现出与其结果，即经济发展情况的相关性存在较大差异甚至相反的情况。例如，对于原料出口国和进口国而言，最能保障经济效益的跨境业务有

---

① 如上文所提到的，Doing Business 项目更新至2020版，并在之后由 B-READY 项目替代，但这一新的项目尚未公布报告及数据。

关政策通常是不同的。这也是营商环境作为综合性指标所不可避免的一个局限之处。

值得注意的是，虽然世界银行报告显示，我国在此期间陆续实施了27项相关的营商环境优化举措，但在2008年后的十年间，我国的营商环境相对排序都处于相对稳定的状态，只有在2019—2020年版的报告中排名出现明显的提升。[①] 这一方面是由于全球各地的营商环境大多呈逐渐改善的趋势；另一方面是由于营商环境涉及的许多方面的改善通常都不是立竿见影的，而是长时间积累产生的变化。例如，虽然区域市场政策的调整存在新旧分界的时点，但此政策真正影响到企业的进入、选址及经营活动，则需要一定时间。社会文化环境等方面的变化则需要更长的时间：文化因素的演进通常是十分平稳的，短期内的变化并不一定会被明显地观测到。

因此，营商环境的优化工作应着眼于长远。尤其在政策、市场、金融等环境因素的稳定性尤其重要的前提下，制定和实施有关改善营商环境的举措应当考虑到对未来不确定性的包容性，充分论证，尽可能使有关举措长期有效平稳实施。

（二）我国区域间营商环境的比较及启示

世界银行的营商环境报告聚焦国家间的比较。由于其计算样本选自每个国家的最大（或前两大）商业城市，其营商环境指标并不适用于讨论国家内区域间的差异。而如前一节所提到的，我国省份及城市营商环境指标构建和数据库维护工作为区域间比较提供了坚实的基础。本节基于上述数据库，对我国营商环境的现状和特点进行讨论。

图3-2显示了2017—2021年间我国各省份营商环境指数的箱线图。可

[①] 该项目的年度报告是提前一年发布的。例如，2020年版报告在2019年发布，数据采集于2019年。

以看出，2017—2020年平均营商环境指数呈缓慢上升趋势，而在2021年则有所下降，但整体而言，平均营商环境保持较为平稳的态势。这和我国营商环境在世界银行报告中的国际排名所体现出的特征一致。① 另外，与小幅纵向变化形成鲜明对比的是巨大的组内差异，即在样本内的任一年份，各省份间营商环境指数都存在巨大差异。例如，在2021年数据中，各省份营商环境指数分布在24～70分的范围内；与此同时，近五年我国平均营商环境指数则仅在5分的范围内变化。将这两个观察结合起来后，我们便可认识到，在自然发展状态下，追赶或弥补区域间营商环境差异是需要付出长期努力的。

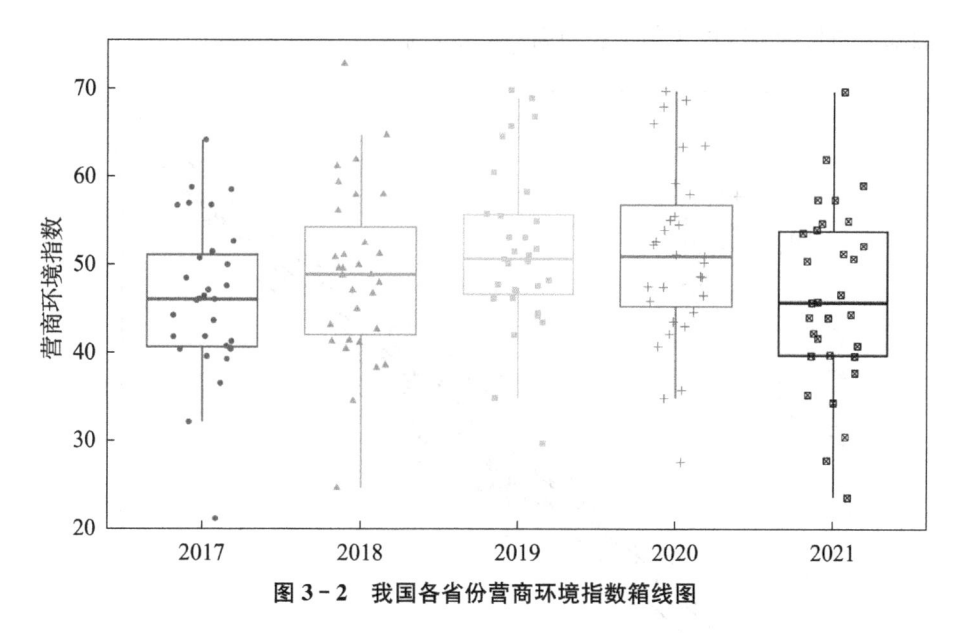

图3-2 我国各省份营商环境指数箱线图

为了更准确地追踪各个区域的营商环境变化，我们以各区域前一年的营商环境指数作为横轴，以当年的营商环境指数作为纵轴，绘制散点图。另外，我们使用城市营商环境指数，以在更小的区域范围内进行讨论，同时也和世界银行的样本选取方式（选取代表性城市）相呼应。

---

① 需要注意的是，二者的时间范围并不相同，且指数的具体数值并不适于直接比较。

如图3-3所示，散点大多分布在45度线附近。同时，我们绘制了各年份散点的线性拟合，这些拟合线也均位于45度线附近。这意味着各年份各地区当年营商环境相比前一年变化均不大。此外，在大多数城市的营商环境指数得分为30~50分的同时，有少数城市得分位于60分以上，包括北京、上海、深圳、广州和成都，这也与我们对于我国各城市经济发展的整体印象一致。良好的营商环境与这种经济发展现状是相互支持、互为因果的。结合营商环境平稳演进的特性，这些城市"驶入"高营商环境指数的车道是通过长时间的积累才完成的。这既描绘了高营商环境指数的发展状态，也给更多城市树立了长期发展的标杆。在后文中，我们将更具体地讨论高营商环境指数如何与长期更高的市值增长与高估值相联系。

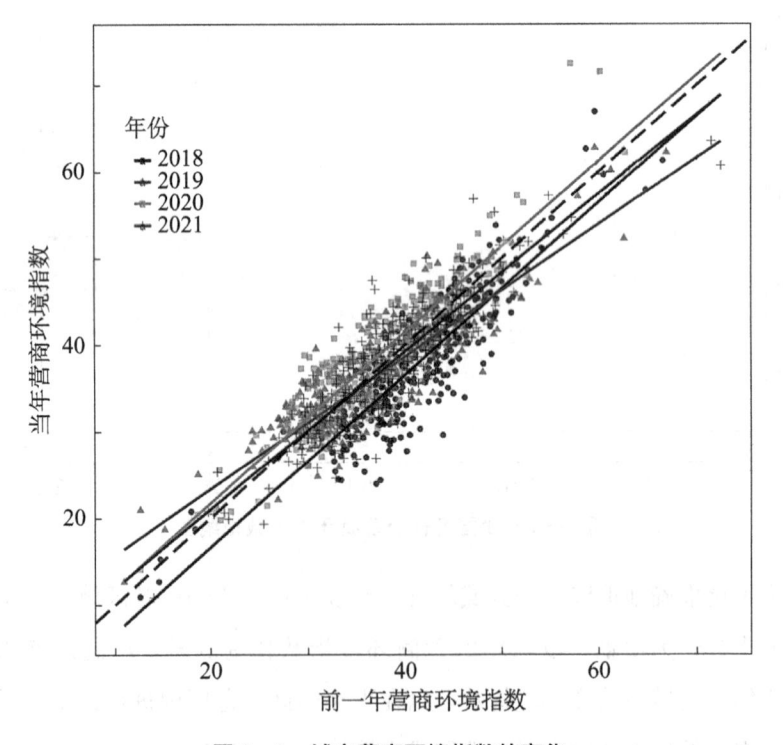

图3-3 城市营商环境指数的变化

说明：考虑到图中文字重叠比较多，所以未在图中标明各省份的名称，这并不影响散点及拟合直线随年份的变化趋势。

四、我国股票市场估值的区域特征

如前文所提到的,营商环境影响经营主体活动的微观机制决定了其将在资本市场的市值、估值等重要指标中得到反映,并在区域加总时体现其对各个企业产生的普遍性影响。我们已经在前一节看到,我国营商环境的区域间差异远远大于短期内时间上的变化,这既是区域经济发展差异的体现,也为之后差异的保持和扩大提供了潜在的解释。

本节,我们暂时不考虑营商环境的区域差异,而是从企业及资本市场在区域层面的差异出发,讨论长期以来以及近年来十分凸显的区域间发展差异现象。需要说明的是,虽然市场相关的研究常精细到行业、公司等更加精细的层面,但在这里,我们更加关心其在区域层面体现的一般性特征,从而为之后与区域营商环境相关的分析做好准备。

(一) 指标选取及意义

我们基于A股上市公司的全样本进行分析,这主要是出于以下考虑:第一,上市公司数据具有标准统一、可信度高等良好性质,为相关研究提供了充分条件。且根据已有数据,我国上市公司在数量、规模、资本结构调整速度等方面存在区域性差异;第二,企业正是营商环境所影响的微观对象,以上市公司为研究对象同样适用于下一节中结合了区域营商环境因素的分析与讨论。[①]

我们主要分析对比区域内上市公司总市值和估值两个指标。总市值的概念及意义相对直观,其反映了上市公司的整体规模。企业估值是指对一家企业的价值进行评估和计量的过程,其与营商环境的许多影响因素十分相关:

---

① 考虑到中央直属企业规模较大,注册地多在北京,经营活动遍布各地,注册地与经济活动主要影响地区存在偏差,为着重讨论与所在地区发展相关的上市公司表现,本章余下分析将央企旗下股票剔除。

企业估值会受到宏观环境、生命周期、商业模式、基本面、是否存在额外溢价等因素的影响。经济、社会、政策、人口等宏观环境直接关系到企业的生产经营情况和成长潜力，宏观环境越有利于企业的成长发展，资本市场就越有可能赋予企业更高的估值。

企业估值方法通常分为相对估值方法和绝对估值方法。前者主要采用倍数方法，包括市盈率（PE）倍数估值法，市净率（PB）倍数估值法，市销率（PS）倍数估值法和企业价值（EV/EBITDA）倍数估值法等；后者主要采用贴现方法，包括股利贴现估值法（DDM）和自由现金流贴现估值法（DCF）等。考虑到横截面上对区域内上市公司加权平均的需要，本研究通过计算 PE 来进行分析。具体而言，在计算方法上，我们采用何致衡等（2023）的计算思路，同时为了使指标更真实地反映公司经营活动的收益，这里我们采用经常性净利润（即扣除非经常性损益后的净利润，Recurrent Net Profit, RNP）作为净利润，如公式（3.1）所示：

$$PE_{it} = \frac{1}{EP_{it}} = \frac{1}{\dfrac{\sum_{j \in S_{it}}(MV_{jt} \cdot EP_{jt})}{\sum_{j \in S_{it}} MV_{jt}}} = \frac{1}{\dfrac{\sum_{j \in S_{it}}\left(MV_{jt} \cdot \dfrac{RNP_{jt}}{MV_{jt}}\right)}{\sum_{j \in S_{it}} MV_{jt}}}$$

$$= \frac{\sum_{j \in S_{it}} MV_{jt}}{\sum_{j \in S_{it}} RNP_{jt}} = \frac{MV_{it}}{RNP_{it}} \tag{3.1}$$

其中，i 代表地区，S_{it} 为地区 i 在 t 期所包含的上市公司集合，MV_{jt} 及 RNP_{jt} 分别为公司 j 在 t 期的总市值和经常性净利润。

通过观察可知，这一计算方法等价于分别求各地区总市值与经常性净利润之比。事实上，这也与此指标的经济学意义相符。我们可将各地区上市公司的总体理解为对应的几个大上市公司，其经济活动即其范围内的全部上市公司的经济活动的总和。

在合理的区间范围内，更高的估值意味着更受投资者青睐。而需要注意的是，此方法所得出的过高的估值往往是由过低的净利润所导致的，在亏损情况下，市盈率指标甚至出现负数。因此，针对我们所关注的问题，我们通常需要综合考虑估值指标、市值指标和净利润情况加以分析。

在样本选取上，考虑到计算目标为区域内上市公司的整体表现，其隐含着对于上市公司经营活动地点的限定。我们基于企业位置对其所属区域进行模糊识别，并剔除以央企为代表的企业活动范围广或企业位置与经济活动区域不匹配的样本。

在下面两小节中，我们重点讨论我国区域发展的两个突出现象：长期以来沿海与非沿海地区的发展差异，以及近年来凸显的南北方发展差异。

（二）沿海及非沿海地区的市值及估值差异

为初步直观比较沿海与非沿海地区 A 股上市公司总市值的变化，本小节选取 2000—2022 年的 A 股市场年度数据，按照公司总部所在地将上市公司划分沿海与非沿海地区 A 股上市公司，并按照上一节所述的方法计算两地区 A 股上市公司总市值变化（见图 3-4）和市盈率变化（见图 3-5）。

2013 年之前，沿海地区与非沿海地区 A 股上市公司总市值均呈现波动中

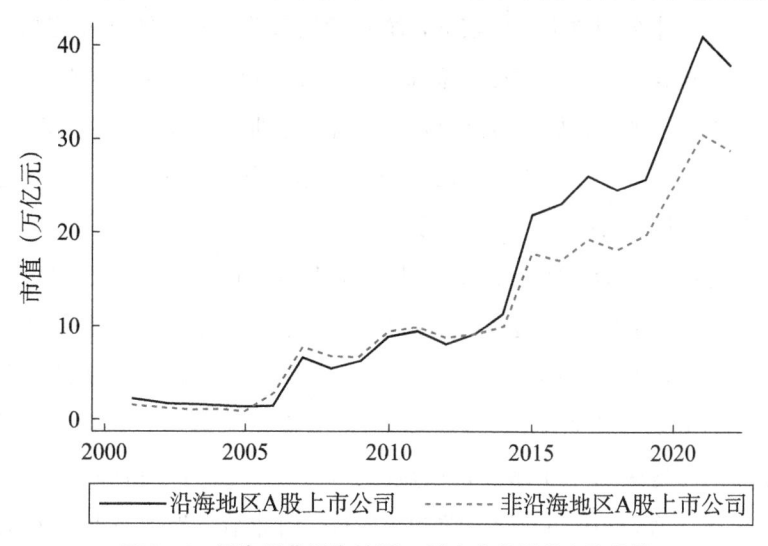

图 3-4　沿海及非沿海地区 A 股上市公司总市值比较

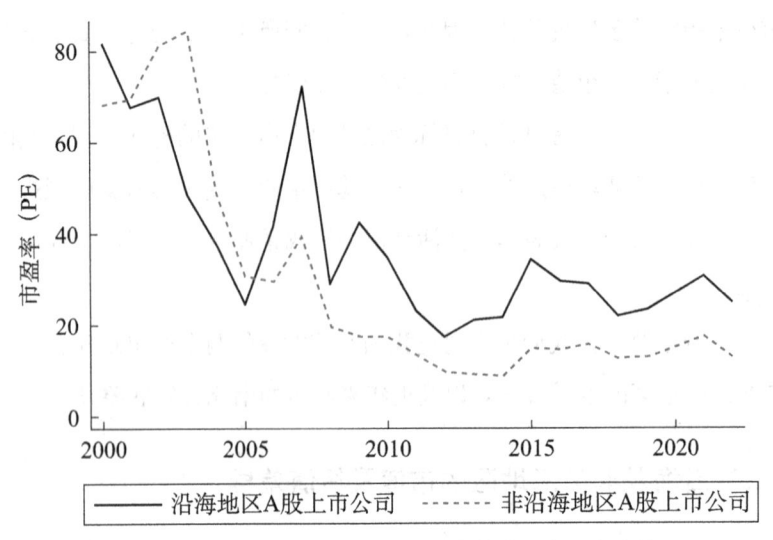

图 3-5　沿海及非沿海地区 A 股上市公司市盈率比较

上升的趋势，但二者之间并无较大差距。2013 年之后，沿海地区与非沿海地区 A 股上市公司总市值的差异逐渐显现。2013 年，沿海地区与非沿海地区 A 股上市公司总市值之比为 1.01，2022 年该比值达到 1.31。因此，可将沿海地区与非沿海地区上市公司市值比较分为两个阶段：2013 年之前，沿海地区与非沿海地区 A 股上市公司总市值均较低，增长速度较为接近；2013 年之后，沿海地区与非沿海地区 A 股上市公司总市值的差距逐渐拉大。2013—2022 年，沿海地区与非沿海地区 A 股上市公司总市值增量分别为 28.71 万亿元和 19.67 万亿元，增幅比为 1.46；2022 年，沿海地区与非沿海地区 A 股上市公司总市值分别为 37.80 万亿元和 28.69 万亿元。

沿海地区与非沿海地区 A 股上市公司市盈率比较整体也呈现出"沿海高，非沿海低"的特征，这反映出市场对于沿海地区 A 股上市公司更加青睐。具体而言，2001—2005 年，沿海地区 A 股上市公司市盈率低于非沿海地区 A 股上市公司市盈率；2005 年之后，沿海地区 A 股上市公司市盈率持续高于非沿海地区 A 股上市公司市盈率。2005 年之后，沿海地区 A 股上市公司市盈率均值为 30.76，标准差为 12.90；而非沿海地区 A 股上市公司市盈率均值为 16.25，标准差为 7.72。2005 年之后，沿海地区 A 股上市公司市盈率长期接近非沿海地区的两倍。

市盈率相对关系比总市值相对关系更早出现差异，这在一定程度上反映了资本市场的前瞻性，这一点在其他区域间对比的结果中也有所体现。

为进一步探究沿海地区与非沿海地区不同行业A股上市公司市场估值的差异，本小节将2000—2022年A股上市公司数量超过80家的行业筛选出来，并利用前一节中的市盈率计算公式计算分行业的区域平均市盈率，结果如表3-1所示。

表3-1 沿海与非沿海地区A股上市公司分行业市值及市盈率比较

行业	沿海地区A股上市公司市盈率	2022年沿海地区A股上市公司总市值（千亿元）	非沿海地区A股上市公司市盈率	2022年非沿海地区A股上市公司总市值（千亿元）
制造业	41.59	245.99	51.15	153.57
电力、热力、燃气及水生产和供应业	23.66	7.01	39.14	9.31
建筑业	30.81	3.73	47.83	3.32
批发和零售业	51.77	9.56	59.21	4.80
交通运输、仓储和邮政业	41.40	13.65	17.79	5.09
信息传输、软件和信息技术服务业	178.14	14.08	104.71	16.16
金融业	9.61	45.49	5.66	60.65
科学研究和技术服务业	68.96	6.21	64.99	2.39
综合	173.05	1.00	250.68	0.10

表3-1显示，沿海地区A股上市公司市盈率更高的行业有交通运输、仓储和邮政业，信息传输、软件和信息技术服务业，金融业，科学研究和技术服务业；非沿海地区A股上市公司市盈率更高的行业有制造业，电力、热力、燃气及水生产和供应业，建筑业，批发和零售业，综合。沿海地区与非沿海地区A股上市公司市盈率在不同行业的差异一定程度上反映了沿海地区与非沿海地区经济结构和产业基础的差异，也体现了资本市场对这一差异的

认知。

由市场估值的计算方式可知，区域间估值的差异会因为市场青睐程度而产生，同时也会受到净利润的影响。从另一角度看，估值指标也常被解读为"需要多长时间可以盈利到当前市值的规模"。因此，我们进一步单独考察沿海和非沿海地区 A 股上市公司的业绩增长情况，结果如图 3-6 所示。

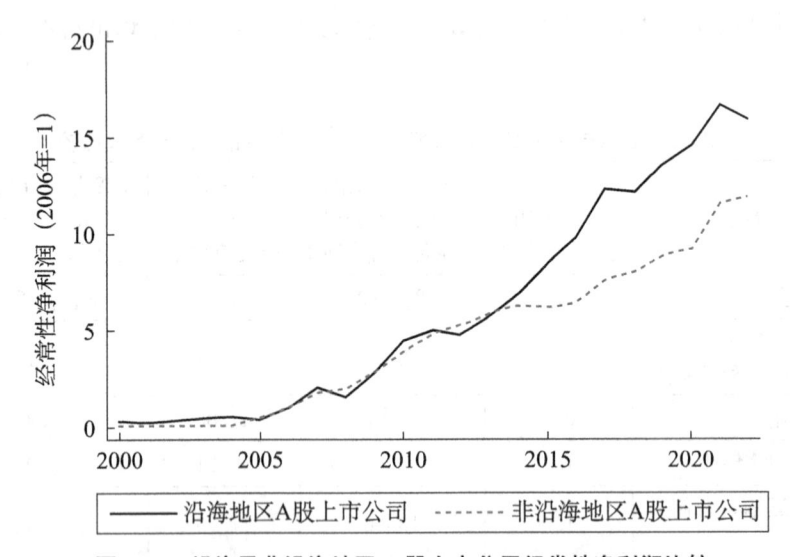

图 3-6 沿海及非沿海地区 A 股上市公司经常性净利润比较

从图 3-6 中可知，2001—2014 年，沿海地区 A 股上市公司经常性净利润与非沿海地区 A 股上市公司差别不大；2015—2022 年，沿海地区 A 股上市公司经常性净利润持续高于非沿海地区 A 股上市公司。

2001—2005 年，沿海地区 A 股上市公司营业收入增长了 229.54%，非沿海地区 A 股上市公司营业收入增长了 278.85%；2001—2005 年，沿海地区 A 股上市公司净利润增长了 44.24%，非沿海地区 A 股上市公司净利润增长了 528.19%。2001—2005 年，沿海地区 A 股上市公司营业收入增幅低于非沿海地区 A 股上市公司，沿海地区 A 股上市公司净利润增幅大幅低于非沿海地区 A 股上市公司，这一阶段业绩表现与市盈率差异较为一致。2006—2022 年，沿海地区 A 股上市公司营业收入增长了 1 226.42%，非沿海地区

A股上市公司营业收入增长了1 254.50%；2006—2022年，沿海地区A股上市公司净利润增长了1 492.34%，非沿海地区A股上市公司净利润增长了1 092.15%。2006—2022年，在营业收入增长率基本一致的情况下，沿海地区A股上市公司净利润增长率大幅高于非沿海地区A股上市公司净利润增长率，因此有理由认为沿海地区A股上市公司的盈利水平更高。

结合市场估值的差异可知，2005年之后资本市场对沿海地区A股上市公司更加青睐，同时整体而言沿海地区A股上市公司也具有更好的经营状况。

（三）南北方A股上市公司市值及估值差异

南北方经济发展差距在近年逐渐凸显并呈扩大趋势，受到社会和学术界广泛关注。我们采用与前一小节相同的计算方式，考察南北方A股上市公司总市值及估值的差异。[①] 其中南北方分界标准基于经济地理的视角，采用"以省份为最小单元，以'秦岭——淮河线'为划分依据"的定义方法。

在2008年之前，南北方A股上市公司总市值变化趋势相近。在2008年底南北方A股上市公司总市值之比接近1的情况下，南方A股上市公司总市值在2009年初至2019年底增加了27.89万亿元，而北方A股上市公司在此期间的总市值增量为11.83万亿元，南方A股上市公司总市值增量达到北方的2.36倍。至2019年12月，南方A股上市公司总市值为31.64万亿元，北方则为15.85万亿元，南方A股上市公司总市值几乎达到北方的两倍，南北方A股上市公司市值规模差距愈发凸显，如图3-7所示。[②]

值得注意的是，上述差异及变化趋势在沿海地区和非沿海（内陆）地区都存在。2009年1月至2019年底，沿海地区的南北A股上市公司总市值增

[①] 本小节的许多研究结果已汇报于作者已发表的期刊论文（何致衡等，2023）中，为简便起见，本小节对有关的引用不再进行专门的标注。

[②] 图3-7中采用月度市值数据作图。本小节的市值比较也同样采用月度市值进行计算，而经常性净利润仍采用年报数据。而在前一小节中，有关市值的计算均采用年度市值计算。

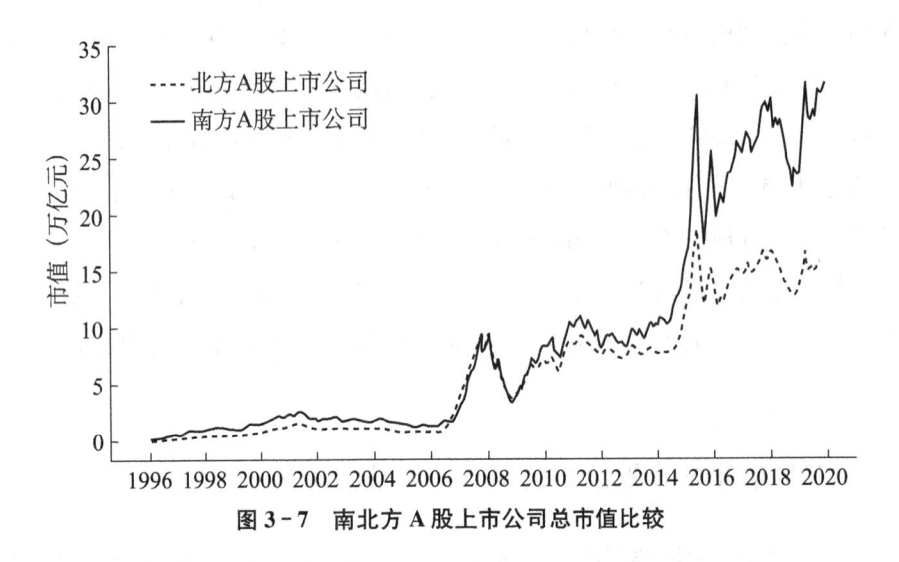

图 3-7 南北方 A 股上市公司总市值比较

幅比为 2.32，非沿海（内陆）地区的南北 A 股上市公司总市值增幅比为 2.46。2019 年 12 月，沿海地区和非沿海（内地）地区的南北 A 股上市公司总市值比分别为 1.95 和 2.14。这说明，A 股上市公司规模的南北方差距及差距的不断扩大，是在沿海省份和内陆省份普遍存在的现象，南北方的经济发展差距不是以往研究中发现的"沿海—内陆差距"的重复表现，而是一种近年凸显出的新的区域经济差异现象。

南北方 A 股上市公司市盈率也在近年呈现出"南高北低"的现象，如图 3-8 所示。市盈率的对比也呈现出明显的阶段性：前一阶段，南北方 A 股上市公司市盈率接近，均偏高且波动率较大，这与我国 A 股市场在其发展早期可能不够成熟等因素有关；后一阶段，随着股票市场逐渐发展成熟，有效性提高，南北方 A 股上市公司市盈率较为稳定，与国际股票市场平均市盈率更加接近。2009 年之后，南方 A 股上市公司市盈率始终高于北方。具体而言，2009 年以来，南方 A 股上市公司市盈率均值为 23.54，标准差为 4.54，而北方 A 股上市公司市盈率均值为 10.15，标准差为 2.17。南北方 A 股上市公司市盈率之比的均值为 2.34，标准差为 0.18，说明南方 A 股上市公司市盈率始终是北方 A 股上市公司的两倍以上。此外，在 2007—2008 年的牛

第三章 营商环境与市场估值

熊市转换过程中，南北方 A 股上市公司总市值的差距尚未显现，但南北方 A 股上市公司估值的差距已逐渐拉开，这与沿海/非沿海 A 股上市公司比较中所呈现的特征相似，在某种程度反映了资本市场对于实体经济表现的预测的前瞻性。

图 3-8 南北方 A 股上市公司市盈率比较

此外，在企业经营状况方面，2009—2019 年的 11 年间，南方 A 股上市公司营业收入增长率有 10 年都高于北方，年均增长率为 15.78%，而北方 A 股上市公司的年均增长率则为 11.39%，与前者相差 4.39 个百分点。南方 A 股上市公司经常性净利润的年均增长率达 16.79%，而北方仅为 10.36%，南北方 A 股上市公司的经常性净利润的年均增长率相差 6.43 百分点。2015 年以来，南北方 A 股上市公司营业收入及经常性净利润方面的差距愈发凸显，北方 A 股上市公司在其中四年的经常性净利润年增长率不足 5%，盈利增长遭遇严峻的挑战。

总体而言，近十余年来资本市场上的南北差距逐渐显现并拉大，投资者对南方 A 股上市公司更加青睐，南方 A 股上市公司平均而言具有更高的市盈率；业绩增长表现方面，南方 A 股上市公司具有更高的营业收入及经常性净利润增速。进一步地，何致衡等（2023）还证明了，这些差异不仅来自同行业间南北方 A 股上市公司平均表现的差异，还来自南北方 A 股上市公司的整体行业结构差异。前者说明在微观公司层面，南方A股上市公司平均而言具有更高的估值水平和成长速度，而后者说明在宏观层面，南方整体而言将资源更多地配置在市场更加看好、增长速度较快的行业中。

上述两种原因都与区域的营商环境十分相关：前者体现了区域营商环境对特定企业造成的直接（提高经营业绩）或间接（在资本市场更受欢迎）的正向影响；而后者则体现了资本市场在资源配置中的作用，而营商环境更好的区域才得以更有效地发挥资本市场的特性。

五、营商环境差异对区域市场估值差异的解释

（一）营商环境影响市场估值的理论机制

在前一节，我们以我国区域发展特征中凸显的两大差异现象，即"沿海/非沿海差异"和"南北方差异"，作为代表案例，分析了其在上市公司和资本市场视角下的表现。这一现象的微观个体是企业，而在同一个（不区分地理位置）资本市场中，为何企业在区域层面存在普遍性差异？换言之，上市公司并不会单纯因为地理位置在沿海或在南方就获得更明显的市值提高、股价提高和市场估值。

如何回答上述疑问？从成为一个关键解释的必要条件来看，区域间在一些背景特征上的差异必然是关键出发点，例如何致衡等（2023）通过对营商环境、经济功能区建设、金融资源配置、商业文化传统及企业创新与人才培养五个方面的深入讨论认为，南北方经济的宏观背景及表现差异对南北方A股上市公司表现的差异具有重要影响。事实上，上述五个方面中最为综合的方面即营商环境，而与经济功能区建设有关的政策规划、金融资源配置所反映的金融环境、商业文化传统所反映的社会文化环境，以及企业创新与人才培养所反映的科技人力成本等因素，都在某种程度上被营商环境的定义

包含。

从充分条件来看，营商环境与企业生产经营活动息息相关，完全具备从理论上解释企业估值差异的条件。良好的营商环境意味着：（1）更加流畅的经营活动启动过程以及更加完善的退出机制使得企业的经营活动有着更灵活的调整空间，也充分保证了在营企业的健康程度；（2）更加稳定的政策环境降低了经营活动的不确定性，可以促进企业获得更好的经营表现；（3）良好的市场环境和金融环境使得企业获取融资的过程更加顺利；等等。从资本市场和市场中的投资者角度来看，这意味着该企业更倾向于进入资本市场寻求融资机会，同时因具有更好的盈利前景而更受青睐。这使得区域加总后的总市值和市盈率都相对更高。

已有一些研究关注营商环境对企业发展的影响。作为影响市场主体行为的重要外部环境，营商环境会对企业经营管理产生较大影响。夏后学等（2019）基于世界银行对中国企业营商环境的调查数据，论证了优化营商环境会显著影响企业寻租与市场创新，对消除寻租的影响、促进创新有积极作用。于文超和梁平汉（2019）以2012年全国私营企业调查数据为样本，证明了市场化、法治化的营商环境是民营企业缓解不确定性冲击、保持经营活力的保障。杜运周等（2020）发现单个营商环境要素并不构成产生高创业活跃度的必要条件，但是提升政府效率在产生高创业活跃度上发挥着较普适的作用。

在前文中，我们提炼了我国营商环境的特征：首先，区域间营商环境差异较大，且短期内并没有明显的收敛迹象；其次，营商环境随时间的变化十分缓慢，这也是营商环境作为一个综合指标，尤其是涵盖了多个政治、社会和文化因素的指标，所必然存在的现象。上述第一个特征为解释区域间资本市场估值差异提供了基础。第二个特征意味着一旦营商环境存在较大差距，短期内地区间的市场估值差异就会持续存在，这将使得资本市场促进资源配置的作用的发挥长期存在区域差异，从而不断拉大区域经济发展差距。

(二) 营商环境与上市公司规模

我们用实际数据来验证上述论断，首先考察区域营商环境与市值的相关性，然后考察营商环境对于区域市值及市场估值变化的预测性。为了聚焦于已上市公司的变化而排除上市公司新进入及退出的影响，我们仅保留在2017年前已经上市的股票，并剔除在此期间退市的股票。

如图3-9所示，整体而言，各省份的营商环境指数得分与A股上市公司总市值的对数呈正相关关系，这意味着营商环境好的省份，其上市公司整体规模更大。这似乎是一个非常直观而自然的结论。值得强调的是，营商环境指标的构建并没有直接使用股票市场有关的数据，因此，该正相关关系并不直接来自技术上的直接相关。

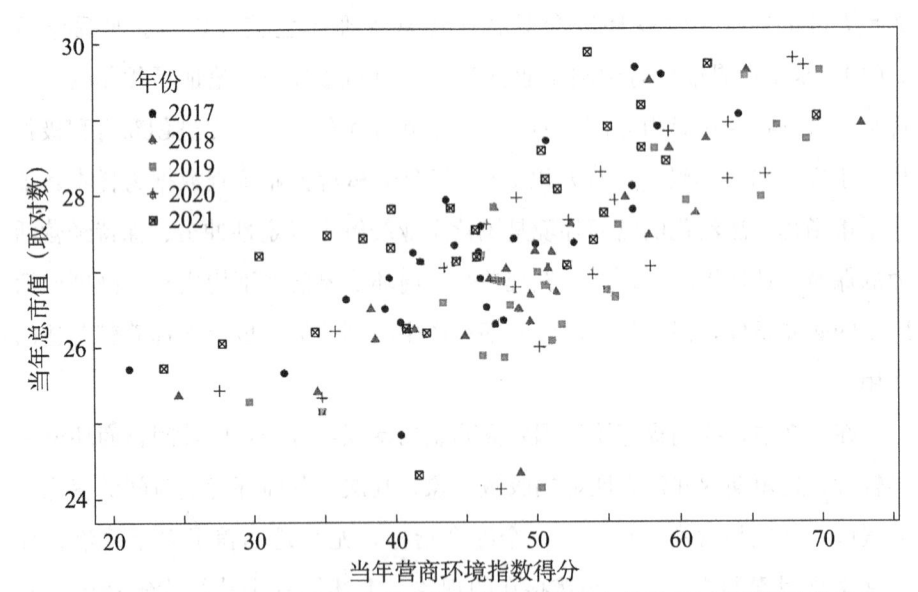

图3-9 各省份营商环境指数得分与该省份A股上市公司当年总市值的关系

说明：考虑到图中文字重叠比较多，所以未在图中标明各省份的名称，这并不影响散点及拟合直线随年份的变化趋势。图3-10和图3-11与此相同。

图3-10展示了各省份在2017年营商环境指数得分对于该省份A股上市公司市值变化率的预测性。其中，对于截止年份为i的市值变化率的计算

方式是用第 i 年末总市值与 2017 年末总市值之差除以 2017 年末总市值。因此，当整个市场规模不断增长时，截止年份距离 2017 年越远，则各点整体上会更高，即有着更高的市值变化率。虚线和实线分别是全样本和剔除营商环境离群值（小于 30）后的线性拟合。整体而言，我们依然可以从各个年份的散点及拟合中发现正相关关系。结合图 3-9，营商环境指数得分更高的省份的 A 股上市公司往往有着更大的市值规模，而市值在市场内的增长则会受到规模效应的影响，即大市值企业的市值增长率相对较小。然而我们在区域比较中依然看到，营商环境指数得分更高的省份还具有更高的总市值增长率。这有两种可能的解释：（1）这些区域内存在多种规模的公司，相对来说小市值公司依然具有更高的增长率；（2）同时还存在另一种效应，使得营商环境指数得分高的地区的公司相对来说获得了额外的增长动力。由于小市值公司本身市值占比就小，因此加总后的市值增长率很难由小规模公司带动。且我们依据常识可知，在北京、上海等城市（省份），有大量大市值公司。因此，造成图 3-10 中的正相关关系的原因不大可能全由第一种解释造成，第二种解释很有可能是更加重要的一个原因。

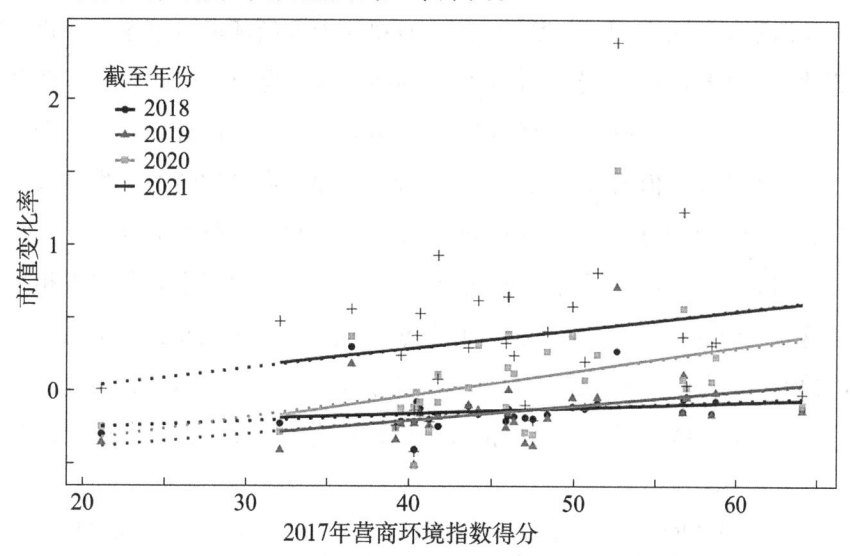

图 3-10　各省份 2017 年营商环境指数得分与该省份 A 股上市公司市值变化率的关系

我们之所以并不使用年增长率，而是将比较基年固定为2017年（营商环境指数得分数据库的起始年份），一方面是因为营商环境的变化相对缓慢，在一段时间内我们可以认为其是一个地区给定的状态；另一方面是因为我们希望讨论营商环境的差异能够不断累积由其带来的资本市场差异（正如图3-10中各截至年份对应市值变化率曲线不断向上移动的结果所示）这一点。

（三）营商环境对市场估值的预测性

我们接着考察市场估值。正如第一节所提到的，市盈率估值指标在合理的区间范围内能够很好地体现市场对企业的看好程度，而过高的市盈率则往往是该指标的计算方法导致的，即由过低的利润率带来的。此外，不同行业的市盈率通常不同，这也是不同行业的资产与利润的比较关系决定的。各区域的产业结构不同，本身就会带来市场估值的差异，例如银行等金融行业市盈率相对较低，市值较大，因此可能在市值加权过程中拉低一个地区的市盈率。因此，静态地观察市盈率的横截面比较并不是一种科学的探索方式，而直接按照图3-9的方法绘制营商环境指数得分与市场估值的散点图也的确并不能得到正相关关系。

我们采用与图3-10中类似的方法直接讨论营商环境对市盈率变化率的预测性。[①] 由于样本中不包含上市公司的新进入及退出，因此对于一个区域而言，此样本下的产业结构是固定的。另外，由市盈率的计算方式可知，规模效应以及年度市值增长的累积已经在计算与净利润的比值的过程中被考虑在内。综合以上两点可知，市盈率变化率是横向和纵向都可比的。

如图3-11所示，营商环境指数得分与市盈率变化率之间存在正相关关系。这意味着营商环境对未来几年区域整体而言上市公司市盈率的变化有正向的预测性。由于这个过程中区域的样本内产业结构并没有发生改变，该市盈率的相对提高就体现了资本市场相对更加看好这些区域，且这个现象在2017

[①] 我们剔除了市盈率变化率绝对值过大的少数几个离群值。产生这些离群值的原因是：在一些年份，由过小的净利润计算得到了过高的市盈率。如对比图3-10和图3-11可知，离群值主要出现在营商环境指数得分较低的省份，这也可能是一个潜在的有意义的观察结果。

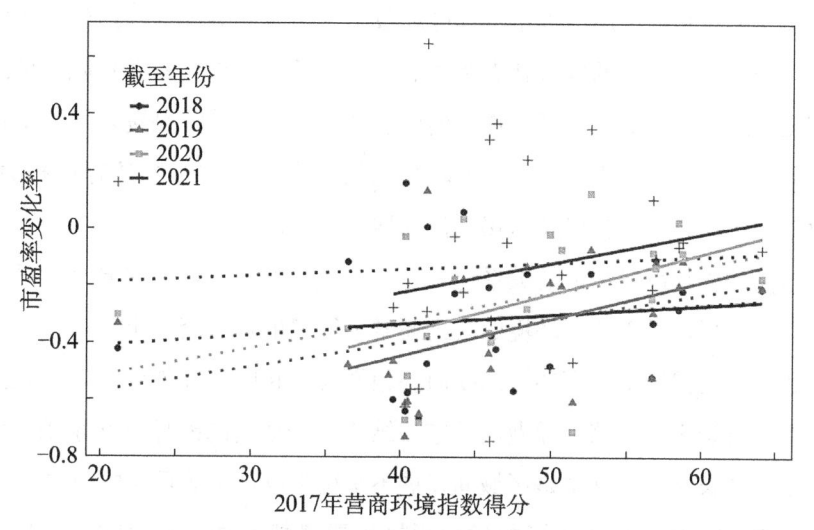

年以来的各个年份都持续存在。这便印证了营商环境对市场估值的重要影响。

图 3-11 各省份 2017 年营商环境指数得分与市盈率变化率的关系

此外，截至 2021 年的散点相对更分散，这一方面是因为更长的时间跨度自然包含了更多的噪音，另一方面也是因为营商环境随时间的改变在稍长的时间维度上可能已经有所体现。

简言之，本节我们验证了三个结论：（1）区域营商环境与其内部上市公司整体规模呈正相关关系。作为一种静态的横向比较，营商环境与上市公司规模之间互为因果，在长时间的发展和相互促进过程中形成了一种截面上的相关性；（2）区域营商环境差异对上市公司市值增长有预测性，这意味着区域内公司有着更大幅度的股价增长和规模扩张；（3）区域营商环境差异对上市公司市场估值具有预测作用，且此预测作用并不局限于产业结构的区别，而体现为市场对该区域上市公司的普遍看好。这意味着该区域内的上市公司有更多的机会从资本市场获得融资，从而促进自身发展。

六、小结

营商环境全面而深刻地影响着区域内企业等经济主体全生命周期的各项

活动，因此与区域经济发展密切相关。而其中一个重要的微观影响机制就在于营商环境对企业利用资本市场功能的效率有重要影响。在营商环境更好的区域，企业具有更好的经营状态和盈利预期，因此更受投资者青睐，体现为具有更高的市场估值，进而有更多的机会从资本市场获得融资，从而促进自身发展。因此，从结果上看，营商环境与资本市场参与规模具有正相关性，同时对于该规模的增长以及市场估值的增加具有预测性。

营商环境与市场估值的关系还具有一个重要的特点，即差异扩大的持续性。我们发现，由于营商环境的演进通常是缓慢的，而资本市场的反应通常是迅速的，这就使得营商环境的横向差距需要很长时间才能弥补，而在此期间资本市场始终会对该差异做出反应，维持市场估值的差异，并累积由此产生的规模增长差异。这也是区域间发展不平衡难以扭转的重要原因之一。

这更意味着对营商环境的优化举措需要谨慎评估、迅速响应、长期坚持。我国在过去十几年间做出的一系列优化营商环境的努力已经在显现成效。党的十八大以来，在以习近平同志为核心的党中央的坚强领导下，优化营商环境工作取得了显著成就。数据是最有说服力的事实：2022年，中国实际使用外资1 890多亿美元，创历史新高，比三年前增加了近500亿美元，中国依然是全球投资高地。2020年世界银行发布的营商环境报告中，我国营商环境指数得分达到了全球最佳水平的77.9%，位列世界第31位，并连续两年被世界银行评选为全球营商环境改善幅度最大的10个经济体之一。这些变化也在具体的环节中得到了充分的体现：过去办企业耗时费力，有的要几个月甚至一年，而现在一般只要几个工作日即可办结；以前工程建设项目审批被喻为"万里长征"，现在不超过120个工作日，有的地方甚至压减到80个工作日以内；各地蓬勃兴起的自贸试验区建设全面实施市场准入负面清单制度，清单管理措施比制度建立时压缩了60%以上，极大地便利了经营主体投资兴业。①

---

① 优化营商环境，"近悦远来"推进高质量发展. 中国政府网，2023-10-07.

在短期内，区域间营商环境的相对差距依然可能带来市场估值的差异和对资本市场利用效率的差异，但只要坚持实施优化营商环境的各项举措，学习营商环境良好的区域的经验，就一定可以获得卓有成效的提升，向着建设市场化、法治化、国际化一流营商环境不断迈进。

参考文献

[1] 杜运周，刘秋辰，程建青．什么样的营商环境生态产生城市高创业活跃度？——基于制度组态的分析．管理世界，2020，36（9）.

[2] 樊纲，王小鲁，张立文，朱恒鹏．中国各地区市场化相对进程报告．经济研究，2003（3）.

[3] 何致衡，汤珂，康文津．中国南北方上市公司表现差异及形成机制研究．经济学（季刊），2023，23（2）.

[4] 李志军．中国城市营商环境评价．北京：中国发展出版社，2019.

[5] 聂辉华，韩冬临，马亮，张楠迪扬．中国城市政商关系排行榜2018．中国人民大学国家发展与战略研究院政企关系与产业发展研究中心，2019.

[6] 夏后学，谭清美，白俊红．营商环境、企业寻租与市场创新——来自中国企业营商环境调查的经验证据．经济研究，2019，54（4）.

[7] 于文超，梁平汉．不确定性、营商环境与民营企业经营活力．中国工业经济，2019（11）.

[8] 张三保，康璧成，张志学．中国省份营商环境评价：指标体系与量化分析．经济管理，2020，42（4）.

[9] 张三保，张志学，黄敏学．中国城市营商环境数据库2023．北京大学开放研究数据平台，2023.

[10] 张三保，张志学．中国省份营商环境评价数据库2023．北京大学开放研究数据平台，2023.

[11] 中金公司．模式突围与估值重构——房企商业模式与估值水平的国际比较，2021.

经济变量篇

第四章

宏观经济变量、外部经济环境与市场估值

摘　要：资本市场估值受多重经济因素的影响，既有时序变动，又有截面差异。总体来看，主要存在绝对估值和相对估值两种方法。这两种方法是理解影响估值的经济因素的基础结构。在绝对估值视角下，证券的估值是贴现现金流之和。绝对估值随期望现金流的数额增多而增大，随贴现率的提高而减小。无论实际中宏观、微观经济因素如何纷繁复杂，它们最终都要归结于现金流和贴现率这两大基础因素，通过它们对估值产生影响。在相对估值视角下，估值是利用估值倍数，即用基于未来预期的证券绝对估值除以当前已经实现的企业业绩。所以，除了期望现金流和贴现率两大主要基础因素外，当前企业业绩这一辅助因素还会影响相对估值水平。

宏观经济和政策因素的影响范围广、影响程度深，对整体市场和单个股票的估值都能产生重大影响。中国经济转向高质量发展阶段，需求结构优化，多部门推出了货币、财政、税收等宏观政策"组合拳"，以应对经济运行中出现的困难和挑战，防范化解重点领域金融风险。把握好中国这些宏观经济运行及政策因素，有助于厘清中国市场的估值规律，构建中国特色估值体系，活跃资本市场，提振投资者信心。

一、宏观经济运行与市场估值

宏观经济运行对估值的影响是全局性的、整体性的。估值既反映宏观经济短期波动，又反映长期趋势；既受内部运行状况影响，又受外部运行环境影响。当前，国民经济持续恢复、总体回升向好，高质量发展扎实推进，产

业升级厚积薄发，但是仍存在国内需求不足等困难。提高中国资本市场估值水平，就要巩固宏观经济运行的良好势头，积极应对风险挑战。

（一）国内需求增长支撑市场估值

需求是经济的拉动力量，并且国内需求的作用愈发明显。居民消费升级、企业创新投资、政府财政支出等新的需求增长点将成为资本市场估值的支撑。

1. 消费升级创造估值空间

2023 年以来，经济社会全面恢复常态化运行，消费是经济恢复的最强动力。2023 年上半年，我国固定资产投资同比增长 3.8%，以美元计价的货物出口贸易同比增长 −3.2%，而社会消费品零售总额同比增长 8.2%，全国居民人均消费支出同比增长 7.6%。长远来看，消费对经济的拉动作用会进一步释放。首先，中国 14 亿人口创造的超大市场，有庞大的存量和增量消费需求。2023 年上半年居民人均可支配收入同比增长 5.8%，其中城镇居民人均可支配收入增长 4.7%，农村居民人均可支配收入增长 7.2%。随着高质量城镇化的不断推进和乡村振兴战略的实施，城乡居民消费将继续稳中有增。其次，以餐饮、旅游、文化为代表的恢复性消费大幅增加。2023 年上半年餐饮收入同比增长 21.4%，今年暑期国内旅游市场较 2019 年实现全面增长，出境游复苏态势显著。[①] 2023 年上半年，全国营业性演出场次达 19.33 万场，同比增长 400.86%；演出票房收入 167.93 亿元，同比增长 673.49%；观众人数 6 223.66 万人次，同比增长超 10 倍。[②] 最后，消费结构性升级刺激新的业态竞相崛起。数字消费、新能源汽车消费、电子产品消费等需求增长是必然的长期趋势，将带动有关业态崛起。

2023 年 7 月底，国家发展改革委发布《关于恢复和扩大消费的措施》，提出了 20 条措施，以促进汽车、住房、服务、农村、新型消费，完善消费

[①] 参见携程发布的《2023 年暑期出游市场报告》。
[②] 参见中国演出行业协会发布的《2023 上半年全国演出市场简报》。

设施，优化消费环境。这20条措施有助于继续扩大消费需求，让消费对经济发展的基础性作用得到更好的发挥。稍早前的7月20日，国家发展改革委等部门就已经联合发布《关于促进汽车消费的若干措施》和《关于促进电子产品消费的若干措施》，提出放宽汽车限购管理，支持汽车换代消费，促进新能源汽车产业持续健康发展，推动电子产品升级换代，支持电子产品下乡等措施。7月12日，商务部等部门联合发布的《关于促进家居消费的若干措施》与促进住房消费配套，支持绿色家居、智能家居、适老家居，推动家居企业转型升级，居民旧房装修和家居换新。8月9日，商务部、国家发展改革委、金融监管总局发布的《关于推动商务信用体系建设高质量发展的指导意见》则加大了对汽车、家电、家居等产品消费信贷的支持力度。如此密集的举措彰显了政府释放消费潜力，促进消费升级的决心。

消费升级为相关的企业创造了估值上升空间。餐饮、旅游、文化等恢复性消费行业将改变一直以来的估值抑制状态，重启估值上升周期。消费升级的重点领域，如汽车、电子、家居等领域的企业业绩预计明显改善，进入更高的估值区间。长期来看，随着消费对经济的拉动作用逐渐加强，消费类企业的估值将跑赢外贸出口类和固定资产投资类企业。

2. 研发投入激发估值活力

研发投入是全社会投资中最为活跃的部分，不仅直接创造了当期的需求，还能刺激未来的需求乃至创造新的产品市场，显示出较强的逆周期和促增长属性。所以，估值对企业研发投入的敏感性高。2022年，我国研究与开发（R&D）经费支出达30 870亿元，较2021年增长10.4%。根据历史经验，企业R&D经费占总R&D经费的比例超过78%，是全社会研发投入的主体。2023年上半年，披露研发投入数据的4 877家A股上市公司的研发投入总计达7 102.43亿元，较2022年上半年增长11.25%，远高于固定资产投资3.8%的增长速度。A股上市公司的研发投入占营业收入的比例也从2022年上半年的2.22%稳步攀升至2023年上半年的2.48%，上市公司对研发的重视程度持续提高。

科创板和创业板是中国资本市场支持科技创新的核心模块。科创板和创业板上市公司的研发投入更好地反映了研发投入与市场估值的正向关系。2023年上半年，科创板公司研发投入总计706亿元，同比增长19%；创业板公司研发投入总计894.94亿元，同比增长16.66%。科创板和创业板公司研发投入占营业收入的比例分别为12%和5.03%。市场一直对科创板和创业板公司的研发投入给予了估值认可。2023年9月30日科创板和创业板市盈率分别为68.83倍和46.39倍（见图4-1），市净率分别为4.20倍和3.53倍（见图4-2），大大超出资本市场其他板块。

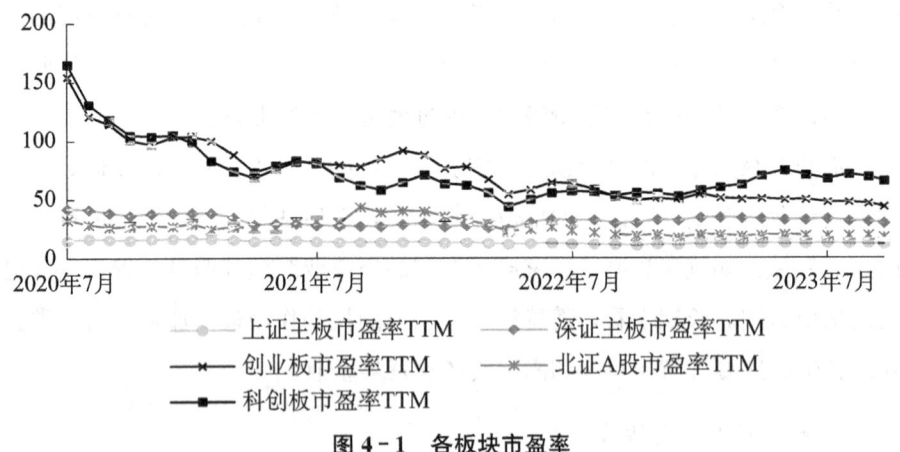

图4-1 各板块市盈率

说明：市盈率TTM又称为滚动市盈率。

资料来源：Wind数据库.

一方面，研发投入直接带动了需求沿产业链向上游传递。电子、汽车、医药、软件等研发密集的行业上游环节更多，研发投入的需求带动效应更加明显。增加的需求转化为业绩，改善了产业链企业利润表，提升了企业估值。另一方面，研发投入意味着研发企业的技术竞争优势和未来丰厚的回报。新技术增加了企业的市场份额，刺激了未来的产品需求，进一步鼓励企业加大研发投入。如此动态循环，企业业绩与研发投入同步提升，企业竞争力不断增强，估值持久上行。于是，研发投入通过产业乘数效应和时间乘数效应两个渠道，放大了需求，显著激发了市场的估值活力。

图 4-2　各板块市净率

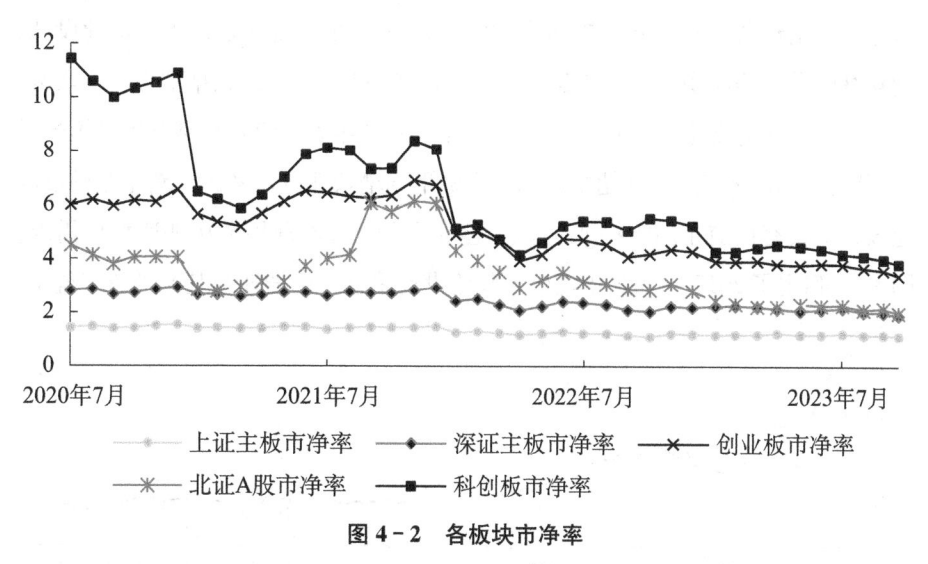

资料来源：Wind 数据库.

3. 财政支出提振估值信心

加力提效的财政支出对于扩大国内需求，打通经济内循环依然不可或缺。部分行业下行压力拖累了相关企业的估值，结构性增大了有关领域的财政支出力度，有助于提振估值信心。

基础设施建设投资是稳增长的可靠抓手，不仅决定了基建行业的估值水平，还影响整个资本市场的估值情绪。2023年第一季度基建投资快速恢复，至第二季度，受财政资金相对约束、房地产市场遇冷等因素影响，基建投资增速逐月下滑。基建投资回落明显拖累基建行业估值，中证基建指数结束近半年的上涨趋势开始下跌。2023年9月28日，中证基建指数市盈率为8.22倍，处于指数创建以来的2.85%分位，进入低估值区间。在这一形势下，应当保持适度的基建财政支出力度，继续落实"十四五"规划中建设现代化基础设施体系的布局，推进交通、能源、水利等大型基础设施建设项目。2023年7月25日国家发展改革委、生态环境部、住房城乡建设部联合发布的《环境基础设施建设水平提升行动（2023—2025年）》更是提出加快构建集污水、垃圾、固体废弃物、危险废物、医疗废物处理处置设施和监测监管能力于一体的环境基础设施体系。基建财政要充分发挥结构性作用，以信息基础设施、融合基础设施、创新基础设施等新型基础设施建设为重点，如5G网络、云数据中心、物联网、智能驾驶、充电设施、市政数字化等项目。2023年上半年，新型基础设施建设投资同比增长16.2%，远超整体基建投资平均增长速度。考虑到新型基础设施建设投资具有提前布局的特征，新型基础设施建设投资将渐次加速释放需求。图4-3列出了2015—2023年宽口径基建投资累计同比增速与基建指数市盈率。

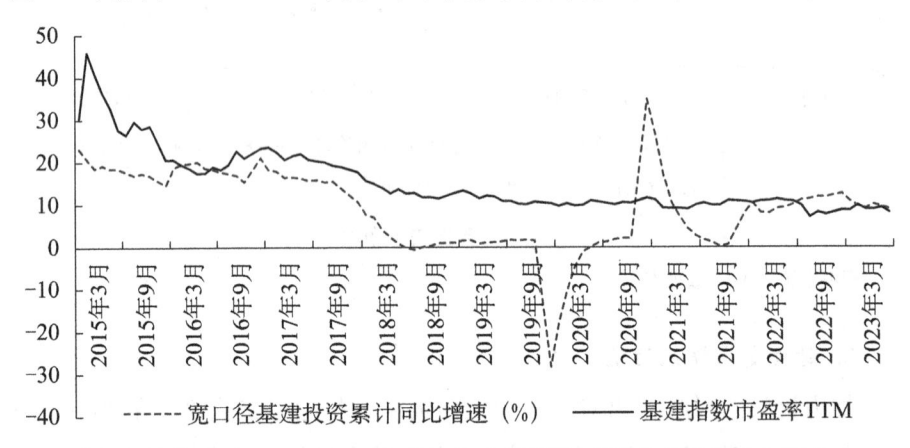

图4-3 2015—2023年宽口径基建投资累计同比增速与基建指数市盈率

说明：宽口径基建投资＝电力、热力、燃气及水生产和供应业投资＋交通运输、仓储和邮政业投资＋公共设施管理业投资。

资料来源：国家统计局、中经网、Wind数据库.

2023年以来，房地产市场存在较大困难，个别环节出现风险。商品房价格延续下跌趋势，房地产开发投资不足，碧桂园、恒大等重点房企债务风险尚未充分化解。2023年8月，70座大中城市新建商品住宅价格环比下降0.3%，这已经是自2023年6月以来连续第3个月环比下降。2023年8月，房地产开发投资实际到位资金同比下降14.1%，这已经是自2022年2月以来连续6个季度下降，显示出房地产行业需求恢复严重不足。市场对房地产行业风险偏好降低，出现较大估值折价。2023年9月28日，中证全指房地产指数市净率为0.8，处于指数创建以来的0.08%分位（见图4-4）。从加力提效的积极财政政策角度看，要坚持"房子是用来住的，不是用来炒的"

原则，用好专项政府债券额度，扎实推进保障性住房建设和城中村改造，释放刚性和改善性住房需求。2023年4月28日，中共中央政治局会议提出"在超大特大城市积极稳步推进城中村改造和'平急两用'公共基础设施建设"。7月14日和7月21日，国务院常务会议先后审议通过《关于积极稳步推进超大特大城市"平急两用"公共基础设施建设的指导意见》和《关于在超大特大城市积极稳步推进城中村改造的指导意见》。7月18日，住房城乡建设部、国家发展改革委、工业和信息化部、财政部、市场监管总局、体育总局、国家能源局联合发布《关于扎实推进2023年城镇老旧小区改造工作的通知》，贯彻有关部署，"大力改造提升建成年代较早、失养失修失管、设施短板明显、居民改造意愿强烈的住宅小区"，"统筹养老、托育、教育、卫生、体育及供水、排水、供气、供热、电力、通信等方面涉及城镇老旧小区的设施增设或改造项目"。保障性住房建设和城中村改造等举措弱化住房投资属性，强化住房居住属性，改善民生，控制炒作，同时形成稳定的房地产投资需求，有助于引导房地产市场健康发展。

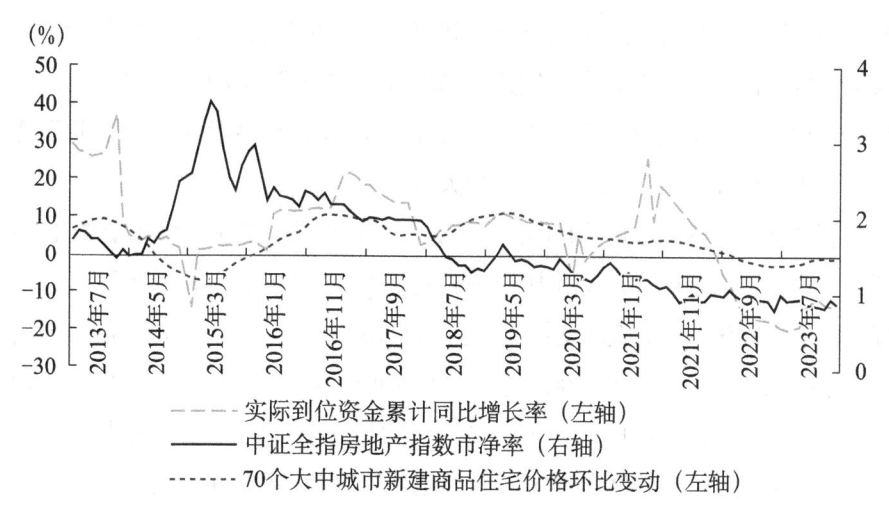

图4-4 2013年7月—2023年8月中证全指房地产指数市净率、实际到位资金累计同比增长率和70个大中城市新建商品住宅价格环比变动

资料来源：Wind数据库。

给予传统基建、新型基建和房地产行业适度积极的财政支持，短期稳增长，长期调结构，让市场不再紧盯财政支出的相对约束，而是认识到财政支出的加力提效，对财政支出估值因素重新赋权，恢复基建和房地产行业估值信心，辐射带动整体市场估值。

（二）经济转向高质量发展阶段重塑市场估值

我国经济已经转向高质量发展阶段，原有估值体系需要纳入新的估值因子，让中国市场的估值较快适应高质量发展阶段的经济运行特征，更好反映扩大内需战略和深化供给侧结构性改革结合的政策成果，以国内大循环为主体、国内国际双循环相互促进的新发展格局，以及创新、协调、绿色、开放、共享的新发展理念。

1. 经济发展新常态促进传统估值框架调整

从2014年起，我国经济发展进入新常态，由过去的高速增长转向中高速增长，同时发生增长新旧动能转换。新常态的表面特征是经济增速换挡，深层变化是我国进入中等收入国家行列，新兴经济体后发优势逐步减弱，消费在需求结构中的占比上升，高端制造业和服务业在产业结构中的占比上升，人口、资源、土地的边际生产率下降，技术和人力资本要素的作用不断发挥，环境污染、碳排放和潜在风险约束加大。

新常态下，依靠总量扩张的旧发展方式逐渐失效，必须凭借质量提升寻找新增长动能。总量扩张失效由中国经济自身发展阶段决定，进一步受不利的国际经济形势催化。工业企业增加值、全社会用电量和美元出口总额是三个与传统总量扩张产业关系密切的经济指标。2023年前8个月三项指标分别月均增长4.32％、5.26％、－4.93％，2013年前8个月三个指标分别月均增长9.54％、6.80％、10.16％。两组数据的对比鲜明地展现了总量扩张衰减的作用。

资本市场估值在一定程度上反映了经济发展新常态的特征，尤其是总量扩张失效的特征。采矿业，建筑业，制造业，电力、燃气及水生产和供应业，农、林、牧、渔业等传统行业估值均处于10年来历史区间的低位。这表明了传统估值框架的合理性。传统估值框架强调企业自由现金流的重要性。对于传统行业，自由现金流的主要来源是利润。当经济增速换挡，总量扩张不再能给企业带来明显的营业收入贡献，劳动力、原材料和地租成本上涨时，企业利润被压缩，自由现金流随之减少，传统估值框架下这些企业的估值水平应当降低。

传统估值框架也有局限性：过度重视利润，忽略了经济发展新常态下的新生因素，捕捉到了经济发展总量扩张失效的特征，遗漏了经济发展质量提升的特征。传统行业在积极寻求数字化转型，从过度依赖劳动力、原材料、地租的成本优势，转向培育研发创新优势。企业抛弃粗放式经营，更加注重科学管理、生态绿色和财务健康。新兴行业快速增长，形成成熟的商业模式和稳定的市场结构。因此，传统估值框架需要及时调整，适应经济发展新常态的深层变化，把企业生产投入结构的转变、长期被排除的现代企业经营理念、新兴行业的发展壮大等因素纳入体系。传统行业的估值应当是利润下降和战略转型综合作用的结果，成本结构中研发费用占比逐年上升的企业应当有更高估值，环保和节能支出较大的企业应当从估值折价变为估值溢价，优化业务板块、与新兴行业整合的传统行业企业不宜过度折价。

2. 现代产业体系建设提高中国式现代化估值因子权重

建设现代产业体系是实现高质量发展的任务之一。"十四五"规划提出建设现代产业体系，深入实施制造强国战略，发展壮大战略性新兴产业，促进服务业繁荣发展，建设现代化基础设施体系。2023年4月28日召开的中共中央政治局会议和5月5日召开的二十届中央财经委员会第一次会议都研究了建设以实体经济为支撑的现代化产业体系问题。两次会议均明确推进产业智能化、绿色化、融合化，建设具有完整性、先进性、安全性的现代化产业体系的目标。

建设现代产业体系，主要聚焦于培育未来产业，形成新质生产力，推动新一代信息技术、人工智能、生物技术、新能源、新材料、高端装备、绿色环保等新兴产业集群发展。建设现代产业体系，不能忽视巩固优势产业领先地位，促进制造业、农业的技术改造和转型升级，实施产业基础再造工程和重大技术装备攻关工程，做到产业全链条自主可控，推进能源革命，建设清洁低碳、安全高效的现代能源体系，藏粮于地、藏粮于技，保障粮食安全。建设现代产业体系，还要繁荣现代服务业，发展研发设计、工业设计、商务咨询、检验检测认证、供应链金融、信息数据、人力资源、现代物流、采购分销、生产控制、运营管理、售后服务等生产服务业，健康、养老、托育、文化、旅游、体育、物业等生活服务业。建设现代产业体系，要打造现代化基础设施，布局建设新型基础设施，完善交通、能源和水利基础设施。

建设现代产业体系的过程极具中国式现代化的特色，这意味着中国资本市场对现代产业的估值不能简单地套用西方现代化过程中资本市场估值的经验，而是要提高中国式现代化估值因子的权重。首先，中国建设现代产业体系的过程是加速工业化的过程。中国在短短几十年时间内走过了西方几百年的工业化进程，数次科技革命的成果迅速迭代更新，新兴产业的崛起和传统产业的升级几乎同时进行。加速工业化意味着产业周期大幅缩短，旧产业还未出现类似西方历史上的衰败，新产业已经成为强力的增长引擎，并与旧产业融合发展，促进旧产业转型。所以，中国资本市场估值不应存在明显的传统产业估值超跌。2023年9月，中国A股市场市盈率最低的非金融行业是建筑业（9.37倍），采矿业（10.00倍），电力、燃气及水生产和供应业（22.50倍），这三个行业的市盈率分别是中证500指数市盈率的40.21%、42.92%、96.57%。低于市场指数的估值水平意味着这些行业已经进入发展转型期，但并非衰退期。同期，美国市场市盈率最低的非金融行业是能源（0.11倍）、公用事业（0.9倍）和日常消费（3.56倍），这三个行业的市盈率仅分别为标普500指数市盈率的0.47%、3.84%、15.19%。两组数据的对比说明了中国加速工业化激发产业快速交叉升级，不存在明显的拖累资本市场估值的产业衰退。相反，估值由新兴产业和升级的传统产业共同支撑。

其次，建设现代产业体系强调以实体经济为重。现代产业体系是现代化国家的物质技术基础，以实体经济而非虚拟经济为支撑。我国积累了很强的实体经济竞争优势，拥有联合国产业分类中全部工业门类，220多种工业产品产量居世界首位。实体经济是一国经济的立身之本，是财富创造的根本源泉，是国家强盛的重要支柱。中国经济令人瞩目的发展成果和抵抗全球经济衰退的韧性，都离不开强大的实体经济基础。进入后工业化时代的部分国家逐渐出现了产业空心化、金融化、泡沫化，虚拟经济占GDP的比重不断膨胀，局部风险蔓延扩散引发经济危机。美国次贷危机、欧洲主权债务危机都在一定程度上与虚拟经济过度膨胀有关。实体经济不足、虚拟经济繁荣的经济体容易出现金融资源空转、资本市场炒作泡沫、估值严重偏离基本面、爆发危机的概率增大等情况。中国建设现代产业体系强调以实体经济为重，这意味着中国资本市场注重服务实体经济的职能，积极防止脱实向虚，资本市场运行风格相对稳健，各行业估值很难出现严重泡沫，历史上也未出现过泡沫破裂引发严重经济衰退的事件。

最后，建设现代产业体系是要实现协同发展。构建实体经济、科技创新、现代金融、人力资源协同发展的现代产业体系，不是单一追求某些产业、局部环节的发展，而是实现产业体系整体的协同发展。建设现代产业体系的焦点固然是发展战略新兴产业，可是因为协同发展的顶层设计，重点建设产业的进步会对其他产业有明显的正外部性，从而产生溢出效应。将新技术推广和应用到全体产业，可以促进智能化、绿色化、融合化发展。研发、金融、管理、物流、评估等现代服务业顺应现代化制造业和农业的需求协同进步。中国资本市场对现代产业体系进行估值时，应当从两个方面考虑协同发展的正外部性。一是认识到协同发展的正外部性最终会回馈承担正外部性成本的企业，给予协同效应明显的生产投入更大的估值权重，不片面以企业成本增减为依据估值。二是认识到现代产业增长的联动性，新兴产业价值增值会带动其他产业的联动增值。所以，在协同发展视角下，资本市场估值的产业间差异不应过大，新兴产业也不应成为虹吸其他产业的资金黑洞。

3. 国有上市公司发挥领军作用，实现价值回归

国有上市公司估值是优化中国资本市场估值因子，建设中国特色估值体系最受关注的部分，也是最具潜力的部分。国有上市公司能在多个经济高质量发展的领域起到领军作用，但国有上市公司在资本市场的估值却长期受到抑制。2022年12月30日，中证央企指数和中证国企指数市盈率分别为8.96倍和11.08倍，延续一直以来的折价趋势，低于中证民企指数的37.61倍和中证500指数的22.62倍（见图4-5）。自"构建中国特色估值体系"提出以来，国有上市公司成为第一批被市场重估的企业。2023年以来国有上市公司估值有所上升，但与民营上市公司（以下简称民企）估值仍有一定差距。分行业看，中央国有上市公司（以下简称央企）和地方国有上市公司（以下简称地方国企）市盈率折价的行业多于市盈率溢价的行业，折价最多的行业是电信服务、多元金融、汽车与汽车零部件、食品与主要用品零售、消费者服务、医疗保健设备与服务、运输、资本货物和制药、生物科技与生命科学（见图4-6和图4-7）。国有上市公司估值抑制与国有上市公司的国民经济地位不符，与国有上市公司的领军作用不符，估值体系亟须重新认识国有上市公司估值规律，反映国有上市公司在科技创新、优势培育、经营改革、政策传导和社会责任等方面的积极因素，实现国有上市公司价值回归。

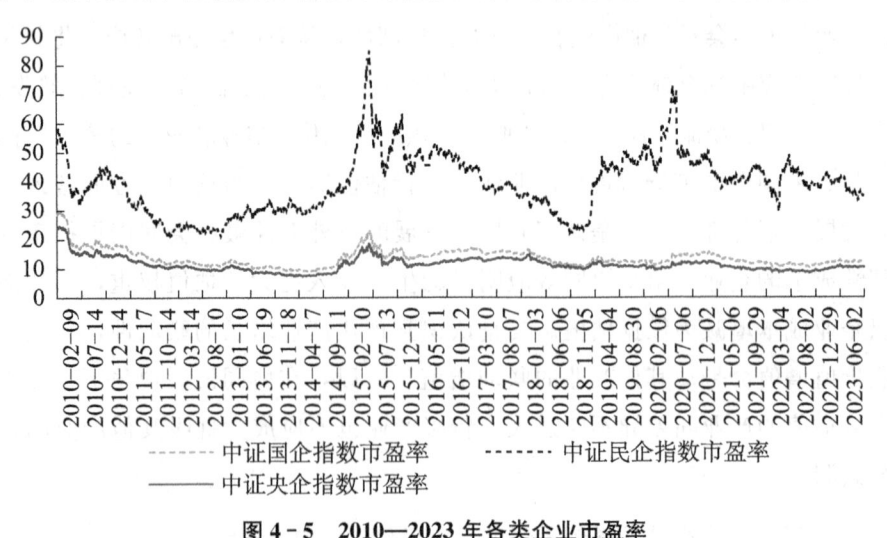

图4-5　2010—2023年各类企业市盈率

资料来源：Wind数据库.

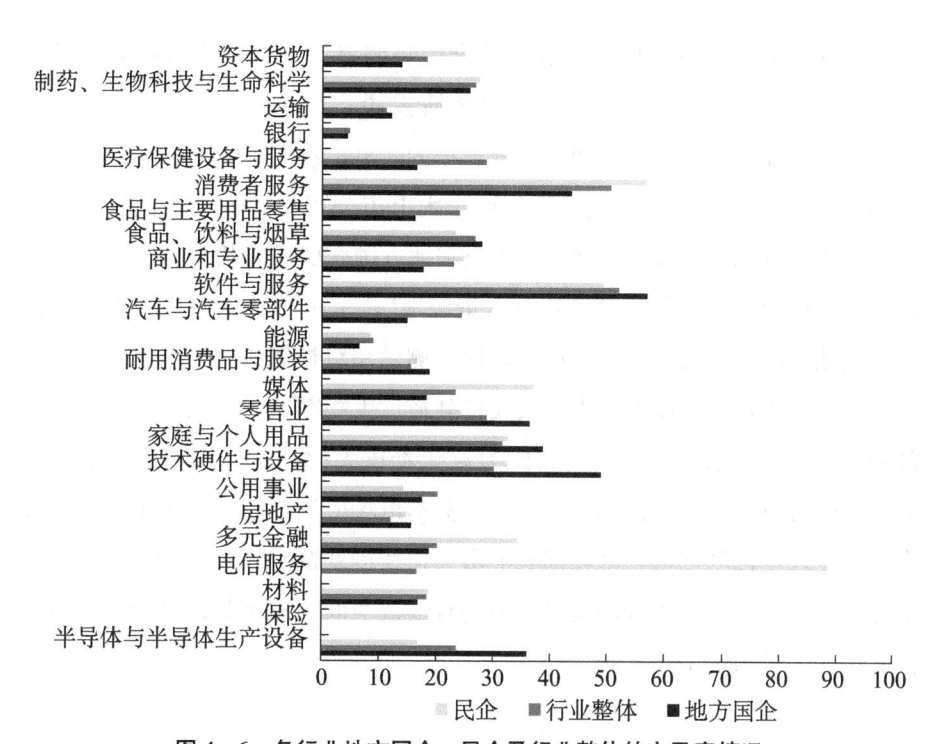

第四章 宏观经济变量、外部经济环境与市场估值

图 4-6 各行业地方国企、民企及行业整体的市盈率情况

资料来源：Wind 数据库.

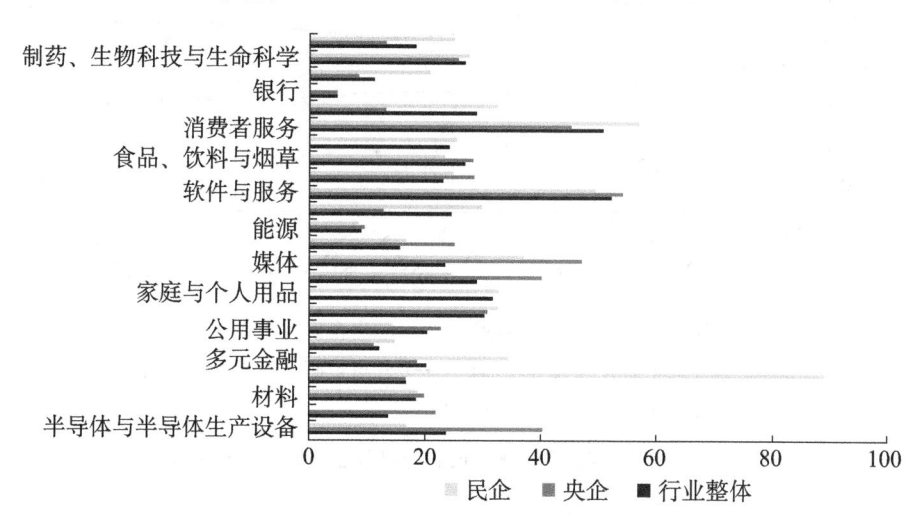

图 4-7 各行业央企、民企及行业整体的市盈率情况

资料来源：Wind 数据库.

145

国有上市公司基础雄厚，资源整合优势明显，可以成为科技创新的主力。2023年上半年，央企和地方国企研发投入分别为1 989.89亿元和1 261.10亿元，分别占披露研发投入数据的4 898家A股上市公司总研发投入的27.95%和17.71%，研发投入前十大上市公司中有8家为国有上市公司。图4-8列出了2012—2022年央企和地方国企的研发投入及其占比。特别是央企作为高水平科技自立自强"策源地"，承担着关键核心技术攻关任务，是载人航天、探月探火、深海深地探测、超级计算机、卫星导航、量子信息、核电技术、新能源技术、大飞机制造、生物医药等重大成果的主要贡献者。国有上市公司强大的创新能力意味着较大的技术回报和产业协同效应。遵照对研发创新估值的一般逻辑，资本市场应当给予国有上市公司与其高研发投入相称的估值。即使国有上市公司在创新成果转化应用效率、传统业务升级速度、经营管理制度等方面仍有改进空间，也不足以遮盖真金白银的研发投入带来的估值前景。

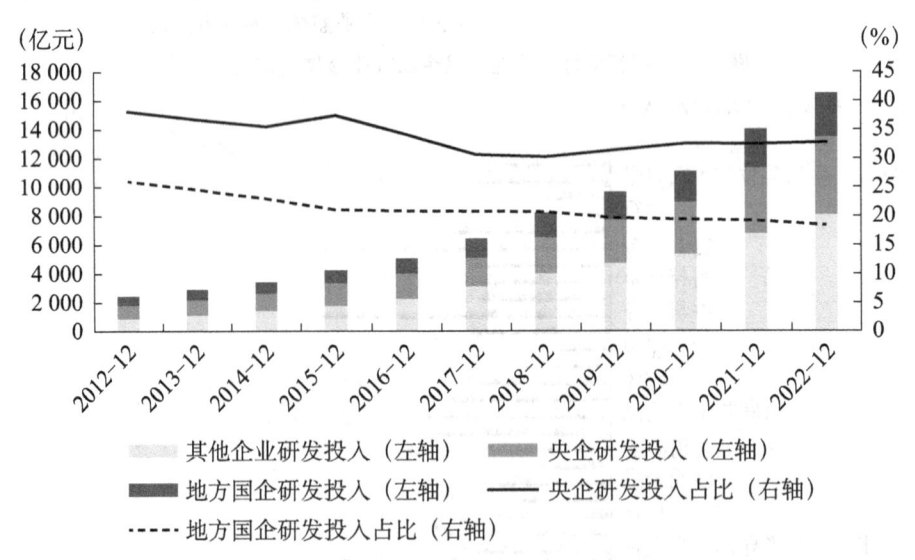

图4-8 2012—2022年央企、地方国企与其他企业的研发投入及其占比

资料来源：Wind数据库.

国有上市公司聚集了中国资本市场的优势资产，央企和地方国企市值合计占 A 股总市值的 46.63%，重心分布在多元金融、材料、保险、公用事业、技术硬件与设备、房地产、耐用消费品与服装、银行、半导体与半导体生产设备、电信服务、消费者服务、能源等关系国计民生的行业（见图 4-9）。许多国有上市公司是行业的龙头企业。国有上市公司的优势资产属性来自两个方面。一是规模经济产生的自然垄断租金收益，国有上市公司集中的行业大多存在规模经济效应，企业体量越大，边际成本越小。于是这些行业自然形成垄断或者垄断竞争市场结构，规模优势明显的国有上市公司成为主要垄断厂商并享受垄断定价权。二是行业龙头的顶端优势效应。市场订单和资源禀赋都更容易集中于龙头企业，有利于龙头企业巩固市场地位，提升业绩可持续性。现有市场估值仅认识了国有上市公司集中的行业的重资产、低周转、慢增长特征，却忘记了这些行业的优势资产属性。需要重新评估国有上市公司资产含金量，综合考虑规模经济、顶端优势与行业估值特点等多方面的因素。

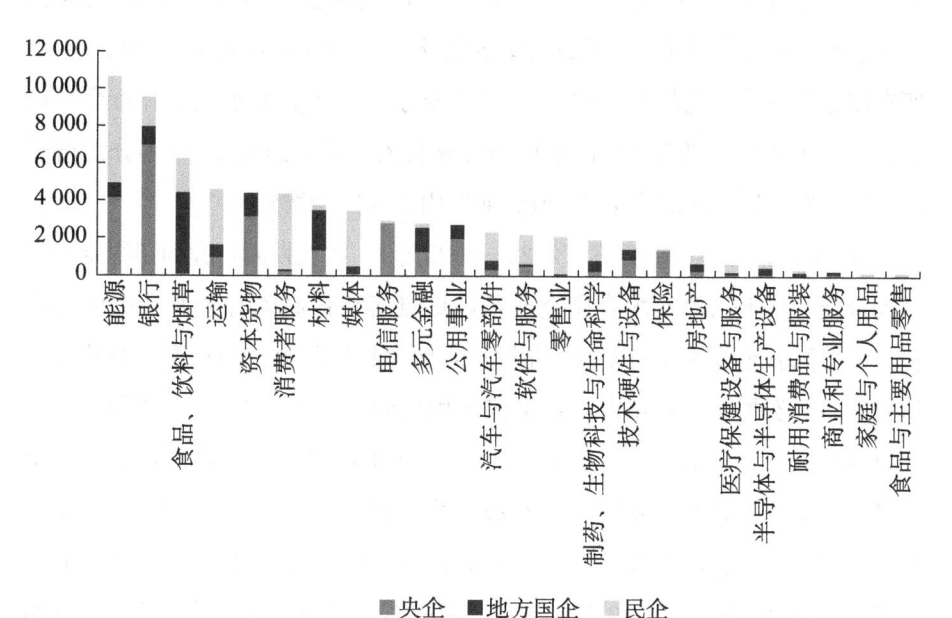

图 4-9 国有上市公司及民企市值的行业分布及占比

资料来源：Wind 数据库.

改革为国有企业经营管理注入了新的活力，进一步打开了国有企业估值上行空间。2020年6月30日，中央全面深化改革委员会第十四次会议审议通过了《国企改革三年行动方案（2020—2022年）》，深入推进国企改革进程。2023年国企改革三年行动成功收官。根据国资委发布的《中央企业高质量发展报告（2023）》，三年来国有企业现代企业制度进一步完善，公司治理现代化水平进一步提高，全部中央企业集团公司和1.26万户重要子企业制定了党委（党组）前置研究讨论重大经营管理事项清单，1.3万户中央企业子企业已建立董事会，实现中央企业各层级董事会应建尽建，1.2万户中央企业子企业实现外部董事占多数。中央企业子企业建立董事会向经理层授权管理制度的比例达到97.4%。国有企业市场化经营机制取得突破，开展任期制和契约化管理的中央企业及其地方各级子企业比例从2020年的23%左右提升至2023年的99.6%以上，中央企业新进员工公开招聘比例由2020年的88.9%上升到2022年底的99.9%以上。管理人员竞争上岗比例上升至57%。混合所有制改革进一步深化，2022年底，中央企业各级子企业中混合所有制企业户数占比超过70%。2022年百余户中央企业子企业和百余户地方国有骨干企业（"双百"企业）的营业收入、净利润较2020年分别增长29.7%、35.6%。2022年，"科改企业"由209家新增到440家。

《国企改革三年行动方案（2020—2022年)》实施期间，我国还制定了一系列措施，从不同侧面配合国企改革，重点落在提高国有企业上市公司质量、完善国有企业管理制度和优化国有企业考核体系上。中央企业经营指标体系改革节奏加快，几年内进行了多次优化调整：从2019年的净利润、利润总额和资产负债率"两利一率"到2020年的净利润、利润总额、资产负债率、营业收入利润率和研发经费投入率"两利三率"，到2021年的净利润、利润总额、资产负债率、营业收入利润率、研发经费投入率和全员劳动生产率"两利四率"，到2022年的"两利四率""两增一控三提高"，即利润总额和净利润增速高于国民经济增速，控制好资产负债率，同时提高营业收入利润率、全员劳动生产率和研发经费投入率，到2023年的"一利五率"

"一增一稳四提升",即确保利润总额增速高于全国 GDP 增速,力争取得更好业绩,资产负债率总体保持稳定,净资产收益率、研发经费投入率、全员劳动生产率、营业现金比率四个指标进一步提升。现在的中央企业经营指标体系更加注重国有企业股东的价值创造能力、经营效率和长期增长能力,有助于推动中央企业继续深化改革,加快实现高质量发展,加快建设世界一流企业。表4-1汇总了2020年以来国有企业主要改革措施。

表4-1 2020年以来国有企业主要改革措施

时间	主体	文件/会议	内容
2020-06-30	中央全面深化改革委员会	《国企改革三年行动方案（2020—2022年)》	落实国有企业改革的"1+N"政策体系和顶层设计,提高国有企业市场竞争力、创新引领作用、产业链供应链水平、保障社会民生和应对重大挑战作用、维护国家经济安全作用
2020-10-05	国务院	《关于进一步提高上市公司质量的意见》	科学界定国有控股上市公司治理相关方的权责,健全具有中国特色的国有控股上市公司治理机制,支持国有企业依托资本市场开展混合所有制改革
2022-02-18	国有资产监督管理委员会	《关于中央企业加快建设世界一流财务管理体系的指导意见》	推动财务管理理念变革、组织变革、机制变革、手段变革,强化核算报告、资金管理、成本管控、税务管理、资本运作五项职能,建设世界一流央企财务管理体系
2022-05-27	国有资产监督管理委员会	《提高央企控股上市公司质量工作方案》	推动上市平台布局优化和功能发挥,促进上市公司完善治理和规范运作,强化上市公司内生增长和创新发展,增进上市公司市场认同和价值实现
2022-12-02	上海证券交易所	《推动提高沪市上市公司质量三年行动计划》《中央企业综合服务三年行动计划》	激发治理的内生动力,提升科技创新能力,坚守监管主责主业,提升规则质量,保持科创硬科技成色,深化"开门办监管",增强合力,推动央企估值回归合理水平、专业化整合和完善中国特色现代企业制度

续表

时间	主体	文件/会议	内容
2022-12-02	深圳证券交易所	《落实〈推动提高上市公司质量三年行动方案（2022—2025）〉工作方案》	加大促进高质量发展的制度供给，加快促进高质量发展的监管质效，塑造促进高质量发展的市场生态
2023-01-05	国有资产监督管理委员会	中央企业负责人会议	进一步将中央企业经营指标体系优化为"一利五率""一增一稳四提升"，"一增"即确保利润总额增速高于全国GDP增速，力争取得更好业绩；"一稳"即资产负债率总体保持稳定；"四提升"即净资产收益率、研发经费投入强度、全员劳动生产率、营业现金比率四个指标进一步提升

此前国有企业市场估值折价有很大一部分原因是国有企业经营管理效率不高。改革进一步解决了国有企业现代公司治理制度不完善、企业经营主业不突出、员工激励机制不合理等问题，同时提高了国有企业创新能力、产业链供应链整合能力、保障社会民生和经济安全能力。随着国有企业改革继续推进，估值折价因素将继续减少。可以说，2023年国有上市公司价值重估不仅是"构建中国特色估值体系"政策利好的结果，更是国有企业长期改革成果获得市场认可的体现。截至2023年9月底，中证央企指数和中证国企指数市盈率分别相对年初增长14.29%和9.39%，中证民企指数市盈率相对年初下降5.98%。

2023年8月18日，证监会有关负责人就"活跃资本市场、提振投资者信心"答记者问时提到"深化上市公司并购重组市场化改革"。并购重组有利于盘活存量资产，提高国有上市公司质量，是国有上市公司估值应当特别关注的因素。2023年央企并购重组持续升温。以首次披露日期统计，截至9月底共有90家A股上市公司披露重大重组事件，其中涉及8家中央国有上市公司和25家地方国有上市公司，进行重组的国有上市公司约占全部重组公司的一半。图4-10列出了2008—2023年各类企业重大重组事件数量及其占比。国有上市公司并购重组快速促进资源整合，提高国有上市公司质量，提高估值水平。一方面，当前国有上市公司并购重组以同行业横向并购为主，聚焦主责主业，优化产业结构，促进专业化整合；发挥并购协同效应，提高研发创新能力，巩固加强国有上市公司行业领军优势。另一方面，国有控股公司通过资本运作向市场注入优质资产，提高上市主体质量。由于国有上市公司特别是央企并购的关注度较高，资本市场通常能较快地对协同效应和优质资产注入做出正确反应，重组完成前后并购主体的估值会上升。

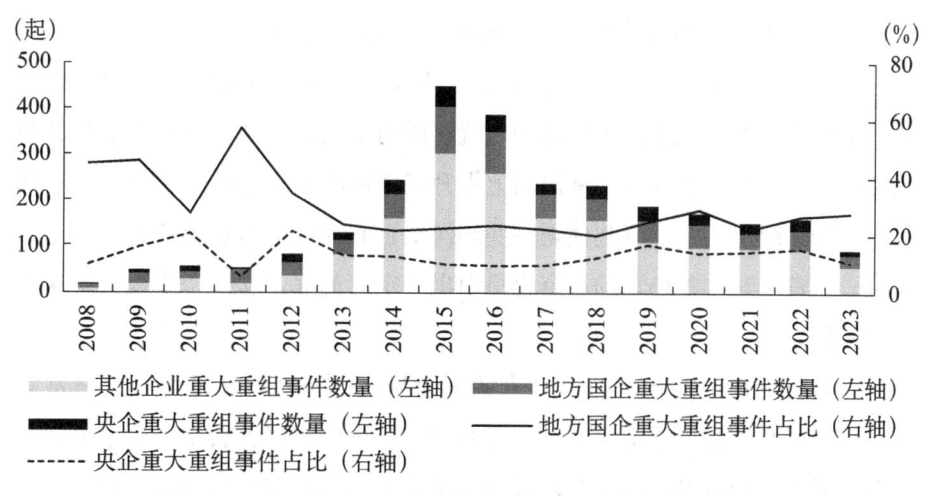

图 4-10 2008—2023 年各类企业重大重组事件数量及其占比

资料来源：Wind 数据库.

社会责任是国有企业估值过程中另一个被忽略的因素。国有企业是中国特色社会主义的重要物质基础和政治基础，是党执政兴国的重要支柱和依靠力量，承担了保障社会民生、促进区域协调发展、共建"一带一路"、保护环境和实现绿色低碳等社会责任。根据《中央企业高质量发展报告（2023）》，2022 年央企积极履行社会责任，让利服务小微企业和个体工商户，支持中小企业数字化转型，促进汽车消费，落实定点帮扶任务，承担"一带一路"建设中的港口、铁路、机场等重大基础项目、助力绿色低碳转型等。资本市场不应以狭隘的利润眼光看待国有企业承担的社会责任。相反，履行社会责任与实现持续经营并不冲突。国有企业通过履行社会责任积累的品牌形象和社会评价是宝贵的无形资产。高质量发展更加注重乡村振兴、区域协调发展、共建"一带一路"、人与自然和谐共生、共同富裕。国有企业履行社会责任适应了高质量发展这一全面建设社会主义现代化国家的首要任务的诸多内涵，政策红利和社会效益能给国有企业业绩带来额外贡献。中国资本市场评价国有企业的社会责任时，应当注重结合新发展理念和新发展格局，认可国有企业社会责任创造的长期价值。

4. 生态文明、共同富裕、现代治理要素进入估值体系

在生态文明理念的推动下，绿色产业成为全球经济发展的一个重要趋势。中国在这方面也取得了显著的成就，成为绿色技术及产品的重要生产和消费国。这种转型不仅在经济层面上提升了中国的国际地位，也直接影响到资本市场。绿色产业的崛起使得一些环保型企业在资本市场上获得了更多的认可。投资者对这些公司的投资也呈现出一定的偏好，这进一步提升了这些公司的估值。

共同富裕是中国政府一直以来的发展目标之一，旨在缩小社会贫富差距，提高民众的整体生活水平。实现共同富裕可以减轻社会不平等带来的社会动荡风险。相对稳定的社会环境有助于资本市场的健康发展，维护市场信心，提升公司估值。共同富裕意味着更多人拥有一定的经济实力，这会促进消费市场的扩大。随着居民收入水平的提升，消费需求逐渐向多元、高品质方向转变。这将直接促进一些行业的发展，也会潜在地推动公司业绩的增长，从而影响其估值。

良好的公司治理是现代企业的基石之一。它不仅关系到企业内部运作的规范与高效，也直接影响到投资者对企业的信任度。在中国，随着监管体系的不断完善，企业对于规范性和透明度的要求也越来越高。透明度和规范性高的企业通常能够吸引更多的投资者，也更容易获得融资支持。这些因素直接影响到企业在资本市场上的估值水平。现代公司治理结构有助于降低公司内部风险，避免潜在的管理和财务不当行为。通过建立健全的风险控制机

制，企业能够在市场波动和不确定性增加的情况下保持稳健的经营。这不仅保障了投资者的权益，也有助于公司业绩的稳健增长，进而影响其估值。

生态文明、共同富裕与现代公司治理作为中国社会经济发展的重要组成部分，直接或间接地影响着中国资本市场的估值。这些因素在实践中往往相互交织，共同塑造了企业在资本市场上的形象与地位。因此，要全面理解资本市场估值的影响因素。

（三）市场利率和风险溢价影响市场估值

市场利率和风险溢价是影响股票市场估值的重要因素。它们影响了投资者对未来现金流的贴现率，从而直接影响了股票的现值。当市场利率和风险溢价上升时，估值通常会下降，因为投资者对未来现金流的贴现率提高了。相反，当市场利率和风险溢价下降时，估值可能会上升。

1. 保证合理充裕的流动性有助于维持良好的估值生态

通过货币政策保证市场合理充裕的流动性对提升资本市场估值具有重要的作用。这一政策举措旨在保障金融体系的稳定运行，促进经济的可持续增长，同时也为投资者提供了稳定的市场环境。下面将从多个方面详细阐述这一政策对资本市场估值的积极影响。

首先，合理充裕的流动性可以提高市场的流动性水平，降低投资者的流动性风险。流动性是指市场上可以快速交易的资产数量，如果市场缺乏流动性，投资者可能会面临难以及时买卖资产的风险，这会导致市场的不稳定性增加。中国人民银行保证合理充裕的流动性，可以通过向市场注入足够的资金来保障市场的流动性。这样一来，投资者在进行买卖时会更容易找到交易对象，从而降低了交易成本，提高了市场的效率和稳定性。

其次，保证合理充裕的流动性可以提升市场的吸引力，吸引更多的投资者参与。投资者通常会倾向于选择具有稳定流动性和高效市场的资产进行投资，因为这样可以降低他们的交易成本和风险。中国人民银行通过保障市场的流动性，使得资本市场相对于其他投资渠道更有吸引力，从而可以吸引更多的资金流入。这种投资吸引力的提升会导致市场活跃度的增加，从而推动股票市场的交易量和交易频率上升，也为股票市场的估值提供了有力支持。

此外，合理充裕的流动性可以稳定市场情绪，降低市场波动性。市场情绪对股票市场的波动有着重要的影响，过度的情绪波动可能会导致市场出现大幅波动，甚至出现恶性循环。中国人民银行保证合理充裕的流动性，可以在一定程度上稳定市场情绪，降低市场的过度波动，提高投资者的信心和信任度。这种稳定市场情绪的作用，对于保持资本市场的健康发展和提高市场估值至关重要。

最后，保证合理充裕的流动性还可以促进经济的可持续增长，为企业提供融资支持。流动性充裕使企业更容易获得融资，降低了企业的融资成本，同时也减轻了企业的负担，为其提供了更多的发展空间。这样一来，企业的盈利能力和成长潜力可能会提升，从而提高了股票的估值。

2. 加大对战略性新兴产业的金融支持力度有助于降低融资成本

降低战略性新兴产业的融资成本对于提高资本市场估值至关重要。在当今快速发展的经济环境中，战略性新兴产业是推动经济增长和技术创新的关键驱动力。然而，高昂的融资成本可能会对这些产业的发展产生负面影响，因此采取措施来降低融资成本对于促进产业发展和吸引投资非常关键。

建立更加健全和透明的监管体系是提高资本市场估值的基础。完善的监管体系可以保障投资者的权益，降低其对战略性新兴产业的投资风险，从而降低了投资者对预期回报的要求，降低了融资成本。同时，透明的监管机制也可以吸引更多的资本流入，提升资本市场的活跃度和稳定性。政府应该积极参与到战略性新兴产业的发展中，通过制定相关政策和提供财政支持来降低融资成本。例如，政府可以设立基金，为这些产业提供低成本的融资渠道，或者通过减税政策来激励企业投资于这些战略性新兴产业。此外，政府还可以加大对研发和创新的支持力度，为企业提供更多的技术和资金支持，降低其自身的研发成本，进而减少融资需求。建立与发展资本市场相适应的金融生态系统也是降低融资成本的关键。完善的金融生态系统可以为战略性新兴产业提供多元化的融资渠道，包括银行贷款、债券发行、股票上市等多种形式，从而降低了企业的融资成本。同时，金融生态系统也能够为投资者提供更多的投资选择，提高了市场的流动性和活跃度，进一步降低了融资成本。加强科技创新和知识产权保护也是提高战略性新兴产业资本市场估值的重要手段。通过持续的科技创新，企业可以提升其核心竞争力，从而提高了投资者对其长期价值的认可程度，降低了融资成本。同时，健全的知识产权保护制度可以保障企业的创新成果，吸引更多的投资者参与到这些产业中，从而提升资本市场对企业的信心和估值。建立良好的企业治理机制也是降低融资成本的关键因素之一。良好的企业治理可以提高企业的透明度和信誉度，降低了投资者的风险厌恶程度，从而降低了投资者对预期回报的要求，降低了融资成本。此外，健全的企业治理机制也可以提高企业的经营效率和风险控制能力，从而进一步提升市场对企业的估值。

3. 防范化解重点领域金融风险有助于减少风险溢价

防范化解重点领域金融风险对降低资本市场风险溢价有着直接的积极影响。通过有效地预防和化解重点领域金融风险，可以减轻市场参与者的不确定性和恐慌心态，提升市场信心。投资者更愿意参与稳健的市场，这可以减少他们对于高风险资产的避险需求，降低资本市场的风险溢价。风险溢价是投资者因承担风险而要求的额外回报，当市场风险增加时，投资者会要求更高的风险溢价。通过防范和化解重点领域金融风险，可以降低市场整体的风险水平，降低投资者对于额外回报的要求，从而降低资本市场的风险溢价。重点领域的金融风险如果得不到有效控制，可能会扩散到整个金融体系，导致系统性风险。通过及时防范化解这些风险，可以避免系统性风险的爆发，保持金融体系的稳定，降低资本市场的整体风险溢价。防范化解金融风险可以使市场更加有效地发挥资本配置和风险分散的功能，提高市场的稳定性。稳定的市场环境会吸引更多的投资者参与，降低了投资者因市场波动而要求的风险溢价。投资者的决策往往受到心理因素（包括对未来的不确定性的担忧）的影响。通过防范化解重点领域金融风险，可以降低投资者对于未来风险的预期，缓解投资者的恐慌情绪，从而降低资本市场的风险溢价。

4. 提高投资者的专业水平有助于正确评估风险

投资者的专业水平是资本市场中至关重要的因素之一。一个高度专业化的投资者群体能够有效地推动资本市场的健康发展，提升市场估值。投资者的专业水平直接影响其对风险的评估。专业水平越高，投资者在评估风险时会越全面、准确、理性，其原因主要有以下几个方面：专业投资者具备丰富的金融知识和投资经验，能够更准确地理解和解读市场信息、公司财务报表、宏观经济数据等。他们能够识别出潜在的风险因素，并对其进行合理的评估。专业投资者能够识别不同类型的风险，包括市场风险、信用风险、流动性风险等。他们能够对风险进行分类，然后分析各类风险对投资组合的影响，从而采取相应的风险管理策略。专业投资者会对投资标的进行更加深入的研究和分析，包括公司的业绩、竞争优势、行业前景等方面。这使得他们能够更全面地评估投资标的的风险水平。专业投资者能够更准确地评估自身的风险偏好和承受能力，从而选择符合自己的风险偏好的投资策略和标的，避免因投资决策不符合自身的风险承受能力而产生的后悔情绪。专业投资者通常会利用各种工具、模型和软件，比如价值投资模型、风险价值模型等进行风险评估。这些工具可以提供定量的风险评估，使投资者能够更科学地衡量风险。专业投资者在市场行为方面具有更理性的认知，不容易受到市场情绪和噪声的干扰。他们能够客观地评估市场的实际情况，并做出相应的投资决策。专业投资者在不同的风险环境下能够灵活调整投资策略，采取相应的风险控制措施，从而保护投资组合不受重大损失。

此外，专业投资者的参与还能对资本市场产生以下积极影响：

（1）提升市场效率。专业投资者对市场的参与会使市场价格更加合理，减少投资机会的低效定价，从而提高市场效率。

（2）吸引更多长期资本。高水准的专业投资者往往能够吸引更多的长期资本，因为投资者倾向于信任那些具备专业能力和经验的人，这将为资本市场注入更多的稳定性资金，从而提高市场的整体估值水平。

(3）减少市场波动。专业投资者通常更具长期视野，他们会更加注重基本面和长期发展趋势，而非短期波动。这有助于减少市场的短期波动，提升市场稳定性。

(4）降低投资者的风险厌恶程度。专业投资者通常对市场风险有更为准确的认识，他们能够更好地分析和评估投资机会的风险收益比。这降低了投资者的风险厌恶程度，使得他们更愿意参与高风险高回报的投资，从而提高了市场的投资活跃度。

（四）人民币汇率波动调节市场估值

人民币汇率波动是国际经济和金融体系中一个极为重要的因素，对于一个国家的经济状况和资本市场都有着深远的影响。在中国，人民币汇率波动会直接影响到资本市场的估值水平，这体现在多个方面。

1. 良好的汇率风险管理能改善企业盈利预期，驱动估值上升

企业在国际市场中交易时，通常会涉及不同货币之间的兑换。人民币兑美元汇率的波动会直接影响企业的外汇收入以及与国际供应商的交易成本，进而影响企业的毛利率。汇率波动直接影响着企业的成本和收入。如果企业不能有效应对汇率风险，那么一旦人民币贬值，企业就会面临原材料成本上升、负债增加等问题，从而降低企业的盈利能力。随着中国企业走出国门，参与国际贸易，汇率风险成为国际化过程中不可忽视的一环。贸易结算的不确定性会导致企业难以准确预测成本和利润，影响企业对国际市场的拓展。资本市场投资者越来越关注企业的风险管理水平。良好的汇率风险管理可以提升企业的稳定性和可预测性，从而吸引更多投资者，提升企业的估值。

企业可以考虑采用多元化的贸易结算货币，减少对单一货币的依赖。通过选择相对稳定的结算货币，可以有效降低企业因汇率波动而遭受的损失。企业可以利用金融市场提供的套期保值工具，如远期合约和期权等，锁定未来汇率，降低汇率波动带来的风险；建立灵活的成本管理体系，以更好地应对汇率波动。例如，通过灵活调整供应链和生产布局，降低对特定原材料或

外包服务的依赖，可以减少汇率波动对成本的冲击。在制定国际化战略时，企业需要更加前瞻性地考虑汇率风险。通过对全球宏观经济形势的深入分析，并及时调整战略，可以降低汇率波动带来的负面影响。

通过改善汇率风险管理，企业能够提升自身的可持续性。在资本市场中，可持续性是投资者非常关注的一个指标，良好的汇率风险管理将帮助企业赢得投资者的信任。有效的汇率风险管理可以降低企业的盈利波动性，使盈利更加稳定可靠。稳定的盈利将帮助企业获得更高的估值。具备良好的汇率风险管理能力的企业将吸引更多国际投资者的关注。投资者会倾向于选择那些能够有效管理风险的企业，这有利于提升企业的股价和市值。

2. 人民币汇率稳定能提高金融体系稳定性，避免估值大幅波动

人民币汇率稳定对于保障金融体系稳定和避免资本市场估值大幅波动至关重要。人民币作为中国的法定货币，其汇率的稳定直接关系到国家经济的稳健发展。人民币汇率稳定有利于吸引外资和提升投资信心。稳定的汇率环境使外国投资者更加愿意将资金投入中国，因为他们可以相对准确地预测未来的收益和成本。稳定的人民币汇率有助于保持国际贸易的平衡。如果人民币汇率大幅波动，那么进出口企业会面临极大的不确定性，因为它们的成本和收益将会受到极大的影响，从事对外贸易的信心也会削弱。金融体系是一个国家经济的基石，其稳定性对于整个经济的稳定至关重要。因此，人民币汇率稳定扮演着重要角色。

稳定的人民币汇率有利于防止外汇市场的波动性扩散到金融体系的其他部分。人民币汇率大幅波动将会引发一系列连锁反应，影响到整个金融体系的稳定，甚至可能导致系统性金融风险。稳定的人民币汇率有助于保障金融机构的健康运行。如果人民币汇率大幅波动，那么金融机构可能会面临巨大的资产负债风险，其经营也会受到影响。

资本市场是经济体系的重要组成部分，其稳定与否直接关系到企业融资成本、投资者信心等重要因素。稳定的人民币汇率有助于降低企业融资成本。如果汇率波动剧烈，那么企业在进行跨境融资时将会面临高昂的汇兑风

险和成本，其融资活动也会受到抑制。稳定的人民币汇率有助于维护投资者信心。投资者往往希望投资的环境相对稳定，以便更好地评估风险和收益。人民币汇率大幅波动，将会给投资者带来极大的不确定性，从而可能导致资本市场估值的大幅波动。

二、宏观经济政策与市场估值

宏观经济政策和资本市场估值之间存在密切的联系。它们相互影响，而且经济政策的变化通常会引起资本市场估值的波动。

（一）产业政策与市场估值

产业政策可以直接影响特定行业的运营环境和前景。例如，政府可能会提供激励措施来支持特定行业的发展，如绿色能源、数字技术等。这些政策可能会导致相关行业的公司受益，从而影响其股价和市值。例如，图4-11列出了2022年10月10日至2023年10月10日期间中证数字经济主题指数市盈率。

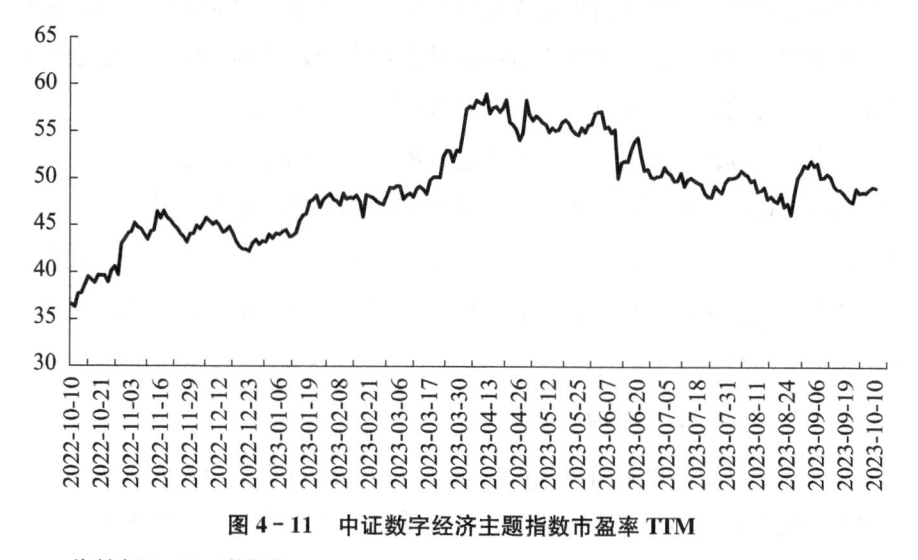

图4-11 中证数字经济主题指数市盈率 TTM

资料来源：Wind 数据库.

1. 创新驱动发展产业估值空间广阔

创新是推动社会进步和经济增长的重要引擎之一。在现代经济体系中，创新不仅仅是一种技术上的突破，更是一种思维方式和发展理念。资本市场作为经济运行的重要组成部分，对创新驱动发展起着关键性作用。创新是企业提升核心竞争力的重要途径之一。通过不断地进行科技研发、业务模式创新等，企业能够在市场竞争中占据领先地位，实现产品、服务等方面的差异化，从而提高企业的市场地位和盈利能力。创新不仅对某一企业而言意义非凡，而且对整个行业来说也具有重要意义。当一个行业内的企业纷纷进行创新时，将会形成一个创新生态系统，推动整个行业向前发展。这不仅促进了行业内企业的相互竞争，也推动了行业技术水平的提升，从而使整个行业的估值得到提升。创新不仅仅是为了在市场竞争中获得优势，更是为了使企业具备更强的抗风险能力。在一个快速变化的经济环境中，企业如果无法通过不断创新来适应市场的变化，就会面临被淘汰的风险。相反，通过创新，企业可以更灵活地调整产品、服务等方面，从而降低市场风险，提高企业的稳定性和可持续性，也使得企业在资本市场中的估值更加稳定和持久。

资本市场是一个追求价值最大化的场所，投资者通常会倾向于投资那些具有创新能力的企业。创新能力被认为是企业未来发展的保障，也是企业长期吸引投资者的重要因素之一。一些具有颠覆性技术或商业模式的企业往往会受到资本市场的高度关注，其估值也会相应地得到提升。创新不仅仅会推动短期内企业价值的提升，更是推动整个经济体系持续增长的动力源泉。通过创新，企业能够不断地拓展市场，创造更多的就业机会，促进经济良性循环，从而使得整个经济体系保持稳健增长，也使得资本市场在长期内保持健康、稳定的状态。

2. 关系安全发展产业估值长期上升

产业安全自主是企业持续发展的重要保障。通过自主研发先进技术、建立完善的安全管理体系，企业可以在产品质量、生产效率、环保等方面获得显著优势，从而提高市场竞争力。

产业安全自主需要企业不断进行技术研发和创新，从而在关键领域获得技术优势。这种技术优势将使企业在市场竞争中处于领先地位，从而在资本市场中获得更高的估值。通过建立健全的安全管理体系，企业可以降低事故发生的概率，减少事故对企业造成的经济损失和声誉损害，从而有效降低企业的风险，增强企业对投资者的吸引力。品牌是企业在市场中的形象和声誉的集中体现，而产业安全自主直接影响到企业的品牌价值。具备高水准的产业安全自主能力意味着企业对生产过程严格把控，对产品质量高度负责。这将帮助企业提升在消费者心目中的形象，赢得消费者对自身品牌的信任。在全球经济不稳定的背景下，自主保障产业安全可以使企业在外部环境变化时保持相对稳定，从而增强品牌的抗风险能力。这种抗风险能力将使品牌在资本市场上获得更高的估值。

合法合规是企业生存和发展的基础。具备产业安全自主能力的企业通常能够更好地遵守各类法规政策，降低因违规而面临的法律风险。产业安全自主意味着企业具备了遵守法律法规的基本条件，能够在生产经营过程中避免违法行为。这将大幅降低企业因法律诉讼而承担的风险成本。遵守法规政策是企业的基本社会责任，也是保护企业信誉的必要手段。产业安全自主将使企业在市场中树立起诚信、守法的良好形象，从而提高企业在资本市场的估值。可持续发展是当今企业发展的重要趋势，而产业安全自主是实现可持续发展的重要保障。

产业安全自主不仅关乎企业的经济利益，也与环境保护息息相关。通过保障生产安全，减少环境污染，企业能够为社会和自身创造可持续的发展环境。重视产业安全自主也是企业履行社会责任的一种体现。积极承担起保护员工、保护环境的责任，将使企业在社会上获得更高的声誉，从而提高企业在资本市场的估值。

3. 绿色发展产业估值洼地不断开发

绿色发展产业成为当今经济领域的热门话题。其包括可再生能源、清洁技术、环保工程等多个领域，被认为是未来经济增长的引擎之一。随着全球环境问题日益凸显，绿色发展成了全球范围内的热门议题。绿色发展旨在实现经济、社会和环境之间的和谐共生，以满足现今世代的需求，同时确保未来世代的可持续发展。在这一背景下，绿色发展对提高资本市场估值具有重要作用。

越来越多的企业和投资者开始关注环保和可持续发展问题。这种环保意识的提升在投资决策中起到了举足轻重的作用。投资者更愿意选择那些在绿色发展方面表现突出的企业，这种选择也会直接影响到这些企业的估值。研究表明，受环保意识提升的影响，投资者更愿意将资金投给符合环保标准的企业。这也导致了这些企业的股票价格在市场中的表现相对稳定，甚至在一些情况下超越了同行业其他企业。这种稳定和优越的表现使得这些企业获得了较高的市场估值。绿色发展产业覆盖了诸多领域，包括可再生能源、清洁技术、节能环保等，其中不乏具有较高增长潜力的细分市场。以可再生能源行业为例，太阳能、风能等新能源产业近年来蓬勃发展，成为全球投资的热点领域。绿色发展提供了大量的投资机会，吸引了资本的涌入。

相比传统行业，绿色发展产业具备更为稳定的盈利模式，其环保技术、节能产品等在长期内都能够持续为企业带来盈利，这与环保产业本身的属性密不可分。而这种长期稳定的盈利模式也为投资者提供了较高的安全感。绿色发展产业往往涉及高科技、高附加值的产品与服务，例如先进的环保技术、清洁能源技术等。这些产品和服务的研发与生产需要具备较高的技术水平，因此其附加值往往较高，能够为企业带来可观的利润。

绿色发展产业的相关企业坚持走可持续发展道路，对环境保护和社会责任有着深刻的认识。这种社会责任感不仅能够提升企业在公众心目中的形象，也能够吸引更多的消费者和投资者。近年来，人们的环保意识日益提升，越来越多的消费者更愿意选择那些具有绿色形象的企业。绿色发展不仅可以提升企业形象，也能够降低企业的经营风险。随着环保法规的日益完善，那些不符合环保标准的企业将面临罚款、关停等风险，而致力于绿色发展的企业则能够更严格地遵守相关法规，因而降低了法律合规风险。参与绿色发展的企业往往具有更强的企业文化和团队凝聚力。这种共同的环保理念能够使企业的员工获得归属感，增强凝聚力，提升工作积极性和创造力。

各国政府对绿色发展产业的扶持力度不断增强，通过出台一系列政策鼓励和支持绿色产业的发展。这些政策包括财政补贴、税收优惠、土地资源倾斜等，为投资者提供了良好的发展环境。相比其他行业，绿色产业受到政策变动的影响较小。环保和可持续发展是国际共识，各国政府都倾向于长期支持这一领域的发展，这为投资者提供了相对稳定的政策环境。

4. 乡村振兴、区域协调发展、高水平对外开放提升产业估值

乡村振兴战略将农村地区作为重要发展对象，通过投资基础设施、改善生产条件等手段，推动农业产业的升级。在这一过程中，很多企业将受益于新的市场机会，同时也将激发农村地区的经济活力。乡村振兴所带来的市场扩大和产业升级，将直接促进企业估值的提升。

区域协调发展是中国政府为了优化资源配置、推动各地区协调发展而采取的一项战略。通过加强不同地区之间的合作与交流，优化资源配置，实现优势互补，可以有效地促进城市和农村之间的一体化发展。在区域协调发展的过程中，城市和农村之间的发展差距将逐渐缩小，城市的基础设施、产业布局将得到优化。这将吸引更多的企业进入城市，同时也为城市企业的发展提供了更为有利的条件。随着城市企业的发展和壮大，它们的市值也将得到相应的提升。

高水平对外开放是中国在全球化背景下的一项重要战略举措，是通过放开市场、降低贸易壁垒，吸引外国资本和技术流入，提升企业的国际化程度，从而提高企业的市值。高水平对外开放将为中国企业提供更广阔的市场空间，也将使得中国企业能够更好地融入全球化竞争的格局中。同时，引进国外的先进技术和管理经验，将为提升中国企业竞争力和估值提供重要的动力。

（二）货币政策与市场估值

货币政策通过调整利率直接影响资本市场的利率水平，其变化会对资本市场的估值产生影响。

1. 科学合理地确定利率水平，促进实体经济融资成本稳中有降

宽松的利率政策通过降低企业贷款利率，减轻了企业在融资方面的成本压力。降低贷款利率使得企业可以以更低的成本获取资金，从而推动了投资和扩张计划的实施。这也有助于提升企业的盈利能力，进而对其估值产生积极影响。宽松的利率环境降低了个人和家庭的信贷成本，使得消费者更愿意进行消费和购买大宗商品，如房屋和汽车。这种消费增加有助于刺激实体经济的增长，从而为企业创造更多的销售机会，提升了其盈利能力，间接地影响了企业的估值。宽松的利率环境会提高银行的放贷意愿，因为它们可以以较低的成本获取资金，并以更低的利率向借款人放贷。这将导致信贷市场上的可用资金增加，从而使更多的企业和个人能够获得贷款，进而提高实体经济的活跃度。

降低实体经济的融资成本可以使企业在扩张和投资方面更具竞争力。如果能以更低的成本获取资金，那么企业就可以增强生产能力，拓展市场份额，进而提升其盈利水平，而盈利水平的提升将直接影响企业的估值，使其更具吸引力。降低融资成本有助于提高企业的盈利能力，使企业拥有更强的抵御市场波动的能力。稳定的盈利能力使得企业在经济不景气时也能保持相对稳定的估值水平，这就为投资者提供了更可靠的投资机会。实体经济的融资成本降低将推动投资者寻找回报更高的资产，从而提升对股票等风险性资产的需求。这种需求的增加将提高股票市场的活跃度，提升股票的价格水平，从而直接影响资本市场的估值。

2. 统筹运用结构性工具，释放重点领域和薄弱环节估值潜力

结构性货币政策可以通过调整利率、购买债券等手段，引导资金流向特定行业或领域。例如，在环保产业方面，中央银行可以提供低息贷款或购买环保债券，从而吸引更多资金投入到环保行业，推动其发展。结构性货币政策可以通过鼓励研发和技术创新，提升特定行业的竞争力和核心技术水平。这可以通过提供研发资金、税收优惠等方式来实现，从而吸引该行业企业进行更多的创新投入，从而提升在市场中的地位。中国人民银行可以通过结构性货币政策推

动相关政策的制定，放宽特定行业的市场准入条件，例如，取消某些行业的外资限制，降低准入门槛，吸引更多的投资者和企业参与，从而推动该行业的发展。

针对薄弱行业，中国人民银行可以通过降低贷款利率或提供更加灵活的贷款条件，降低其融资成本，提升其生产经营能力。结构性货币政策可以通过引导资金投向薄弱行业的技术改造和产业升级方向，提升其在市场中的竞争力。例如，在传统制造业中，可以鼓励企业引入先进的生产工艺和设备，提高产品质量和生产效率。中国人民银行可以通过结构性货币政策的配套措施，鼓励薄弱行业加大人才培训力度，提升员工的技能水平。同时，也可以通过引进高层次人才，缓解行业内的人才短缺问题，提升从业人员的整体素质。结构性货币政策在提升重点和薄弱行业估值方面发挥了重要作用。通过引导资金、提供技术支持、放宽市场准入等措施，可以有效地提升特定行业的竞争力和估值水平，从而促进经济的持续增长和发展。这也为未来的政策制定提供了有益的参考和借鉴。

3. 引导人民币汇率预期，保持人民币汇率在合理均衡水平上基本稳定

人民币汇率预期是指市场参与者对未来人民币汇率走势的预期和判断，它直接影响到跨境贸易、外商投资、国际资本流动等多个领域。一个稳定、可预期的人民币汇率对于保持经济稳定和资本市场健康发展至关重要。人民币汇率的稳定性直接影响到国内外资本的流动情况，也会影响到国内通胀、出口等方面的经济指标。通过引导人民币汇率预期，可以降低市场对于汇率波动的预期，从而维持经济的整体稳定。一个相对稳定的人民币汇率有利于提升企业对于国际市场的信心，降低贸易风险，促进国际贸易的健康发展。

中国人民银行通过多种手段来引导人民币汇率预期，以保持汇率的稳定性和可预测性，而汇率的稳定性和可预测性对于维持资本市场估值的稳定有着积极的实际影响。通过引导人民币汇率预期，可以降低市场对于汇率波动的预期，从而减少外汇市场的不确定性，降低金融市场的波动性。相对稳定的人民币汇率对于国际投资者来说更具吸引力，能够提升他们对中国资本市

场的信心,增加资本流入。稳定的人民币汇率预期可以增强资本市场吸引力,吸引更多的资本参与,为资本市场的健康发展提供有利条件。

图4-12展示了2022年下半年至2023年上半年人民币/美元汇率。

图4-12 2022年下半年至2023年上半年人民币/美元汇率

说明:图中CNH为离岸人民币,CNY为在岸人民币。

资料来源:英国TP ICAP集团公司、Wind数据库.

(三)财政政策与市场估值

财政政策影响利率、通货膨胀预期、政府债券市场等,也影响投资者信心和市场稳定性。同时,经济周期也是一个重要因素。

1. 加大税费优惠政策力度,提振市场估值信心

在资本市场中,税费优惠政策不仅会直接影响企业的盈利状况,也会间接影响投资者对股票、债券等资产的估值。加大税费优惠力度可通过减税降费政策,降低企业的税负水平。降低企业所得税税率、减少各类税费和降低社会保险费费率等措施,直接提升了企业的净利润水平。通过实施税收优惠政策,政府可以鼓励企业加大研发投入、进行技术创新和开展新项目,从而提高企业的核心竞争力和市场地位，增加企业未来的盈利潜力。税费优惠政策可以降低企业的成本，使其能够提供更有吸引力的产品和服务，从而提升企业的市场竞争力，帮助其在市场中占据更大的份额。

税费优惠政策提升了企业的净利润水平，进而提升了投资者的投资回报率。投资者倾向于购买那些有较大盈利潜力的股票或债券，从而推高了资本市场的估值。较低的税费可以吸引更多的个人和机构投资者参与资本市场，扩大市场规模，提升市场活跃度，为市场提供了更多的流动性和交易机会。税费优惠政策可以降低投资者的税负，减轻投资风险，使得投资者更愿意投资，从而提高了资本市场的交易活跃度。此外，税费优惠政策还可以吸引风险投资和私募股权投资。创业公司和初创企业通常需要外部资金来支持其发展和扩张，而税费优惠政策可以提高投资者对这些企业的兴趣，促进资本流入创新领域，因而有助于培育新的增长点，提高整体经济的竞争力。

2. 发挥财政乘数效应，促进低位估值逐步修复

当政府增加支出时，企业和个人的收入会增加，从而刺激了消费和投资，进一步拉动了经济增长，形成了一种多重循环效应。财政乘数效应的发挥可以通过以下几个步骤来理解：政府通过提高公共支出，比如增加基础设施建设、社会福利支出等，来刺激经济。随着政府支出的增加，企业获得了更多的订单，个人也获得了更多的雇佣机会，因此他们的收入会相应地增加。个人会将一部分新增收入用于购买商品和服务。同时，企业可能会增加投资，扩大生产规模，以满足增加的需求。随着消费和投资的增加，经济活动的规模会持续扩大，进一步推动收入、消费和投资增长，形成一个正反馈循环。

财政乘数对企业利润和现金流有着直接的影响。随着经济活动的增加，企业的销售额会上升，利润水平也会相应提高，这会直接反映在企业的财务报表上。企业的盈利能力会增强，同时，企业也会收到更多的订单，从而增加了现金流入。这使得企业扩大业务、投资新项目的能力增强了，从而市值

提高了。随着企业盈利能力的增强，投资者会更加看好企业的未来前景，因此愿意支付更高的价格购买股票，这会推动股票价格上涨。同时，经济活动的增加也会提高企业的估值，使得股票市场整体上扬。财政乘数效应的发挥可以提高投资者的信心。当政府通过增加支出来刺激经济时，这表明政府有意愿采取措施来维持经济稳定和增长。这会增强投资者的信心，使他们更愿意在资本市场上投资。

3. 防范化解地方政府债务风险，避免债务高位拖累估值

地方政府债务规模不断扩大（见图4-13），成为经济风险的一个重要方面。大量的隐性债务和非标准融资方式使得地方政府的债务风险日益突出。高杠杆率可能会导致债务违约风险，对金融体系和实体经济造成严重冲击。

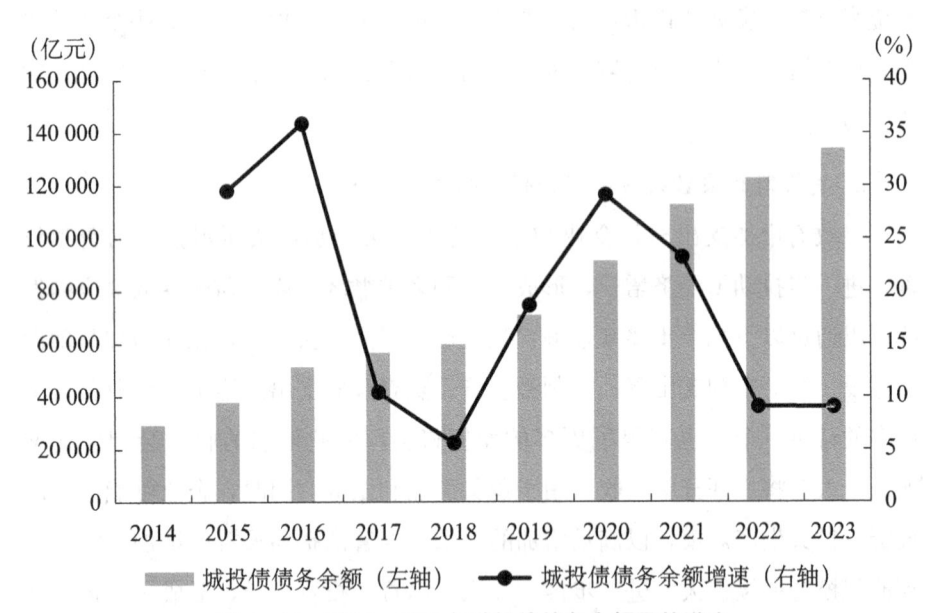

图4-13　2014—2023年城投债债务余额及其增速

资料来源：Wind 数据库.

地方政府债务的高杠杆率可能会引发严重的系统性风险。通过降低地方政府杠杆率，可以减轻金融系统承受的压力，提高整体金融体系的稳定性，使得资本市场运行更加健康。降低地方政府杠杆率可以减少投资者对于债务

违约风险的担忧，提升投资者的信心。由于投资者更愿意在一个风险相对较低的环境中投资，所以这推动了资本市场的发展。地方政府债务风险可能会引发市场的不确定性。通过降低地方政府杠杆率，可以降低这种不确定性，使得市场更加稳定，从而吸引更多的投资者参与。降低地方政府杠杆率可以减少政府对资本市场的借贷需求，从而释放出更多的资金用于实体经济发展。这将有利于优化资源配置，促进经济的持续增长。

（四）宏观政策的连续性和协调性与市场估值

宏观政策的连续性指政府在不同时间段内保持一贯的政策方向和目标，避免频繁、剧烈地变动政策取向。连续性体现为稳定的财政政策、稳健的货币政策、持续的结构性改革。宏观政策的协调性指经济政策的各个层面（财政、货币、结构性政策）保持相互配合、相互支持的状态，体现为财政政策与货币政策的协调、政策与产业的协调、内外部政策的协调。

宏观政策的连续性可以确保市场的稳定性和可预测性。持续的政策方向和目标使市场参与者能够更准确地评估风险和回报，降低了市场的波动性。这使得投资者更愿意参与并长期持有资产，从而提高了市场的流动性和稳定性。宏观政策的协调性有助于降低市场中的不确定性。当财政政策、货币政策以及结构性政策在目标和实施上保持一致时，市场参与者更容易理解政策的意图和效果，减少了猜测和盲目跟风行为。这进一步加强了市场的稳定性，减少了市场因政策调整而受到的冲击。宏观政策的连续性和协调性也会对投资者的风险偏好产生影响。在宏观政策的连续性的保障下，投资者更愿意承担风险，因为他们可以更加准确地评估市场的长期趋势和潜在回报。同时，宏观政策的协调性降低了市场的不确定性，减少了投资者的恐慌行为，进一步提高了投资者的风险承受能力。总的来说，宏观政策的连续性和协调性为资本市场奠定了坚实的基础，为投资者提供了更稳定和可预测的环境。这促进了资本市场的健康发展，吸引了更多的投资者参与，推动了估值的长久增长。

三、外部经济环境与市场估值

国际经济环境和国内资本市场估值密切相关。国际经济周期、货币汇率、外资流入、全球市场情绪以及国际政策和法规都会直接影响国内资本市场的估值水平。稳定的国际经济环境有利于提升企业盈利,推动资本市场估值上升,而不稳定的国际经济环境可能会导致估值下降。

(一)国外需求持续疲软造成出口导向型企业估值萎靡

国外需求持续疲软意味着国内的出口导向型企业面临着较为严峻的市场环境,这会直接影响到它们的盈利能力和估值水平。国外需求疲软会导致企业的出口量下降,销售额减少。由于出口通常是许多企业的主要收入来源,所以出口量下降会直接影响企业的盈利能力。企业可能面临成本上升的情况,尤其是当它们使用了外国原材料或面临货币贬值时,利润会被进一步挤压。由于需求疲软,企业可能会面临库存积压的问题,因而增加仓储和资金占用成本,同时可能需要降低产品价格以清理库存。国外需求疲软通常反映了全球经济不景气或出现下行趋势,这可能会引发市场的担忧和不确定性,从而影响到企业的估值。国外需求长期疲软可能会削弱投资者对该行业或企业的信心,导致投资者不愿意购买相关股票,从而影响相关企业的市值。国外需求疲软可能迫使企业采取措施来削减成本、优化经营,甚至可能导致一些企业面临困境,而这会直接影响其估值。

1. 发达经济体需求低迷,中国企业订单减少

新冠疫情对全球经济造成了前所未有的冲击,引发了一系列连锁反应,尤其是在发达经济体中(见图4-14)。需求低迷成为新常态,中国企业在这一背景下也面临着订单减少的压力,从而导致了相关行业的估值下降。受到疫情影响,发达经济体内的消费者信心受挫,投资活动大幅下降,经济增长乏力成为明显特征。高失业率、企业破产等问题也相继出现,加剧了需求低

迷。中国作为全球制造业大国，许多企业依赖出口市场。然而，由于全球需求低迷，许多国际订单被取消或推迟，企业面临前所未有的困境。疫情引发了全球供应链的中断，许多企业在原材料获取、生产流程和产品交付方面面临困境。运输受阻导致生产效率下降，进一步加重了订单减少的压力。除了制造业之外，中国的服务业也受到了严重影响。旅游、餐饮、零售等行业因为疫情导致的封锁和消费者信心下滑，面临严重的订单锐减问题。

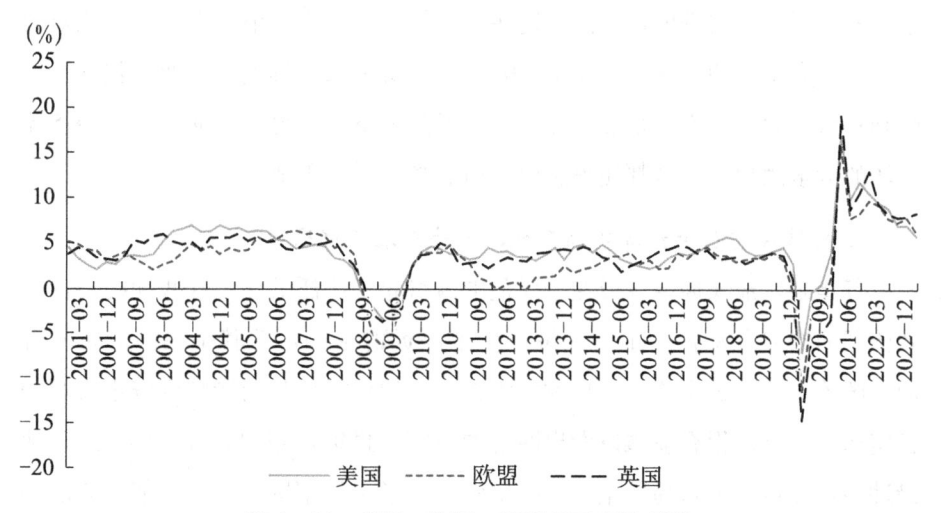

图 4-14 美国、欧盟、英国 GDP 同比增速

资料来源：Wind 数据库。

由于订单减少，加之陷入生产困境，许多企业的利润出现下滑。盈利能力的减弱直接影响了企业的估值，市场对其前景的信心下降。受到全球经济不确定性的影响，投资者对相关行业的信心明显下降。由于担忧企业未来的盈利能力，投资者纷纷撤离，导致股市下跌，企业估值受到压制。经济形势的长期不确定性使得企业难以进行长期规划和投资。在这种情况下，投资者更加谨慎，愿意为相关行业的股票支付的价格也相应下降。

2. 新兴经济体需求的对冲作用不足，出口动能削弱

新兴经济体拥有庞大的人口和增长潜力，在全球经济格局中逐渐崭露头角。中国企业将目光投向这些市场，以寻求新的增长点。近年来，中国对新兴经济体的出口持续增长，并与新兴经济体建立了广泛的贸易合作伙伴关系。这成为中国企业应对发达经济体需求下滑的一种战略。

受到发达经济体需求下滑的冲击，中国企业纷纷调整战略，将目光投向新兴经济体市场，以寻求新的增长点。虽然新兴经济体市场具有巨大的潜力，但也面临着一系列问题，包括政治稳定性、法律环境等方面的问题。中国企业需要积极应对这些挑战，发挥自身优势。尽管中国企业在新兴经济体市场取得了一定的进展，但由于这些市场相对不稳定，消费者购买力相对较弱，无法完全对冲发达经济体市场需求下滑所带来的影响。企业的盈利能力受到双重压力：一方面是发达经济体市场需求下降，另一方面是新兴经济体市场的竞争激烈。二者都使得企业的估值受到明显压制。

3. 地缘冲突加大经济不确定性，国外需求不够乐观

近年来，地缘冲突升级在全球范围内引起了广泛关注。这些冲突不仅在政治层面造成了动荡，也对经济产生了深远的影响，尤其是在国际贸易方面。政治上的不稳定往往会导致投资者信心的动摇，从而影响到资本市场的稳定运行。这使得企业难以做出明智的决策，投资计划的制订变得困难。地缘冲突往往伴随着贸易壁垒的升级。各国为了保护本国利益，可能会采取一系列限制措施，如加税、禁止进口特定商品等。在这种情况下，中国的对外出口面临严重的困境，尤其是高附加值产业。地缘冲突可能会导致资源和能源供应链的不稳定。某些关键资源的供应受到威胁，这会对中国的制造业，特别是对依赖进口资源的企业产生直接冲击。

由于地缘冲突加剧，许多企业开始重新评估全球供应链的稳定性。一些企业可能选择将生产基地从中国转移到其他国家，以降低地缘政治风险。地缘冲突使全球市场需求变得不稳定。一些国家可能因政治原因暂停进口，或者减少对中国商品的需求，这会直接影响到中国的出口业务。地缘冲突增加了企业的经营风险，使得投资者对于投资中国企业要求额外的风险溢价。这会导致企业的估值受到明显的折价。地缘冲突会引起市场的波动性上升。股市和债市的价格波动幅度可能会扩大，这会影响到企业的市值和估值。

（二）中美关系走向全方位制约市场估值

中美关系对中国资本市场估值具有重要影响，主要包括：政治因素导致投资者信心下降、经济因素影响企业业绩、法律与监管风险的变化，以及投资者风险偏好的变化。投资者和企业都需要密切关注这些因素，并做出相应的战略调整，以保护企业价值。

1. 美国制裁阻挠中国科技进步，限定估值上界

由于美国制裁限制了对关键技术的获取，中国科技企业在研发和创新方面可能会受到影响。例如，在芯片领域，对于先进制程的限制会影响中国企业的研发进度，从而影响其市场竞争力。美国的贸易限制导致了中国科技企业在国际市场上的出口受阻，特别是向美国出口产品的企业受到了严重冲击。这会直接影响到企业的营收和盈利能力。美国制裁对中国科技企业的影响还表现在投资领域。投资者对受制裁企业的前景和稳定性感到担忧，因而可能会撤资或者避免投资这些企业，这会影响到企业的估值水平。由于受到美国制裁，一些中国科技企业可能会开始调整其全球供应链，减少对美国相关产品和技术的依赖。这可能会催生新的合作关系和供应链结构，但同时也会引发一定的调整成本。

受到制裁的企业面临诸多不确定性，包括技术创新受阻、出口业务受限等，投资者对其前景的评估将更为谨慎。这会直接导致企业的估值水平下降。由于受制裁企业面临更大的经营风险，投资者可能会要求更高的风险溢价，否则不愿意投资这些企业，这会进一步压低企业的估值。一旦企业受到制裁，其股价可能会出现剧烈波动，市场也会做出强烈反应。投资者的交易行为可能会导致股价上下波动，进而影响到企业的市值。

2. 中美贸易发挥供需互补、产业链条双重作用，广泛影响中国市场估值

中美之间的贸易关系紧张升级，甚至出现了贸易脱钩的迹象。这一情势对中国资本市场估值产生了一定的影响。

贸易脱钩导致了中美之间的不确定性增加，可能会影响投资者对于中国资本市场的信心。投资者可能会更为谨慎地评估他们在中国市场的风险和回报，而这会影响到资本的流入。中国许多企业依赖出口市场，尤其是制造业领域的企业。贸易脱钩可能导致这些企业面临出口市场萎缩，从而影响到企业的盈利水平，进而影响到其估值。贸易脱钩可能导致部分企业全球供应链的调整和转移，这会对中国企业的业务模式和利润模式产生深远的影响。企业可能需要调整其国际布局，这会导致一系列的成本和效率问题，也会影响到其估值。贸易脱钩引发了一系列的政策调整，涵盖关税、进出口手续、行业准入等方面。这种政策环境的变动会使得企业难以预测市场，增大了经营的不确定性，进而影响到企业的估值。

中美贸易脱钩将促使许多企业重新考虑其全球供应链布局。为了避免过度依赖单一市场或产业链节点，企业将寻求多元化的供应链解决方案，这可能涉及重新进行生产基地选址、寻找新的供应商等。企业在重新构建供应链时将面临成本与效率的平衡问题。新的供应链布局可能会增加运营成本，但也有望提升供应链的韧性和稳定性。供应链的调整将对产业链上下游企业的估值产生影响。供应链上游企业可能会因为获得了新的市场份额而受益，而下游企业可能需要花费时间来适应新的供应链格局，因而其盈利能力和估值可能会受到影响。

中美贸易脱钩对中国资本市场估值造成了明显的影响，尤其在出口和产业链两个方面。出口导向型企业将面临美国市场收缩和新兴市场拓展难度大的双重压力，因而其估值可能下滑。同时，产业链重构也将对上下游企业的估值产生影响，影响的大小取决于企业在新产业链格局中的定位和对新产业链格局的适应能力。然而，随着中国经济结构的不断调整和优化，一些内需驱动型行业可能会逐渐崭露头角，成为中国资本市场的新亮点。未来，随着全球经济格局的变化，中国企业和资本市场也将适应新形势，不断崛起和创新。

3. 中美金融合作情况引导国际资本流向，左右估值的国际化程度

中美金融合作通过建立互联互通机制，使两国资本市场能够更加有效地

互动，也为金融市场创新提供了契机。双方可以共同探讨新的金融工具、投资策略等，以促进金融市场的多元化发展。双方金融监管机构的合作对于保障市场的稳定和透明至关重要。通过分享信息、制定共同的监管标准，可以有效地防范化解市场风险，增强投资者信心。

中美金融合作促使境外资本更加活跃地参与中国资本市场。外资的流入不仅为中国企业提供了更多的融资渠道，也为投资者提供了更多选择，提高了市场活跃度。境外资本的介入也显著提升了市场的流动性。大量外资流入使得市场的买卖双方更容易找到合适的交易对手，从而降低了交易成本，使市场更具吸引力。中国资本市场逐渐走向国际化。这不仅吸引了更多的国际投资者，也使得中国企业更容易在国际市场上融资，因而提升了中国企业的国际竞争力。

中美金融合作使得投资者可以更加便利地进行跨境资产配置，从而实现风险的分散。这对于降低特定市场或特定行业的风险具有显著意义，提高了投资者的信心。双方金融合作也促进了风险管理经验的共享。国际上成熟的风险管理方法和工具在中国得到应用，有助于提升中国金融市场的稳定性和抗风险能力。中美金融合作也推动了市场的透明度提升。双方合作促进了信息的共享和披露，使投资者更容易获取到市场相关信息，从而降低了信息不对称带来的不确定性。

（三）发达经济体金融周期触发估值共振

发达经济体开启后疫情的货币政策正常化进程，进入加息周期。发达经济体加息通常会导致资本的回流，因为利率提高会增强这些国家的投资吸引力，投资者会更倾向于将资金投入到发达经济体，以获取更高的回报率。这会导致新兴经济体的资本流出，对其资本市场产生负面影响。

1. 欧美加息尚未结束，衰退疑云笼罩企业

随着经济复苏趋近高潮，欧美国家开始考虑收紧货币政策，以避免通货膨胀和资产价格泡沫（见图 4-15）。随着利率的上升，企业的借款成本增

加，导致资本投资回报率降低，进而抑制了企业的扩张意愿。许多行业的增长速度放缓，甚至出现了停滞的情况。企业在经营过程中需要考虑到成本、销售价格和市场需求等因素。加息政策使得企业的贷款成本上升，如果增加的成本不能通过提高产品价格来弥补，可能会对企业的利润率产生不利影响。随着消费者信心下降，以及大宗消费品等行业的需求减弱，企业的销售额也可能受到影响。这将直接影响到企业的业绩表现。

企业的估值通常受到其业绩表现的直接影响。如果企业的利润率下降，增长放缓，市场需求疲软，投资者可能会对其未来盈利能力产生担忧，从而降低其估值。企业估值的下降会直接影响其股价。投资者通常会根据企业的盈利能力、成长前景等因素来评估其价值，当这些指标受到负面影响时，股价往往会下跌。企业的估值也会对投资者的信心产生长期影响。企业的估值持续低迷，可能会导致投资者对其失去信心，甚至选择撤资或减持，从而进一步影响企业的发展和资本市场表现。

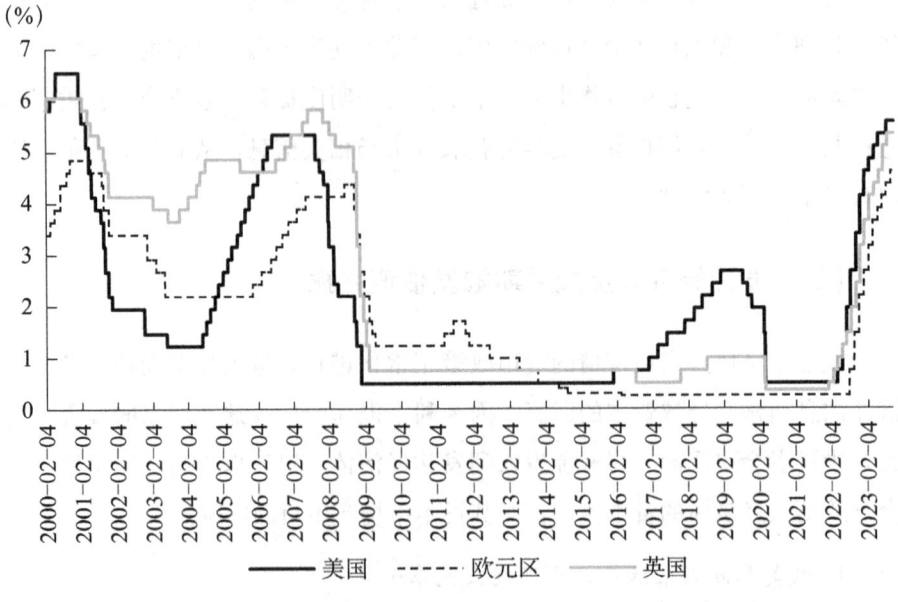

图 4-15 美国、欧元区和英国的基准利率

资料来源：美联储、欧洲央行、英国央行、Wind 数据库.

2. 外部金融风险传染蔓延，波及市场估值

美国银行业危机导致了全球金融市场的动荡和信用紧缩。金融市场的波动直接影响了实体经济的运行。美国银行业危机伴随着发达经济体的衰退，中国出口、投资等领域受到冲击，这进一步影响了中国出口企业的盈利能力和估值。国际金融风险蔓延通常会导致全球股市大幅下跌。这会对中国股市产生直接冲击，导致众多企业的市值下降。投资者的信心受损，股价下跌，企业的市盈率也可能下降，估值受到影响。国际金融风险蔓延还可能引发汇率波动。中国企业在资本市场的估值受到汇率变化的影响，尤其是那些依赖出口的企业。人民币贬值可能会导致企业的外部债务负担增加，从而降低估值。国际金融市场的波动往往伴随着国际投资者的情绪波动。当国际投资者感到不安或失望时，他们可能会撤离中国资本市场，导致市场供需失衡，进一步影响估值。

中国企业应建立健全的风险管理（包括货币风险管理、市场风险管理和信用风险管理等）体系，这有助于减轻企业受到的国际金融风险蔓延的冲击；考虑多元化投资组合，不过度依赖单一市场，分散风险；保持弹性，以应对市场的快速变化，这包括提前做好应急计划、保持足够的流动性和灵活性，以及及时调整战略。

（四）全球价值链结构性调整改变估值逻辑

新冠疫情暴发后，全球价值链经历了显著的调整，这是由于疫情对供应链、需求、劳动力和政策等多个方面造成了深远的影响。

为了减少对受疫情影响的国家的依赖，许多企业开始寻求在更接近终端市场的地方建立生产基地，以缩短供应链的长度。企业开始寻找更多的供应源，包括寻找新的供应商或在多个国家建立生产基地，以减轻对特定国家或地区的依赖。鉴于疫情期间供应链中断的严重性，企业开始寻求提升供应链的韧性，采取措施来应对未来可能发生的突发事件。企业加速了数字化转型，引入了智能制造和物联网技术，以提升生产效率、降低成本，减少对劳动力的依赖。通过数据分析和先进的预测模型，企业可以更好地了解供应链中的风险，并制定相应的风险管理策略。新冠疫情加剧了一些国家之间的地缘政治紧张局势，企业可能需要调整其供应链以适应新的地缘政治格局。随着对环保和可持续发展的关注度的日益增加，企业需要考虑如何构建更绿色、可持续的供应链体系。

1. 全球价值链受阻，应当提高经济内循环估值

面对全球供应链的不确定性，中国企业开始减少对国际市场的依赖，以降低外部风险。国内市场成为一个更为稳定的销售来源。中国作为世界人口最多的国家之一，内部市场潜力巨大。中国企业可以通过满足国内消费者的需求来追求增长，尤其是在中等收入群体规模扩大和消费升级的背景下。国内市场也为中国企业提供了更多机会来进行创新和品牌建设。国内市场可以成为企业不断试验新产品和服务的场所。

中国企业通过市场竞争和兼并收购等方式，增大在国内市场的份额，对本土竞争对手和国际品牌发起挑战。中国企业积极进行数字化转型，建立线上销售渠道，提供个性化和高效的消费者体验。改进供应链管理，以提高生产效率和降低成本，是拓展国内市场的关键策略之一。通过拓展国内市场，中国企业实现了销售额的增长。国内市场的巨大规模为企业提供了更多的销售机会。拓展国内市场有助于提高企业估值。中国企业在国内市场的增长被视为更为可靠和稳定的收入来源，因此有助于吸引投资者。

国内市场的发展潜力巨大，可以为企业带来持续的业绩增长，从而提升企业的估值。致力于减少对单一国家或地区的依赖，分散经营风险，提高抗风险能力，可以增强投资者对企业的信心。在国内市场建立强大的品牌形象，可以为企业赢得更高的品牌溢价，提升企业的估值水平。在国内市场建立稳固的业务，为企业未来的可持续发展奠定坚实的基础，可以进一步提升企业的估值。

2. 重新布局传统价值环节，应当重视新兴价值环节估值

随着科技的快速发展和产业结构的不断演变，传统产业的价值链也在经

历翻天覆地的变化。在这一背景下，重新布局传统价值环节，同时重视新兴价值环节的估值变得尤为重要。

传统价值链通常由原材料采集、生产、物流、销售等环节组成，这是一个相对成熟、稳定的体系。然而，随着技术和市场的变革，传统价值链也面临诸多挑战。随着全球化竞争的加剧，原材料和生产成本逐步攀升，传统价值链面临着成本不断上升的压力。全球性的突发事件（如疫情、地震等）使得供应链不稳定成为一个日益严峻的问题，传统价值链的稳定性受到了严峻考验。消费者的需求日益多样化，市场对产品质量、创新和个性化的要求也在不断提高，因而传统价值链需要有更强的适应能力。环保意识的崛起使得企业在生产和供应环节面临更高的环保要求，这也给传统价值链带来了一定的压力。一些新兴价值环节逐渐崭露头角，成为产业发展的新动力。人工智能、区块链、物联网等数字化技术的快速发展为企业提供了更多的创新和提升效率的机会，成为新的价值创造点。环保、可持续发展等理念的兴起使得绿色生产、再生资源利用等成为新的价值链环节。消费者对于服务质量和购物体验的要求逐渐提升，使服务、客户关系管理等环节变得越来越重要。在激烈的市场竞争中，不断创新和研发成为企业保持竞争力的关键环节。

新兴价值环节常常伴随着创新性的特点，传统的财务指标往往难以准确衡量其价值。因此，需要建立相应的评估方法，从创新、技术优势等多方面来评估其价值。新兴价值环节常伴随高风险，需要对包括市场风险、技术风险等在内的各类风险进行全面评估。在进行估值时，不能只看重单一环节的价值，而要综合考虑整个价值链的协同效应，避免因单一环节的高估或低估导致整体价值的失真。新兴价值环节的发展往往需要一定的时间，需要对其长期价值进行考量，而不能只注重短期收益。

四、小结

市场估值与宏观经济相互交织，形成了一个错综复杂的网络。通过深入的实证分析，我们可以更加清晰地看到其中的关键影响因素及其影响机制。

首先，宏观经济因素是市场估值的基石。通货膨胀率（CPI 增长率）反映了货币的购买力，是市场参与者做决策的一个重要依据。GDP 增长率则代表了一个国家或地区的整体经济活力，直接影响着市场的发展前景。利率是货币政策的一个核心工具，政府可以通过调节利率水平来影响投资和消费行为，进而影响市场估值。汇率连接着国际经济体系，人民币汇率的波动会直接影响出口企业和进口企业的盈利，从而影响这些企业的估值水平。就业和收入增长是民众购买力的来源，直接影响着消费行为，进而影响市场的交易量和估值。政策的稳定性和导向是市场信心的基石，不同政策的变化会导致市场情绪的波动，进而影响市场估值。对外贸易和文化因素也在市场估值的形成过程中扮演着重要的角色，国际经济环境和文化氛围会影响企业的国际化程度，从而影响市场估值。

其次，国内需求的增长对市场估值具有决定性的影响。消费升级是一股强大的推动力。随着人们收入水平的提高和消费观念的升级，消费者对产品和服务的要求也随之提高，这为企业提供了广阔的市场空间，推动了企业估值的上升。同时，创新投资也是市场活力的源泉之一，通过投入研发和创新活动，企业可以提高产品的附加值，从而提升市场对自身的认可度，间接地影响估值。财政支出是政府调节经济运行的一种手段，通过加大对重点领域的投入，政府可以在一定程度上提振市场信心，推动经济增长，进而影响市场估值。

经济正向高质量发展是我国经济发展的新趋势，也在重塑着市场估值的格局。这一转变不仅意味着经济增速的变化，更意味着产业结构的调整和转型升级。传统估值框架正在随着中国经济新常态的到来而得到调整，现代产业体系的建设提高了中国式现代化在估值中的影响力，国有企业的价值回归也成了市场的一大亮点。同时，生态文明、共同富裕和现代治理等要素也开始渗透到估值体系中，呈现出新的发展趋势。这意味着企业在追求盈利的同时，也需要考虑到对环境的保护和社会的责任，这将成为影响未来市场估值的一个重要因素。

对市场利率和风险溢价的控制是保持市场估值稳定的关键。一方面，这需要保证合理充裕的流动性，因为流动性直接影响着资金的成本和企业的融资能力。当市场的流动性得到保障时，企业可以更为便利地获取所需资金，从而促进了经济的活跃和市场的繁荣。

另一方面，这需要加大对战略性新兴产业的金融支持力度。新兴产业往往承载着国家经济发展的未来，因此在它们的初期阶段，政府需要提供必要的资金支持和政策引导，以降低其发展过程中的资金压力，帮助其稳步成长。这样的支持不仅可以降低融资成本，也为企业的发展提供了更为灵活的资金来源，有利于促进产业的壮大和市场的发展。

此外，防范化解重点领域的金融风险也是保持良好估值状态的关键一环。金融风险（例如信用风险、市场风险等）可能来自多个方面，这些风险一旦得不到有效的控制和化解，就会直接影响到市场参与者的信心和市场的稳定。因此，政府和监管部门需要加强监管，建立健全的风险管理体系，及时发现和解决可能出现的金融风险，保障市场估值的稳定。

人民币汇率的变动对市场估值也起到了调节作用。通过有效的汇率风险管理，企业可以在汇率波动前做好充分的准备，采取相应的对冲策略，从而降低汇率波动对企业盈利预期的影响。这一举措提升了企业的稳定性和竞争力，间接地推动了市场估值的上升。同时，保持人民币汇率的相对稳定也对市场的稳定性和估值的可持续性起到了积极的作用，避免了因汇率波动而引起的市场剧烈波动。

宏观经济政策在塑造市场估值方面也发挥着至关重要的作用。产业政策的实施，特别是以创新驱动、安全发展和绿色发展为导向的政策，为市场估值创造了广阔的空间。通过引导产业升级和结构调整，政府可以提高企业的附加值，从而提升其市场竞争力，推动市场估值的上升。此外，科学合理的货币政策和财政政策也是维护市场估值稳定的重要手段。合理确定利率水平，可以促进实体经济融资成本稳中有降，为企业发展提供有力的支持。同时，财政政策也可以通过加大税费优惠政策力度等方式，提振市场信心，推动市场发展。

在外部经济环境方面，国外需求持续疲软、中美贸易关系紧张升级、发达经济体金融周期和全球价值链的结构性调整等因素也在不同程度上影响着市场估值的走势。这提示我们，除了国内因素外，还需要密切关注全球经济环境的变化，以采取相应的调整和应对策略。在国外需求疲软时，企业可以通过开拓新的市场，调整产品结构等方式来应对，从而保持其盈利能力，稳定市场估值。同时，中美关系的走向也会对市场产生深远的影响，需要保持高度警惕，并及时做出相应的战略调整，以确保企业的稳健发展。

综上所述，市场估值受到宏观经济、政策和外部环境等多方面因素的综合影响。只有全面理解这些影响因素，并采取相应的政策和措施，才能保持市场估值的稳定和企业的健康发展。同时，也需要不断地关注和分析市场动态，及时调整策略，以保持对市场估值的准确把握和有效引导。只有如此，我们才能在不断变化的经济环境中保持竞争优势，实现可持续发展。这也将为我国经济的未来发展奠定坚实的基础。

参考文献

[1] 何德旭，等. 全球系统性金融风险跨市场传染效应分析. 经济研究，2021，56（8）.

[2] 何青，余吉双. 美国加息对金融市场的影响及我国的对策. 新金融，2022（10）.

[3] 蒋先玲，王梓霖. 市盈率隐含的公司创新能力：基于创业板上市公司的实证分析. 技术经济，2021，40（10）.

[4] 金仁淑，赵敏. 中美贸易摩擦对中日产业链重构的影响研究. 国际贸易，2022（9）.

[5] 刘莹，彭玉磊. 金融风险与宏观审慎政策：2018年岭南宏观经济学研讨会综述. 经济研究，2019，54（2）.

[6] 罗婷，朱青，李丹. 解析R&D投入和公司价值之间的关系. 金融研究，2009

(6).

[7] 王军, 肖塞, 李昕澎. 加快探索中国特色估值体系. 中国金融, 2023 (7).

[8] 吴晓求, 方明浩. 中国资本市场30年: 探索与变革. 财贸经济, 2021, 42 (4).

[9] 吴晓求, 何青, 方明浩. 中国资本市场: 第三种模式. 财贸经济, 2022, 43 (5).

[10] 叶静怡, 等. 中国国有企业的独特作用: 基于知识溢出的视角. 经济研究, 2019, 54 (6).

[11] 张策, 何青. 上市企业汇率风险暴露及影响因素研究. 金融监管研究, 2022 (7).

[12] 郑琦, 孙刚. 高科技产业政策选择性实施与资本市场估值: 基于高新技术企业IPO的微观证据. 证券市场导报, 2020 (6).

第五章

科技创新、产业周期与市场估值

摘　要：关于企业创新与企业的资本市场估值的实证检验表明：企业研发投入占比越高、申请和获得的专利数量越多，企业的市场估值越高。异质性检验表明，企业创新水平对企业资本市场估值的提升作用在非国有企业、高科技行业、处于成长和衰退阶段的企业中更大。这一结果验证了我国资本市场中技术估值溢价的存在，同时对于企业自身而言，科技创新既是自身未来发展的内在动力，也是提升市场表现的重要着力点。

产业周期与企业资本市场估值的实证检验表明：处于初创阶段的产业的市场增长潜力最大，相应企业的市场估值水平也最高，产业周期显著影响企业市场估值。进一步区分产业周期后的检验结果表明，初创阶段对企业市值的积极作用最大，衰退阶段对企业市值的消极作用最大。这一结果验证了企业市场估值受到产业周期的显著影响，也意味着处于成熟或衰退阶段产业的企业应当积极进行产业转型升级和技术革新，以寻找新的增长点。

一、科技创新与市场估值

（一）科创板的开设助力企业科技创新

近年来我国加大力度提升创新能力，2023年2月20日召开的国家创新调查制度实施10周年工作座谈会上披露，2022年我国全社会研发（R&D）经费投入达到3.09万亿元，是2021年的3倍，稳居世界第二。同时，我国企业的创新主体地位进一步强化，2021年，规模以上工业实现技术创新企业数量达到20.9万家，占全部工业企业的比重为47.4%，比2016年提高了15.7个百分点，整体创新活跃度已接近欧盟平均水平。企业的R&D经费占全社会R&D经费的比重达到76.9%，创新主体地位进一步巩固。高新技术企业数量从2012年的4.9万家增加至2021年的33万家。2021年，我国有683家企业进入全球研发投入2 500强榜单，在无人机、电子商务、云计算、人工智能、移动通信等领域形成了一批具有国际影响力的创新型企业。这一切创新成就得益于我国创新战略的实施和一系列促创新政策的落实。而其中，资本市场对于企业创新的作用不可忽视。

2018年是国家科技领域屡屡受挫的一年，产业链环节"卡脖子"的事件频频出现。科创板的构想正是基于内忧外患的现实：内忧是新旧动能转换，必须实现国家经济高质量发展；外患则是技术输入遭遇掣肘，受到国外科技强国牵制。因此，科创板自提出之初便大力强调科技创新、科技兴国、科技强国，希望通过打造中国硬核科技实现国内产业链自主可控。2019年6月13日，上海证券交易所科创板宣布正式开板；2019年7月22日，科创板首批25家公司正式上市。科创板主要服务于尚未进入成熟阶段，但具有成长潜力，且满足有关规范性及科技型、创新型特征的中小企业。自2019年7月22日科创板开市至2023年7月22日，开市四年来，科创板上市公司已超过500家，市值约6.4万亿元，首发募资总额逾8 500亿元，切实发挥了资本市场的资源配置功能，促进了实体企业发展。2022年，科创板上市公司营业收入首次突破万亿元，净利润首次突破千亿元，科创板上市公司研发投入首次突破千亿元，科创板的开设在科技型企业和资本市场之间打通了一条高速公路，板块内公司研发投入的提升也强化了科创板"硬科技"的底色。与此同时，科创板引导资本加速流向战略性新兴产业，新一代信息技术、新能源、高端装备制造等细分产业集聚效应凸显，尤其是一批处于"卡脖子"技术攻关领域的"硬科技"企业登陆科创板，打通了科技、资本和实体经济的高水平循环。科创板设置了多元包容的上市标准，允许未盈利企业、特殊股权结构企业、红筹企业上市，更加契合科技创新企业的特点和融资需求。科创板的推出进一步完善了我国资本市场层次，开拓了科技型企业融资渠道，促进了我国科技型企业发展。由此，我国企业科技创新同资本市场的联系也更加紧密，不仅资本市场融资能够进一步助力企业创新，而且企业创新能力也会在其资本市场表现中得到体现。

（二）企业科技创新与资本市场的估值表现

1. 中美板块间指数估值指标对比

为了发挥资本市场的资源配置功能，进一步推动企业科技创新，我国在2009年10月正式启动创业板，2019年7月科创板开市，2020年7月推出科创50指数。对于不同类型的企业开设不同交易市场有助于进一步完善我国多层次资本市场。多层次资本市场有助于进一步发挥资本市场的力量，同时在不同板块的实际运行中可以发现，我国资本市场中存在明显的技术估值溢价。为了具体研究科技创新对企业资本市场估值的影响，本章选取2020年7月23日至2023年7月20日的A股指数数据进行现状分析。

图5-1为2020年7月23日至2023年7月20日上海证券交易所成分指

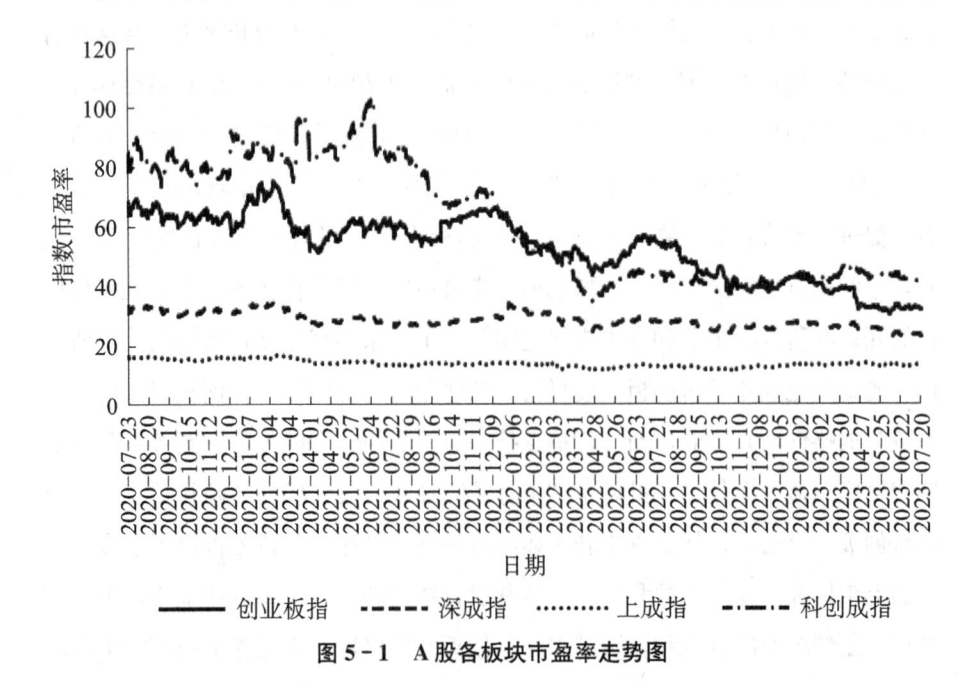

图5-1　A股各板块市盈率走势图

数（简称上成指）、深圳证券交易所成分指数（简称深成指）、创业板指数（简称创业板指）以及科创板成分指数（简称科创成指）的日市盈率的走势情况。可以明显看到，创业板指市盈率和科创成指市盈率均高于上成指市盈率和深成指市盈率。其中科创成指和创业板指市盈率分别于2021年6月28日和2021年2月10日达到最高值（分别为104.85和75.53）。而上成指和深成指市盈率分别于2021年2月19日和2021年2月10日达到最高值（分别为16.64和35.4）。在样本区间内，科创成指和创业板指的日市盈率均值分别为61.94和53.03，相应地，上成指和深成指的日市盈率均值分别为13.73和28.43。此外，相较于上成指和创业板指而言，科创成指和创业板指的市盈率波动性更大。

图5-2为2020年7月23日至2023年7月20日上成指、深成指、创业板指以及科创成指的日市净率的走势情况。同样，就市净率这一估值方法来看，创业板指和科创成指的市净率水平和波动性仍然明显高于上成指和深成指，但与市盈率不同的是，在这一估值方法下，创业板指的估值水平要高于

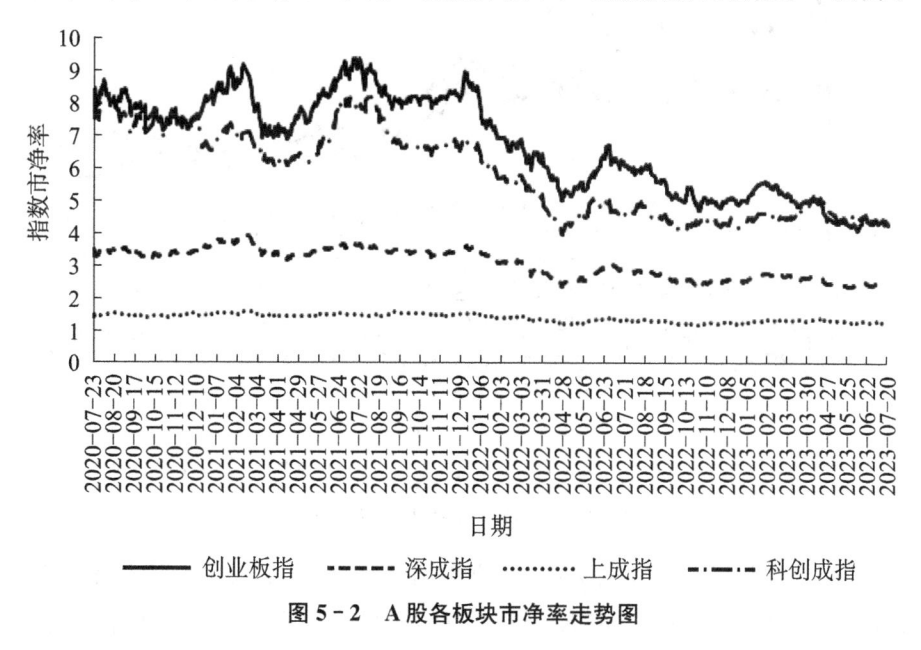

图5-2　A股各板块市净率走势图

科创成指。其中，科创成指和创业板指市净率分别于2020年8月3日和2021年7月15日达到最高值（分别为8.75和9.4）。而上成指和深成指分别于2021年2月19日和2021年2月10日达到最高值（分别为1.6和3.97）。在样本区间内，科创成指和创业板指的日市净率均值分别为5.89和6.76，相应地，上成指和深成指的日市净率均值分别为1.41和3.08。

图5-3为2020年7月23日至2023年7月20日上成指、深成指、创业板指以及科创成指的日市销率的走势情况。就市销率这一估值方法而言，科创成指和创业板指的估值水平和估值波动性仍然均显著高于上成指和深成指。其中，科创成指和创业板指市销率分别于2021年1月25日和2021年6月28日达到最高值（分别为12.1和8.24）。而上成指和深成指市销率分别于2021年2月19日和2021年2月10日达到最高值（分别为1.36和2.84）。在样本区间内，科创成指和创业板指的日市销率均值分别为7.67和5.85，相应地，上成指和深成指的日市销率均值分别为1.16和2.13。

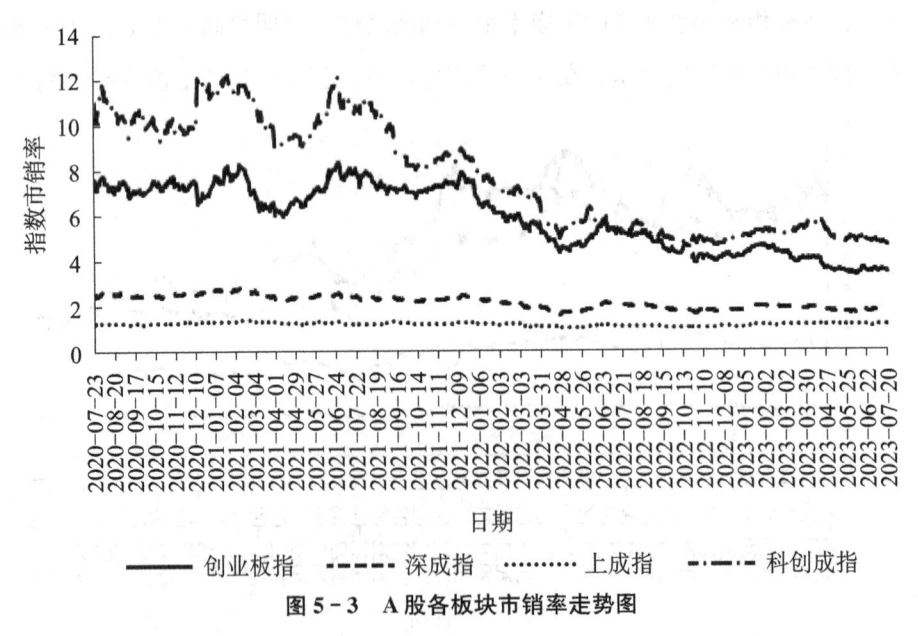

图5-3 A股各板块市销率走势图

图5-4为2020年7月23日至2023年7月20日上成指、深成指、创业板指以及科创成指的日市现率（PCF）的走势情况。同样，科创成指和创业

板指的估值水平和估值波动性仍然均显著高于上成指和深成指。其中，科创成指和创业板指市现率分别于 2020 年 8 月 3 日和 2021 年 2 月 10 日达到最高值（分别为 82.33 和 56）。而上成指和深成指市现率分别于 2021 年 6 月 1 日和 2021 年 2 月 10 日达到最高值（分别为 7.63 和 18.25）。在样本区间内，科创成指和创业板指的日市现率均值分别为 40.28 和 37.53，相应地，上成指和深成指的日市现率均值分别为 5.54 和 14.13。

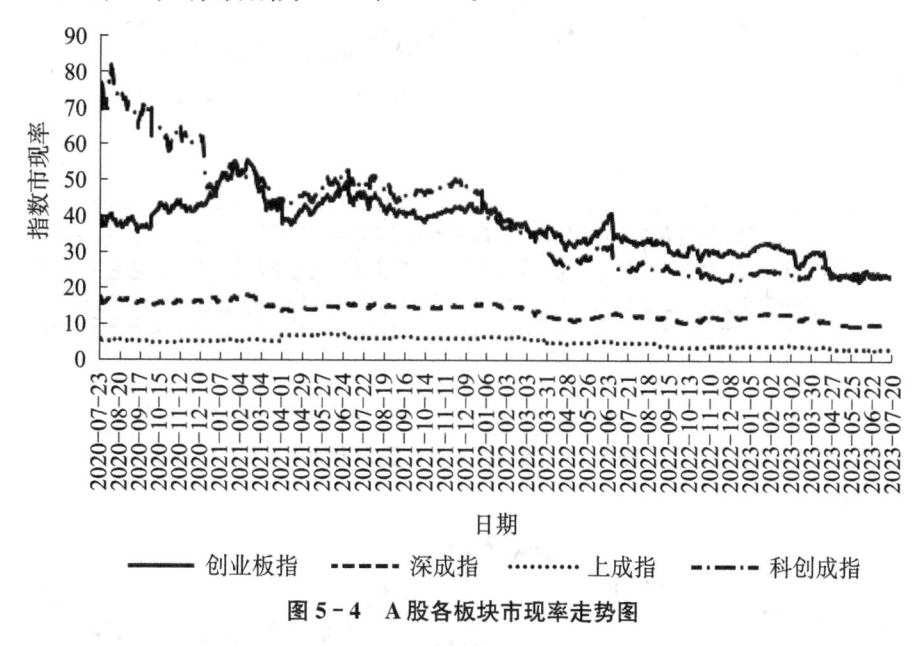

图 5-4　A 股各板块市现率走势图

对上成指、深成指、创业板指和科创成指的日相对估值指标进行整理对比后发现，创业板和科创板上市公司的估值水平要明显高于主板上市公司。而创业板和科创板上市公司主要集中于信息技术、生物医药、新材料、新能源等高科技领域，创新投入高，创新能力较强，这也初步说明我国资本市场中存在显著的技术估值溢价。

无独有偶，技术估值溢价不单单存在于我国资本市场中，在美国资本市场上也可以观察到。本章选取同时期（2020 年 7 月 23 日至 2023 年 7 月 20 日）美国标普 500 指数和纳斯达克指数的日相对估值指标数据，整理出如图 5-5 至图 5-8 所示的结果。在所选区间中，标普 500 指数的日市盈率、日市净率、日市销率、日市现率的均值分别为 26.92、3.97、2.68、15.11，而纳斯达克指数的日市盈率、日市净率、日市销率、日市现率的均值分别为 38.69、5.62、3.86、17.82，纳斯达克指数的估值水平均显著高于标普 500 指数。

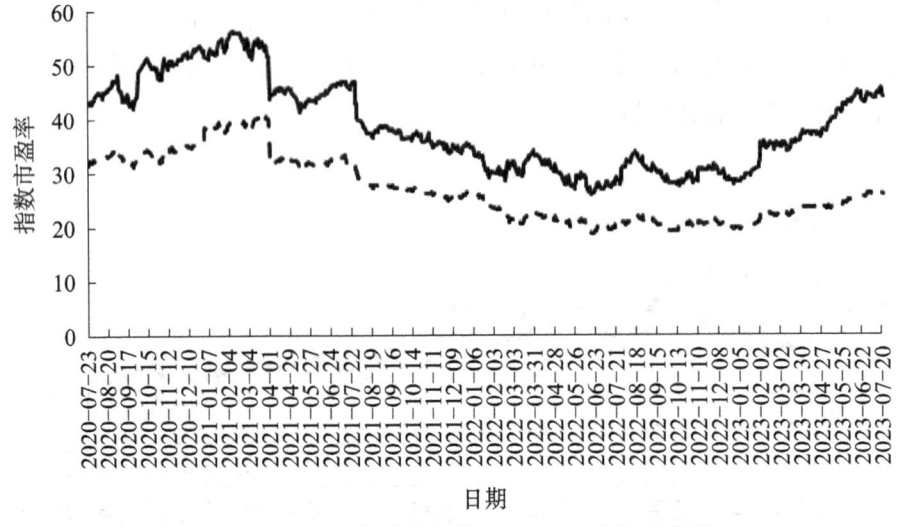

图 5-5　美国各板块市盈率走势图

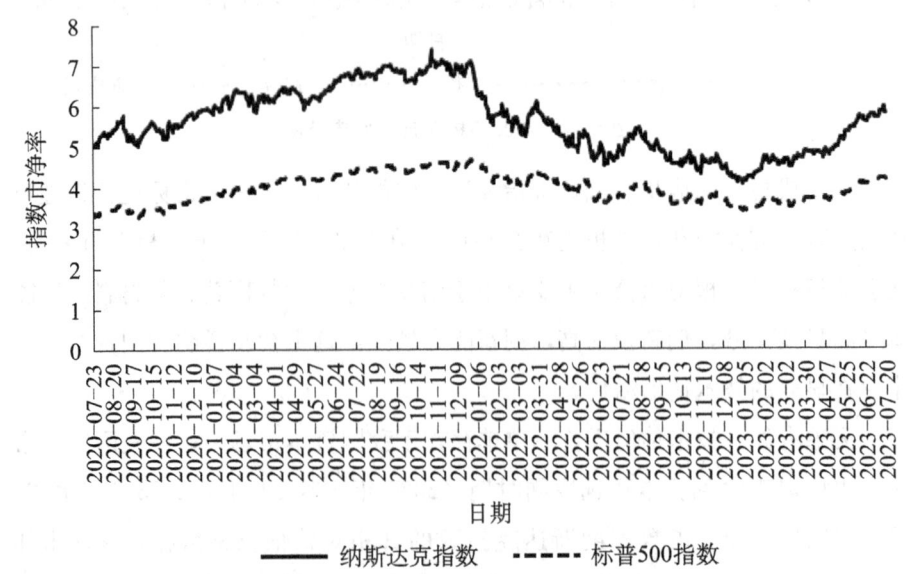

图 5-6　美国各板块市净率走势图

图 5-7 美国各板块市销率走势图

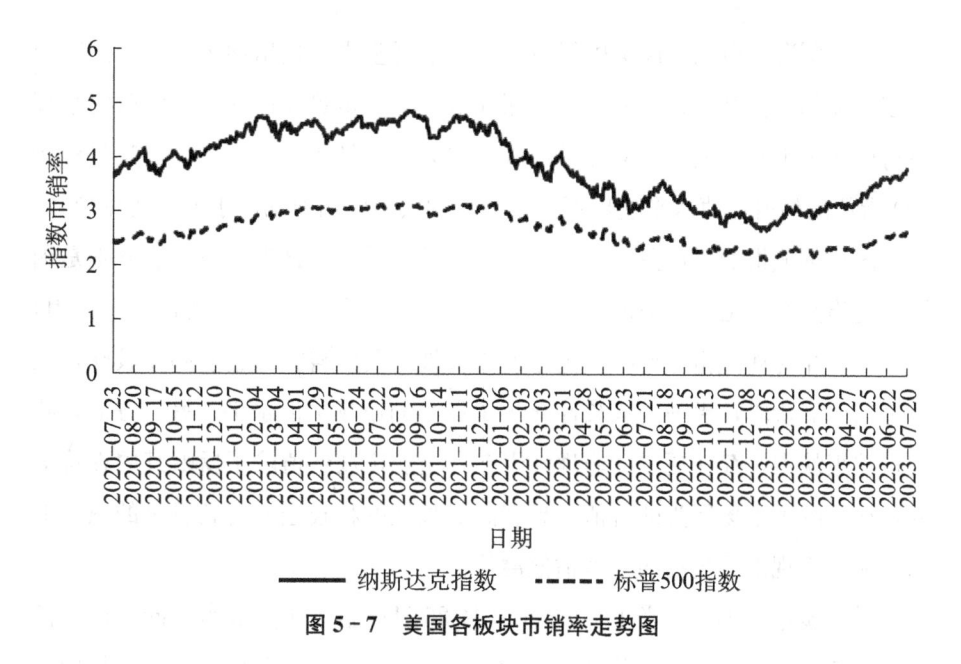

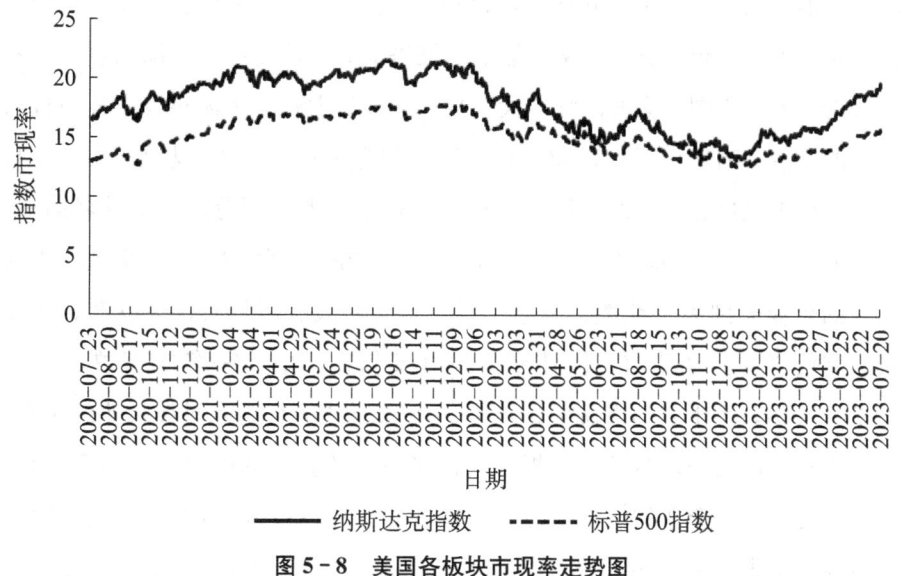

图 5-8 美国各板块市现率走势图

可见，在美国资本市场中技术估值溢价同样存在。但对比来看，美国资本市场同我国资本市场的差异在于以下两点：一是在美国资本市场中，尽管板块间估值水平存在显著差异，但从趋势图来看，板块估值水平的波动性差异小于我国资本市场，即美国板块间估值水平基本呈现出同步波动；而我国科创板和创业板之间、上证板块和深证板块之间走势大体一致，但前两个板块与后两个板块之间的走势却呈现较大差异。二是我国沪深板块指数与标普500指数的估值均值水平差异不大，但科创成指的估值均高于纳斯达克指数，区间内科创成指的日市盈率、日市净率、日市销率、日市现率均值分别是纳斯达克指数对应指数均值的1.60、1.04、1.99、2.26倍。究其背后的原因，一方面，相对估值指标反映了企业的成长性，我国科技型企业起步较晚，正值迅猛发展阶段，更强的成长性导致了更高的市场估值水平；另一方面，我国科技板块中，存在更强的非理性因素，企业市场估值除了反映其内在价值外，还反映了市场行为的价值，具有高成长性的科技企业受到股民的热烈追捧，从而呈现出了更高的技术估值溢价。

进一步地，本章列举了2023年9月26日收盘后中美股市不同板块市盈率排名前十的企业名单（分别见表5-1和表5-2）。在我国，沪深主板中市盈率排名前十的企业分别为南京熊猫、红塔证券、沪光股份、深桑达A、罗曼股份、元隆雅图、大博医疗、大千生态、亚威股份、上海科技，其中排名第一的市盈率高达6 870.52倍，排名第十的企业的市盈率也达到了1 434.44倍，根据彭红星和毛新述（2017）对于高科技行业的划分，其中排名第一、三、七、九、十位的均为高科技行业的企业。在我国科创板中，市盈率排名前十的企业分别为希荻微、微电生理、华强科技、瑞华泰、中巨芯、菲沃泰、富信科技、思瑞浦、仕佳光子、奇安信，其中第一名的市盈率达到2 928.33倍，第十名的市盈率为404.91倍，前十名均为高科技行业的企业。在美国资本市场中，纽交所主板中，排名第一的企业的市盈率为687 114.8倍，排名第十的企业的市盈率为1 108.65倍；在纳斯达克板块中，排名第一的企业的市盈率为29 761.03倍，排名第十的企业的市盈率为1 468.14倍。两板块前十名中均几乎没有高科技行业的企业。结合上文，尽管美国资本市场板块间可能存在技术估值溢价，但单从板块内部排名来看无法得出这样的结论。对比而言，我国资本市场中，无论是主板市场还是科创板市场前十名中，科技型企业均占多数，而美国资本市场中前十名所在行业则较为分散，以科创为特色的纳斯达克板块中市盈率排名前十的企业中甚至绝大多数为金融集团。

表 5-1 中国股市市盈率排名前十的企业

沪深 A 股				科创板			
排名	股票代码	市盈率	行业	排名	股票代码	市盈率	行业
1	600775	6 870.52	通信设备	1	688173	2 928.33	半导体
2	601236	5 003.02	非银行金融	2	688351	2 756.32	医疗器械
3	605333	2 699.33	汽车	3	688151	1 181.41	专用设备
4	000032	2 674.33	建筑施工	4	688323	960.29	化学制品
5	605289	2 668.88	建筑施工	5	688549	852.95	化学制品
6	002878	2 488.02	营销服务	6	688371	808.10	电子设备制造
7	002901	2 390.43	医疗器械	7	688662	653.96	半导体
8	603955	2 001.11	建筑施工	8	688536	487.13	半导体
9	002559	1 585.14	通用设备	9	688313	456.50	电子设备制造
10	600608	1 434.44	贸易	10	688561	404.91	计算机软件

表 5-2 美国股市市盈率排名前十的企业

主板（NYSE）				纳斯达克			
排名	股票代码	市盈率	行业	排名	股票代码	市盈率	行业
1	BROS	687 114.8	食品	1	ESHA	29 761.03	金融集团
2	NGS	4 251.59	工业机械	2	OHAAU	8 434.38	金融集团
3	UTZ	2 546.86	食品	3	VFS	8 433.02	汽车
4	ADT	1 923.83	其他商业服务	4	OHAA	3 761.81	金融集团
5	NETC	1 714.85	金融集团	5	LCAA	2 945.48	金融集团
6	RMAX	1 541.34	房地产开发	6	LCAAU	2 937.28	金融集团
7	TSQ	1 507.77	广播	7	CDT	1 747.78	金融集团
8	LAZ	1 370.79	投资银行业	8	KRUS	1 564.71	餐厅
9	GFOR	1 209.40	金融集团	9	PRSRU	1 469.31	金融集团
10	UWMC	1 108.65	金融租赁	10	WYNN	1 468.14	博彩

2. 微芯生物案例分析

深圳微芯生物科技股份有限公司（简称微芯生物）成立于2001年，是一家专注于研发生物小分子药物的医药制造业企业。微芯生物是国内具有代表性的创新药企业，是一家真正拥有原创药并具有持续创新能力的中国医药公司。微芯生物的主打产品是西达本胺，该产品具有全新的化学结构，获得了全球专利授权，是由中国自主研发的真正的原创新药。该药物的首个适应症是复发及难治性外周T细胞淋巴瘤，也是我国目前唯一能治疗这一病症的药物。并且相比国际上同类药，该药在生存期方面也具有优势。除此之外，微芯生物还有西格列他纳等其他完全自主创新的创新药。毫无疑问，微芯生物是国内少有的具有自主创新能力的医药公司。

2019年8月12日，微芯生物在科创板上市，代码688321，发行首日收盘价为95.31元/股，市盈率高达1 253.89倍。[①] 微芯生物在网下询价阶段就颇受机构投资者追捧，网下有效报价的申购倍数超过500，创出科创板新股的最高网下申购倍数纪录。根据《科创板日报》记者不完全统计，此前国内各大券商研究人士对微芯生物给出的合理估值区间普遍在80亿元上下，但微芯生物首日收盘后，其市值超过400亿元，市场估值远超机构给出的估值区间。

微芯生物超高估值背后的原因主要有两个：（1）微芯生物在上市之时是科创板首只医药新股，市场投资标的单一，这提升了投资者的投资热情，使得估值溢价中包含了投资者情绪的价值；（2）技术创新对估值产生了提升作用。微芯生物上市前，2016—2018年间，其研发费用由2 901.7万元提升至4 210.12万元，开发的资本化支出也由2016年的7 272.53万元激增至2018年的1.46亿元。研发投入和开发的资本化支出的迅猛增长意味着其研发成功的可能性增大、价值创造能力增强。微芯生物对研发十分重视，西达本胺等稀缺创新药的推出和落地也证明了微芯生物在研发和风险控制方面的有效

---

① 数据来源于Choice金融终端。

性。这也是微芯生物能拿到 1 253.89 倍市盈率的核心支撑。截至 2023 年 9 月第三周收盘，微芯生物的收盘价为 22.91 元/股，市盈率为 538.90。上市四年后，市场投资热情趋于平稳，股价逐渐回落，但微芯生物的估值水平仍然处于科创板前列。

（三）企业科技创新影响市场估值的理论分析

1. 科技型企业估值的理论综述

在谈及科技型企业估值问题之前，首先需要明晰什么是科技型企业。科技型企业是指产品的技术含量较高，具有核心竞争力，能不断推出适销对路的新产品、不断开拓市场的企业。科技型企业既包括通常意义上的科技类企业，即从事信息、电子、生物工程、新材料、新能源等技术产业领域的产品和新技术的开发应用的企业，也包括以客户信息和偏好开发供应链管理或特许经营、以知识密集为特征的企业。

科技型企业通常具有下述特点：

一是收入具有高成长性。科技型企业的价值由于收入在成长阶段呈爆发式增长而呈现出非线性变化。其中较为典型的是互联网企业和生物科技企业，互联网企业由于网络效应其收入会呈现出指数级增长的态势，而生物科技企业在新技术商业化落地时其收入会呈现阶梯状增长。

二是研发投入高。在科技型企业中，研发和品牌营销是重要资本性支出。企业在推出一项创新前往往需要进行较长时间的研发投入。

三是具有高风险性。高科技企业的核心竞争力依赖于技术的革新性，但这类企业所处行业普遍技术迭代快、竞争环境变化快。因此，企业经营面临较高的风险，主要体现为企业盈利波动性较大和研发过程中失败的可能性较高。

四是无形资产占比较大。与传统制造业企业以厂房、设备等为主要资产不同，相当一部分科技型企业是轻资产企业，无形资产占比高，核心资产往往是知识产权、品牌等无形资产。

目前，科技型企业"三高一大"的特点得到了普遍认同，但对于其定义各界尚未达成共识。实践中，我国出台了高新技术企业、科技型中小企业等的认定办法，从相关认定办法中可知：科技型企业应该满足一定的研发投入要求、具备一定数量的研发人员、取得规定数量的专利成果，并且归属于科技型行业，以高新技术作为企业核心收入来源。此外，在理论界，学者们对于如何认定科技型企业也提出了相应的观点和分类方法。张赤东（2010）指出，创新型企业在竞争中主要依靠持续的技术创新能力以及创新获利能力取得竞争优势，是一类依靠创新驱动发展的企业。李红娟（2021）认为，以科技创新为核心业务，以拥有自主知识产权和自主品牌为特征，并拥有较强的持续创新能力的企业即为科技型企业。此外，一些学者在对科技型企业进行实证研究的过程中根据证券行业代码对企业进行划分。例如傅传锐和洪运超（2018）将电子（行业代码C5），机械、设备、仪表业（行业代码C7）等行业的公司认定为高科技企业。彭红星和毛新述（2017）将石油加工、炼焦及核燃料加工行业（C25），化学原料及化学制品制造业（C26），医药制造业（C27）等19个行业划分为高科技行业。

明晰什么是科技型企业后，本章对科技型企业的常用估值方法进行简要回顾。科技型企业的常用估值方法一般分为绝对估值法和相对估值法。绝对估值法是指将企业未来特定期间内的预期自由现金流贴现为当前的现值。该模型计算出的是企业的内在价值。其缺点在于，对于科技型企业而言，由于其产品和服务往往具有一定的开创性，对于创新所带来的现金流预测缺乏历史数据进行估测，并且科技型企业是不断发展变化的，这也导致了其现金流的高度不确定性，因此这种传统的贴现估值方法主要适用于发展到一定程度，具有稳定、可预测的未来现金流的科技型企业。此外，用绝对估值法估测的数值也不适用于同类公司间直接进行比较。为了提高估值的可比性，进一步发展出了相对估值法，其中包含基于盈利的相对估值法（即市盈率估值法）、基于净资产的相对估值法（即市净率估值法）、基于收入的相对估值法（即市销率估值法）、基于自由现金流的相对估值法（即市现率估值法）等。

其中，市盈率估值法是科技型企业最为常用的估值方法。上海证券交易所披露的有关科创企业估值方法的研究报告统计了84份科创板上市公司估值报告，其中有79份采用了市盈率估值法，占比高达94%。

尽管现有的估值方法看上去纷繁复杂，但估值的本质仍然是未来现金流的贴现。根据绝对估值的贴现模型，企业的估值等于企业未来产生的全部现金流的贴现值。但对于科技型企业的市场估值而言，每股盈利及增长潜力发挥着更重要的作用，传统的贴现估值方法的地位受到削弱。根据上文中对于我国资本市场估值现状的描述，技术估值溢价显著存在于我国资本市场中。目前虽然尚未有将技术直接纳入估值模型的估值方法，但市场表现却明显反映了技术估值溢价，并对传统贴现模型提出了挑战。本章认为，技术估值溢价同传统贴现模型的核心差异在于纳入了"行为"的价值。传统贴现模型以未来现金流贴现作为估值基础，这就要求企业科技创新切实转化为现金流的增长或是可预测的现金流的增长。而我国资本市场中存在的技术估值溢价背后可能并没有实际或可预测现金流的增长。当某一科技型企业申请专利或是保持较高的研发投入时，这些研发投入实质上仍是企业的成本，尚未带来可实现的现金流增长，因此按照传统贴现模型估计的企业价值甚至会因为这些研发投入而减少。然而，就真实的市场表现而言，企业研发行为能够向投资者传达企业积极革新技术、商业前景良好的信号，同时专利申请及获得行为也能够向市场传达出企业技术受到法律保护，因而企业未来的盈利能力会增强的信号，从而提升投资者对公司股票的购买热情，进而提升企业股价和相对估值水平，形成技术估值溢价。因此，技术估值溢价反映了市场对公司技术带来的良好前景的预期，不仅是企业科技创新的提前表现，也蕴含了市场行为带来的价值。技术估值溢价有一个重大优势，即体现了资本市场快速配置资源的能力。一些科技型企业在研发初期或是专利申请阶段，受限于研发周期长、专利审批烦琐等，科技创新尚未落到实处，但技术估值溢价的存在反映出市场及时关注到了企业研发投入带来的增长潜力。

2. 企业科技创新影响市场估值的基本逻辑

本章认为，企业科技创新对于企业资本市场估值的提升来自企业基本面和投资者行为的双重作用。

从企业基本面来看，企业科技创新能够提升企业的盈利能力、开拓企业的成长空间。创新是企业价值的重要来源之一，当企业技术、创新落后于行业整体水平时，其市场竞争力就会下降。从短期来看，企业进行科技创新的成果能够作用于企业的生产销售环节：一方面，企业科技创新可能会提升生产效率、降低生产成本、增加企业利润；另一方面，企业创新可能会带来革新性的产品和服务，提升产品的差异化程度，扩大市场占有率。从长期来看，企业实施科技创新甚至会影响企业的市场影响力和品牌形象，帮助企业在行业中获得长期有利地位甚至行业话语权，为企业带来持续的增长潜力。特别是创新带来的专利成果能够产生一定的排他性和收益性，帮助企业形成技术把控。创新带来的无形资产优势能够转化为企业独特的竞争优势，推动企业创造更高的价值。市场估值实质上反映了企业的内在价值和市场对企业的行为价值，企业自身增长潜力提升、内在价值增加就驱动了市场估值水平的提升。

从投资者行为来看，投资者对于科技型企业的投资热情拉高了这类企业的市场估值。行为金融学认为，投资者因为注意力有限，在投资决策过程中无法做到完全理性。我国实施国家创新战略，大力推动以企业为主体的创新活动，并给予一系列创新优惠政策。同时，媒体热炒"科技""创新""半导体""新能源"等概念，给科技型企业打造"不可预估的发展潜力"的形象。国家战略导向和媒体宣传报道提振了市场对于科技型企业的投资信心。投资者在选择投资标的时，更多地关注科技型企业，对科技型企业股票的购买热情高涨，导致科技型企业的市场估值水平上升。风险补偿的观点认为，创新型企业在研发过程中投入大量的资源进行研发，且在创新项目前期投入大量现金流，与传统现金流项目相比，现金流回报的不确定性更高，因此具有更高的风险。有研究认为，创新投入实质上类似于一种增长期权，要求更高的风险溢价补偿（Kumar and Li，2016），因而要求股价增长，即企业有更高的相对估值。

由此，本章认为，企业科技创新一方面能够改善企业基本面，另一方面能够提高投资者行为的价值，使技术估值溢价中包含企业自身价值和行为价值。基于此，本节提出以下研究假设：

H：企业科技创新能够显著提升企业的市场估值水平。

（四）企业科技创新与市场估值的实证研究

1. 样本选取和数据来源

本节选取2007—2022年A股（含沪深主板、创业板、科创板以及北证A股）上市公司为样本，并按以下规则剔除部分样本：（1）考虑到金融行业资产负债记录同其他行业存在差异，因此剔除金融行业样本；（2）考虑到交易状态异常的企业的财务指标可能存在虚假或异常，因此剔除交易状态为ST、PT、ST的样本。此外，本节对所有连续型变量进行上下1%的缩尾处理，最终得到36 286个公司—年度样本。本节以2007年为时间区间起点的原因在于：实证过程中关键变量（研发投入）数据来源于CSMAR数据库，2007年为该数据被收录的最早年份。本节所涉及的数据来源如下：上市公司专利申请数据来源于中国研究数据服务平台（CNRDS），其余指标数据均来源于CSMAR数据库。

2. 变量定义

（1）企业资本市场估值。上文中对企业资本市场估值方法进行了回顾。绝对估值法需要获得企业多方面数据以确定贴现率，同时，采用这一方法所得出的估值结果难以在多个公司间进行对比，因此本节采用相对估值指标度量企业资本市场估值水平。具体来说，本节采用如下指标：

市盈率（PE）＝年末收盘价/每股收益

市净率（PB）＝年末收盘价/每股净资产

市销率（PS）＝年末收盘价/每股销售额

市现率[1]（PCF）＝年末收盘价/每股现金流量

---

[1] 由于数据库数据缺失，市现率数据仅有29 444条。

此外，除了市场中常用的相对估值指标外，学术研究中还常常以托宾Q值来衡量企业价值，因此本节还使用托宾Q值作为一个市场估值指标，其计算方法如下：

托宾Q值（Tobin Q）＝总市值/期末总资产

（2）企业科技创新水平。考虑到企业在实施科技创新的过程中存在前期投入大但短时间无法获得实质性创新成果的情况，因此本节在度量企业科技创新水平时，从创新投入和创新产出两个方面进行考量。

在创新投入层面，本节采用研发投入比率（Ino）进行衡量，其数值等于企业当年研发投入与营业收入之比。

在创新产出层面，企业专利数量能够很好地代表企业的科技水平和成果（潘红玉等，2017），因此本节选用企业当年获得的专利数量（Pat1）来衡量创新产出，但考虑到专利申请审批过程耗时较长导致企业专利获得数据具有一定的滞后性，本节同时也选用企业当年申请的专利数量（Pat2）来衡量创新产出。为了增强系数的可读性，本节对上述两项指标均除以100。

（3）控制变量。本节还控制了可能影响企业资本市场估值的一系列变量，包括：企业规模（Size）、资产负债率（Lev）、盈利能力（Roe）、产权性质（Soe）、管理层持股比例（Mashare）。考虑到不同年份宏观经济环境给企业市场估值带来的影响，本节还对年份虚拟变量进行了控制。另外，由于企业所处行业属性也会影响企业市场估值，所以本节也对行业虚拟变量进行了控制。

本研究采用的主要变量的具体定义如表5-3所示：

表5-3　变量定义表

变量名称	变量符号	变量定义
企业资本市场估值	PE	年末收盘价/每股收益
	PB	年末收盘价/每股净资产
	PS	年末收盘价/每股销售额
	PCF	年末收盘价/每股现金流量
	Tobin Q	总市值/期末总资产

续表

变量名称	变量符号	变量定义
企业科技创新水平	Ino	企业当年研发投入/营业收入
	Pat1	企业当年获得的专利数量/100
	Pat2	企业当年申请的专利数量/100
企业规模	Size	企业总资产的自然对数
资产负债率	Lev	企业总负债/总资产
盈利能力	Roe	净利润/股东权益
产权性质	Soe	若企业为国有企业，则赋值为1，反之赋值为0
管理层持股比例	Mashare	管理层持股数量/股本
年份虚拟变量	Year	按年份设置虚拟变量
行业虚拟变量	Ind	根据《上市公司行业分类指引2012年》中的行业分类设置虚拟变量，其中非制造业取一位代码，制造业取两位代码

3. 模型构建

基于上节的现状回顾和逻辑梳理，企业科技创新会带来一定的技术估值溢价，为了验证上述技术估值溢价，本文构建模型（5-1）予以实证检验：

$$\text{DependentVariable}_{i,t} = \beta_1 + \beta_2 \text{IndependentVariable}_{i,t} + \beta_3 \text{Controls} + \varepsilon_{i,t} \quad (5-1)$$

其中，DependentVariable为被解释变量企业资本市场估值，回归检验中分别使用市盈率、市净率、市销率、市现率和托宾Q值；IndependentVariable为解释变量企业科技创新水平，回归检验中分别使用研发投入占比（Ino）、企业当年获得的专利数量（Pat1）以及企业当年申请的专利数量（Pat2）；Controls为本节控制的一系列控制变量。为了控制公司层面因素导致的回归偏误，本节在回归计算过程中采用公司层面聚类的标准误。本节关注系数β_2的正负及显著性，若其显著为正，则说明企业科技创新水平能够显著提升其资本市场估值。

4. 实证结果分析

表5-4至表5-6给出了模型（5-1）的实证检验结果。由结果可见，

企业创新能力指标 Ino、Pat1、Pat2 对企业估值指标 PE、PB、PS、PCF、Tobin Q 值的回归系数均显著为正,说明企业研发投入占比越高,企业当年获得和申请的专利数量越多,企业在资本市场上的估值水平越高,这一结果验证了技术估值溢价的显著存在,说明科技创新是推动企业估值增长的一个重要驱动力。

表5-4 研发投入占比与企业估值

	(1) PE	(2) PB	(3) PS	(4) PCF	(5) Tobin Q
Ino	182.392*** (5.54)	11.425*** (14.20)	41.037*** (17.18)	215.966*** (6.12)	4.722*** (12.27)
Size	−24.289*** (−18.30)	−1.006*** (−29.16)	−0.921*** (−11.58)	−15.493*** (−14.99)	−0.347*** (−23.31)
Lev	81.256*** (10.48)	2.779*** (14.94)	−9.416*** (−18.77)	−12.788* (−1.83)	−0.462*** (−5.93)
Roe	−744.305*** (−37.23)	15.858*** (33.34)	4.452*** (5.21)	−136.081*** (−9.76)	5.432*** (24.34)
Soe	−3.382 (−1.19)	−0.105* (−1.74)	−0.620*** (−3.76)	−4.933* (−1.94)	−0.019 (−0.68)
Mashare	−63.645*** (−11.67)	−0.336** (−2.39)	−1.527*** (−3.95)	7.842 (1.21)	−1.263*** (−19.23)
Year	控制	控制	控制	控制	控制
Ind	控制	控制	控制	控制	控制
Cons	693.392*** (24.06)	25.073*** (36.21)	31.584*** (17.98)	452.173*** (19.63)	9.663*** (31.32)
N	36 286	36 286	36 286	29 444	36 286
R^2	0.229 7	0.411 3	0.327 3	0.070 3	0.339 9

说明:*、**、***分别表示在10%、5%、1%的显著性水平下显著;括号内数值为采用异方差自相关稳健的标准误下的 T 统计量数值。本章其余表与此相同。

表5-5 企业当年获得的专利数量与企业估值

	(1) PE	(2) PB	(3) PS	(4) PCF	(5) Tobin Q
Pat1	1.697*** (4.48)	0.052*** (3.28)	0.029** (2.12)	0.437** (2.32)	0.017*** (3.51)

续表

	(1) PE	(2) PB	(3) PS	(4) PCF	(5) Tobin Q
Size	−24.997*** (−18.53)	−1.030*** (−29.90)	−0.948*** (−11.60)	−15.814*** (−14.90)	−0.355*** (−23.41)
Lev	73.835*** (9.51)	2.294*** (12.13)	−11.213*** (−22.25)	−22.165*** (−3.17)	−0.664*** (−8.22)
Roe	−747.101*** (−37.37)	15.718*** (32.50)	4.047*** (4.57)	−138.816*** (−9.90)	5.376*** (23.73)
Soe	−3.977 (−1.40)	−0.148** (−2.41)	−0.790*** (−4.73)	−5.919** (−2.31)	−0.038 (−1.29)
Mashare	−61.158*** (−11.07)	−0.174 (−1.20)	−0.923** (−2.25)	10.617 (1.63)	−1.196*** (−17.98)
Year	控制	控制	控制	控制	控制
Ind	控制	控制	控制	控制	控制
Cons	710.168*** (24.38)	25.695*** (37.18)	32.587*** (18.21)	461.197*** (19.60)	9.887*** (31.48)
N	36 286	36 286	36 286	29 444	36 286
R^2	0.228 3	0.396 2	0.286 7	0.068 0	0.325 4

表 5-6 企业当年申请的专利数量与企业估值

	(1) PE	(2) PB	(3) PS	(4) PCF	(5) Tobin Q
Pat2	1.144*** (5.18)	0.033*** (2.72)	0.022*** (2.66)	0.411*** (2.80)	0.011*** (2.91)
Size	−24.973*** (−18.56)	−1.028*** (−29.79)	−0.949*** (−11.63)	−15.878*** (−14.99)	−0.355*** (−23.40)
Lev	73.828*** (9.51)	2.293*** (12.12)	−11.212*** (−22.25)	−22.104*** (−3.16)	−0.664*** (−8.22)
Roe	−747.479*** (−37.40)	15.709*** (32.48)	4.039*** (4.56)	−139.074*** (−9.92)	5.373*** (23.71)
Soe	−4.024 (−1.42)	−0.150** (−2.43)	−0.791*** (−4.73)	−5.915** (−2.31)	−0.038 (−1.31)
Mashare	−61.138*** (−11.06)	−0.173 (−1.19)	−0.923** (−2.25)	10.597 (1.63)	−1.195*** (−17.98)
Year	控制	控制	控制	控制	控制

续表

	(1) PE	(2) PB	(3) PS	(4) PCF	(5) Tobin Q
Ind	控制	控制	控制	控制	控制
Cons	709.686*** (24.42)	25.663*** (37.04)	32.600*** (18.25)	462.552*** (19.65)	9.878*** (31.47)
N	36 286	36 286	36 286	29 444	36 286
R^2	0.228 3	0.396 1	0.286 7	0.068 0	0.325 4

5. 稳健性检验

在上文的实证检验中，采用了五种不同方法计算估值指标和三种不同方法计算企业科技创新指标。替换多种度量方式已经为本节结论的稳健性提供了一定的支持。在实际的资本市场估值中，最为常用的是市盈率指标，接下来本节将以市盈率作为被解释变量进行工具变量法和滞后一阶检验，且已排除本节结论中潜在的内生性问题。

(1) 工具变量法。

为了进一步排除结果中潜在的内生性问题，本节采用工具变量两阶段回归进行检验。本节以同年份同行业其他公司研发占比均值作为工具变量，两阶段回归结果见表 5-7。修正后的企业创新变量估计系数仍然显著为正，这进一步增强了本节结论的稳健性。

表 5-7 工具变量两阶段回归

	(1)	(2)	(3)	(4)	(5)	(6)
	第一阶段			第二阶段		
	Ino	Pat1	Pat2	PE	PE	PE
Tool	0.818*** (31.30)	4.876*** (5.88)	7.897*** (6.37)			
Ino				456.073*** (4.35)		
Pat1					76.533*** (3.52)	

续表

	(1)	(2)	(3)	(4)	(5)	(6)
	第一阶段			第二阶段		
	Ino	Pat1	Pat2	PE	PE	PE
Pat2						47.254*** (3.62)
Size	−0.000 (−1.19)	0.375*** (13.47)	0.535*** (13.14)	−24.173*** (−30.86)	−52.929*** (−6.48)	−49.548*** (−7.18)
Lev	−0.044*** (−38.66)	−0.360*** (−7.10)	−0.528*** (−7.27)	93.288*** (13.57)	100.792*** (9.84)	98.198*** (10.89)
Roe	−0.011*** (−4.41)	0.626*** (3.06)	1.256*** (3.71)	−741.683*** (−57.06)	−794.762*** (−35.30)	−806.227*** (−33.26)
Soe	−0.004*** (−10.17)	−0.103*** (−3.42)	−0.111** (−2.53)	−2.229 (−1.26)	3.790 (1.12)	1.205 (0.40)
Mashare	0.015*** (12.87)	0.125*** (3.51)	0.168*** (3.49)	−67.694*** (−17.61)	−70.594*** (−13.05)	−68.954*** (−14.49)
Year	控制	控制	控制	控制	控制	控制
Ind	控制	控制	控制	控制	控制	控制
Cons	0.025*** (7.58)	−7.826*** (−13.62)	−11.181*** (−13.23)			
N	36 279	36 279	36 279	36 279	36 279	36 279
R^2	0.455 4	0.070 3	0.065 2			
F				690.35	330.70	326.17

（2）滞后一阶。

可能存在企业估值提升后反而促进企业创新的反向因果关系，所以本节对企业科技创新变量取滞后一阶后代入原回归模型进行估计，回归结果见表 5-8。结果显示，滞后一阶的自变量系数仍然显著为正，排除了反向因果关系。

表 5-8 滞后一阶回归结果

	(1) PE	(2) PE	(3) PE
l.Ino	181.665*** (5.05)		

续表

	(1) PE	(2) PE	(3) PE
l.Pat1		1.538*** (3.78)	
l.Pat2			0.972*** (4.36)
Size	−20.142*** (−15.43)	−20.856*** (−15.75)	−20.851*** (−15.76)
Lev	55.174*** (7.00)	48.937*** (6.21)	48.937*** (6.22)
Roe	−684.391*** (−33.61)	−684.924*** (−33.64)	−685.135*** (−33.66)
Soe	−3.143 (−1.10)	−3.800 (−1.33)	−3.811 (−1.33)
Mashare	−45.437*** (−7.72)	−42.498*** (−7.10)	−42.464*** (−7.10)
Year	控制	控制	控制
Ind	控制	控制	控制
Cons	561.871*** (19.42)	577.994*** (19.81)	577.860*** (19.82)
N	29 055	29 055	29 055
R^2	0.220 5	0.218 9	0.218 9

6. 异质性分析

（1）按产权性质分组。

在我国，国企估值普遍较低，为了考察科技创新对企业估值的作用在不同产权性质企业之间的差异，本节根据企业是否国有将样本划分为国企组和非国企组，分组回归结果见表5-9。由结果可见，企业科技创新指标在国企组中不显著，而在非国企组中显著。一方面，国企组的创新水平较低，根据本节的样本统计，国企组的研发投入占比均值仅是非国企组均值的三分之一，因此尚未表现出明显的技术估值溢价。另一方面，投资者在进行投资决策时，可能更关注国企的稳定性，投资行为更理性，因此追求创新的热情相对较弱，从而削弱了技术估值溢价中的投资行为价值。

表 5-9 按产权性质分组的结果

	(1)	(2)	(3)	(4)	(5)	(6)
	国企组			非国企组		
	PE	PE	PE	PE	PE	PE
Ino	−60.715 (−0.92)			251.380*** (7.05)		
Pat1		0.705 (0.97)			2.501*** (4.83)	
Pat2			0.558 (1.25)			1.714*** (4.71)
Size	−19.466*** (−10.17)	−19.678*** (−10.01)	−19.727*** (−10.09)	−28.982*** (−16.10)	−29.699*** (−16.31)	−29.649*** (−16.30)
Lev	56.432*** (4.24)	58.235*** (4.44)	58.308*** (4.45)	95.672*** (10.25)	81.628*** (8.60)	81.637*** (8.60)
Roe	−784.846*** (−22.24)	−784.861*** (−22.23)	−785.185*** (−22.27)	−721.473*** (−30.65)	−729.300*** (−30.72)	−729.610*** (−30.73)
Mashare	−30.329 (−0.63)	−39.850 (−0.82)	−40.059 (−0.82)	−64.958*** (−11.44)	−62.724*** (−10.95)	−62.684*** (−10.94)
Year	控制	控制	控制	控制	控制	控制
Ind	控制	控制	控制	控制	控制	控制
Cons	587.127*** (14.25)	591.364*** (14.07)	592.401*** (14.15)	791.957*** (20.02)	809.855*** (20.31)	808.658*** (20.30)
N	13 352	13 352	13 352	22 934	22 934	22 934
R^2	0.229 4	0.229 4	0.229 5	0.240 2	0.236 5	0.236 4

(2) 按行业属性分组。

进一步地，本节根据彭红星和毛新述（2017）的方法，将样本划分为高科技行业组和非高科技行业组，分组回归结果见表 5-10。由回归结果可见，在高科技行业中，企业科技创新能力表现出了对企业估值更显著、更大的提升作用。

表 5-10 按行业属性分组的结果

	(1)	(2)	(3)	(4)	(5)	(6)
	\多列{3}{c}{高科技行业组}			\多列{3}{c}{非高科技行业组}		
	PE	PE	PE	PE	PE	PE
Ino	223.156*** (6.12)			−173.528* (−1.96)		
Pat1		1.851*** (5.44)			0.912 (1.43)	
Pat2			1.210*** (5.53)			0.624* (1.67)
Size	−23.561*** (−12.75)	−24.547*** (−13.04)	−24.500*** (−13.05)	−25.229*** (−13.87)	−25.321*** (−13.64)	−25.308*** (−13.64)
Lev	91.140*** (9.10)	77.102*** (7.69)	77.159*** (7.70)	65.438*** (5.48)	67.981*** (5.72)	67.936*** (5.71)
Roe	−760.519*** (−29.40)	−767.171*** (−29.62)	−767.724*** (−29.66)	−723.119*** (−23.89)	−721.570*** (−23.85)	−721.594*** (−23.85)
Soe	2.583 (0.69)	1.799 (0.48)	1.707 (0.45)	−10.642** (−2.55)	−10.247** (−2.45)	−10.251** (−2.45)
Mashare	−57.152*** (−8.08)	−55.046*** (−7.68)	−55.026*** (−7.68)	−64.995*** (−8.21)	−67.735*** (−8.23)	−67.718*** (−8.23)
Year	控制	控制	控制	控制	控制	控制
Ind	控制	控制	控制	控制	控制	控制
Cons	641.249*** (16.73)	668.195*** (17.21)	667.166*** (17.25)	725.230*** (19.00)	725.645*** (18.76)	725.382*** (18.76)
N	21 046	21 046	21 046	15 240	15 240	15 240
R^2	0.224 4	0.221 0	0.221 0	0.240 9	0.240 6	0.240 6

(3) 按所处产业周期阶段分组。

所处产业周期阶段也是影响企业估值的一个重要因素,一般而言,处于初创阶段和成长阶段的企业成长空间较大,估值水平较高。而处于成熟阶段和衰退阶段的企业增长空间受限,估值水平较低。对于处于产业周期不同阶段的企业而言,是否存在技术估值溢价?技术估值溢价是否存在差异?技术创新是不是处于成熟阶段和衰退阶段的企业新增长的突破口？本节将对这些问题进行检验。按照邢斐等（2022）对产业周期阶段的分类方法，我们将样本划分为初创成长组和成熟衰退组，分组回归结果见表5-11。由回归结果可见，企业创新能力指标在两组中的回归系数均显著为正，说明对于处于产业周期不同阶段的企业而言，技术创新都是提升企业估值的重要驱动力。然而，对两组间的系数差异进行邹检验（Chowtest）后，Pat1的系数具有显著差异，这说明在成熟衰退组中，企业当年获得的专利数量对企业估值有更大的作用，这也意味着对于处于成熟阶段和衰退阶段的企业而言，增加企业当年获得的专利数量能够改善自身的估值困境。

表5-11 按所处产业周期阶段分组的结果

	(1)	(2)	(3)	(4)	(5)	(6)
	初创成长组			成熟衰退组		
	PE	PE	PE	PE	PE	PE
Ino	194.409*** (4.51)			179.428*** (4.49)		
Pat1		1.332*** (4.01)			2.373*** (3.46)	
Pat2			1.087*** (5.00)			1.275*** (3.64)
Size	−24.667*** (−16.82)	−25.250*** (−17.04)	−25.318*** (−17.11)	−24.196*** (−14.94)	−25.121*** (−15.05)	−24.939*** (−15.02)
Lev	84.356*** (9.06)	76.177*** (8.16)	76.262*** (8.17)	77.618*** (8.25)	71.005*** (7.67)	70.793*** (7.64)
Roe	−682.347*** (−30.28)	−686.480*** (−30.40)	−687.018*** (−30.42)	−820.865*** (−31.38)	−822.995*** (−31.43)	−823.188*** (−31.44)
Soe	−3.673 (−1.16)	−4.313 (−1.36)	−4.334 (−1.37)	−3.330 (−0.93)	−3.912 (−1.10)	−3.961 (−1.11)
Mashare	−62.319*** (−9.69)	−59.322*** (−9.18)	−59.325*** (−9.18)	−64.991*** (−9.84)	−62.948*** (−9.38)	−62.819*** (−9.36)

续表

	(1)	(2)	(3)	(4)	(5)	(6)
	初创成长组			成熟衰退组		
	PE	PE	PE	PE	PE	PE
Year	控制	控制	控制	控制	控制	控制
Ind	控制	控制	控制	控制	控制	控制
Cons	714.001*** (21.30)	727.589*** (21.59)	729.088*** (21.66)	684.738*** (19.98)	706.458*** (20.09)	702.670*** (20.09)
N	18 362	18 362	18 362	17 924	17 924	17 924
R^2	0.229	0.227	0.227	0.234	0.233	0.233
Chowtest（P）	0.161 5	0.066 5	0.130 0			

二、产业周期与市场估值

（一）产业周期与资本市场的估值表现

1. 产业周期概述与市场估值对比

一个产业完整的生命周期（即产业周期）通常包括四个阶段，即初创阶段（导入阶段）、成长阶段、成熟阶段和衰退阶段。在产业发展的不同阶段，市场规模、经营风险、技术创新、竞争者数量、利润率水平等因素也会相应发生变化，进而对资本市场的估值水平产生影响。为考察产业周期会对资本市场估值造成怎样的影响，本节按照产业发展的四个阶段分别选择了四个产业，即光伏产业（处于初创阶段的产业）、医药制造业（处于成长阶段的产业）、汽车制造业（处于成熟阶段的产业）、煤炭开采和洗选业（处于衰退阶段的产业）进行研究。

2022年，全国煤矿产能利用率已经达到93%，说明各大煤炭企业已基本没有新增产能的余地，煤炭总产量基本到达顶部，难以持续增长。此外，自党中央提出"力争2030年前实现碳达峰，2060年前实现碳中和"

的目标以后，中国便开始积极开发以风电、光伏发电为代表的清洁能源，致力于构建绿色低碳、安全高效的新能源体系，煤炭消费增速有所放缓。针对能源消耗高密集型行业，中央财经委员会第九次会议指出，要实施重点行业领域减污降碳行动，工业领域要推进绿色制造，建筑领域要提升节能标准，交通领域要加快形成绿色低碳运输方式。综合来看，煤炭产业无疑已步入衰退阶段，而光伏产业作为新能源政策的重点支持对象，则正处于初创阶段。2010年10月颁布的《国务院关于加快培育和发展战略性新兴产业的决定》将新能源产业界定为战略性新兴产业。之后，在"碳达峰""碳中和"的顶层设计指引下，中国又陆续出台了一系列支持性政策，通过指导装机规模、制定行业标准、提供财政补贴和政策优惠等途径扶持光伏产业的成长与发展。2022年5月，国务院办公厅转发国家发改委和能源局发布的《关于促进新时代新能源高质量发展的实施方案》，文中提出，"到2025年，公共机构新建建筑屋顶光伏覆盖率力争达到50%"。由此可见，光伏产业发展前景广阔，市场增长潜力巨大，属于初创阶段产业。

医药制造业和汽车制造业都属于技术密集型产业，其中，我国的汽车制造业已开始步入成熟阶段，而医药制造业尚处于成长阶段。随着国民经济的持续快速增长，人民生活水平日益提高，人们开始渐渐意识到健康和卫生的重要性。同时，我国人口老龄化进程加速，第七次人口普查结果显示，我国60岁及以上的老年人口总量为2.64亿人，已占到总人口的18.7%，较2010年上升了5.44个百分点。我国居民对医药的刚性需求持续增长，成为我国医药行业长远发展的最重要推动力。我国汽车产业虽然早已进入成熟阶段，但受益于新能源政策红利，如今出现了新的增长点，生命周期得以延长。

图5-9至图5-13分别描绘了光伏产业、医药制造业、汽车制造业、煤炭开采和洗选业近十年的市场估值走向。从图5-9来看，光伏产业、医药制造业、煤炭开采和洗选业的市盈率自2015年开始呈现下降趋势，而汽车

制造业可能是受 2012 年国务院印发的《节能与新能源汽车产业发展规划（2012—2020 年）》影响，市盈率呈整体上升趋势。2015 年以前，光伏产业的市盈率整体水平最高，其次是医药制造业和汽车制造业，最后是煤炭开采和洗选业，即市盈率大体上为：光伏产业（处于初创阶段）＞医药制造业（处于成长阶段）＞汽车制造业（处于成熟阶段）＞煤炭开采和洗选业（处于衰退阶段）；2015 年之后，汽车制造业的市盈率快速增长，反超光伏产业和医药制造业，市盈率排序大体上变为：汽车制造业（处于成熟阶段）＞光伏产业（处于初创阶段）＞医药制造业（处于成长阶段）＞煤炭开采和洗选业（处于衰退阶段）。从图 5-10 来看，在 2020 年之前，四大产业的市销率之间差异很小，2020 年之后，受新冠疫情影响，医药制造业作为资本市场新热点，市场估值快速上涨，市销率表现强劲。从图 5-11 至图 5-13 来看，四大产业的估值排序较为稳定，大体为：医药制造业（处于成长阶段）＞光伏产业（处于初创阶段）＞汽车制造业（处于成熟阶段）＞煤炭开采和洗选业（处于衰退阶段）。其中，汽车产业的市现率在 2015 年曾短暂达到高点，但之后又回落至原本水平。光伏产业的市净率从 2021 年开始反超医药制造业，未来可能会进一步上升。

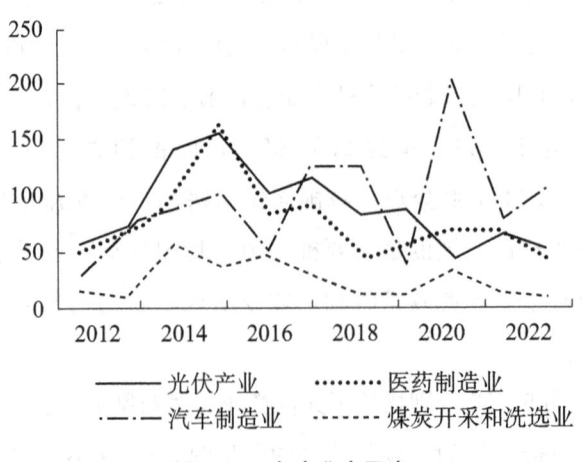

图 5-9 各产业市盈率

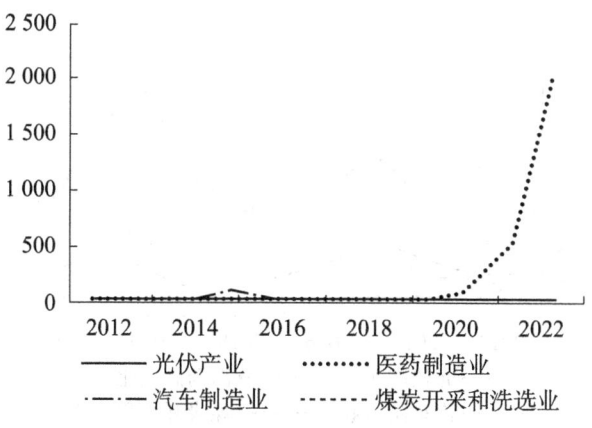

图 5-10 各产业的市销率

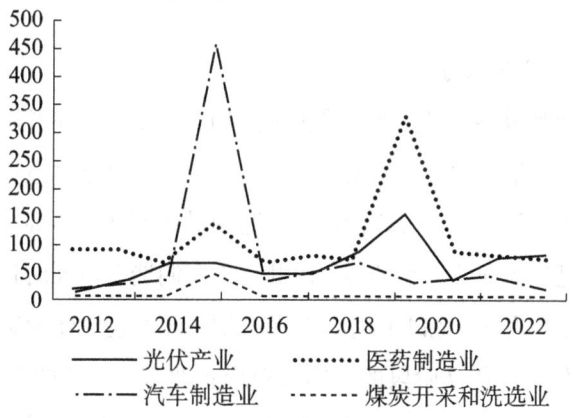

图 5-11 各产业的市现率

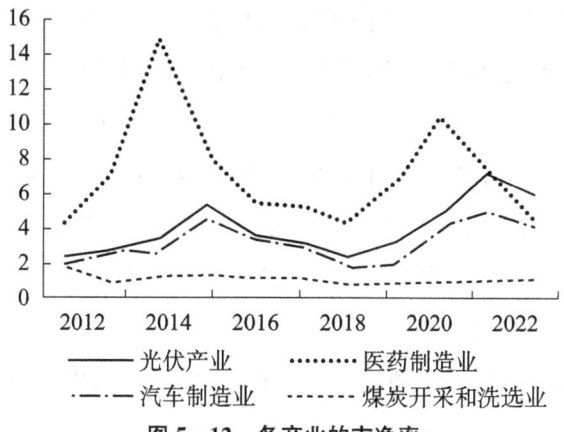

图 5-12 各产业的市净率

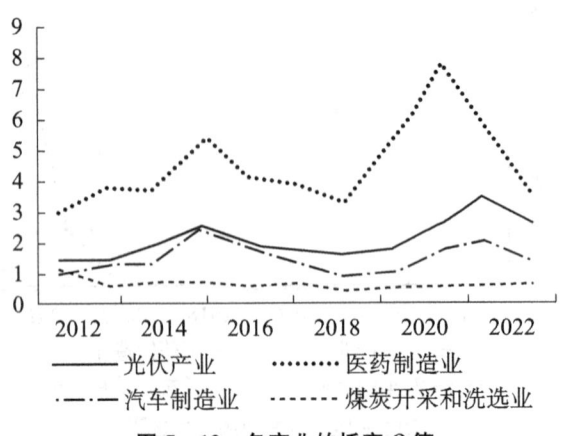

图 5-13 各产业的托宾 Q 值

2. 汽车制造业案例分析

汽车制造业是世界上最重要、规模最大的产业之一，在各国的制造业中所占比重都很高，是推动国民经济发展的支柱型产业。汽车制造业属于技术密集型产业，且具有极强的产业关联性，涉及通用设备制造业、商务服务业、黑色金属冶炼及压延加工业等多个领域。因此，汽车制造业可同时拉动多个产业发展，促进工业结构升级。综上所述，本节选取汽车制造业作为典型案例进一步分析，考察所处产业周期阶段的不同对单个企业市场估值的影响。

我国的汽车制造业进入成熟阶段后，市场增长本应渐渐放缓，但在此时，汽车制造业出现了一次重大的技术创新。电池技术的突破增强了电动汽车的续航能力，电机的动力表现已经不弱于一些低排量的燃油车。自 2012 年《节能与新能源汽车产业发展规划（2012—2020 年）》出台后，中国一直坚持纯电驱动的发展方向，在国家政策的大力扶持下，新能源汽车发展势头迅猛，成为汽车产业的新增长点。2015 年被称为新能源汽车的发展"元年"，新能源汽车产销量明显上升，中国赶超美国成为世界最大的新能源汽车市场。

1997 年 11 月 7 日，上海汽车（600104，2012 年 1 月 9 日起变更为上汽集团）在上海证券交易所挂牌上市，并在 2006 年成为中国 A 股市场最大的整车上市公司。2004—2019 年，上汽集团连续 15 年跻身全球 500 强行列。

2020年，上汽集团全年销售整车560万辆，连续15年销量保持国内第一，是国内汽车制造业当之无愧的龙头企业。若称上汽集团为稳扎稳打的正统龙头企业，那么比亚迪就是在新能源浪潮中抓住机遇，并实现弯道超车的黑马企业。比亚迪于2011年在深圳证券交易所上市，其业务涵盖电子产品、汽车、新能源和轨道交通等众多行业，是全球第一个同时掌握了电池、电机、电控、IGBT芯片等核心技术的新能源汽车生产企业。2023年1—7月，比亚迪新能源汽车累计销售151.78万辆，同比增长88.81%，超过特斯拉位居世界第一。同时，比亚迪也是中国第二大电池制造商、世界第一大磷酸铁锂电池制造商，电池制造能力仅次于宁德时代。现如今，比亚迪已成长为中国第一大新能源汽车公司。虽然上汽集团和比亚迪都是汽车制造业内的领先企业，但是二者的发展战略和业务模式却大相径庭。本节选择这两家企业作为分析案例，具有一定的代表价值。

图5-14至图5-18分别描绘了上汽集团和比亚迪的市场估值走向。其中，上汽集团于1997年上市（当时为"上海汽车"），比亚迪于2011年上市。本节基于刘恩华和胡晓鹏（2013）对汽车制造业生命周期不同阶段的划分标准，根据汽车制造业增速与国内生产总值增速的差值，将汽车制造业的发展历程划分为三个阶段：2000年及之前，为汽车制造业初创阶段；2001—2010年，为汽车制造业成长阶段；2011年及之后，为汽车制造业成熟阶段。综合图5-14至图5-18的估值指标走势情况，可以观察到：上汽集团的市场估值水平持续波动下跌，这表明随着产业由初创阶段逐步进入成熟阶段，企业的市场估值也开始逐渐下降。相比之下，比亚迪的市场估值水平却呈上升趋势，这是因为该公司抓住了新能源汽车这一增长新热点，并取得了重要突破。由此可见，产业周期和技术创新是影响企业估值的两大重要因素。在处于成熟阶段的产业中，只要出现技术创新，就能够实现更长期的持续增长。上汽集团主要经营传统汽车业务，而如今汽车制造业已进入成熟阶段，市场增长趋缓，因此上汽集团的市场估值持续下降。相反，比亚迪虽然也属于汽车制造业，却专注于新能源汽车领域，并一直坚持"技术为王，创新为本"的发展理念，这使得投资者对比亚迪的未来发展持乐观态度。

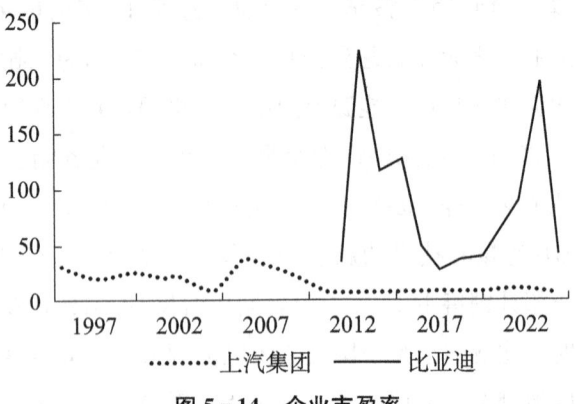

图 5-14 企业市盈率

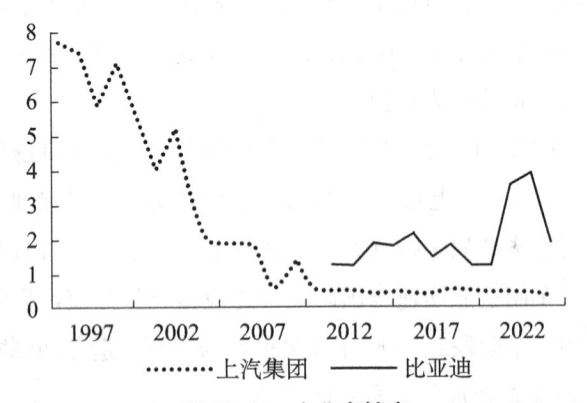

图 5-15 企业市销率

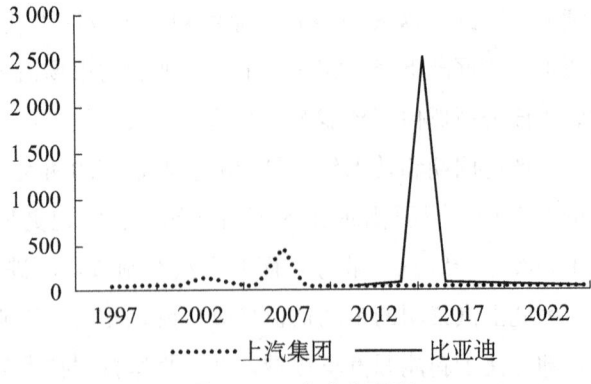

图 5-16 企业市现率

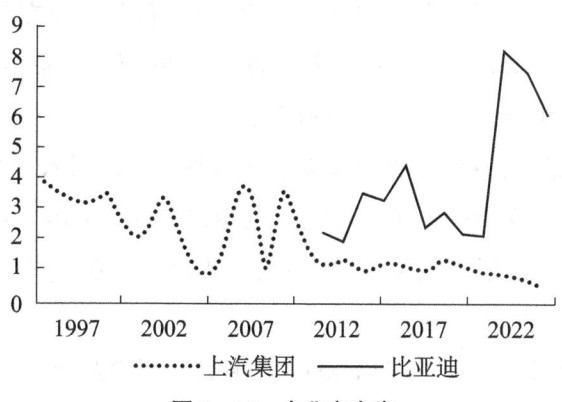

图 5-17 企业市净率

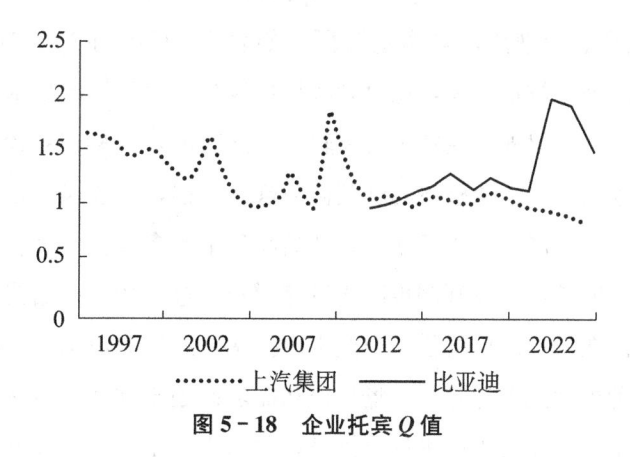

图 5-18 企业托宾 Q 值

（二）产业周期影响市场估值的理论分析

1. 产业生命周期理论综述

产业生命周期理论是在产品生命周期理论的基础上发展而来的。产业生命周期（简称产业周期）的曲线形状和产品生命周期的曲线形状大致相同，都呈现出 S 形，但在持续时间上，产业周期要比产品生命周期长。1982 年 Gort 和 Klepper 基于产品生命周期理论的发展，建立了产业层面上第一个产业周期模型，即 G-K 模型。两位学者按产业中的厂商数量（净进入数）将产业周期划为进入阶段、大量进入阶段、稳定阶段、大量退出（淘汰）阶段和成熟阶段五个阶段。1990年，Klepper和Graddy在Gort和Klepper 1982年的研究的基础上，对G-K模型进一步加以发展，依据厂商数量增加率将产业周期划分为成长、淘汰和稳定三个阶段。1996年，Agarwal和Gort沿着另一条路径对G-K模型进行了发展，通过引入"危险率"，考察了产业生命周期的不同阶段对厂商进入与退出的综合影响。1999年，Klepper通过对四个产业发展重点案例的研究，提出了技术效率存活的寡头进化理论。

总结上述产业周期理论可以发现，尽管各个理论对产业周期的阶段划分各不相同，但总体来看，产业周期大致可分为四个阶段：初创阶段（导入阶段）、成长阶段、成熟阶段与衰退阶段（如表5-12所示）。在产业初创阶段，市场中的企业数量较少，竞争者数量也较少，由于生产技术不成熟，产品品种相对单一，但根本性技术创新较多，同时进入壁垒相对较低，易吸引资本和企业进入，但产业整体的利润微薄甚至亏损，市场风险很高。在产业成长阶段，企业生产技术趋于稳定，产品品种呈现多样化，市场规模迅速扩张，需求高速增长，产业利润也随之迅速增长，进入壁垒开始提高，市场竞争开始加剧。在产业成熟阶段，企业生产技术已经较为成熟，产品开始标准化生产，品种再度无差异化，市场规模和需求已趋于饱和，市场竞争十分激烈，进入壁垒和产业集中度进一步提高，并出现一定程度的垄断，产业利润增长开始放缓，除非有技术创新出现，否则产业的生命周期难以延续。在产业衰退阶段，产品和技术逐渐开始老化，新技术和替代品大量出现，原有产业的市场需求减少，市场规模萎缩，产业利润降低，企业开始陆续退出市场。

表5-12 产业周期各阶段的特点

阶段	市场规模增长	需求增长	产品品种	竞争者	进入壁垒	技术创新
初创阶段	较快	较快	差异化	较少	较低	较多
成长阶段	很快	很快	多样化	增多	提高	趋于定型
成熟阶段	饱和	饱和	无差异化	很多	很高	已经成熟
衰退阶段	下降	下降	减少	下降	较低	较少

进入技术经济时代之后,产业周期越来越短,技术创新不仅改变了产业的格局,也加速了产业周期的迭代。为了保持竞争优势,企业需要不断推陈出新,紧跟技术趋势和市场需求,以适应快速变化的商业环境。

2. 产业周期影响市场估值的基本逻辑

资本市场的市值评估主要包括三方面:基本面、资金面和情绪面。基本面主要考察盈利能力、增长潜力、技术创新等产业基本指标,是市值评估的基础。资金面和情绪面附着于基本面,但不完全取决于基本面。资本市场具备资源配置职能,良好的基本面数据能够吸引投资者资金,激发投资者的乐观情绪,增强他们对市场的信心,从而推动市值上涨。基于产业周期理论,一个产业由诞生到走向衰亡一般会经历四个阶段:初创阶段、成长阶段、成熟阶段与衰退阶段。产业处于不同的生命周期阶段时,会呈现出不同的特征,基本面的变化将会引发资金面和情绪面的连锁反应,进而对产业的市场估值产生影响。

在产业周期的初创阶段,产业环境较为动荡,充满着机遇与风险。一方面,初创阶段的产业内尚未形成统一的制度标准,产品规格和生产流程等都尚未确立,企业难以确定消费者的需求偏好,生产经营都处于摸索阶段。因此,尽管初创阶段产业的根本性技术创新较多,但企业很难将技术成果和生产出的产品迅速转化为经济回报,而且初创产业的市场规模较小,产品的知名度也相对较低,企业间主要通过差异化产品竞争,产业利润和企业盈利微薄甚至为负,市场整体的风险水平较高。另一方面,初创阶段的产业未来发展前景广阔,企业进入壁垒较低且市场扩张空间较大,面临较多的投资和增长机会,具有很好的成长性。企业可以通过提高产品差异化程度以及完成自身技术升级,迅速开拓市场并抢占市场先机。因此,投资者情绪往往比较乐观,愿意进行投资,进而推高初创企业乃至产业的估值。从基本面来看,处于初创阶段的产业的数据表现较差,但是从资金面和情绪面来看,处于初创阶段的产业具有很高的投资价值,值得给予较高的市场估值。

在产业周期的成长阶段,产品的主导设计工艺产生,生产技术趋于成熟，产出规模和市场需求增长迅速，产业利润提高，开始吸引越来越多的竞争者进入市场。尽管产业仍处于持续增长状态，但竞争者数量也开始持续增加，产业快速发展所产生的超额利润将随着竞争者的不断进入而逐渐消弭。虽然市场规模扩张迅速，但是市场竞争也越发激烈，如果前期产业快速发展所产生的超额利润过于丰厚，还可能会引发过分激烈的市场竞争，导致市场产能过剩，甚至爆发恶性竞争。市场份额主要被在初创阶段的市场竞争中胜出的大企业占据，产业领导者开始出现，但其领导地位尚不稳固。在这个阶段，企业规模开始变得越来越重要（吴应宇等，2007），只有成功适应主导设计并实现规模经济的企业能够生存下来，进入产业成熟阶段，而未能实现规模经济的企业将被淘汰。从基本面来看，成长阶段产业的财务状况开始变好，从资金面和情绪面来看，成长阶段产业具有较大的增长潜力，市场估值应该相对较高。

在产业周期的成熟阶段，产品的生产技术已经十分成熟，技术创新减少，规模化生产开始成为主流。市场需求已趋于饱和，市场的增长速度放缓，企业间的差异化竞争转型为低成本竞争。由于市场竞争开始转向成本竞争，产业利润率逐渐下降，一些中小规模的厂商开始被淘汰，市场集中度逐渐上升，产业竞争格局定型，进入壁垒达到最高点。虽然产业整体的市场规模扩大了，但是产业的发展空间却大大缩小，价格战和利润增速下降导致投资者对产业的发展前景比较悲观，进而导致产业的市场估值下降。从基本面来看，处于成熟阶段的产业的财务状况较好，盈利稳定，但是从资金面和情绪面来看，处于成熟阶段的产业的增长潜力近乎消失，市场估值应该相对较低。

在产业周期的衰退阶段，整个产业的市场需求趋向于萎缩且销售额增长速度趋向于下降，产业利润和企业盈利持续下滑，财务状况开始恶化。由于投资机会匮乏以及经营现金流萎缩，产业中的企业面临着较高的经营风险和财务困境，多数企业陷入发展停滞状态甚至退出市场。从基本面来看，衰退阶段产业的经营状况恶劣；从资金面和情绪面来看，衰退阶段产业已经没有投资价值，投资者开始撤资并转向其他新兴产业，导致产业的市场估值下跌。

H：产业周期会影响资本市场估值。产业处于初创阶段和成长阶段时，企业市场估值应该相对较高；产业处于成熟阶段和衰退阶段时，企业市场估值应该相对较低。

（三）中国产业结构的变迁

改革开放以来，中国经济增长迅速，产业结构发生了翻天覆地的变化。如图 5-19 至图 5-21 所示，1978—2021 年，中国第一产业的 GDP 占比由 28% 降至 7%，就业比重由 71% 降至 23%，对 GDP 增长的贡献率由 10% 降至 7%；第二产业的 GDP 占比由 48% 降至 39%，就业比重由 17% 升至 29%，对 GDP 增长的贡献率由 62% 降至 38%；第三产业的 GDP 占比由 25% 升至 53%，就业比重由 12% 升至 48%，对 GDP 增长的贡献率由 28% 升至 55%。总体来看，中国产业结构的变迁趋势为：第一产业的 GDP 占比和就业比重不断下降；第三产业的 GDP 占比和就业比重不断上升；第二产业的 GDP 占比大致保持稳定，就业比重不断上升，但增幅小于第三产业。从三次产业对 GDP 增长的贡献率来看，第一产业对 GDP 增长的拉动作用一直相对较弱，整体弱于第二和第三产业。在 2013 年以前，GDP 增长主要由第二产业拉动；在 2013 年以后，第三产业成为拉动 GDP 增长的主力军。虽然受新冠疫情影响，2020 年服务业受到猛烈打击导致第三产业对 GDP 增长的贡献率下跌，但是从整体趋势来看，当前中国产业结构已完成转型，进入了由第三产业拉动经济的阶段。如图 5-19 所示，根据三次产业的 GDP 占比的变化，中国产业结构变迁可以大致分为以下三个阶段：

1. "二一三"阶段（1978—1984 年）

1978 年，国民经济结构严重失衡是当时面临的主要问题。其中，第一产业的就业比重高达 71%，但对 GDP 增长的贡献率只有 10%，在三次产业中垫底。为优化产业结构，解放生产力，中国首先在农村实行家庭联产承包责

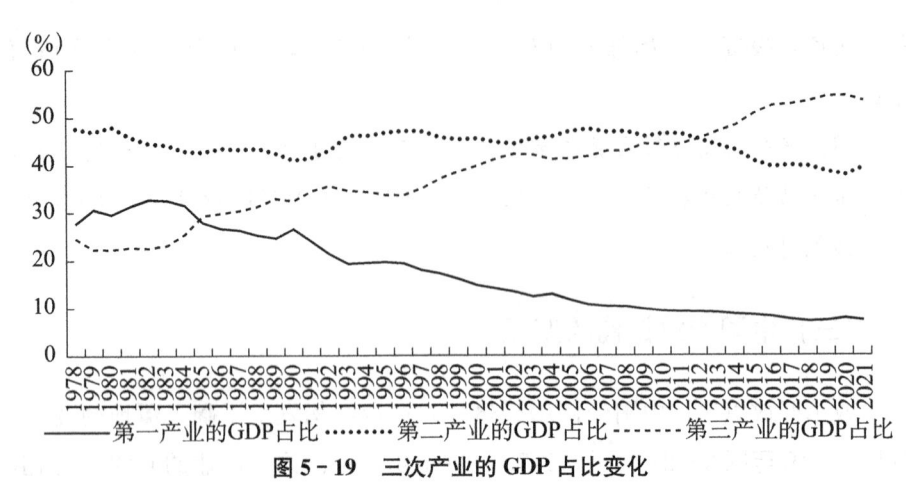

图 5-19 三次产业的 GDP 占比变化

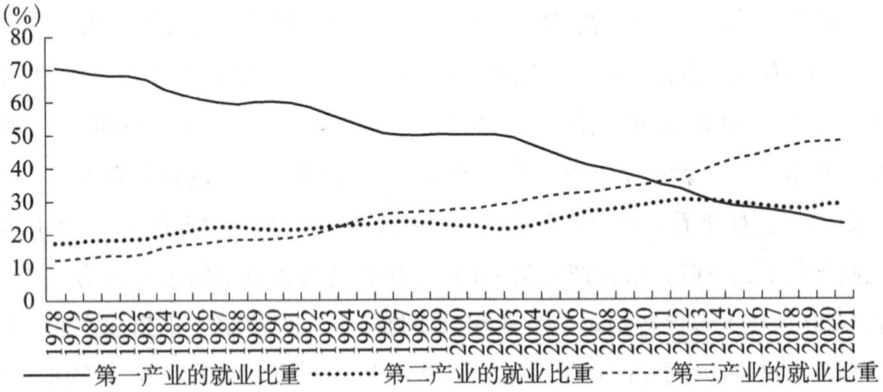

图 5-20 三次产业的就业比重变化

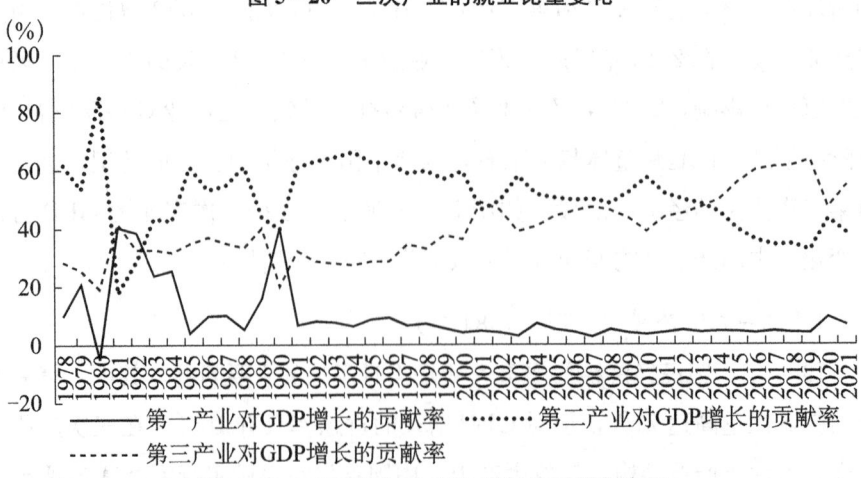

图 5-21 三次产业对 GDP 增长的贡献率变化

任制，提高了农民的生产积极性和农业生产效率，第一产业因此得到了迅速发展，在就业比重稳定下降的同时，GDP占比却呈现上升趋势。1982年第一产业的GDP占比达到了历史峰值32.8%，之后因第二和第三产业的发展又开始持续下降。大量农村剩余劳动力开始转移到第二和第三产业，导致第一产业的就业比重持续下降，第二和第三产业的就业比重持续上升。农村经济体制改革极大地解放了生产力，提高了第一产业的生产效率，1984年第一产业的就业比重降至64%，对GDP增长的贡献率上升至26%。尽管第一产业发展迅速，但从整体来看，三次产业结构仍不合理，第一产业的就业比重最高，对GDP增长的贡献率却最低，生产力仍需进一步释放。

2."二三一"阶段（1985—2011年）

1985年，第三产业超过第一产业成为国民经济的第二支柱产业，开始进入快速发展通道。1994年，第三产业的就业比重超过第二产业，2011年，第三产业的就业比重超过第一产业，成为就业比重最高的产业。1985—2011年，第三产业的GDP占比由29%上升至44%，就业比重由17%上升至36%，对GDP增长的贡献率由35%上升至44%。虽然第三产业发展迅速，但占据国民经济发展主导地位的仍是第二产业，第二产业的GDP占比始终保持在40%~50%，就业比重呈上升趋势，但增速小于第三产业。第一产业的GDP占比和就业比重持续下降，对GDP增长的贡献率则大致维持在4%左右，中国经济真正进入第二与第三产业二元驱动发展时期。历经这一阶段的调整，中国的产业结构趋于合理，截至2011年，第一、第二和第三产业的就业比重分别约为35%、30%和36%，劳动力分配较为均衡，且发展趋势符合产业结构升级规律，即：第一产业占比不断下降，第二、第三产业占比不断上升。

3."三二一"阶段（2012年至今）

2012年，我国第三产业的GDP占比超过第二产业，形成"三二一"的产业结构，这标志着中国正式进入后工业时代。2014年，中国经济步入新的运行轨道——新常态，第二产业的就业比重超过第一产业，经济结构进一步优化升级，由高速增长向中高速增长转变。第二和第三产业吸纳了大量从第一产业流出的剩余劳动力，极大地提升了我国的资源配置效率和经济总体的劳动生产率。2014年，第一、第二和第三产业对GDP增长的贡献率分别为5%、46%和50%，第三产业开始在国民经济中占据主导地位。2014年后，第三产业比重整体呈现上升趋势，第二产业比重呈现下降趋势，第一产业比重大体保持稳定，且第一产业比重远远低于第二、第三产业。整体来看，中国产业结构的变迁是第一产业地位不断弱化，且产业重心由第二产业向第三产业转移的过程。

（四）产业周期与资本市场估值的实证检验

1. 样本选取和数据来源

由于2007年开始实施新的《企业会计准则》，为避免前后会计准则差异产生的潜在影响，本节以2007年作为样本区间的起点，选择2007—2022年所有上市公司作为初始样本。借鉴以往学者的研究，本节遵循如下标准对样本进行处理：(1) 剔除金融行业企业；(2) 剔除ST类企业；(3) 剔除数据缺失样本；(4) 对主要连续变量首尾进行1%的缩尾处理，消除极端值影响。本节涉及的数据均来源于CSMAR数据库。

2. 变量定义

①市场估值指标。

为保证实证结果的代表性，本节共选取五个市场估值指标，包括：市盈率（PE）、市销率（PS）、市现率（PCF）、市净率（PB）以及托宾Q值（Tobin Q）。各个估值指标的具体计算公式如下：

PE＝股票每股价格/每股收益；

PS＝股票每股价格/每股销售额；

PCF＝股票每股价格/每股现金流量；

PB＝股票每股价格/每股净资产；

Tobin Q＝总市值/期末总资产。

②产业周期。

借鉴邢斐等（2022）的研究，本节根据中国证券监督管理委员会制定的《上市公司行业分类指引（2012年）》，按照三位行业代码分类，计算每个产业在2007—2022年的总营业收入增长率以及企业数量增长率。如果产业营业收入增长率和企业数量增长率均高于产业中位数水平，则为处于初创阶段的产业；如果产业营业收入增长率高于产业中位数水平，但企业数量增长率低于产业中位数水平，则为处于成长阶段的产业；如果产业营业收入增长率低于产业中位数水平，但企业数量增长率高于产业中位数水平，则为处于成熟阶段的产业；如果产业营业收入增长率和企业数量增长率均低于产业中位数水平，则为处于衰退阶段的产业。基于企业所处产业生命周期阶段，构造产业生命周期哑变量Circle，若企业所属产业处于初创阶段或成长阶段，则取值为1，否则取值为0。

③控制变量。

借鉴以往文献（刘浩等，2023），本节控制了其他可能会影响企业市场估值的主要变量，包括：资产负债率（Lev）、资产规模（Size）、盈利能力（Roe）、内部治理（Mhold）、产权性质（Soe）。主要变量的具体定义与详细说明如表5-13所示。

表5-13 变量定义与度量

变量名称	变量符号	度量方法
市场估值指标	PE	市盈率＝收盘价当期值/（净利润本年年报值/实收资本本期期末值）
	PS	市销率＝收盘价当期值/（营业总收入上年年报值/实收资本本期期末值）
	PCF	市现率＝收盘价当期值/（经营活动产生的现金流量净额上年年报值/实收资本本期期末值）
	PB	市净率＝收盘价当期值/（所有者权益合计期末值/实收资本本期期末值）
	Tobin Q	托宾Q值＝总市值/期末总资产
产业生命周期	Circle	若企业所属产业处于初创阶段或成长阶段，则取值为1，否则取值为0
资产规模	Size	企业期末总资产的自然对数

续表

变量名称	变量符号	度量方法
资产负债率	Lev	企业期末总负债/期末总资产
盈利能力	Roe	企业净资产收益率
内部治理	Mhold	管理层持股比例
产权性质	Soe	国有企业取1，否则取0

3. 模型构建

针对上文提出的研究假设，构建多元回归模型：

$$\text{Market}_{i,t} = \beta_0 + \beta_1 \times \text{Circle}_{i,t} + \gamma \times \text{Control}_{i,t} + \text{YEAR} + \text{IND} + \varepsilon_{i,t} \qquad (5-2)$$

其中，市场估值指标 $\text{Market}_{i,t}$ 分别由 PE、PS、PCF、PB、Tobin Q 来衡量；$\text{Circle}_{i,t}$ 代表产业生命周期哑变量；$\text{Control}_{i,t}$ 为一组控制变量；YEAR 和 IND 分别为年份哑变量和行业哑变量。若模型（5-2）中的 β_1 显著为正值，证明研究假设 H 成立。

4. 实证结果分析

表 5-14 报告了所处产业周期阶段与市场估值的回归检验结果。由该表可知，Circle 回归均显著为正，说明当企业所属产业处于初创阶段或成长阶段时，企业的市场估值水平更高，验证了本章第三部分的研究假设。当产业处于初创阶段或成长阶段时，市场增长潜力较大，企业面临更多的投资机会，具有广阔的成长空间。同时，投资者对产业的发展前景持有乐观态度，从而推高了企业的市场估值水平。

表 5-14 所处产业周期阶段与市场估值

	(1) PE	(2) PS	(3) PCF	(4) PB	(5) Tobin Q
Circle	2.128 9** (2.382 8)	0.203 3*** (3.826 7)	4.846 7*** (4.206 0)	0.130 6*** (5.304 8)	0.036 7*** (3.291 6)
Size	−19.656 2*** (−37.612 9)	−0.853 8*** (−26.849 0)	−14.510 3*** (−24.045 9)	−0.959 7*** (−62.302 7)	−0.330 4*** (−49.442 7)

续表

	(1) PE	(2) PS	(3) PCF	(4) PB	(5) Tobin Q
Lev	62.830 5*** (19.118 2)	−9.712 7*** (−46.555 3)	−15.080 0*** (−3.849 6)	1.934 5*** (20.623 9)	−0.673 6*** (−17.029 8)
Soe	−4.986 2*** (−4.113 7)	−0.763 5*** (−11.796 5)	−5.284 9*** (−3.695 0)	−0.191 0*** (−6.223 9)	−0.067 2*** (−4.700 6)
Roe	−592.059 3*** (−65.585 1)	4.956 4*** (10.221 2)	−121.586 1*** (−13.755 3)	15.689 6*** (60.617 0)	5.371 6*** (46.146 7)
Mhold	−39.098 2*** (−15.375 8)	0.121 7 (0.673 5)	11.512 3*** (3.044 7)	−0.055 3 (−0.694 7)	−1.102 6*** (−30.822 7)
Cons	555.292 3*** (45.358 3)	32.325 7*** (42.828 5)	427.311 5*** (30.471 5)	24.336 5*** (70.622 8)	9.391 4*** (62.065 8)
行业	控制	控制	控制	控制	控制
年份	控制	控制	控制	控制	控制
N	30 224	30 223	30 224	30 224	30 224
F	173.300 4	330.542 0	97.272 3	469.990 9	345.171 9
Adj-R^2	0.301 8	0.337 9	0.097 6	0.424 5	0.347 1

为进一步研究产业周期对企业估值的影响程度，本节基于产业生命周期的四个阶段，分别构建产业初创阶段（Born）、成长阶段（Grow）、成熟阶段（Mature）和衰退阶段（Down）哑变量。表5-15列示了处于初创阶段和成长阶段的产业对企业市值的回归结果。由该表可知，Born的回归系数均显著为正，Grow对PE、CF和托宾Q值的回归系数显著为正，对PE和PB的回归系数为正，但是不显著，说明：当企业所属的产业处于初创阶段时，企业的市场估值水平明显更高；而当企业所属的产业处于成长阶段时，尽管企业的市场估值水平也相对较高，但与所属产业处于初创阶段的企业相比，差异并不显著。

表5-15 处于初创阶段与成长阶段的产业对企业市值的回归结果

	(1) PE	(2) PS	(3) PCF	(4) PB	(5) Tobin Q
Born	1.732 5* (1.753 5)	0.270 6*** (4.462 8)	5.740 6*** (4.359 3)	0.178 7*** (6.330 7)	0.037 7*** (2.957 5)

续表

	(1) PE	(2) PS	(3) PCF	(4) PB	(5) Tobin Q
Grow	2.974 9** (2.219 5)	0.059 5 (0.804 0)	2.939 1* (1.790 0)	0.027 8 (0.797 0)	0.034 6** (2.197 6)
Size	−19.670 4*** (−37.585 5)	−0.851 4*** (−26.760 6)	−14.478 4*** (−23.963 5)	−0.958 0*** (−62.159 8)	−0.330 4*** (−49.391 2)
Lev	62.822 7*** (19.117 3)	−9.711 4*** (−46.548 8)	−15.062 5*** (−3.845 3)	1.935 4*** (20.635 1)	−0.673 6*** (−17.028 3)
Soe	−4.994 0*** (−4.119 8)	−0.762 2*** (−11.776 2)	−5.267 3*** (−3.682 0)	−0.190 1*** (−6.193 6)	−0.067 2*** (−4.698 5)
Roe	−592.051 5*** (−65.587 4)	4.955 1*** (10.216 2)	−121.603 7*** (−13.755 9)	15.688 6*** (60.628 4)	5.371 6*** (46.145 7)
Mhold	−39.052 3*** (−15.362 2)	0.113 9 (0.630 3)	11.408 7*** (3.018 7)	−0.060 9 (−0.765 1)	−1.102 7*** (−30.845 8)
Cons	555.607 2*** (45.332 1)	32.272 2*** (42.747 4)	426.601 4*** (30.389 0)	24.298 2*** (70.507 9)	9.390 6*** (62.014 1)
行业	控制	控制	控制	控制	控制
年份	控制	控制	控制	控制	控制
N	30 224	30 223	30 224	30 224	30 224
F	168.879 6	322.278 5	95.325 7	458.108 8	336.301 4
Adj-R^2	0.301 8	0.338 0	0.097 6	0.424 8	0.347 0

表5-16列示了处于成熟阶段与衰退阶段的产业对企业市值的回归结果。由该表可知，Down的回归系数均显著为负，Mature的回归系数则均不显著，说明：当企业所属的产业处于衰退阶段时，企业的市场估值水平显著下跌；而当企业所属的产业处于成熟阶段时，尽管企业的市场估值水平已经开始下降，但下降幅度并不显著。

表5-16 处于成熟阶段与衰退阶段的产业对企业市值的回归结果

	(1) PE	(2) PS	(3) PCF	(4) PB	(5) Tobin Q
Mature	−0.777 6 (−0.696 6)	0.059 2 (0.881 8)	−0.398 6 (−0.263 7)	−0.010 0 (−0.317 3)	−0.014 2 (−0.988 8)
Down	−3.532 3*** (−3.089 5)	−0.475 8*** (−7.429 1)	−9.465 9*** (−7.037 4)	−0.255 8*** (−8.729 0)	−0.060 1*** (−4.510 4)

续表

	(1) PE	(2) PS	(3) PCF	(4) PB	(5) Tobin Q
Size	−19.631 1*** (−37.540 5)	−0.848 9*** (−26.642 8)	−14.427 7*** (−23.873 8)	−0.957 5*** (−62.141 9)	−0.330 0*** (−49.362 2)
Lev	62.946 7*** (19.157 8)	−9.690 3*** (−46.476 4)	−14.697 5*** (−3.753 7)	1.944 9*** (20.742 3)	−0.671 7*** (−16.976 4)
Soe	−4.967 5*** (−4.098 2)	−0.759 9*** (−11.735 4)	−5.223 0*** (−3.651 8)	−0.189 4*** (−6.168 2)	−0.066 9*** (−4.678 7)
Roe	−592.398 7*** (−65.542 9)	4.890 3*** (10.060 3)	−122.703 3*** (−13.877 6)	15.659 3*** (60.417 1)	5.365 9*** (46.027 8)
Mhold	−39.168 2*** (−15.410 0)	0.108 1 (0.599 1)	11.281 9*** (2.986 5)	−0.061 6 (−0.774 0)	−1.103 7*** (−30.865 0)
Cons	558.202 8*** (45.326 4)	32.680 9*** (43.198 2)	434.730 7*** (30.948 6)	24.536 8*** (71.031 5)	9.441 2*** (62.174 1)
行业	控制	控制	控制	控制	控制
年份	控制	控制	控制	控制	控制
N	30 224	30 223	30 224	30 224	30 224
F	168.847 0	322.473 5	95.491 6	458.978 8	336.431 1
Adj-R^2	0.301 9	0.338 9	0.098 4	0.425 4	0.347 2

5. 稳健性检验

(1) 滞后一期。

针对内生性问题，本节采用滞后一期自变量的方式对内生因果关系进行检验。基于此，本节构建了滞后一期的产业生命周期哑变量L1Circle。回归结果如表5－17所示。由该表可知，L1Circle的回归系数仍然显著为正，证明产业生命周期与市场估值之间的正相关关系并非由逆向因果关系引起的。

表5－17 内生性检验：滞后一期

	(1) PE	(2) PS	(3) PCF	(4) PB	(5) Tobin Q
L1Circle	2.366 5** (2.492 4)	0.236 7*** (4.201 6)	2.877 1** (2.432 6)	0.147 8*** (5.385 3)	0.058 4*** (4.416 5)

续表

	(1) PE	(2) PS	(3) PCF	(4) PB	(5) Tobin Q
Size	−15.398 8*** (−27.167 8)	−0.624 7*** (−19.437 4)	−10.601 1*** (−17.440 9)	−0.796 9*** (−46.858 9)	−0.312 9*** (−40.800 3)
Lev	45.024 0*** (12.300 3)	−9.516 0*** (−42.553 0)	−19.167 0*** (−4.574 8)	1.329 8*** (12.303 2)	−0.968 0*** (−20.090 1)
Soe	−4.472 2*** (−3.528 2)	−0.706 9*** (−10.255 6)	−3.724 5** (−2.507 8)	−0.221 5*** (−6.456 0)	−0.095 2*** (−5.638 8)
Roe	−503.321 6*** (−51.424 6)	4.762 8*** (9.571 3)	−123.339 0*** (−13.872 2)	14.706 8*** (49.464 1)	6.030 0*** (43.970 4)
Mhold	−22.092 2*** (−7.510 2)	0.756 2*** (3.585 3)	18.462 6*** (4.441 6)	0.192 5** (1.970 5)	−0.894 8*** (−19.768 6)
Cons	414.576 8*** (32.378 7)	23.369 5*** (29.372 1)	296.574 9*** (20.405 4)	17.761 0*** (47.331 1)	8.242 1*** (47.680 1)
行业	控制	控制	控制	控制	控制
年份	控制	控制	控制	控制	控制
N	21 324	21 324	21 324	21 324	21 324
F	107.719 0	229.365 4	66.311 0	308.060 1	289.436 3
Adj-R^2	0.275 0	0.332 5	0.092 7	0.394 8	0.380 8

(2) Heckman 两阶段。

针对研究假设中可能存在的样本自选择问题，本节采用 Heckman 两阶段法进行检验。首先，在 Heckman 第一阶段的 Probit 回归模型中，计算逆米尔斯比（IMR）。其次，将第一阶段计算得到的 IMR 代入第二阶段模型进行拟合。回归结果如表 5-18 所示。由该表可知，Circle 的回归系数仍显著为正，说明本节的研究结论在控制了样本选择偏误后仍然稳健。

表 5-18 内生性检验：Heckman 两阶段

	(1) PE	(2) PS	(3) PCF	(4) PB	(5) Tobin Q
Circle	2.087 8** (2.339 2)	0.203 7*** (3.835 2)	4.847 6*** (4.206 9)	0.130 6*** (5.306 6)	0.036 6*** (3.283 0)

续表

	(1) PE	(2) PS	(3) PCF	(4) PB	(5) Tobin Q
IMR	300.608 7*** (7.927 9)	-3.426 2 (-1.287 4)	-7.200 6 (-0.156 4)	-0.662 6 (-0.549 3)	0.646 6 (1.178 8)
Size	-22.664 6*** (-35.637 9)	-0.819 5*** (-20.043 4)	-14.438 2*** (-19.627 0)	-0.953 1*** (-48.064 1)	-0.336 9*** (-38.452 4)
Lev	82.381 1*** (19.931 0)	-9.935 5*** (-37.220 2)	-15.548 3*** (-3.274 0)	1.891 4*** (15.290 6)	-0.631 6*** (-11.688 0)
Soe	0.970 1 (0.688 2)	-0.831 4*** (-9.885 1)	-5.427 5*** (-3.258 2)	-0.204 2*** (-5.162 8)	-0.054 4*** (-2.996 9)
Roe	-344.133 9*** (-10.841 8)	2.130 7 (0.943 1)	-127.524 7*** (-3.327 9)	15.143 1*** (14.435 8)	5.904 8*** (12.445 6)
Mhold	-43.349 5*** (-16.699 9)	0.170 2 (0.921 7)	11.614 1*** (3.018 0)	-0.046 0 (-0.563 8)	-1.111 7*** (-30.364 9)
Cons	86.251 7 (1.437 4)	37.671 6*** (8.949 3)	438.546 6*** (5.981 7)	25.370 4*** (13.244 0)	8.382 6*** (9.648 1)
行业	控制	控制	控制	控制	控制
年份	控制	控制	控制	控制	控制
N	30 224	30 223	30 224	30 224	30 224
F	169.546 2	322.055 7	94.856 9	457.979 7	336.533 3
Adj-R^2	0.303 2	0.337 9	0.097 5	0.424 5	0.347 1

(3) 固定效应模型。

为缓解可能存在的遗漏变量问题，本节采用固定效应模型进行回归，结果见表5-19。由该表可知，Circle的回归系数仍显著为正，与前文结果一致。

表5-19 稳健性检验：固定效应

	(1) PE	(2) PS	(3) PCF	(4) PB	(5) Tobin Q
Circle	1.589 8* (1.796 8)	0.074 9* (1.882 0)	3.433 4*** (2.923 6)	0.090 6*** (4.263 2)	0.024 0** (2.433 5)
Size	-26.148 5*** (-14.398 4)	-0.773 3*** (-7.572 4)	-13.594 8*** (-6.859 3)	-1.350 9*** (-25.607 6)	-0.464 0*** (-20.667 4)

续表

	(1) PE	(2) PS	(3) PCF	(4) PB	(5) Tobin Q
Lev	83.035 5*** (12.578 7)	−6.170 2*** (−16.345 9)	−28.380 4*** (−3.693 2)	3.713 5*** (21.016 5)	0.212 4*** (2.673 8)
Soe	−0.099 9 (−0.021 0)	−0.678 1*** (−2.982 0)	−9.638 5* (−1.889 0)	−0.254 6** (−2.315 6)	−0.145 7*** (−2.703 4)
Roe	−655.142 6*** (−44.537 7)	3.304 5*** (5.910 3)	−55.919 4*** (−4.516 5)	12.134 7*** (34.527 8)	3.993 5*** (24.003 1)
Mhold	−53.165 8*** (−6.580 7)	0.651 5 (1.211 5)	12.492 1 (1.160 9)	0.067 0 (0.279 1)	−1.315 7*** (−11.868 3)
Cons	683.156 0*** (18.034 3)	26.172 2*** (12.290 6)	396.994 6*** (9.751 9)	32.227 2*** (29.417 0)	11.857 7*** (25.234 6)
企业	控制	控制	控制	控制	控制
年份	控制	控制	控制	控制	控制
N	30 224	30 223	30 224	30 224	30 224
F	125.935 7	171.248 7	43.925 0	448.055 9	230.913 0
Adj-R^2	0.266 4	0.266 2	0.046 9	0.460 3	0.280 3

三、总结及政策建议

本章对拥有不同科技水平、处于产业周期不同阶段的企业的市场估值进行了对比，并通过实证检验发现了科技创新、产业周期对企业资本市场估值的显著影响。聚焦于企业科技创新的视角，在大力倡导提升企业科创水平的政策导向下，我国资本市场层次不断完善，助力企业科技创新，由此不同板块间也呈现出了显著的估值差异。传统的贴现模型估值方法对于科技型企业估值的解释力下降，在对科技型企业的估值过程中应着重考量技术的溢价作用。本章采用多种相对估值指标对我国各个板块之间进行对比后发现，我国资本市场中存在显著的技术估值溢价，实证检验也进一步验证了技术估值溢价的存在，并且发现企业科技创新在非国企、高科技行业、处于初创和成长阶段的企业中表现出对企业资本市场估值更强的提升作用。聚焦于产业周期的视角，一个完整的产业周期包括四个阶段：初创阶段、成长阶段、成熟阶段和衰退阶段。本章研究发现，处于初创阶段的产业的市场增长潜力最大，企业的市场估值水平也最高。其次是处于成长阶段和成熟阶段的产业，处于衰退阶段的产业的企业估值水平最低。此外，我们通过对汽车制造业的案例分析发现，尽管处于成熟阶段的产业的市场增速趋缓，企业估值开始下跌，但只要出现技术创新，就能够实现更长期的持续增长。例如汽车制造业虽然已步入成熟阶段，但电池技术的突破使新能源汽车成为新的增长点，国内许多车企抓住这一机遇，成功实现了市值的快速增长。

综上所述，产业周期和科技创新是影响企业市场估值的两大重要因素。同时，在企业发展的过程中，科技创新扮演了重要的角色，科技创新不仅是企业内在增长的动力，也是企业摆脱产业困境的突破口。因此在制定产业政策时，政府应更为注重科技创新对产业发展的驱动作用，加快科技成果转化，促进产业结构升级，助力资本市场发展。而对于投资者而言，不仅应当认识到科技创新和产业周期对企业股价表现、估值水平的显著影响，合理调整自己的投资决策，同时也应当提升风险意识，客观全面地看待科技创新对企业发展的推动作用，避免盲目跟风和过度投资。

最后，根据本章的探讨，我国存在显著的技术估值溢价，科技型企业目前的高水平估值是否处于合理区间还无法下定论。目前我国对于科技型企业的市场热情还相对高涨，随着市场逐渐回归理性，科技型企业的估值可能也会回落到更为合理的区间。可以从以下两方面着手提高科技型企业估值的合理程度：

（1）完善科技型企业信息披露政策。目前我国科创板实行注册制，由原来的实质性判断转为强调监管审查信息披露。由于科技型企业在研发阶段存在一定的信息盲盒，市场主体对这类公司估值相关信息的获取难度较大，导致对这类企业估值困难，容易产生非理性的羊群交易。因此，应该进一步完善科技型企业信息披露政策，增加企业个性化信息的披露，提升披露的真实性、及时性、有效性，为企业估值提供更良好的基础。

（2）加强对投资者的风险引导和教育。科技型企业巨大的成长性是它吸引投资者的一个重要方面。企业研发一旦成功，可能就意味着市场的革新和巨大的盈利，这也吸引了风险偏好的投资者进入。加之我国在政策上对科技创新的大力倡导，欠缺风险意识和投资知识的非理性投资者可能会更加偏好于追随政策导向，追捧科技型企业的股票，从而导致企业估值中的投资行为估值占比提升。因此，应当尽可能加强投资者教育，引导投资者对科技型企业做出正确的价值判断，避免盲目跟风造成的不合理技术估值溢价。

参考文献

[1] 傅传锐，洪运超. 公司治理、产品市场竞争与智力资本自愿信息披露：基于我国 A 股高科技行业的实证研究. 中国软科学，2018（5）.

[2] 李红娟. 国有科技型企业市场化改革问题与对策研究. 经济纵横，2021（7）.

[3] 刘恩华，胡晓鹏. 基于产业生命周期的汽车产业链研究. 广东财经大学学报，2013，28（5）.

[4] 刘浩，李强，曾勇. 增长机会、异质信念与企业估值. 系统管理学报，2023，32（1）.

[5] 潘红玉，贺正楚，吴敬静. 专利对中国经济增长的影响：基于 31 个省市面板数据分析. 系统工程，2017，35（10）.

[6] 彭红星，毛新述. 政府创新补贴、公司高管背景与研发投入：来自我国高科技行业的经验证据. 财贸经济，2017，38（3）.

[7] 吴应宇，胡婕，路云. 基于产业周期理论的并购定价模型设计. 东南大学学报（哲学社会科学版），2007（2）.

[8] 邢斐，陈诗英，蔡嘉瑶. 企业集团、产业生命周期与战略选择. 中国工业经济，2022（6）.

[9] 张赤东. 建设创新型企业：战略意义、内涵、特点与着力点. 中国科技论坛，2010（5）.

[10] Agarwal, R., and G., Michael. "The Evolution of Markets and Entry, Exit and Survival of Firms." *Review of Economics and Statistics*，1996，78（3）.

[11] Gort, M., and K., Steven. "Time Paths in the Diffusion of Product Innova-

tions." *Economic Journal*, 1982, 92 (367).

[12] Kumar, P., and D., Li. "Capital Investment, Innovative Capacity, and Stock Returns." *The Journal of Finance*, 2016, 71 (5).

[13] Steven, K. "Firm Survival and the Evolution of Oligopoly." *The RAND Journal of Economics*, 2002, 33 (1).

[14] Steven, K., and G., Elizabeth. "The Evolution of New Industries and the Determinants of Market Structure." The *RAND Journal of Economics*, 1990, 21 (1).

第六章
公司财务与市场估值

摘　要：公司财务基本面的研究一直是市场估值的核心组成部分。本章基于实证资产定价主流的多因子模型，使用几个能够解释股票收益的因子所对应的财务指标，检验了这些财务指标与市盈率之间的关系。实证结果表明，上市公司总市值、账面市值比、净资产收益率、总资产变化率均与市盈率呈显著负相关关系，但资产负债率与之没有显著的相关关系。分行业情况来看，制造业、金融业与总样本情况较为一致，但银行业与总样本情况存在明显差异。银行由于市场估值整体偏低，多数财务指标对其估值失效。各项财务指标下，国有企业的市场估值都要显著低于非国有企业。本章对加深具有中国特色的、成熟完善的估值体系（简称"中特估"）问题的认识有一定的参考价值，对中国银行业市场估值体系变革有一定的借鉴意义。

公司财务基本面分析一直是股票定价的基础和核心之一。资产定价与公司财务都是现代金融学的重要研究范畴，二者的理论与实践发展始终密不可分。Modigliani 和 Miller（1958）提出了著名的 MM 定理，并讨论了企业的资本结构与公司价值之间的关系。Myers 和 Majluf（1984）提出了优序融资理论，认为公司在为新项目融资时，应遵循内部融资、外部债权融资、外部股权融资的顺序。当企业宣布发行股票时，投资者意识到企业管理者会利用其内部信息发行新股，会调低对现有股票和新发股票的估价，导致股票价格下降、企业市场价值降低。除此之外，大量理论和研究都表明资产定价与公司财务之间存在紧密的联系。

一、资产定价理论与公司财务

MM 定理是公司金融的重要基石之一。继 MM 定理之后，强调 MM 定理中所忽略的信息与激励问题的代理成本理论和优序融资理论等一系列理论，不断丰富和完善公司资本结构问题的相关内容，并延伸成如今浩瀚的公司金融领域文献。MM 定理（尤其是无关性定理，即无税 MM 定理命题 I）中的思想还指引了资产定价领域的后续发展，例如 Cox 和 Ross（1976）认为 BS 期权定价公式的结果某种意义上可视为 MM 定理的动态表述。近年来的研究还表明，MM 定理甚至可以应用于理解宏观层面国家资本结构问题（Bolton and Huang，2018）。

20 世纪六七十年代，资产定价理论迎来了发展的黄金时期。如今耳熟能详的资产定价模型，如 Sharpe 和 Lintner 等构造的资本资产定价模型（CAPM）、Ross 的套利定价理论（APT）、Black 和 Scholes 的期权定价理论等，都是在这一时间诞生出来的。Fama 和 Macbeth（1973）首次实证检验了资本资产定价模型，并发现市场 β 对股票的预期收益有显著的解释力。自此之后，成百上千的文章开始解释股票预期收益率的横截面差异。基于 Ross 提出的套利定价理论，我们可以根据任意特征挑选一揽子股票并构建多空投资组合，若该组合的收益率无法被因子模型解释，则称该特征为一个异象（Anomaly）。

在 20 世纪 80 年代和 90 年代，人们逐渐发现了一些 CAPM 无法解释的定价偏差或异象，其中包括了规模效应（Banz，1981）和价值效应。一个异象是可能成为一个优秀因子的；然而由于异象之间的相关性，并非所有异象都是因子。一个因子应该能够对解释资产（可以是个股，也可以是由个股组成的投资组合）预期收益率的截面差异有显著的增量贡献。如果异象满足上述条件，它就可以被称为一个因子。Fama 和 French（1992）将各种 CAPM 无法解释的异象进行了整合，并将能够解释股票预期收益率的多个异象进行了多元回归，发现市值和账面市值比这两个变量吸收了其他变量（财务杠杆和市盈率倒数）的解释能力，成为解释股票横截面收益率的决定性风险因子。

为了更好地解释股票横截面收益率，Fama 和 French（1993）提出了三因子模型[①]，该模型取代 CAPM 成为资产定价的新范式。从此，实证资产定价出现了大量能够预测股票预期收益率的异象或因子，并形成了各式各样的多因子模型。首先，规模效应是指小规模上市公司股票的平均超额收益率高于 CAPM 所能解释的水平，具有比大公司股票更高的 β 值和更高的平均收益率。通过按规模和 β 值对股票进行排序，发现高 β 值股票的收益率并不高于相同规模的低 β 值股票，这进一步引起了人们对规模效应的关注。其次，价值效应表明股票收益率能够用企业市场价值与会计指标（如账面市值比，Book-to-Market，B/M）的比率来预测（Basu，1983；Rosenberg，Reid and Lanstein，1985；Fama and French，1992）。此外，还有一些其他异象被学者发现，例如 Jegadeesh 和 Titman（1993）发现了动量效应，之后便有了 Carhart（1997）的四因子模型。

本章整理了目前学术界广泛认可的一些多因子模型，包括 Fama-French 三因子模型（Fama and French，1993）、Carhart 四因子模型、Novy-Marx 四因子模型（Novy-Marx，2013）、Fama-French 五因子模型（Fama and French，2015）、Hou-Xue-Zhang 四因子模型（Hou et al.，2015）、Stambaugh-Yuan 四因子模型（Stambaugh and Yuan，2017）、Daniel-Hirshleifer-Sun 三因子模型（Daniel et al.，2020），具体如表 6-1 所示。

表 6-1 主要的因子定价模型

模型	所含因子类型	出处
Fama-French 三因子模型	市场、规模、价值	Fama and French（1993）
Carhart 四因子模型	市场、规模、价值、动量	Carhart（1997）
Novy-Marx 四因子模型	市场、价值、动量、盈利	Novy-Marx（2013）

[①] Fama 和 French（1993）在 CAPM 的基础上加入规模因子（Small-Minus-Big，即 SMB）和价值因子（High-Minus-Low，即 HML），形成了三因子模型，该模型成为实证资产定价中多因子模型的范式。

续表

模型	所含因子类型	出处
Fama-French 五因子模型	市场、规模、价值、盈利、投资	Fama and French (2015)
Hou-Xue-Zhang 四因子模型	市场、规模、盈利、投资	Hou et al. (2015)
Stambaugh-Yuan 四因子模型	市场、规模、管理、表现	Stambaugh and Yuan (2017)
Daniel-Hirshleifer-Sun 三因子模型	市场、长周期行为、短周期行为	Daniel et al. (2020)

通过以上多因子模型可以发现，实证资产定价模型中有不少因子属于公司财务基本面。Harvey 等（2016）统计了 313 篇预测股票横截面收益率的实证文章，发现这些文章找到的 300 多个因子中，基于公司财务基本面的因子占据了很大的比例。由于股票收益率一直是资产定价研究领域的一个核心问题，这些被发现的因子也受到了学界和业界的广泛关注。尽管各类因子不尽相同，但是很多变量之间存在较强的相关性，反映的公司基本面信息存在一定的相通之处。因此，本章从规模效应、价值效应、负债水平、盈利能力、投资水平五个方面选取了五个变量，作为实证研究的主要分组变量，具体如表 6-2 所示。

表 6-2 公司财务指标选择

规模效应	公司总市值（上一年总市值）
价值效应	账面市值比（上一年总资产与总市值之比）
负债水平	资产负债率（上一年总负债占总资产的比重）
盈利能力	净资产收益率（上一年 Roe）
投资水平	总资产变化率（上一年总资产增速）

值得关注的是大数据和人工智能等新技术在资产定价方面的应用和影响。本章仅从最基础的财务指标入手进行简要的分析。从大数据角度来看，可以通过各项财务指标的组合来构造大量的变量，进而对股票收益率等进行预测。例如，Yan 和 Zheng（2017）的研究试图提出一种重新衡量这些因子的方法，即通过构建一个由超过 18 000 个基本面因子组成的集合和 bootstrap 的计量方法来判断那些特别显著的因子的产生是不是偶然的结果。其研究发现主要有：第一，在控制了数据挖掘（data-mining）的影响后，许多与公司基本面有关的因子还是能够很好地预测股票收益率；第二，这些因子所能带来的超额收益在那些存在套利限制的股票中更高，在投资者情绪高涨时期会更加显著。以上发现表明，基本面因子的产生并非偶然的结果，而是与市场错误定价密切相关。

不可否认的是，这些新方法的运用有助于更好地预测股票收益率等问题。但必须承认的是，大量基本面因子之间存在很强的相关性，所以本章主要从这些简单的财务指标入手。

二、公司财务与市场估值的实证分析：总体情况

市盈率是每股股票价格除以每股收益（Earnings per Share，EPS）后得到的比率，是股票市场广泛采用的估值指标之一。市盈率本质上体现了市场对上市公司的期望，具体反映了投资者预计收回股票投资所需的时间，因此可以用来衡量企业的估值情况。由于公司股价在一年内波动较大，所以本章基于日度交易数据得到每家公司当年的平均股价后再除以当年的每股收益，进而得到该上市公司当年的市盈率指标。上市公司每年的每股收益存在一定波动，特别是有些公司当年的每股收益特别低时，当年市盈率容易出现极端值。因此，本章剔除了市盈率大于 300 的样本以及当年盈利为负的样本。

在实证方法方面，本章先将相关财务指标从低到高分成 5 组，之后计算组内的平均市盈率，由此比较各组的平均市盈率大小。具体来说，本章使用 2007—2022 年上市公司的各项年度财务指标进行计算，得到所有 A 股上市公司的市盈率以及表 6-2 中的相关财务指标（公司总市值、账面市值比、净资产收益率、总资产变化率和资产负债率），分组后计算平均市盈率以及各组中国有企业占比。通过比较各组平均市盈率的大小，判断各项财务指标由低到高所对应的平均市盈率变化情况，进而判断各项财务指标与市盈率之

间的相关性。此外，本章还计算了各项财务指标（如公司总市值）分组中最高组样本与最低组样本的平均市盈率之差。

（一）规模效应

规模因子广泛出现在各因子定价模型中，市值是构造规模因子的主要变量。这里按照上市公司总市值从低到高将上市公司分成5组后计算各组的平均市盈率，结果如表6-3所示。首先，从各年的分组情况来看，上市公司总市值越大，该组平均市盈率越低，由此说明公司总市值与市盈率之间存在明显的负相关关系。表6-3最后一行所反映的是总市值最高组样本与最低组样本的平均市盈率之差，每年的差值均为负，且绝对值较大，进一步说明公司总市值与市盈率之间存在负相关关系。其次，从各行括号内的各组国有企业占比来看，上市公司总市值越大，国有企业占比越高，说明中国国有企业整体的市值规模较大。以2022年为例，总市值最低组中国有企业占比仅为11%，而总市值最高组中国有企业占比为42%。从规模因子来看，小市值公司的股票横截面收益率相对更高，这与表6-3的基本结论保持一致。

此外，从近5年来看，不同市值分组下平均市盈率都处于较低水平，这反映了A股市场整体低估值的情况。表6-3还反映出不同市值分组下，国有企业的占比整体都在下降，各组国有企业占比均低于50%。这主要是因为，近年来IPO企业中国有企业占比越来越低，导致国有企业整体的占比下降较多。

（二）价值效应

价值因子也广泛出现在因子定价模型中，与市场因子和市值因子一并构成了经典的Fama-French三因子定价模型。这里按照上市公司账面市值比从低到高将上市公司分成5组后计算各组的平均市盈率，结果如表6-4所示。首先，从整体上来看，上市公司账面市值比越高，该组平均市盈率越低，由

中国资本市场估值理论体系的要素分析

表6-3 规模效应分组下市盈率比较与国企分布

分组	2007	2008	2009	2010	2011	2012	2013	2014	2015	2016	2017	2018	2019	2020	2021	2022
1	93 (43%)	70 (41%)	72 (42%)	87 (35%)	84 (24%)	62 (23%)	77 (24%)	97 (31%)	118 (30%)	106 (35%)	92 (22%)	67 (22%)	69 (20%)	75 (21%)	64 (17%)	64 (11%)
2	90 (50%)	66 (45%)	75 (47%)	78 (39%)	62 (35%)	52 (32%)	59 (35%)	73 (34%)	95 (32%)	90 (31%)	77 (24%)	54 (23%)	56 (23%)	61 (23%)	49 (19%)	56 (17%)
3	79 (61%)	56 (59%)	65 (54%)	66 (50%)	55 (48%)	44 (42%)	54 (43%)	60 (37%)	85 (35%)	77 (27%)	64 (30%)	47 (28%)	44 (27%)	57 (23%)	48 (24%)	51 (24%)
4	71 (64%)	50 (64%)	62 (57%)	53 (47%)	47 (42%)	40 (43%)	45 (41%)	50 (37%)	75 (33%)	70 (32%)	59 (31%)	43 (32%)	43 (33%)	51 (29%)	47 (28%)	45 (29%)
5	48 (74%)	30 (75%)	44 (72%)	35 (67%)	33 (63%)	34 (63%)	36 (60%)	37 (57%)	56 (52%)	47 (48%)	40 (50%)	32 (48%)	32 (48%)	42 (42%)	43 (40%)	37 (42%)
差	-44 (31%)	-39 (34%)	-28 (30%)	-51 (32%)	-50 (39%)	-29 (40%)	-40 (36%)	-59 (26%)	-62 (22%)	-59 (13%)	-52 (28%)	-35 (26%)	-38 (28%)	-33 (21%)	-21 (23%)	-26 (31%)

说明：最后一行的"差"为各项财务指标（此处为总市值）分组中最高组样本与最低组样本的平均市盈率之差；括号内为各组国有企业占比。

第六章 公司财务与市场估值

表 6-4 价值效应分组下市盈率比较与国企分布

分组	2007	2008	2009	2010	2011	2012	2013	2014	2015	2016	2017	2018	2019	2020	2021	2022
1	78 (48%)	61 (47%)	68 (40%)	80 (39%)	77 (38%)	68 (37%)	74 (33%)	83 (27%)	108 (27%)	107 (19%)	95 (22%)	72 (18%)	69 (19%)	85 (18%)	76 (16%)	64 (15%)
2	78 (60%)	54 (53%)	65 (52%)	69 (48%)	63 (39%)	48 (40%)	60 (34%)	70 (30%)	98 (29%)	89 (22%)	74 (20%)	55 (18%)	54 (20%)	65 (17%)	59 (16%)	56 (17%)
3	77 (58%)	54 (63%)	69 (62%)	64 (54%)	56 (42%)	47 (35%)	53 (36%)	66 (34%)	86 (37%)	74 (30%)	65 (26%)	45 (26%)	49 (22%)	59 (22%)	50 (19%)	52 (16%)
4	74 (68%)	49 (61%)	57 (65%)	53 (58%)	48 (45%)	37 (38%)	50 (44%)	57 (46%)	75 (42%)	67 (43%)	57 (39%)	42 (37%)	44 (36%)	47 (35%)	42 (31%)	46 (26%)
5	65 (70%)	50 (68%)	55 (65%)	47 (74%)	36 (73%)	35 (63%)	35 (55%)	39 (66%)	54 (59%)	50 (68%)	42 (67%)	30 (58%)	28 (58%)	34 (57%)	26 (56%)	31 (56%)
差	−13 (22%)	−11 (21%)	−13 (25%)	−34 (35%)	−41 (35%)	−33 (26%)	−39 (22%)	−44 (39%)	−53 (32%)	−56 (49%)	−52 (45%)	−41 (40%)	−41 (39%)	−51 (39%)	−50 (40%)	−33 (41%)

说明：同表 6-3。

此说明公司账面市值比与市盈率之间存在明显的负相关关系。这一现象在 2010 年及以后表现较为明显。表 6-4 最后一行反映了账面市值比最高组样本与最低组样本的平均市盈率之差均为负，且在 2010 年及以后差值的绝对值都较大，进一步说明公司账面市值比与市盈率之间存在负相关关系。其次，从各行括号内的各组国有企业占比来看，上市公司账面市值比越大，国有企业占比越高，说明国有企业占比和账面市值比之间存在显著的正相关关系。以 2022 年为例，账面市值比最低组中国有企业占比仅为 15%，而账面市值比最高组中国有企业占比高达 56%。

此外，从近 5 年来看，不同账面市值比分组下平均市盈率都处于较低水平，这反映了 A 股市场整体低估值的情况。表 6-4 还反映出不同账面市值比分组下，尽管国有企业的占比整体都在下降，但在最高组中国有企业占比仍均高于 50%。

(三) 负债水平

资产负债率能够衡量企业的负债水平，并反映企业的财务风险程度。早在 MM 定理中，学者们就开始讨论财务杠杆与公司价值之间的关系。这里按照上市公司财务杠杆率从低到高将上市公司分成 5 组后计算各组的平均市盈率，结果如表 6-5 所示。从 2007—2013 年的数据来看，上市公司市盈率与杠杆率之间无显著相关关系；2013 年以后，整体表现出上市公司杠杆率越高，平均市盈率越低的特点，反映出公司杠杆率与市盈率之间存在一定的负相关关系。表 6-5 最后一行反映的是杠杆率最高组样本与最低组样本的平均市盈率之差，除 2009 年和 2012 年外，其余年份的差值均为负，且在 2014 年及以后差值的绝对值大多较大，进一步说明公司杠杆率与市盈率之间存在负相关关系。从国有企业占比来看，上市公司杠杆率越高，国有企业占比越高，说明国有企业占比和杠杆率之间存在显著的正相关关系。这一现象在 2007 年以后越来越明显。以 2022 年为例，杠杆率最低组中国有企业占比仅为 12%，而杠杆率最高组中国有企业占比高达 41%，且这一分组在 2018 年以前国有企业占比都在 50% 以上。

表 6-5 负债水平分组下市盈率比较与国企分布

分组	2007	2008	2009	2010	2011	2012	2013	2014	2015	2016	2017	2018	2019	2020	2021	2022
1	82 (54%)	57 (49%)	57 (39%)	64 (20%)	57 (14%)	42 (14%)	55 (18%)	70 (18%)	95 (19%)	86 (16%)	73 (16%)	54 (18%)	50 (16%)	66 (13%)	62 (13%)	57 (12%)
2	71 (59%)	53 (53%)	63 (53%)	63 (43%)	52 (32%)	45 (29%)	54 (30%)	64 (30%)	81 (25%)	76 (25%)	68 (23%)	51 (24%)	50 (25%)	56 (22%)	49 (19%)	48 (16%)
3	70 (58%)	52 (58%)	68 (52%)	62 (50%)	56 (46%)	48 (41%)	53 (39%)	58 (37%)	84 (35%)	77 (30%)	67 (27%)	48 (26%)	48 (28%)	56 (26%)	47 (24%)	49 (22%)
4	79 (64%)	54 (64%)	63 (67%)	61 (63%)	55 (54%)	48 (55%)	55 (52%)	60 (48%)	82 (43%)	79 (44%)	64 (37%)	47 (36%)	48 (33%)	58 (30%)	48 (28%)	49 (30%)
5	66 (57%)	50 (61%)	60 (61%)	54 (63%)	51 (67%)	44 (63%)	51 (63%)	57 (63%)	69 (62%)	59 (59%)	52 (54%)	40 (50%)	42 (48%)	44 (46%)	40 (45%)	42 (41%)
差	−16 (3%)	−7 (12%)	3 (22%)	−10 (43%)	−6 (53%)	2 (49%)	−4 (45%)	−13 (45%)	−27 (43%)	−27 (43)	−21 (38%)	−13 (32%)	−8 (32%)	−23 (33%)	−22 (32%)	−15 (29%)

说明：同表 6-3。

(四) 盈利能力

自 Novy-Marx (2013) 最早在多因子定价模型中引入盈利因子以后，后续学者们越来越关注盈利能力对股票横截面收益率的影响，如 Fama-French 五因子模型和 Hou-Xue-Zhang 四因子模型。这里按照上市公司净资产收益率从低到高将上市公司分成 5 组后计算各组的平均市盈率，结果如表 6-6 所示。由该表可知，上市公司净资产收益率越高，该组平均市盈率越低，由此说明公司净资产收益率与市盈率之间存在显著的负相关关系。表 6-6 最后一行所反映的是净资产收益率最高组样本与最低组样本的平均市盈率之差，每年的差值均为负，且绝对值都较大，这进一步说明公司净资产收益率与市盈率之间存在显著的负相关关系。从国有企业占比来看，上市公司净资产收益率上升，国有企业占比没有显著差异，说明国有企业占比和净资产收益率之间不存在显著的相关关系。以 2022 年为例，杠杆率最低组中国有企业占比为 24%，而杠杆率最高组中国有企业占比为 21%，中间三组的国有企业占比则在 27%左右，说明国有企业的盈利能力分布比较均匀。

(五) 投资水平

Fama-French 五因子模型等的投资因子通过总资产变化率进行构造，反映了公司的投资活动和未来成长性。这里按照上市公司总资产变化率从低到高将上市公司分成 5 组后计算各组的平均市盈率，结果如表 6-7 所示。首先，从各年的分组情况来看，上市公司总资产变化率越高，该组平均市盈率越低，由此说明公司总资产变化率与市盈率之间存在明显的负相关关系。表 6-7 最后一行所反映的是总资产变化率最高组样本与最低组样本的平均市盈率之差，每年的差值均为负，且绝对值较大，进一步说明公司总资产变化率与市盈率之间存在负相关关系。其次，从各组国有企业占比来看，不同总资产变化率分组下国有企业占比差距较小，没有显著的变化。

第六章 公司财务与市场估值

表 6-6 盈利能力分组下市盈率比较与国企分布

分组	2007	2008	2009	2010	2011	2012	2013	2014	2015	2016	2017	2018	2019	2020	2021	2022
1	149 (55%)	124 (56%)	118 (59%)	126 (52%)	122 (52%)	123 (50%)	144 (47%)	152 (47%)	185 (44%)	165 (47%)	149 (42%)	118 (39%)	142 (29%)	144 (26%)	123 (27%)	144 (24%)
2	118 (65%)	78 (63%)	112 (61%)	92 (62%)	66 (40%)	56 (36%)	76 (37%)	96 (35%)	133 (41%)	122 (37%)	87 (37%)	58 (32%)	71 (34%)	81 (36%)	68 (32%)	77 (28%)
3	69 (66%)	39 (61%)	63 (61%)	55 (51%)	48 (45%)	36 (35%)	42 (38%)	54 (40%)	83 (36%)	76 (33%)	57 (35%)	37 (31%)	41 (33%)	49 (33%)	39 (31%)	41 (27%)
4	45 (57%)	30 (57%)	40 (53%)	39 (55%)	35 (48%)	29 (40%)	30 (38%)	35 (38%)	57 (38%)	55 (32%)	44 (30%)	32 (26%)	27 (29%)	35 (29%)	33 (25%)	31 (26%)
5	40 (58%)	28 (52%)	32 (50%)	34 (47%)	29 (45%)	22 (50%)	25 (43%)	30 (38%)	45 (35%)	41 (34%)	38 (27%)	26 (28%)	25 (29%)	35 (24%)	34 (19%)	27 (21%)
差	−109 (3%)	−96 (−4%)	−86 (−9%)	−91 (−5%)	−93 (−7%)	−101 (0%)	−118 (−4%)	−122 (−9%)	−140 (−9%)	−124 (−13%)	−111 (−15%)	−92 (−11%)	−116 (0%)	−109 (−2%)	−89 (−8%)	−117 (−3%)

说明：同表 6-3。

表6-7 投资水平分组下市盈率比较与国企分布

分组	2007	2008	2009	2010	2011	2012	2013	2014	2015	2016	2017	2018	2019	2020	2021	2022
1	104 (56%)	83 (51%)	74 (48%)	83 (52%)	91 (50%)	65 (47%)	81 (45%)	83 (46%)	109 (46%)	97 (50%)	89 (47%)	70 (49%)	70 (32%)	79 (24%)	70 (23%)	66 (26%)
2	93 (64%)	68 (63%)	82 (60%)	75 (58%)	64 (56%)	55 (48%)	61 (44%)	67 (40%)	89 (46%)	82 (46%)	71 (45%)	52 (42%)	55 (40%)	67 (36%)	56 (37%)	59 (33%)
3	77 (65%)	49 (64%)	66 (62%)	64 (57%)	46 (58%)	45 (46%)	49 (40%)	56 (42%)	73 (43%)	69 (42%)	59 (40%)	42 (34%)	44 (35%)	51 (34%)	44 (36%)	43 (32%)
4	63 (61%)	44 (65%)	55 (60%)	49 (61%)	44 (56%)	40 (50%)	45 (42%)	53 (38%)	73 (37%)	61 (34%)	55 (32%)	43 (26%)	40 (29%)	47 (36%)	40 (30%)	41 (26%)
5	59 (60%)	40 (58%)	48 (60%)	46 (56%)	43 (44%)	37 (39%)	44 (40%)	57 (36%)	80 (27%)	74 (20%)	59 (19%)	41 (19%)	43 (20%)	46 (24%)	47 (20%)	46 (17%)
差	−45 (4%)	−43 (7%)	−27 (12%)	−37 (4%)	−49 (−6%)	−28 (−8%)	−37 (−5%)	−26 (−10%)	−29 (−9%)	−23 (−30%)	−30 (−28%)	−29 (−30%)	−27 (−12%)	−32 (0%)	−23 (−3%)	−20 (−9%)

说明：同表6-3。

通常而言，资产规模增长率高的企业被认为是成长性强且具有较好预期的企业，市场往往会给出较高估值，但这与我们的分组观测结果不符。原因可能有以下几点：

第一，根据 Fama-French 五因子模型对投资因子（CMA）的定义，总资产增长率高意味着企业过去投入大量资金。尽管企业基本面较好，但过度投资可能会导致企业现金流不足，带来财务风险。

第二，资产规模高增长可能来自债务规模扩张。大型上市公司尤其是国有上市公司能以较低成本获得银行贷款等融资，企业总资产规模可能迅速扩大，但这并不意味着企业盈利能力提高，预期收益增加，所以企业相对估值水平并不会随着企业成长速度加快而提高，反而可能由于企业从事非营利性经营活动而下降。

第三，真正具备内生增长能力的成长股在上市初期往往不具备较多实物资产和稳定的现金流，无法通过举债迅速扩大自身经营规模。这类企业通过上市获得低成本的直接融资，总资产增长速度不一定快过大市值企业。因此，小市值（高估值）企业在上市前几年不一定具备高成长速度。

第四，市场长期存在大股东减持的现象，投资者对新上市、小市值的企业估值可能会较为谨慎。因此，高增长不一定带来高估值。

三、公司财务与市场估值的实证分析：重点行业情况

制造业是国民经济中的重要组成部门，是新发展格局下经济增长的支柱。当前我国经济正处于转型升级的关键阶段，制造业的产业升级和技术创新能够带来经济长期可持续增长，对未来经济发展至关重要。制造业的高质量发展离不开金融行业的支持。支持和服务先进制造业及新兴产业发展也是金融助力实体经济的重要抓手之一。金融业为制造业的生产经营和转型升级提供多种多样的服务，满足其融资需求；制造业的发展为金融业提供了优质资产和投资机会，促进了金融业的发展，特别是资本市场的发展。

（一）重点行业基本情况分析

根据国民经济行业分类，2022年末A股上市公司中，制造业（C门类）、金融业（J门类）和银行业（J66，货币金融服务）的上市公司数量达到3 472家，占上市公司总数的69%（如表6-8所示）；市值占比达到A股总上市公司的70%（如表6-9所示）；利润占比达到74%（如表6-10所示）。其中，金融业上市公司数量占比仅3%，但市值占比达到17%，利润占比达到44%；银行业上市公司数量占比仅1%，市值占比达到11%，利润占比达到37%，在国民经济中的地位举足轻重。从盈利能力来看，制造业上市公司尽管数量与规模总和的占比（数量占比66%、市值占比53%）都很大，但是总利润占比（30%）明显逊于金融业上市公司。因此，本节分别对制造业、金融业和银行业上市公司的估值特征进行分析。

表6-8　2013—2022年制造业、金融业和银行业上市公司数量及占比

行业	指标	2013	2014	2015	2016	2017	2018	2019	2020	2021	2022
制造业	公司数量（家）	1 442	1 533	1 683	1 828	2 159	2 224	2 355	2 673	3 044	3 345
	占比（%）	58	59	60	60	62	62	63	64	65	66
金融业	公司数量（家）	74	74	78	88	93	103	116	121	127	127
	占比（%）	3	3	3	3	3	3	3	3	3	3
银行业	公司数量（家）	17	17	17	25	26	30	38	39	43	43
	占比（%）	1	1	1	1	1	1	1	1	1	1
所有行业上市公司总数（家）		2 468	2 591	2 808	3 032	3 467	3 565	3 756	4 174	4 679	5 058

表6-9　2013—2022年制造业、金融业和银行业上市公司市值占比（%）

行业	2013	2014	2015	2016	2017	2018	2019	2020	2021	2022
制造业	37	33	40	41	42	40	43	53	58	53
金融业	28	31	23	23	25	28	28	21	17	17
银行业	21	21	14	15	16	19	17	12	10	11

表 6-10 2013—2022 年制造业、金融业和银行业上市公司利润占比（%）

行业	2013	2014	2015	2016	2017	2018	2019	2020	2021	2022
制造业	16	16	15	20	25	23	19	27	32	30
金融业	53	56	60	54	48	48	52	50	46	44
银行业	49	49	49	46	40	41	42	40	37	37

（二）制造业分析

1. 规模效应——制造业

我们按照总市值从低到高将制造业上市公司分成 5 组后计算各组的平均市盈率，结果如表 6-11 所示。从整体上来看，各组制造业上市公司的平均市盈率在近年来保持较低的水平。从总市值分组与平均市盈率之间的关系来看，制造业上市公司的总市值越高，其平均市盈率越低，说明制造业上市公司的总市值与市盈率之间存在负相关关系。这一结论与总体情况保持一致。值得注意的是，从最后一行来看，总市值最高组样本与最低组样本的平均市盈率之差的绝对值在 2021 年达到最低，仅为 6，2014 年最高，为 53。这说明制造业上市公司的总市值与市盈率之间的负相关关系在减弱。

表 6-11 规模效应分组下市盈率比较——制造业

分组	2007	2008	2009	2010	2011	2012	2013	2014	2015	2016	2017	2018	2019	2020	2021	2022
1	84	70	78	91	72	64	74	97	115	107	98	68	69	77	59	56
2	81	64	79	73	62	52	61	65	91	87	84	56	57	60	55	56
3	80	56	61	69	57	46	54	68	92	85	67	50	46	49	48	52
4	72	50	68	57	52	43	52	58	85	78	64	46	43	51	46	48
5	47	30	48	41	38	36	41	44	64	57	48	36	37	52	53	41
差	-37	-40	-30	-50	-34	-28	-33	-53	-51	-50	-49	-32	-32	-25	-6	-14

2. 价值效应——制造业

我们按照账面市值比从低到高将制造业上市公司分成 5 组后计算各组的平均市盈率，结果如表 6-12 所示。从账面市值比分组与平均市盈率之间的关系来看，制造业上市公司的账面市值比越高，其平均市盈率反而越低，说明制造业上市公司的账面市值比与市盈率之间存在负相关关系。这一结论同样与总体情况保持一致。从最后一行来看，账面市值比最高组样本与最低组样本的平均市盈率在 2010 年以后存在明显的差异，进一步说明上市公司的账面市值比与市盈率之间存在负相关关系。

表 6-12 价值效应分组下市盈率比较——制造业

分组	2007	2008	2009	2010	2011	2012	2013	2014	2015	2016	2017	2018	2019	2020	2021	2022
1	69	63	59	81	69	61	68	77	108	109	94	63	65	79	76	63
2	72	49	63	72	60	43	55	66	93	91	77	56	54	60	60	54
3	79	57	75	62	57	47	58	66	87	73	72	49	51	61	50	49
4	71	49	69	55	46	44	49	62	78	69	60	48	43	47	43	49
5	70	50	62	57	48	46	49	57	74	66	53	39	37	50	34	38
差	1	−13	3	−24	−21	−15	−19	−20	−34	−43	−41	−24	−28	−30	−41	−25

3. 负债水平——制造业

我们按照资产负债率从低到高将制造业上市公司分成 5 组后计算各组的平均市盈率，结果如表 6-13 所示。从整体上来看，各组制造业上市公司的平均市盈率的差异没有出现明显的分化现象。从最后一行来看，资产负债率最高组样本与最低组样本的平均市盈率之差为正的年份较多，但这个差的绝对值在 2013 年以后变得较小。这些证据表明资产负债率与市盈率之间有一定的正相关关系，但这种相关性表现较弱。这与总体样本下的弱负相关关系存在一定的区别。从 MM 定理角度来看，在没有税收的情况下，资本结构与公司价值无关；在有税收的情况下，负债提供的税盾有助于提升公司价值。这里的结果表明，由税盾带来的价值提升并不明显，由此说明：公司的资产负债率越高，其破产风险越大，受到的负面影响也越大。

表 6-13　负债水平分组下市盈率比较——制造业

分组	2007	2008	2009	2010	2011	2012	2013	2014	2015	2016	2017	2018	2019	2020	2021	2022
1	73	48	58	66	53	40	49	66	91	85	68	53	50	67	61	47
2	77	52	61	61	48	39	49	58	82	81	74	50	44	53	47	49
3	61	46	62	57	54	43	59	61	82	79	65	49	51	56	49	44
4	75	61	75	69	55	55	57	69	88	79	68	47	50	57	50	50
5	72	58	72	69	64	62	68	72	94	80	74	55	55	63	55	61
差	−1	10	14	3	11	22	19	6	3	−5	6	2	5	−4	−6	14

4. 盈利能力——制造业

我们按照净资产收益率从低到高将制造业上市公司分成 5 组后计算各组的平均市盈率，结果如表 6-14 所示。从整体上来看，制造业上市公司的净资产收益率越高，其平均市盈率越低，说明制造业上市公司的净资产收益率与市盈率之间存在负相关关系。这一结论同样与总体情况保持一致。从最后一行来看，总市值最高组样本与最低组样本的平均市盈率之间一直保持较大的差异，该差异的绝对值在 2011 年最小，但也达到 82，2015 年该差异的绝对值最大，为 145。这说明制造业上市公司的净资产收益率与市盈率之间的负相关关系十分稳健。这个显著差异主要是由最低的两组造成的，而最高的两组之间的市盈率之差则相对较小。从盈利成长性来看，低组上市公司的成长空间和预期收益率的变化相对更大，所以市场愿意赋予这些上市公司更高的估值。

表 6-14　盈利能力分组下市盈率比较——制造业

分组	2007	2008	2009	2010	2011	2012	2013	2014	2015	2016	2017	2018	2019	2020	2021	2022
1	160	133	136	135	114	127	142	153	189	153	161	124	144	150	121	145
2	113	74	118	98	63	59	83	103	141	137	95	60	77	84	66	70
3	63	36	69	58	51	37	47	59	89	85	63	41	41	52	41	40
4	42	28	42	42	38	31	38	38	63	59	47	33	29	36	35	31
5	39	29	32	35	32	23	26	31	44	42	39	27	26	36	36	28
差	−121	−104	−104	−100	−82	−104	−116	−122	−145	−111	−122	−97	−118	−114	−85	−117

5. 投资水平——制造业

我们按照资产变化率从低到高将制造业上市公司分成5组后计算各组的平均市盈率，结果如表6-15所示。从整体上来看，制造业上市公司的资产变化率越高，其平均市盈率越低，说明制造业上市公司的资产变化率与市盈率之间存在负相关关系。这一结论同样与总体情况保持一致。从最后一行来看，资产变化率最高组样本与最低组样本的平均市盈率之差一直保持在较为显著的水平，这说明制造业上市公司的资产变化率与市盈率之间的负相关关系十分稳健。从差的绝对值来看，最高组与最低组的差异在近几年有所减小。这些证据表明，市场更愿意赋予投资较为稳健的上市公司更高的估值。

表6-15 投资水平分组下市盈率比较——制造业

分组	2007	2008	2009	2010	2011	2012	2013	2014	2015	2016	2017	2018	2019	2020	2021	2022
1	90	80	81	90	90	65	79	83	123	104	102	77	75	77	71	66
2	99	71	89	81	67	56	64	71	100	91	79	56	58	72	59	57
3	77	50	66	65	48	49	53	61	78	73	66	46	45	54	46	44
4	59	42	59	53	46	47	50	57	72	66	58	46	42	48	44	42
5	55	37	51	48	44	39	44	61	81	76	59	42	45	51	49	46
差	-35	-43	-30	-42	-46	-26	-35	-22	-42	-28	-43	-35	-30	-26	-22	-20

（三）金融业分析

1. 规模效应——金融业

我们按照总市值从低到高将金融业上市公司分成5组后计算各组的平均市盈率，结果如表6-16所示。从整体上来看，各组金融业上市公司的平均市盈率在逐年下降，且下降的趋势十分明显。从总市值分组与平均市盈率之间的关系来看，金融业上市公司的总市值越高，其平均市盈率越低，说明金融业上市公司的总市值与市盈率之间存在显著的负相关关系。这一结论与总体情况保持一致。从最后一行来看，总市值最高组样本与最低组样本的平均市盈率之差的绝对值在2011年以后逐步下降，2022年达到最低，仅为25，在 2010 年最高,达到 135。金融业上市公司最高组与最低组的平均市盈率之差之所以缩小,主要还是因为金融业整体的估值在逐年下降。实际上,中国金融机构中有大量的国有企业说明,国有金融机构的市场估值与其庞大的规模之间形成了明显的反差。

表 6-16 规模效应分组下市盈率比较——金融业

分组	2007	2008	2009	2010	2011	2012	2013	2014	2015	2016	2017	2018	2019	2020	2021	2022
1	129	104	121	149	112	91	91	64	67	83	87	51	60	48	46	34
2	94	70	60	82	67	39	70	69	44	47	36	48	52	73	28	26
3	122	37	71	50	39	71	58	46	45	23	33	24	36	31	26	28
4	51	24	49	22	17	33	25	26	37	20	18	21	32	26	18	13
5	47	23	38	14	10	10	10	8	11	9	13	10	14	13	12	9
差	−82	−81	−83	−135	−102	−81	−81	−56	−56	−74	−74	−41	−46	−35	−34	−25

2. 价值效应——金融业

我们按照账面市值比从低到高将金融业上市公司分成 5 组后计算各组的平均市盈率,结果如表 6-17 所示。从账面市值比分组与平均市盈率之间的关系来看,金融业上市公司的账面市值比越高,其平均市盈率反而越低,说明金融业上市公司的账面市值比与市盈率之间存在负相关关系。这一结论同样与总体情况保持一致。从最后一行来看,除发生金融危机的 2008 年外,账面市值比最高组样本与最低组样本的平均市盈率一直保持显著的差异。值得注意的是,最高组的平均市盈率在 2013 年及以后一直保持在 10 以内,远低于 2009 年及以前的水平。这进一步说明金融机构存在市场估值偏低的情况。

表 6-17 价值效应分组下市盈率比较——金融业

分组	2007	2008	2009	2010	2011	2012	2013	2014	2015	2016	2017	2018	2019	2020	2021	2022
1	176	55	123	91	99	78	92	87	73	77	99	55	81	92	64	59
2	69	46	46	87	60	76	62	79	51	52	36	49	41	60	35	26
3	79	40	45	64	51	57	54	26	31	23	27	23	39	23	20	17

续表

分组	2007	2008	2009	2010	2011	2012	2013	2014	2015	2016	2017	2018	2019	2020	2021	2022
4	102	49	45	28	27	17	37	22	28	15	16	25	26	17	9	7
5	77	67	50	23	10	15	7	5	7	15	8	8	9	6	6	5
差	−99	12	−73	−68	−89	−63	−85	−82	−66	−62	−91	−47	−72	−86	−58	−54

3. 负债水平——金融业

我们按照资产负债率从低到高将金融业上市公司分成5组后计算各组的平均市盈率，结果如表6-18所示。从整体上来看，金融业上市公司的资产负债率越高，其平均市盈率反而越低，说明金融业上市公司的资产负债率与市盈率之间存在负相关关系。这一结论与总体样本较为一致，但与制造业上市公司样本不太一样。从最后一行来看，资产负债率最高组样本与最低组样本的平均市盈率之差一直显著为负，且这个差的绝对值没有随年度的推移而下降得过多。金融业由于行业的特殊性，其上市公司的资产负债率整体很高，与制造业等行业上市公司的资本结构存在明显差异。但这里的证据表明，市场更愿意赋予资产负债率更低的上市公司更高的估值。此外，值得注意的是，最高组的平均市盈率在2012年及以后一直保持在10以内。

表6-18 负债水平分组下市盈率比较——金融业

分组	2007	2008	2009	2010	2011	2012	2013	2014	2015	2016	2017	2018	2019	2020	2021	2022
1	114	75	69	92	71	50	69	92	75	82	74	53	68	70	52	48
2	108	61	128	60	56	56	62	37	58	26	48	41	65	60	36	30
3	92	72	42	102	59	70	55	53	38	23	29	36	40	30	18	16
4	80	23	50	22	33	49	53	17	26	28	22	17	13	17	11	7
5	37	24	22	12	29	6	6	7	10	17	9	7	8	7	8	6
差	−77	−51	−47	−80	−42	−44	−63	−86	−68	−75	−65	−46	−60	−63	−44	−42

4. 盈利能力——金融业

我们按照净资产收益率从低到高将金融业上市公司分成5组后计算各组的平均市盈率，结果如表6-19所示。从整体上来看，金融业上市公司的净资产收益率越高，其平均市盈率越低，说明金融业上市公司的净资产收益率与市盈率之间存在负相关关系。这一结论同样与总体情况保持一致。从最后一行来看，总市值最高组样本与最低组样本的平均市盈率之间一直保持较大的差异，该差异的绝对值在2022年达到最低，但也有45，2014年达到最高，为130。这说明金融业上市公司的净资产收益率与市盈率之间的负相关关系十分稳健。这个显著差异主要体现在最低的两个组，较高的三个组之间的市盈率之差则相对较小。

表6-19 盈利能力分组下市盈率比较——金融业

分组	2007	2008	2009	2010	2011	2012	2013	2014	2015	2016	2017	2018	2019	2020	2021	2022
1	148	135	106	151	129	112	127	146	90	135	80	73	89	117	67	60
2	162	44	129	89	51	73	64	47	57	24	47	42	47	45	29	23
3	70	32	34	18	38	39	36	24	41	19	33	19	37	22	17	11
4	39	25	46	23	12	14	22	11	24	13	17	11	17	11	12	9
5	58	25	34	41	27	17	6	16	11	23	12	15	12	19	14	15
差	−90	−110	−72	−110	−102	−95	−121	−130	−79	−112	−68	−58	−77	−98	−53	−45

5. 投资水平——金融业

我们按照资产变化率从低到高将金融业上市公司分成5组后计算各组的平均市盈率，结果如表6-20所示。从最后一行来看，资产变化率最高组样本与最低组样本的平均市盈率之间整体保持较为显著的差异（2017年和2018年除外）。因此，从整体上来看，金融业上市公司的资产变化率越高，其平均市盈率越低，说明金融业上市公司的资产变化率与市盈率之间存在负相关关系。这一结论同样与总体情况保持一致。从差的绝对值来看，最高组与最低组的差异在近几年有所减小，这主要还是由金融业整体的市场估值逐年下降所导致的。

表6-20 投资水平分组下市盈率比较——金融业

分组	2007	2008	2009	2010	2011	2012	2013	2014	2015	2016	2017	2018	2019	2020	2021	2022
1	173	89	52	76	75	61	88	72	68	63	35	35	60	59	57	49
2	124	91	83	115	79	42	61	38	16	11	51	27	63	44	15	11

续表

分组	2007	2008	2009	2010	2011	2012	2013	2014	2015	2016	2017	2018	2019	2020	2021	2022
3	101	49	93	38	38	77	27	24	41	14	30	33	22	26	15	13
4	65	27	40	36	43	9	39	22	30	28	28	23	17	16	19	20
5	56	34	44	32	22	38	35	43	40	56	35	35	27	31	29	22
差	−117	−55	−8	−44	−53	−23	−53	−29	−28	−7	0	0	−33	−28	−28	−27

(四) 银行业分析

由上一小节的分析我们已经看到，金融业上市公司的市场估值与总样本和制造业上市公司都存在一定的差异，特别是金融业整体市场估值偏低。中国金融业中占据主要地位的是银行业，其中国有控股的大型商业银行更是重中之重。因此，为进一步剖析金融业的内部特征，特以银行业作为下一步的分析对象。

1. 规模效应——银行业

我们按照总市值从低到高将银行业上市公司分成5组后计算了各组的平均市盈率，结果如表6-21所示。从整体上来看，各组银行业上市公司的平均市盈率都保持在较低水平，特别是在2011年及以后，大多数年份的平均市盈率都在10以下。从最后一行来看，总市值最高组样本与最低组样本的平均市盈率仅在2008—2011年、2017年、2019年这几年存在明显差异，其他年份的差异均较小。总的来看，中国银行业的市场估值偏低，且市值规模越大，估值越低。中国的几家大型国有控股商业银行都是市值规模靠前的金融机构，说明这些上市公司存在明显的低估值现象。

表6-21 规模效应分组下市盈率比较——银行业

分组	2007	2008	2009	2010	2011	2012	2013	2014	2015	2016	2017	2018	2019	2020	2021	2022
1	33	30	27	36	20	12	15	5	8	8	25	13	45	10	9	7
2	37	20	38	12	8	6	6	6	8	6	9	7	8	8	8	6
3	39	17	13	11	8	5	6	5	7	6	8	7	7	7	7	5
4	41	20	16	13	8	6	6	5	7	7	7	6	7	7	7	5

续表

分组	2007	2008	2009	2010	2011	2012	2013	2014	2015	2016	2017	2018	2019	2020	2021	2022
5	30	17	14	10	8	6	6	5	7	6	7	7	7	6	6	5
差	−3	−13	−13	−26	−12	−6	−9	0	−1	−2	−18	−6	−38	−4	−3	−2

2. 价值效应——银行业

我们按照账面市值从低到高将银行业上市公司分成5组后计算各组的平均市盈率，结果如表6-22所示。同样，按照账面市值比分组以后，各组银行业上市公司的平均市盈率仍保持在较低水平，特别是在2011年及以后，大多数年份平均市盈率都在10以下。从账面市值比分组与平均市盈率之间的关系来看，银行业上市公司的账面市值比越高，其平均市盈率反而越低，说明银行业上市公司的账面市值比与市盈率之间存在负相关关系。这一结论同样与总体情况保持一致。从最后一行来看，除2014年外，账面市值比最高组样本与最低组样本的平均市盈率一直保持一定的差异。这些结果进一步说明银行业存在市场估值偏低的情况。

表6-22 价值效应分组下市盈率比较——银行业

分组	2007	2008	2009	2010	2011	2012	2013	2014	2015	2016	2017	2018	2019	2020	2021	2022
1	37	27	23	35	20	12	15	5	8	8	25	12	45	11	11	8
2	34	19	16	12	9	7	6	6	8	7	10	9	9	9	9	7
3	37	18	36	14	8	6	6	6	7	7	7	7	7	7	7	6
4	40	21	15	11	8	6	6	5	7	6	7	7	7	6	5	5
5	32	18	18	11	7	6	6	5	7	6	6	6	6	5	5	4
差	−5	−9	−5	−24	−13	−6	−9	0	−1	−2	−19	−6	−39	−6	−6	−4

3. 负债水平——银行业

我们按照资产负债率从低到高将银行业上市公司分成5组后计算各组的平均市盈率。除个别年份外，各组银行业上市公司的平均市盈率的差整体上没有出现明显的分化现象。这一结论与总体样本较为一致，但与金融业样本情况存在一定的差异。从近三年的数据来看，各组之间几乎不存在差异。这除了与银行业整体市场估值偏低相关外，可能还与防范系统性风险（各家银行将自身资产负债率控制在较为稳健的状态下）相关。

表 6-23 负债水平分组下市盈率比较——银行业

分组	2007	2008	2009	2010	2011	2012	2013	2014	2015	2016	2017	2018	2019	2020	2021	2022
1	30	23	27	34	19	12	15	5	7	5	22	13	40	8	8	6
2	41	18	17	12	10	6	5	5	7	6	13	10	10	9	7	6
3	37	18	13	13	8	6	6	7	7	8	7	8	6	6	7	5
4	38	17	15	12	9	6	6	6	8	7	7	7	8	7	7	6
5	33	28	36	12	9	6	6	5	8	7	9	7	9	7	8	7
差	3	5	9	-22	-10	-6	-9	1	2	1	-13	-6	-31	-1	0	1

4. 盈利能力——银行业

我们按照净资产收益率从低到高将银行业上市公司分成 5 组后计算各组的平均市盈率，结果如表 6-24 所示。从多数年份（如 2008 年、2009 年、2017 年、2019 年等）来看，银行业上市公司的净资产收益率越高，其平均市盈率越低。从近三年的数据来看，各组之间几乎不存在差异。这一结论与表 6-23 所反映的情况较为一致。这说明盈利能力的差异不会对银行业估值产生明显的影响。

表 6-24 盈利能力分组下市盈率比较——银行业

分组	2007	2008	2009	2010	2011	2012	2013	2014	2015	2016	2017	2018	2019	2020	2021	2022
1	30	29	39	14	10	12	15	6	8	6	28	12	40	9	8	6
2	39	21	16	15	8	6	6	5	8	7	8	8	9	7	7	6
3	40	17	17	11	9	6	5	8	7	8	7	9	7	7	6
4	35	19	13	12	6	6	5	7	6	7	6	8	7	7	6
5	39	17	22	31	18	6	6	5	7	6	8	10	7	7	8	6
差	9	-12	-17	17	8	-6	-9	-1	-1	0	-20	-2	-33	-2	0	0

5. 投资水平——银行业

我们按照资产变化率从低到高将银行业上市公司分成 5 组后计算各组的平均市盈率。从多数年份（除 2013 年和 2019 年外）来看，资产变化率最高组样本的平均市盈率均高于最低组样本。从整体上来看，银行业上市公司的资产变化率越高,平均市盈率反而越高,说明银行业上市公司的资产变化率与市盈率之间存在一定的正相关关系。这一结论与总体样本和金融业样本情况均不一致。从差的绝对值来看,最高组与最低组的差异在近几年有所减小,这主要还是由金融业整体的市场估值逐年下降所导致的。

表6-25　投资水平分组下市盈率比较——银行业

分组	2007	2008	2009	2010	2011	2012	2013	2014	2015	2016	2017	2018	2019	2020	2021	2022
1	33	17	22	11	9	7	15	5	7	6	7	6	42	7	5	5
2	40	30	16	11	8	6	6	5	6	7	7	9	7	7	5	4
3	37	19	16	11	9	6	5	5	7	7	7	6	7	8	7	5
4	37	19	17	13	22	6	6	5	7	6	7	7	7	7	7	6
5	41	17	37	36	10	11	6	7	8	7	11	10	10	9	7
差	8	0	15	25	1	4	−9	0	0	2	0	5	−32	3	5	2

四、公司财务与市场估值的实证分析:国有企业与非国有企业对比

(一)规模效应

我们按照市值从低到高将金融业上市公司进行分组后,对组内国有企业(以下简称国企)和非国有企业(以下简称非国企)的平均市盈率进行差分,结果如表6-26所示。结果表明,在相同市值分组下,国企在绝大多数情况下都存在价值被低估(数值为负)的情况,且市值越高,价值被低估的情况越严重。

表6-26　规模效应分组下国企与非国企的市盈率比较

分组	2007	2008	2009	2010	2011	2012	2013	2014	2015	2016	2017	2018	2019	2020	2021	2022
1	26	5	9	−10	−8	7	−11	−18	−17	4	−12	4	1	−1	8	1
2	−6	8	−6	−14	3	0	−2	−8	−20	−32	−11	−11	−16	−8	−11	−14
3	13	4	7	4	−8	1	−19	−22	−19	−10	−6	−6	−10	−9	−13	−21

续表

分组	2007	2008	2009	2010	2011	2012	2013	2014	2015	2016	2017	2018	2019	2020	2021	2022
4	−14	−5	−3	−11	−14	−5	−11	−13	−15	−19	−8	−9	−19	−16	−12	−17
5	−15	−6	−14	−16	−13	−5	−5	−16	−24	−27	−12	−9	−9	−20	−23	−17

（二）价值效应

我们按照账面市值比从低到高将金融业上市公司进行分组后，对组内国企和非国企的平均市盈率进行差分，结果如表6-27所示。与规模效应类似，在相同分组下，国企在绝大多数情况下都存在价值被低估的情况，且账面市值比越高，价值被低估的情况越严重。

表6-27 价值效应分组下国企与非国企的市盈率比较

分组	2007	2008	2009	2010	2011	2012	2013	2014	2015	2016	2017	2018	2019	2020	2021	2022
1	3	−4	13	−5	−11	−5	−12	−10	4	−3	6	3	3	−2	1	−5
2	5	9	−9	−11	−1	7	2	−13	−20	−7	−8	−4	−11	−6	−12	−10
3	−2	−2	8	−9	−2	4	−14	−9	−21	−14	−9	−6	−13	−20	−7	−13
4	−1	0	−7	−14	−7	2	−10	−24	−24	−25	−17	−10	−16	−8	−15	−16
5		−5	3	−11	−6	−18	−12	−16	−20	−25	−30	−16	−14	−17	−20	−19	−25

（三）负债水平

我们按照资产负债率从低到高将金融业上市公司进行分组后，对组内国企和非国企的平均市盈率进行差分，结果如表6-28所示。同样，国企在绝大多数情况下都存在价值被低估的情况，但具有不同资产负债率的国企在价值被低估的程度方面没有显著差异。

表6-28 负债水平分组下国企与非国企的市盈率比较

分组	2007	2008	2009	2010	2011	2012	2013	2014	2015	2016	2017	2018	2019	2020	2021	2022
1	−2	−3	−11	−10	−4	7	−10	−19	−22	−16	−9	−2	−5	−1	−6	−4
2	0	3	−9	−7	−5	4	−9	−19	−12	−15	−14	−9	−14	−5	−4	−13

续表

分组	2007	2008	2009	2010	2011	2012	2013	2014	2015	2016	2017	2018	2019	2020	2021	2022
3	−2	8	8	−7	−3	6	−9	−4	−12	−12	−7	−6	−12	−14	−12	−14
4	4	−4	−7	−11	−6	−11	−12	−20	−16	−20	−9	−6	−10	−16	−10	−17
5	4	2	15	−8	−18	−14	−11	−15	−33	−31	−12	−13	−17	−17	−23	−22

（四）盈利能力

我们按照净资产收益率从低到高将金融业上市公司进行分组后，对组内国企和非国企的平均市盈率进行了差分，结果如表6-29所示。在2012年后，国企在绝大多数情况下都存在价值被低估的情况。具有不同净资产收益率的国企在价值被低估的程度方面没有显著差异。

表6-29　盈利能力分组下国企与非国企的市盈率比较

分组	2007	2008	2009	2010	2011	2012	2013	2014	2015	2016	2017	2018	2019	2020	2021	2022
1	62	25	9	3	10	17	−9	−27	−14	−51	−25	10	−41	−37	−17	−34
2	−17	−10	−2	−16	0	11	2	−12	−12	15	3	0	−30	−29	−21	−32
3	−2	0	−2	−1	−5	−1	−6	−13	−10	−13	−13	−7	−13	−14	−13	−14
4	−4	1	2	−12	−12	−6	−11	−11	−22	−26	−15	−11	−8	−12	−11	−12
5	−4	−3	−3	−10	−13	−6	−10	−18	−25	−21	−5	−10	−8	−8	−10	−8

（五）投资水平

我们按照资产增长率从低到高将金融业上市公司进行分组后，对组内国企和非国企的平均市盈率进行了差分，结果见表6-30。在样本区间内，国企在绝大多数情况下都存在价值被低估的情况。横向对比可知，资产增长率高的国企的价值更易于被低估，这从侧面反映了市场对投资水平高的企业的良好预期。

表 6-30　投资水平分组下国企与非国企的市盈率比较

分组	2007	2008	2009	2010	2011	2012	2013	2014	2015	2016	2017	2018	2019	2020	2021	2022
1	31	3	−6	−6	−14	−4	−14	−34	−25	−30	−12	−16	−29	−19	−21	−24
2	−6	−14	−17	−15	−13	−2	−3	−15	−18	−8	−4	−4	−11	−16	−13	−11
3	−11	−6	−1	−9	−9	−7	−10	−18	−14	−6	−10	−7	−12	−2	−11	−15
4	−10	3	11	−15	−4	−15	−9	−14	−17	−12	−11	−7	−11	−7	−13
5	0	10	−11	−5	−8	−3	−14	−8	−30	−26	−12	−3	−14	−13	−13	−15

五、结论与展望

本章通过选取几个重要的财务指标，按照分组的方式来比较具有不同财务指标的上市公司的平均市盈率大小。从总体来看，上市公司总市值、账面市值比、净资产收益率、总资产变化率均与市盈率之间存在显著的负相关关系，但资产负债率与市盈率之间不存在显著的相关关系。分行业来看，制造业（除资产负债率外）、金融业情况与总样本较为一致，但银行业情况与总样本存在明显差异。银行由于市场估值整体偏低，多数财务指标对其估值失效。从国有企业与非国有企业的差异来看，在各项财务指标下，国有企业的市场估值都要显著低于非国有企业。具体的结论如表 6-31 所示。

表 6-31　公司财务指标与市盈率

指标	总样本 市盈率	总样本 国企占比	制造业 市盈率	金融业 市盈率	银行业 市盈率
总市值	负相关	正相关	负相关	负相关	负相关
账面市值比	负相关	正相关	负相关	负相关	负相关
资产负债率	（弱）负相关	正相关	（弱）正相关	负相关	—
净资产收益率	负相关	—	负相关	负相关	—
总资产变化率	负相关	—	负相关	负相关	—

从行业分布看，A 股估值的水平并不均衡，突出体现在银行业和国有企

业估值存在长期偏低的现象。近10年，银行业及国有企业估值的回落趋势较为明显。虽然在2023年上半年有一定的修复，但仍处于历史偏低水平，这与银行业和国有企业近年来稳中向好的基本面形成反差。从公司财务的角度来看，中国资本市场需要修复对银行股的估值，发挥财务基本面对估值的作用。

当前中国GDP体量稳居全球第二，上市公司总市值亦仅次于美国，中国资本市场已发展成为全球资本市场的重要组成部分。发展具有中国特色的、成熟完善的估值体系，对于资本市场的价值发现以及资源配置功能的发挥具有重要作用。因此，本文对加深"中特估"问题的认识有一定的参考价值，为中国银行业市场估值体系变革提供了一定的借鉴意义。

参考文献

[1] Banz, R. W. "The Relationship between Return and Market Value of Common Stocks." *Journal of Financial Economics*, 1981, 9 (1).

[2] Barillas, F. and J. Shanken. "Comparing Asset Pricing Models." *Journal of Finance*, 2018, 73 (2).

[3] Basu, S. "The Relationship between Earnings' Yield, Market Value and Return for NYSE Common Stocks: Further Evidence." *Journal of Financial Economics*, 1983, 12 (1).

[4] Bolton, P. and H. Huang "The Capital Structure of Nations." *Review of Finance*, 2018, 22 (1).

[5] Carhart, M. M. "On Persistence in Mutual Fund Performance." *Journal of Finance*, 1997, 52 (1).

[6] Cochrane, J. H. "Production-based Asset Pricing and the Link between Stock Returns and Economic Fluctuations." *Journal of Finance*, 1991, 46 (1).

[7] Cox, J. C. and S. A. Ross. "The Valuation of Options For Alternative Stochastic Processes." *Journal of Financial Economics*, 1976, 3 (1-2).

[8] Daniel, K., Hirshleifer, D., and L. Sun. "Short-and Long-horizon Behavioral

Factors." *Review of Financial Studies*, 2020, 33 (4).

[9] Fama, E. F. and K. R. French. "Profitability, Investment and Average Returns." *Journal of Financial Economics*, 2006, 82 (3).

[10] Fama, E. F. and J. D., MacBeth. "Risk, Return, and Equilibrium: Empirical Tests." *Journal of Political Economy*, 1973, 81 (3).

[11] Fama, E. F. and K. R. French. "A Five-factor Asset Pricing Model." *Journal of Financial Economics*, 2015, 116 (1).

[12] Fama, E. F. and K. R. French. "Common Risk Factors in the Returns on Stocks and Bonds." *Journal of Financial Economics*, 1993, 33 (1).

[13] Fama, E. F. and K. R. French. "Comparing Cross-section and Time-Series Factor Models." *Review of Financial Studies*, 2020, 33 (5).

[14] Fama, E. F. and K. R. French. "The Cross-section of Expected Stock Returns." *Journal of Finance*, 1992, 47 (2).

[15] Harvey, C. R., Liu, Y., and H., Zhu. "…and the Cross-Section of Expected Returns." *The Review of Financial Studies*, 2016, 29 (1).

[16] Hou, K., Mo, H., Xue, C., and L., Zhang. "An Augmented q-Factor Model with Expected Growth." *Review of Finance*, 2021, 25 (1).

[17] Hou, K., Mo, H., Xue, C., and L., Zhang. "Which Factors?" *Review of Finance*, 2019, 23 (1).

[18] Hou, K., Xue, C., and L., Zhang. "Digesting Anomalies: An Investment Approach." *Review of Financial Studies*, 2015, 28 (3).

[19] Jegadeesh, N. and S. Titman. "Returns to Buying Winners and Selling Losers: Implications for Stock Market Efficiency." *Journal of Finance*, 1993, 48 (1).

[20] Lintner, John. "The Valuation of Risk Assets and the Selection of Risky Investments in Stock Portfolios and Capital Budgets." *Review of Economics and Statistics*, 1965, 47 (1).

[21] Modigliani, F. and M. H., Miller. "The Cost of Capital, Corporation Finance, and the Theory of Investment: Reply." *The American Economic Review*, 1958, 49 (4).

[22] Myers, S. C. and N. S. Majluf. "Corporate Financing and Investment Decisions

When Firms Have Information That Investors Do not Have." *Journal of Financial Economics*, 1984, 13 (2).

[23] Novy-Marx, R. "The Other Side of Value: The Gross Profitability Premium." *Journal of Financial Economics*, 2013, 108 (1).

[24] Rosenberg, R., et al. "Persuasive Evidence of Market Inefficiency." *The Journal of Portfolio Management*, 1985, 11 (3).

[25] Sharpe, W. F. "Capital Asset Prices: A Theory of Market Equilibrium under Conditions of Risk." *The Journal of Finance*, 1964, 19 (3).

[26] Stambaugh, R. F., Yu, J., and Y. Yuan. "Arbitrage Asymmetry and the Idiosyncratic Volatility Puzzle." *Journal of Finance*, 2015, 70 (5).

[27] Stambaugh, R. F. and Y. Yuan. "Mispricing Factors." *Review of Financial Studies*, 2017, 30 (4).

[28] Yan, X. and Zheng, L. "Fundamental Analysis and the Cross-Section of Stock Returns: A Data-Mining Approach." *Review of Financial Studies*, 2017, 30 (4).

市场行为篇

第七章

功能定位、减持规则与市场估值

摘　要：自成立起，中国资本市场就发挥着不可或缺的作用，为经济增长、企业发展等提供了大量的资金支持，但中国资本市场的投资功能仍显薄弱，不利于市场的持续健康发展。本章基于中国资本市场主要制度的历史变迁，从融资市场定位与投资市场转型的视角，分析了IPO、减持、再融资、融券、基金市场、符合条件的专业机构投资者以及印花税减半征收等对市场估值的影响。结果表明：注册制加速了二级市场对一级市场权益融资的反应速度；再融资与减持对估值有明显的负向作用；从保护中小投资者利益、维护市场稳定的角度出发，减持规则的优化方向是提高盈利要求、保持合理估值、引导投资者预期。股票基金对指数的影响较弱，其投资功能仍未完全发挥；专业机构投资者可对市场估值产生正向作用，促进定价效率提升；印花税下调在短期有积极影响，但中长期效果不佳。本章为在新发展阶段充分发掘影响市场估值的制度性因素，并据此加快推动我国资本市场从融资市场向投资市场的转型提供了明确的经验证据和决策参考。

一、中国资本市场制度设计：历史变迁与功能定位

从最初的股票柜台交易到后来的集中交易，从最早创建的深交所、上交所到后来的创业板、科创板乃至北交所，中国资本市场尤其是股票市场的发展满足了企业端融资的基本需求，形成了多层次的资本市场体系。截至2023年10月底，中国上市公司总数量已达5 200多家，总市值接近80万亿元，上市公司数量与总市值仅次于美国，排名全球第二。

目前来看,中国资本市场特别是股票市场的投资功能仍显薄弱。资本市场在发挥融资功能的同时,要为市场提供足够高的回报,要实现财富管理功能。只要有足够高的回报,融资就可以持续,否则就难以为继。因此,中国资本市场要完善市场功能,一定要深入到制度设计层面,实现从融资市场向投资市场的转型。

(一) IPO 制度变迁

我国资本市场经历了多年的快速发展,尤其是近年来市场化进程大幅加快。随着新股发行定价机制深入改革,新股定价效率逐步提升,资本市场服务实体经济力度不断加大。自 A 股市场设立以来,新股定价制度改革大致上可以分为以下五个阶段:行政化定价阶段(1991 年—1999 年 9 月)、市场化定价试行阶段(1999 年 9 月—2001 年 11 月)、半市场化定价阶段(2001 年 11 月—2004 年 12 月)、询价制阶段(2005 年 1 月—2020 年 7 月)、注册制及其探索阶段(2020 年 8 月至今)。表 7-1 列出了各个阶段的定价方式和定价限制。

表 7-1 A 股市场新股定价制度改革的五个阶段

阶段	时间区间	定价方式	定价限制
行政化定价阶段	1991 年—1999 年 9 月	固定价格发售和相对固定市盈率	发行市盈率水平不超过 15 倍;发行价格取决于每股盈利(EPS)和市盈率
市场化定价试行阶段	1999 年 9 月—2001 年 11 月	累计投标定价	放宽发行市盈率,1997 年《中华人民共和国证券法》施行后,规定由发行公司与承销商共同确定新股发行价格,之后进一步要求机构投资者也参与定价
半市场化定价阶段	2001 年 11 月—2004 年 12 月	固定市盈率	发行市盈率不能超过 20 倍,发行价格区间上下调整幅度为 10%
询价制阶段	2005 年 1 月—2009 年 6 月	询价制,但市盈率受限	市盈率控制在 30 倍以下
	2009 年 6 月—2012 年 4 月	市场化询价	取消发行市盈率的窗口指导,通过市场化询价机制确定发行价格

续表

阶段	时间区间	定价方式	定价限制
询价制阶段	2012年4月—2014年3月	询价制	发行市盈率不高于同行业平均市盈率的25%
	2014年3月—2020年7月	询价制	发行价格受23倍发行市盈率隐性限制
注册制及其探索阶段	2020年8月至今	市场化询价	打破23倍发行市盈率隐性限制

新股上市交易制度也经历了三次重要改革：第一，2000—2013年，新股上市首日没有涨跌幅限制，首日之后涨跌幅上限为10%。第二，2013年之后，上交所公布的《关于进一步加强新股上市初期交易监管的通知》和深交所公布的《关于完善首次公开发行股票上市首日交易机制有关事项的通知》中均声明，新股首日涨幅限制为新股上市首日发行价的44%，跌幅限制为36%。首日之后恢复最大10%涨跌幅。第三，随着A股注册制的全面推行，涨跌幅限制放宽，其规定新股上市前五个交易日不设涨跌幅限制，第六日起涨跌幅限制为10%。新增盘中临时复牌机制，单次复牌10分钟盘中跌幅超过30%、60%的股票不设涨跌幅限制。此外，关于库存股也制定了新规则。有下列三种情况之一的，可以恢复交易：该股票在10天内发生了四次变化；该股票在10天内跌幅超过100%；该股票在30天内跌幅超过200%。图7-1列出了A股IPO数据。

可以看到，我国资本市场起步较晚，市场环境与境外发达市场差异较大，早期的定价机制具有浓厚的行政色彩。但随着市场机制逐步完善，投资者和中介机构等投资主体逐渐成熟，逐步发展到以市场化、法治化为主导的新股发行模式。

（二）减持规则的演变

从我国股权分置改革至今，大股东减持已有近20年的历史。2006年开始出现大股东减持时，当年减持公司数量为100余家，减持金额约100亿

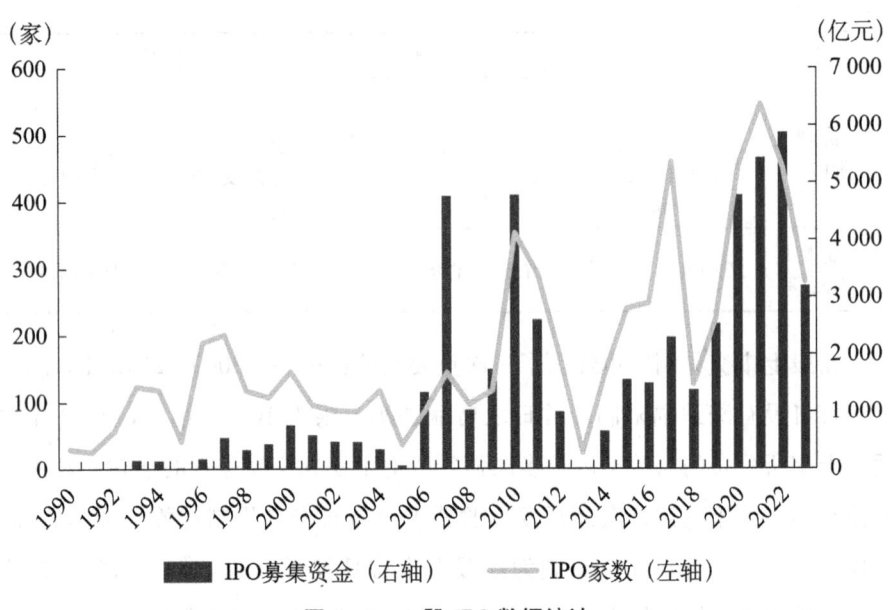

图 7-1　A 股 IPO 数据统计

资料来源：Wind 数据库.

元。2008 年上市公司全部解禁后，减持公司数量和减持金额快速增长。2015 年，存在大股东减持现象的上市公司数量达到历史最大值，有约 860 家，累计减持金额达 4 300 亿元。事实上，大股东减持力度越大，被减持公司的股价崩盘风险越高，但上市公司的高盈利水平可以起到"减速器"的作用，即盈利水平越高，大股东减持引起股价崩盘的风险越小。股价高估则起到了"助推器"的作用，股价被高估的程度越大，大股东减持引起股价崩盘的风险越大。投资者情绪是"催化剂"，投资者情绪越高涨，大股东减持引起股价崩盘的风险越大（罗党论和郭蒙，2019）。

从保护中小投资者利益、维护市场稳定的角度出发，减持规则的优化方向是提高盈利要求、保持合理估值、引导投资者预期。这方面的一个重大进步和体现是科创板的减持规则。科创板的减持规则较 A 股股东覆盖面更广、信息披露要求更严、对未盈利公司股东的要求更高，并且首提减持需保障经营的稳定性。科创板的减持规则在证监会和交易所原有规则的基础上进一步予以完善：在限售股股东覆盖面上，新增了对核心技术人员的减持要求；对信息披露的要求进一步提高，在以前披露减持计划的基础上还要求披露重大负面事项、重大风险等内容；对上市时盈利或未盈利的公司的股东予以区别对待，对上市时未盈利的公司的股东减持做出了更严格的要求。此外，科创板的减持规则还规定公司的控股股东和实际控制人在减持股份时必须明确公司股权安排，防止公司经营出现不稳定；公司核心技术人员在减持股份时也需要保障核心技术团队的稳定性。

2023年8月27日，证监会进一步规范股份减持行为。证监会要求，上市公司存在破发、破净情形，或者最近三年未进行现金分红、累计现金分红金额低于最近三年年均净利润的30%的，控股股东、实际控制人不得通过二级市场减持本公司股份。控股股东、实际控制人的一致行动人比照上述要求执行。上市公司披露为无控股股东、实际控制人的，第一大股东及其实际控制人比照上述要求执行。受影响最大的是北交所企业，216家公司中有160家不符合新的减持规则，占比接近3/4。其次是科创板企业，不符合新的减持规则的企业有295家，占比过半，达53%。同时，从严控制其他上市公司股东减持总量，引导其根据市场形势合理安排减持节奏；鼓励控股股东、实际控制人及其他股东承诺不减持股份或者延长股份锁定期。

表7-2简要总结了减持规则的历史变迁情况。其中，一个"√"表示监管有规定，两个"√"表示监管加码，三个"√"表示监管进一步趋严。比如，在股东覆盖面上，2019年以前，限售股股东仅包含大股东、特定股东（大股东以外的首发前股东、定增股东等）、董监高（董事、监事、高管），对核心技术人员无特别规定，科创板减持规则将核心技术人员也纳入了限售股股东范围，"827"新政进一步将限售股股东范围扩大到非大股东的第一大股东。从盈利性、成长性和估值角度看，为了保护广大投资者的利益，"827"新政对股东行为做出了限制，从破发、破净、分红三个角度施行"最严减持新规"。破发或者破净的公司，一方面是发行价过高，另一方面是成长性不够，目前A股满足以上要求的公司约有2 100家。新规施行后，股票

上市定价会更为理性，也更有利于公司利益而非股东个人的利益。

表 7-2　减持规则的历史变迁

	2019 年之前的减持规则	科创板的减持规则	"827" 新政的减持规则
股东覆盖	√	√√	√√√
信息披露	√	√√	√√
盈利水平	√	√√	√√
稳定经营		√	
破发破净			√
股票分红			√

（三）再融资政策调整

2006 年《上市公司证券发行管理办法》发布，标志着 A 股再融资市场开始进入规范化发展阶段。此后，再融资市场的发展可大致划分为以下四个阶段：一是 2006—2013 年的初始期。在长达 7 年的时间里，再融资市场规模总量保持稳定，但整个初始期募集资金规模仍处于历史低位。二是 2014—2016 年的宽松期。创业板定增的放宽极大地激发了市场的热情，再融资市场规模开始进入了连续三年的快速扩张时期。2014 年、2015 年连续两年再融资规模环比增长超过 80%；2016 年再融资市场规模达到峰值。三是 2017—2019 年的收紧期。再融资细则的修订和减持新规的落地导致再融资市场开始收缩，尤其是定增集体回落。2017 年、2018 年再融资规模连续两年环比缩减超过 32%。四是 2020 年至今的宽松期。2020 年 2 月，再融资新规正式落地，全面放宽了发行条件，市场规模开始恢复增长，基本扭转了 2017 年以来的颓势。图 7-2 列出了 A 股再融资数据。

（四）并购重组政策变迁

2010 年以来，针对并购重组与再融资的政策大致经历了"萌芽—宽松—收紧—优化宽松"的发展历程。一是政策萌芽阶段（2010—2013 年）。经济

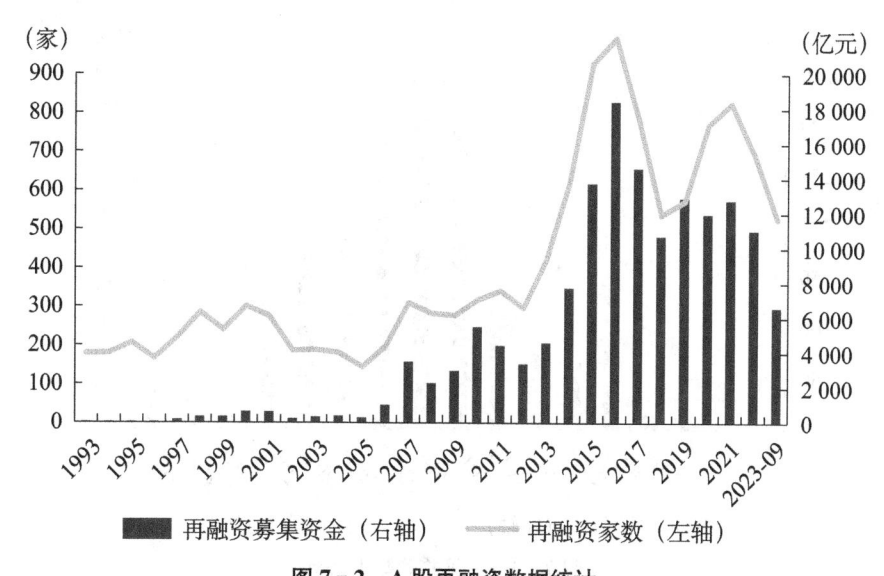

图 7-2　A 股再融资数据统计

资料来源：Wind 数据库.

下行与资本市场承压，借壳成为诸多公司 IPO 被否后成功上市的另一途径。二是政策宽松阶段（2014—2015 年）。经济承压之下再融资政策放宽，同时推动并购市场迎来爆发式增长。三是政策收紧阶段（2016—2018 年）。部分上市公司脱离主业、"炒壳"、过度融资等现象频发，并购重组及再融资政策收紧。四是政策优化宽松阶段（2019 年至今）。"金融供给侧改革＋国有企业改革"推动重组预期回暖。图 7-3 列出了 A 股并购数据。

（五）退市规定演化

随着全面注册制时代到来，合理且高效的退市机制显得格外重要。市场化的资本市场应具备高效的纳新以及淘汰能力。未来大量企业 IPO 上市，市场的股票供给量逐步扩大，资金量如果无法匹配股票的增长量，整体市场估值将承压。此时，通畅的退市渠道可以保证资本市场始终高效运转。假如没有有效的退市机制，股票市场将难以承受扩容。

我国资本市场的退市机制大致经历了四个阶段：一是基本框架建立阶段

图 7-3　A 股并购数据统计

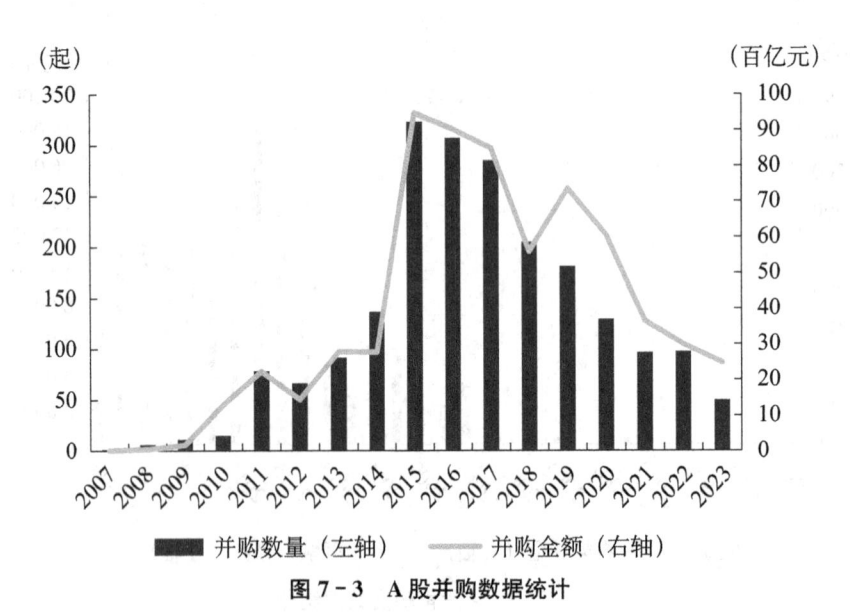

资料来源：Wind 数据库.

（1994 年 7 月—2001 年 2 月）。1994 年施行的《公司法》和 1999 年施行的《证券法》搭建了退市制度的基本法律框架。二是制度建设初步启动阶段（2001 年 3 月—2004 年 12 月）。ST、PT 制度造成市场资源配置效率低下。三是制度不断完善阶段（2005 年 1 月—2011 年 12 月）。针对创业板公司的风险特征，引入财务退市标准，以及市场类指标，从法律层面赋予了交易所暂停、恢复、终止上市的权利。四是逐渐成熟阶段（2012 年 1 月至今）。完善相关财务退市标准，同时首次推出面值退市标准。2012 年第一次"史上最严退市新规"完善了主动退市制度，明确实施重大违法公司强制退市制度。2018 年第二次"史上最严退市制度"细化了四种重大违法退市情形，新增了社会公众安全类重大违法强制退市情形。

2022 年 4 月，证监会发布《关于完善上市公司退市后监管工作的指导意见》，A 股退市正式驶入快车道。该指导意见立足于落实《证券法》基本要求，为更好地保障常态化退市平稳实施，依托现有的代办股份转让系统作为退市板块，按照"顺畅衔接、适度监管、防范风险、形成合力"的原则，对

第七章　功能定位、减持规则与市场估值

目前实践中存在的堵点、风险点进行优化完善，同时推动形成"有进有出，能进能出"的良好生态。

截至 2023 年 10 月底，完成退市流程的公司达到 45 家，其中强制退市 43 家，数量上已经接近 2022 年全年，而徘徊在退市边缘的上市公司则多达上百家。除 1 家因重组上市而退市的企业（中航机载）外，44 家上市公司完成了退市程序。44 家退市的上市公司中，有 12 家上市公司因股价低于面值退市；2 家上市公司因连续亏损退市；1 家上市公司（经纬纺机）主动退市；至少 2 家上市公司因为重大违法退市。此外，房地产的行业性出清已经蔓延到二级市场，该行业年内已有 8 家上市公司完成退市。不论是因为流动性不足退市，还是因为亏损或重大违法退市，这些公司的退市都不仅为二级市场出清了部分风险，使投资者利益得到了一定程度的保护，而且在一定程度上维护了市场的投资价值，为市场的持续健康发展提供了一定的保障。图 7-4 列出了 1999—2023 年 A 股退市企业数和 IPO 企业数。

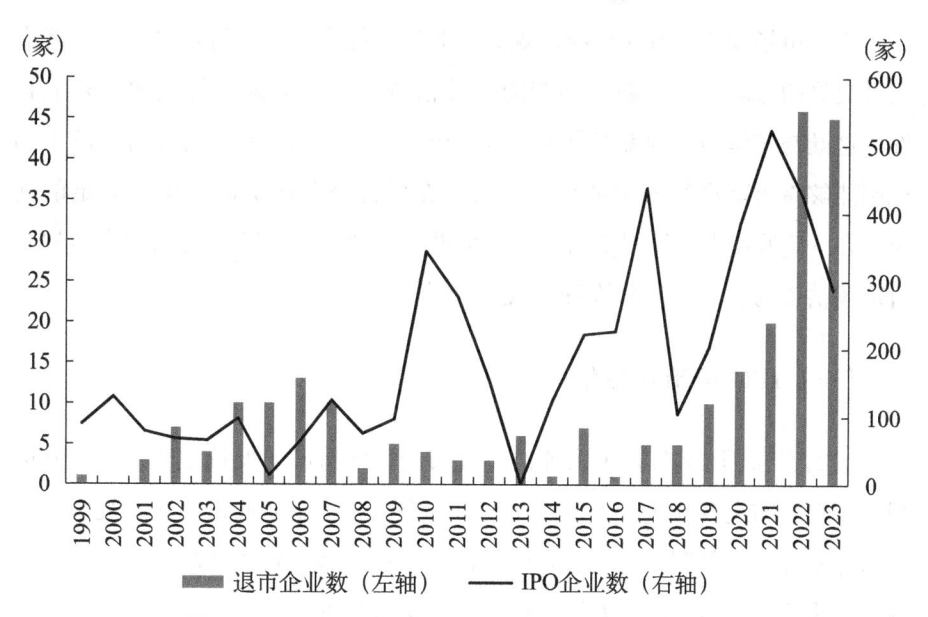

图 7-4　1999—2023 年 A 股退市企业数和 IPO 企业数

说明：2023 年退市数据仅统计到 11 月 19 日。

资料来源：Wind 数据库.

注册制开通了企业上市的渠道，有效的退市机制则是保障市场优胜劣汰运转的基石。注册制下的退市机制新增了以下几个方面的规定：当股票价格连续20个交易日低于面值（1元）时将会被强制退市；当股票的总市值日均低于3亿元时将会被强制退市处理；当上市公司连续两年净利润为负且总营收低于1亿元时，将会被终止上市；当上市公司存在重大违规行为，比如违规信息披露、IPO造假、财务造假和内幕交易，以及操纵股价等时，可能会触发退市；上市公司年报存在异常，例如半数以上的董事无法保证公司所披露的年报、半年报的真实性、准确性和完整性，且法定限期内无法改正的，将直接触发退市；股票退市整理时间从原先的30个交易日缩短至15个交易日；反之，取消股票暂停上市和恢复上市功能。

二、融资市场的功能定位与市场估值

资本市场发挥融资功能时，既为企业发展提供资金支持，也为投资者提供可交易的流动资产。融资功能的持续依赖于资产的内在价值和未来成长性。这既与实体经济的发展有关，也与市场规则有关。一套合理有效的市场规则能够将风险进行分类和筛选，从而在保证企业融资需求得到满足的同时，在一定程度上保障投资者利益。因此，需要讨论一些重要的制度与规则对市场估值的影响，我们从IPO规则开始。

（一）IPO与市场估值

2023年2月17日，中国证监会发布全面实行股票发行注册制相关制度规则，自公布之日起施行。证券交易所、全国中小企业股份转让系统等同步发布并实施配套制度及规则。全面实行注册制是涉及资本市场全局的重大改革，在中国资本市场改革发展进程中具有里程碑意义。

作为一种市场化的运行模式，注册发行制度效益的实现往往需要与核准制下的实质性审查相配合。注册制并不完全对应形式审查，仍需要包含一定的实质审查内容，如美国联邦层面和州层面的双重注册制下的实质审核（沈朝晖，2011）。因此，在全面注册制下，也要加强对信息披露的质量和真实性的审核，不能过分放松上市条件，避免风险在交易所市场累积。比如，放松高科技企业上市的盈利要求，并不意味着可以忽视企业的可持续经营能力，不遵守企业是营利性机构这一基本市场原则。尽管高科技企业上市时不一定要实现盈利，但对于未实现盈利的公司，必须可以预期到其未来的盈利情况。缺乏持续经营能力的企业一旦上市，将会给市场和投资者带来巨大的风险和不确定性。这些风险超出了二级市场投资者的承受能力，应该交由一级市场的投资者，譬如天使投资人或风险投资等来承担。特别地，科创板上市条件中关于市值及财务指标的部分规定[①]存在明显的寻租机会和政府干预空间。相关规定可能会破坏市场机制，违背基本的经济规律，应当进一步优化。

为了研究全面实行注册制给资本市场带来的影响，我们采用事件研究法进行分析，具体选用2022年10月16日至2023年10月1日这一时间区间内Wind数据库中披露的全部A股的IPO数量和规模、沪深300收盘价作为数据样本，并将2023年2月17日发布的全面实行注册制的政策作为事件发生点。政策实施前，通过对2022年10月16日至2023年2月17日这一时间区间的观察可以看到（见图7-5和图7-6），无论是IPO数量还是规模，与市场指数都呈现一定程度的正相关关系，且收盘价的变动相对滞后于IPO数量和规模的变动，滞后时间的长短取决于从一级市场到二级市场的传导链条的长度和效率。政策实施后，通过对2023年2月17日至2023年10月1日这一时间区间的观察可以看到（见图7-7和图7-8），在全面实行注册制后，二者的正相关关系表现得更加明显，且市场反应滞后的时间相对缩短。这在一定程度上说明在注册制全面实行后，市场反应更加敏锐和快速，从一级市场到二级市场的传导更加直接。

---

① 该规定为："预计市值不低于人民币40亿元，主要业务或产品需经国家有关部门批准，市场空间大，目前已取得阶段性成果。"

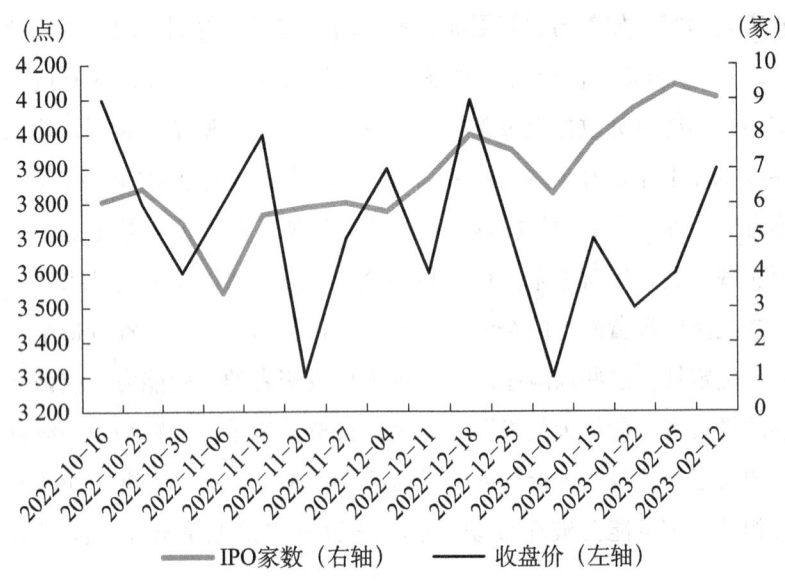

中国资本市场估值理论体系的要素分析

图 7-5 注册制实施前 IPO 数量和市场指数

资料来源：Wind 数据库.

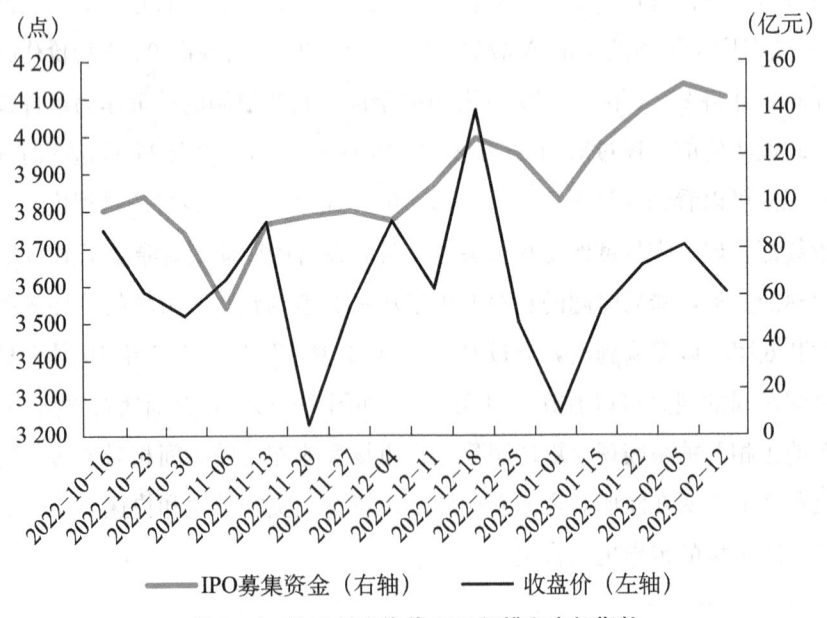

图 7-6 注册制实施前 IPO 规模和市场指数

资料来源：Wind 数据库.

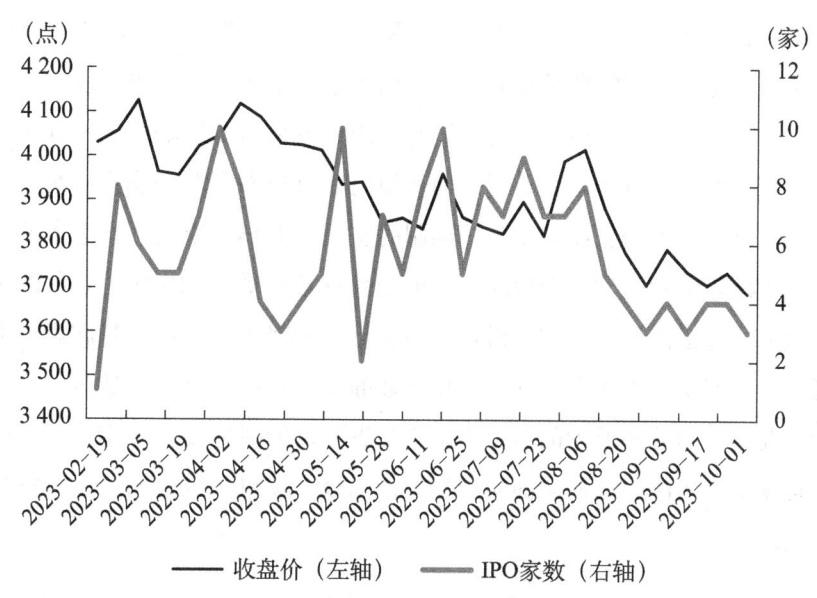

图 7-7 注册制实施后 IPO 数量和市场指数

资料来源：Wind 数据库.

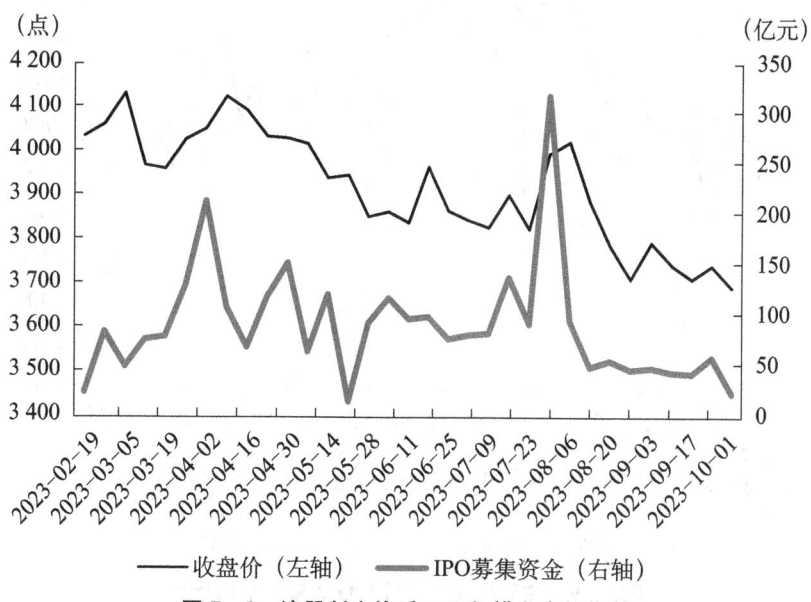

图 7-8 注册制实施后 IPO 规模和市场指数

资料来源：Wind 数据库.

中国资本市场估值理论体系的要素分析

将二者合并起来看（见图7-9和图7-10），首先，无论注册制全面实施前还是实施后，IPO数量和规模与市场指数的正相关性都依然存在，说明政策的发布不会影响到市场发行股票对二级市场估值的影响机制；其次，对比前后窗口期可以看出，注册制全面实施前后IPO数量和规模没有明显的变化规律。虽然不可否认注册制与核准制的实质性差异会影响公司上市的节奏和发行规模，但考虑到中介效应和其他变量对IPO数量的影响，目前的量化分析尚无法直接体现。整体上讲，全面实行注册制前后IPO数量和规模都与市场估值呈现正相关关系，并且市场指数的反应略滞后于IPO数量和规模的变动。此外，随着注册制的全面实施，二者变动的时间差有一定缩短，这在一定程度上说明注册制的全面实施能加快二级市场对一级市场权益融资的反应速度。

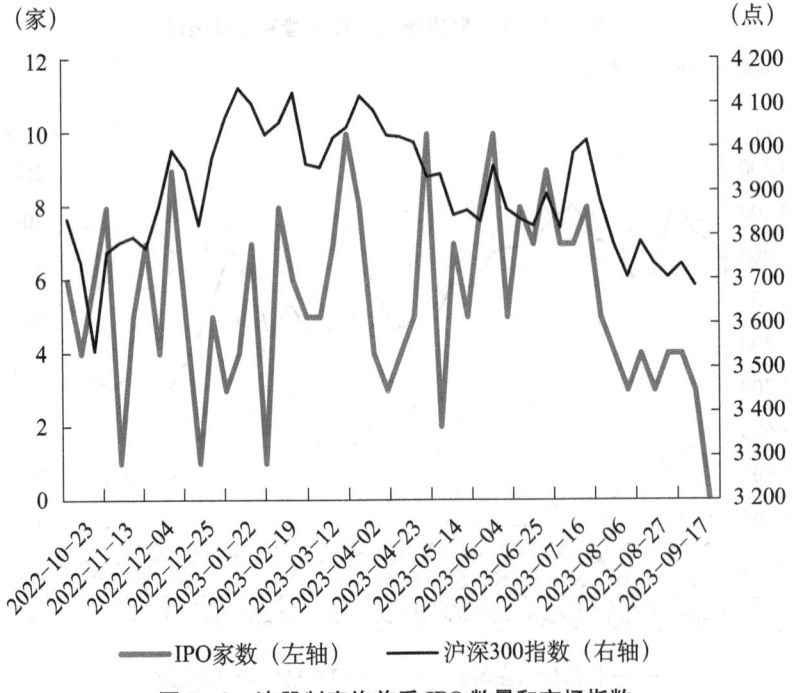

图7-9 注册制实施前后IPO数量和市场指数

资料来源：Wind数据库.

图 7-10 注册制实施前后 IPO 规模和市场指数

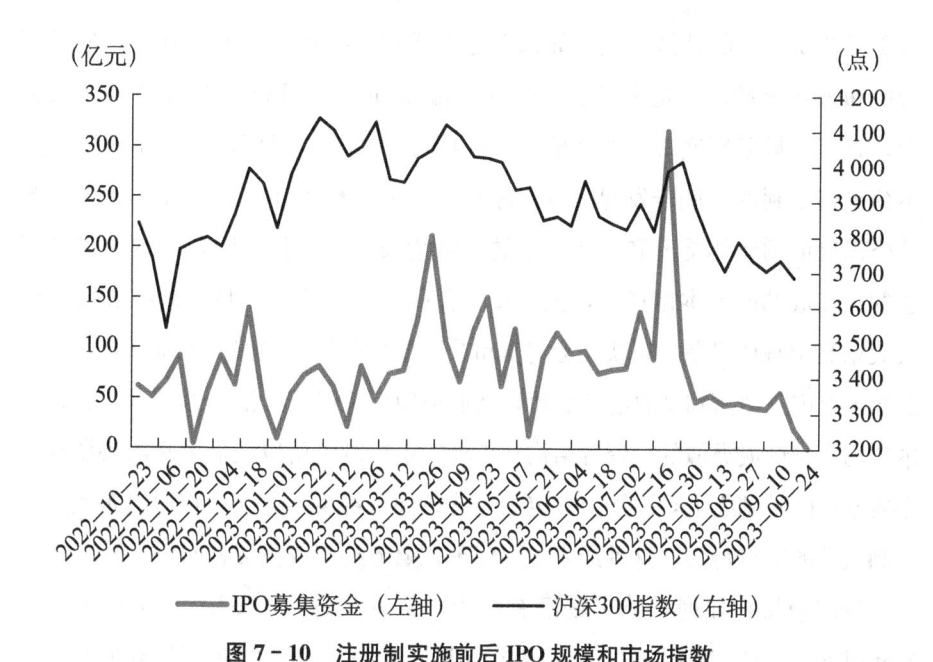

资料来源：Wind 数据库.

（二）减持与市场估值

大股东减持对市场估值的影响一直是金融领域研究的重点话题。我国法律规定，持股 5% 以上股东大额减持股份需要公告，且控股股东（或第一大股东）、实际控制人及其一致行动人的减持也需要披露。这是因为：一方面，这类群体减持会对市场供求关系产生扰动，另一方面，这类群体具有内幕信息，可能会通过减持的方式来利用内幕信息赚取利益。这些都会加剧资本市场波动，不利于建立稳定的二级市场以及保护投资者的利益。

减持已经成为中国股市资金漏出的一个重要原因，严重影响了市场的存量资金规模。中国长期存在 IPO 排队现象，其背后原因主要是企业上市后能够带来个人财富的大幅增长，且存在约束力不足的减持变现机会。尽管控股股东或实际控制人等持有的股票在上市后有一定的限售期，但是一旦限售期结束，大规模减持股票所变现的收益或财富就是巨大的，甚至远远超过公司长期经营所产生的持续回报。如果发起人或实际控制人也不看好公司的长期价值和未来前景，只是为了获得排队性溢价而忍受 IPO 排队和股票的限售期，直至大量股票变现，那么他们的减持行为对外部投资者和中小投资者是不公平且不利的。倘若发起人或实际控制人为了最大化私人收益，并没有推动公司价值的整体提升和全体股东的财富增长，那么仅靠限售期的约束是不够的。在成熟的资本市场上，机构投资者或战略投资者一旦发现控股股东或大股东高位减持股票，很快就会将上市公司股价打压到足够低的水平，甚至可能导致上市公司面临被收购的威胁，从而迫使控股股东无法继续减持。中国资本市场尚未形成类似的投资者结构和市场约束机制，所以我们要在限售期这个必要条件的基础之上，再加上一定的充分条件来约束发起人、控股股东或实际控制人等的减持行为。这种约束主要体现在财务约束或投资者回报方面。

围绕减持将如何影响市场已有较为丰富的文献。Friedrich，Gregory 和 Matatko（2002）利用 1986—1994 年英国公司董事交易的超额收益情况，使用事件研究法进行分析后发现，董事卖出股票前后累计超额收益率分别为 1.23% 和 -1.46%，说明公司内部相关人员卖出股票会使得公司估值下跌。朱茶芬等（2011）利用 2006 年 8 月 24 日至 2008 年 3 月 31 日 A 股市场公开披露的减持公告数据，通过研究发现：大股东减持公告发布前后，累计超额收益率曲线呈倒 V 形；市场认为减持传达了估值偏高或前景不佳的新信息，因而对此做出负面反应。王国松和张飞（2016）利用创业板数据进行研究后发现，创业板大股东在减持公告前 4 天明显获得了超额收益，而减持行为也向市场传递了负面信息，具有利空效应。孙淑伟等（2017）以 2007—2013 年中国上市公司为样本进行研究后发现，高管减持股票的金额越大，公司股价崩盘的风险也就越高。整体上看，公司减持公告属于利空消息，对公司市场估值具有负面影响。

从理论角度出发，Scholes（1972）的价格压力假说认为，股票供应增加，而股票需求曲线向下倾斜，供给向上的压力必然伴随价格下降。王建文和李蓓（2012）认为，减持结果公告对股价的冲击分为"增持直接效应"与

"减持引致效应",前者是指供求关系的变动引发的股价变化,而后者是基于预期改变而引起股价变化的效应,它包括两方面预期:重要股东继续减持的预期,以及公司成长性与价值改变的预期。

基于上述分析,我们采用事件研究法研究大股东减持行为对市场估值的影响,具体选用减持计划预披露的公告日期在 2020 年 10 月 30 日—2023 年 8 月 26 日的 A 股非金融业上市公司为研究对象,剔除 ST 公司后获得 2 001 个样本。以公司减持计划预披露公告日为事件发生日,以此为基准分别取前后 15 个交易日为估计期和事件窗口期,分别计算每只个股在窗口期内每一天的超额收益率。其中,部分股票的减持计划公告日期并非交易日,此时则选取距公告日期最近的交易日为相应的事件发生日。表 7-3 展示了减持计划预披露公告前后 15 个交易日内的超额收益率和累计超额收益率均值及 t 检验结果。

表 7-3 减持计划预披露公告前后 15 个交易日内的超额收益率和累计超额收益率均值及 t 检验结果

t	AAR	t 值	CAR $[-15, t]$	t 值
−15	0.149%	−1.95	0.15%	−1.95
−14	0.268%***	−3.58	0.417%***	−3.83
−13	0.097%	−1.37	0.514%***	−3.95
−12	0.199%**	−2.63	0.713%***	−4.86
−11	0.211%**	−2.79	0.924%***	−5.66
−10	0.145%*	−2.01	1.07%***	−5.98
−9	0.287%***	−3.76	1.36%***	−7.12
−8	0.266%***	−3.37	1.62%***	−8.19
−7	0.218%**	−2.79	1.84%***	−8.98
−6	0.211%**	−2.67	2.05%***	−9.65
−5	0.132%	−1.7	2.18%***	−9.96
−4	0.218%**	−2.79	2.40%***	−10.78
−3	0.163%	−1.91	2.56%***	−11.26

续表

t	AAR	t 值	CAR $[-15, t]$	t 值
−2	0.304%***	−3.82	2.87%***	−12.21
−1	0.006%	−0.08	2.87%***	−12.26
0	−0.892%***	(−10.36)	1.98%***	−8.47
1	−0.935%***	(−10.80)	1.05%***	−4.54
2	−0.056%	(−0.72)	0.991%***	−4.36
3	0.102%	−1.32	1.09%***	−4.85
4	−0.035%	(−0.46)	1.06%***	−4.79
5	−0.094%	(−1.38)	0.965%***	−4.41
6	−0.032%	(−0.45)	0.933%***	−4.53
7	−0.062%	(−0.85)	0.870%***	−4.49
8	−0.201%**	(−2.80)	0.670%***	−3.73
9	−0.099%	(−1.32)	0.570%***	−3.4
10	−0.091%	(−1.24)	0.479%**	−3.16
11	−0.113%	(−1.68)	0.366%**	−2.67
12	−0.098%	(−1.42)	0.269%*	−2.22
13	−0.074%	(−1.03)	0.194%*	−1.98
14	−0.073%	(−1.03)	0.12%	−173.00%
15	−0.122%	(−1.73)	0.00%	(−0.35)

说明：*、**、*** 分别代表变量在10％、5％、1％的水平上显著。

  研究结果表明：减持计划披露之前，超额收益率显著为正，说明重要股东具备一定的择时能力，这可能是由于重要股东具有更多关于公司业绩和经营的内幕信息，从而可以识别偏差，在市场存在正向超额收益时选择卖出。但在减持计划披露后，超额收益在较短时间内变为负数。这表明市场普遍认为减持计划是利空，于是股价下挫，导致个股超额收益为负。这一方面可能是由于投资者担心重要股东后续减持冲击现有供求关系，从而导致股价下跌，造成损失；另一方面可能是由于市场认为重要股东减持传达了关于公司估值过高或前景不佳的新信息，从而卖出股票。

减持计划披露后，市场的反应集中在公告披露当天（$t=0$）及公告披露后一日（$t=1$），表明市场能够较快地消化信息。并且在公告披露后短期内没有出现纠正"反应过度"的"价格反转现象"。2023年9月26日，沪深交易所发布《关于进一步规范股份减持行为有关事项的通知》，对于破发、破净、分红不达标的具体认定条件予以明确。统计数据发现，在由339条减持公告构成的样本里，控股股东和实际控制人减持时不符合新增约束条件的公司共181家，占比53.39%。其中，不符合公告日前20日未破发的公司27家，占比7.96%；不符合公告日前20日未破净的公司4家，占比1.18%；不符合分红限制的公司168家，占比49.56%。发布公告时，不符合其中某一条规定的公司163家，占比48.08%；不符合其中两条规定的18家，占比5.31%；三条规定都不符合的公司0家。从累计超额收益率来看，符合减持条件的股票的累计超额收益率更小（见图7-11），这说明市场价格对于这些股票的信息反应比对于不符合减持条件的股票的信息反应更加有效。因此，进一步约束控股股东和实际控制人的减持条件，对于减小市场波动具备一定的作用。

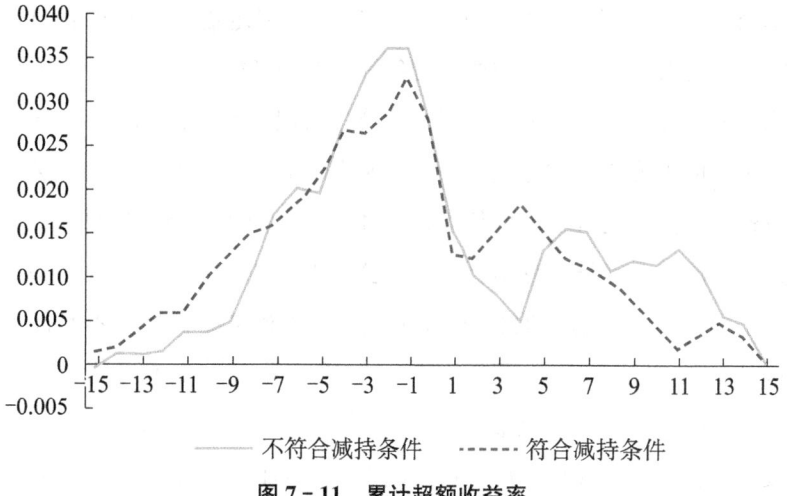

图7-11 累计超额收益率

资料来源：Wind数据库.

通过上述实证分析可以发现：一是减持前个股具备正的超额收益率。二是减持公告发出后当天以及发出后一天，市场对公告做出反应：股票价格下跌，公司估值下探，产生负的超额收益。三是减持公告发出后，股票超额收益消失，公司估值回归合理区间。这表明公司大股东具备一定的择时能力，同时减持信息会对公司估值产生负向影响，这种影响主要出现在事件发生当日以及事件发生后一日。基于此，要进一步加强对上市公司的减持限制，一方面约束大股东利用内幕消息套取超额收益的行为，激励上市公司积极发展业务，提高公司经营水平和盈利能力；另一方面要求大股东考虑广大投资者利益，从而提振股票市场投资者信心。

（三）再融资与市场估值

上市公司通过 IPO 融资后，可以通过配股融资、增发新股融资、可转债融资等再融资方式为其经营活动持续融资，其中增发因为具有门槛低、方式灵活等特点成为我国上市公司股权再融资的主要方式。再融资与 IPO 一样，能够使发行人以较低的成本获得巨额的收益。缺乏合理约束的增发可能会演变成不当套利和寻租的工具，所以对于增发要制定更为严格的条件，如同 IPO 审核和要求一样，适当增加对财务等方面的考核。

国内外研究普遍认为上市公司增发公告对股价具有影响，但关于增发公告的股价效应未形成一致看法。Myers 和 Majluf（1984）认为，当公司有很好的投资机会但公司价值被低估时，经理人会倾向于进行定向增发。相较于可能造成原股东财富被转移给新股东的公开发新股，定向增发则可以让经理人在与定向增发对象协商时披露私有信息，进而在缓解投资不足问题的同时，保护原股东的利益，因此定向增发代表着公司价值有提升的空间。Hertzel 和 Smith（1993）也认为，定向增发传达了公司价值被低估的信息，市场投资者在观察到此信号后会修正其对公司的评价，进而对股价产生正向影响。增发的股票代表了公司潜在的投资机会，增发比例的高低反映了未来投资机会的多少。Wruck（1989）提出的监督假说认为，通过定向增发股票引入战略投资者，可以监督管理层的业务运营状况或为公司提供专业意见和帮助，以提高公司的价值，提升股票价格。此外，章卫东（2007）基于2005—2007年的A股数据分析发现，定向增发对于股价具有正向效应。俞军等（2016）基于2006—2014年沪深两市数据的实证研究发现，在市场情绪高涨和投资者异质预期差异大时，定向增发对于股价具有正向效应。

信息不对称理论认为，企业的管理层对公司的真正价值的了解程度要比外部投资者大，他们倾向于保护现有股东的利益，所以会在公司价值被高估的时候进行公开增发，从而对股价产生负向影响。胡乃武等（2002）认为，增发对公司股价的负向影响大于正向影响，并且认为这种影响与增发规模有关，大规模的增发在投资增长乏力的宏观大背景之下给投资者留下"圈钱"的印象，从而会对股价产生较大的冲击。张鸣和郭思永（2009）的研究表明，当大股东通过定向增发转移上市公司财富谋取私利时，定向增发后的短期市场反应为负。赵玉芳等（2011）认为，我国上市公司的大股东具有在定向增发后选择现金分红方式进行利益输送的显著行为倾向。吴井峰（2016）认为股价效应与发行价格有关，当发行价格较高时，市场普遍认为这类定向增发的发行公司未来具有更好的投资机会，因而短期市场反应显著为正。但是，当发行价格较低，具有明显的利益输送倾向时，短期市场反应显著为负。刘顺融（2022）发现，2020年股权再融资新规的实施对定向增发公告效应有负向影响。

基于上述分析，考虑到2020年股权再融资新规发布后，非公开发行股票定价和锁定机制得到调整，给予了企业更大自主权与增发折价空间，更低的发行价格代表了更高的信息不对称程度，增加了投资者对于定向增发过程中存在利益输送行为的担忧，再加上疫情后投资者情绪受到影响，可以预见，新规实施后增发对于股价具有负向或正向效应。为此，我们运用事件研究法来进行实证分析，具体选取自2020年股权再融资新规实施以来，2020年1月1日至2023年9月26日这一非单边行情的区间内所有已公告增发新股上市的1 082家非金融类公司为研究样本。具体来看，以增发上市公告前后为事件窗口，计算研究窗口期内股票收益率，根据股价和同期指数的变化得出某日股票的超额收益率（AR），将窗口期内每日 AR 加总可以得到窗口期内的超额收益率（CAR），可以通过 t 检验判断 CAR 是否显著不为零来确定增发的股价效应，若 CAR 显著不为零，则说明有显著的非正常损益，可证明增发公告宣布前后股价确实会有明显的变动。AR 的具体计算方法如下：

$$AR_{it} = R_{it} - E(R_{it})$$

即超额收益率等于当日的实际日收益率减去预期日收益率。本节中预期收益率的计算方法采用市场模型，即：

$$E(R_{it}) = \alpha + \beta_i R_{MT} + \varepsilon$$

基于 CAPM 模型，市场指数的波动反映了个股波动的总体加权平均趋势，因此个股的价格波动必然与市场指数的波动存在某种关系。$E(R_{it})$ 表示 t 时刻股票 i 的预期收益率均值，R_{MT} 表示 T 时刻的市场收益率，α 和 β 为回归参数，ε 为扰动项。根据回归分析，利用历史数据可以计算得到 $E(R_{it})$。本研究选取沪深 300 指数的收益率作为市场收益率。在得到窗口期内 AR_{it} 的数据后，可以计算得到每日的平均超额收益率 AAR_t 以及窗口期内的累计平均超额收益率 CAAR，通过对 AAR 与 CAAR 的检验即可确认增发公告的股价效应。

自 2020 年 1 月至 2023 年 9 月 26 日，共计有 1 082 家公司进行了 1 461 次增发，融资规模共计 27 210 亿元。2020—2021 年，融资规模与增发次数均稳步增加，2021 年达到峰值，有 511 家公司进行了增发，融资规模共计 8 548 亿元。2022 年融资规模与增发次数较上一年有明显的下滑，与 2020 年接近（见图 7-12）。而配股这种再融资方式无论在发生次数还是在融资规模上都要远逊于增发，2020—2023 年，共有 23 次配股，融资规模仅为 268 亿元。

从事件研究结果看，表 7-4 展示了自 2020 年 1 月至 2023 年 9 月 26 日 A 股公司增发后股价效应的分析结果与 t 检验结果。本研究选用增发上市公告日前 10 日至公告日后 9 日（-10，9）的时间窗口作为事件窗口，选用增

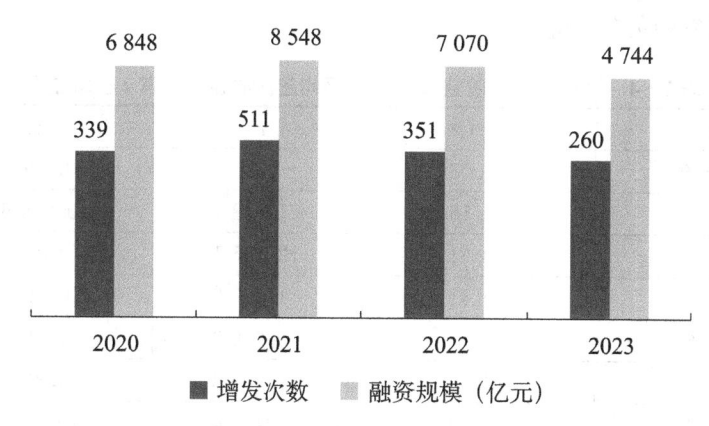

第七章 功能定位、减持规则与市场估值

```
        6 848           8 548           7 070
                                                        4 744
  339             511             351
                                                260


 2020            2021            2022            2023
        ■ 增发次数    ■ 融资规模（亿元）
```

图 7-12 增发次数与融资规模

资料来源：CSMAR 数据库.

发公告日前 40 日至公告日前 11 日（−40，−11）作为估计窗口。事件分析法的研究结果显示，公告日前 9 天开始有股价异动，为 −0.16%，相较于公告日后，公告日前的股价效应不明显，仅在公告日前 4 日有明显异动。公告日后，负向的股价效应较为明显，公告日后 2 日单日的平均超额收益率已达到 −0.49%，在 1% 的水平下显著为负，除此之外公告日后 3、4、7、8、9 日其当日的平均超额收益率均在 5% 的水平下显著为负，公告日后 6 日在 1% 的水平下显著为负。整体来看，窗口期内的累计超额收益率达到了 −3.46%，在 1% 的水平下显著为负，表明从 2020 年 1 月至 2023 年 9 月 26 日这一时间段内公司的增发公告在短期内具有显著的负向股价效应。这符合信息不对称理论的猜测，即股价下降可能是由于定向增发提高了信息不对称程度。公司管理者拥有比外部投资者更多的信息，因此能够更合理地估计公司的股权价值，投资者担忧自己的错误估价被利用，因而做出逆向选择，将之视为不利消息。此外，根据 2020 年实施的定增新规，公司可以更加灵活地选定定价基准日、给予投资者更大的折价空间（从最低 9 折改为最低 8 折），定增股票的锁定期大大缩短且解禁后不受到减持的限制。这一系列变化使得散户投资者担忧定向增发过程中存在利益输送、大股东财富转移、掏空上市公司、侵占小股东与投资者利益的行为，因而对股价形成较大的冲击，进而

293

造成了增发的负向效应。

表 7-4 平均日超额收益率和累计平均超额收益率及其 t 检验结果

日期	AAR（%）	t	Sig
−10	−0.03	−0.263	0.792 6
−9	−0.16	−1.648 1	0.099 6*
−8	−0.21	−2.186 1	0.029**
−7	−0.11	−1.043 5	0.296 9
−6	−0.1	−0.975 3	0.329 6
−5	−0.09	−0.909 8	0.363 1
−4	−0.29	−3.166 4	0.001 6***
−3	−0.16	−1.810 8	0.070 5
−2	−0.04	−0.476 1	0.633 6
−1	−0.15	−1.803 6	0.071 6*
0	0.11	0.992 7	0.321 1
1	−0.13	−1.263	0.206 9
2	−0.49	−4.804 2	0.00***
3	−0.22	−2.281 5	0.022 7**
4	−0.22	−2.320 6	0.020 5**
5	−0.13	−1.380 7	0.167 6
6	−0.28	−3.151 3	0.001 7***
7	−0.22	−2.365 7	0.018 2**
8	−0.32	−3.268 6	0.001 1**
9	−0.22	−2.283	0.022 6**
合计：CAR	−3.462 43	−6.611 97	0.000***

说明：***、**、*分别代表在1%、5%、10%的水平下显著。

基于此，本节提出以下建议：进行增发的企业应选择合适的增发对象，并制定严谨可靠的定向增发方案，提高企业自身的信息透明度，健全内控制度，防止因信息不对称程度增加而引起投资者担忧，进而对股价形成负向冲击，避免融资成本升高，保护投资者利益。政策部门应当加强对于增发行为的监管，继续完善增发相关制度，严格审核针对"定价发行模式"的定向增发方案，防止大股东利用增发进行利益输送，增强对于大股东财富转移的约束机制，提高合谋的成本和代价，正确地引导增发在资本市场的健康有序发展。

（四）融券与市场估值

中国资本市场采取行政规范先行的办法，并按照从无到有、由粗到细、先地方后全国的思路，制定和修改相关法律法规，成熟一条就修改补充一条。在资本市场的初创时期，率先形成的法律规范多服务于探索中的资本市场建设，具有较强的实践性，表现出"先发展、后规范"的特征。因此，初期形成的法律规范缺乏一定的系统性与稳定性，呈现出较浓的行政化与政策化色彩，加上资本市场立法政出多门，所以有些规则之间甚至互相脱节、互相矛盾。这些规则上的缺陷容易形成监管套利，严重影响市场估值体系的正常运行。

以限售股出借为例。从现有法规来看，限售股出借的相关规则存在明显的缺陷和矛盾之处。中国证监会发布的《证券发行与承销管理办法》第21和23条规定[1]，发行人的高级管理人员与核心员工可以通过设立资产管理计划参与战略配售；参与战略配售的投资者在承诺的持有期限内，可以按规定向证券金融公司借出获得配售的证券。由此可见，战略投资者的限售股可以进行融券出借，且战略投资者可以由高管和核心员工构成。然而，根据《上海证券交易所融资融券交易实施细则（2023年修订）》（简称《融资融券细则》）第61和63条规定[2]，限售股不得融券卖出。显然，该细则的规定与《证券发行与承销管理办法》存在明显的矛盾之处。值得注意的是，该条规则最后强调："本所另有规定的除外。"这一例外体现为《上海证券交易所转融通

---

[1] 《证券发行与承销管理办法》第21条规定："参与战略配售的投资者在承诺的持有期限内，可以按规定向证券金融公司借出获得配售的证券。"第23条规定："发行人的高级管理人员与核心员工可以通过设立资产管理计划参与战略配售。前述资产管理计划获配的证券数量不得超过本次公开发行证券数量的百分之十。"

[2] 《上海证券交易所融资融券交易实施细则（2023年修订）》第61条规定："投资者持有上市公司限售股份的，不得融券卖出该上市公司股票，且不得将其普通证券账户持有的上市公司限售股份提交为担保物。"第63条规定："参与注册制下首次公开发行股票战略配售的投资者及其关联方，在参与战略配售的投资者承诺持有期限内，不得融券卖出该上市公司股票，本所另有规定的除外。"

证券出借交易实施办法（试行）（2023年修订）》第20条的规定①，即注册制下首次公开发行股票的战略投资者可以融券出借限售股。这与《证券发行与承销管理办法》的规定一致，但是与《融资融券细则》矛盾，成为一个例外。

据统计，2020年以来上市的1010只注册制新股中，首日无融券的474只新股的平均振幅为76%；首日有融券的536只新股的平均振幅为54%。前五日无融券的股票的平均振幅为113%；有融券的股票的平均振幅为85%。其中一个令市场备受关注的案例是2023年9月1日上市的金帝股份。该公司发行价为21.77元/股，上市当日股价最高冲至61元/股，涨幅达180%。高位震荡后，股价逐步回落，收盘报48.27元/股，收盘涨幅为121.7%，振幅甚大。当日融资融券数据显示，当日融券卖出量为458.32万股，融券余额为2.21亿元，占流通市值的9.346%。金帝股份的战略配售信息显示，金帝股份资管计划1号、金帝股份资管计划2号分别持有436.06万股、34.03万股，合计获配470.09万股，限售期为12个月，战略投资者类型为发行公司高级管理人员及核心员工通过设立专项资产管理计划。金帝股份融券融出费率（年化）最高达28.1%，出借合约均为27天期限，即合约在9月28日到期，当日必须归还转融通合约。金帝股份虽然没有违反限售股出借和融券规则，但是为限售股持有者提供了在短期内本不该获得的巨额收益。目前来看，这个例外已经造成了很大的市场影响，监管部门也开始进行阶段性的调整。②

目前来看，限售股出借对市场产生了较大的影响，当中存在一些机制问

---

① 《上海证券交易所转融通证券出借交易实施办法（试行）（2023年修订）》第20条规定："可参与证券出借的证券类型包括：（一）无限售流通股；（二）参与注册制下首次公开发行股票战略配售的投资者（以下简称战略投资者）配售获得的在承诺的持有期限内的股票；（三）符合规定的其他证券。战略投资者在承诺的持有期限内，不得通过与转融券借入人、与其他主体合谋等方式，锁定配售股票收益、实施利益输送或者谋取其他不当利益。"
② 2023年10月14日，证监会宣布，阶段性收紧融券和战略投资者配售股份出借。同时，沪深北交易所发布相关业务通知，将融券保证金比例由不得低于50%上调至80%，取消上市公司高管及核心员工通过参与战略配售设立的专项资产管理计划出借，同时禁止持有转让限制股份的投资者及关联人融券卖出相应股票。

题。所谓限售股，就是在一定期限内不能进行转让的股票，其目的在于避免限售股所有者（如控股股东或实际控制人）通过欺诈上市、财务造假等手段高价发行股票来获得不当利益。即使实际控制人在上市前存在造假行为，市场也能够在限售期内使公司股价跌至合理的水平，因此股东在限售期结束时也无法获得这部分不合理收益，进而可以抑制发行人的违法违规动机。由此可见，限售股通过限制发行人进行短期套利而减少其违法违规动机。一旦存在短期的套利机会，那么发行人就有动机进行财务操纵，甚至造假，进而影响股价。从战略投资者限售股融资出借的一些案例来看，如金帝股份，存在内部人通过在上市首日大量融券出借，收取高额的出借费用，从而在短期获得高额回报的现象。这违背了限售股限制其所有者短期获利的基本逻辑。因此，限售股可以成为融券标的的规则违背了限售股的基本逻辑，需要通过修订、更正回到其本源状态。

三、投资市场的功能转型与市场估值

除了资产端的优化外，中国资本市场要实现从以融资为主向融资和投资并重转型，不仅要基于注册制对于 IPO、减持、再融资、融券、退市的规定以及相应的法律体系和对违法违规的处罚机制进行重构，而且要进一步发挥好价值发现功能，充分依赖专业的投资机构或个人，特别是一些长期的价值投资者。目前来看，中国要形成专业的投资市场，关键在于机构投资者的专业投资能力和履职能力。只要机构投资者能够很好地履行受托义务并展现良好的投资水平，那么就不用担心资金的来源，市场的投资者结构也会逐步机构化。当专业的机构投资者队伍壮大起来时，市场的投资功能就能够逐步得到增强。此外，交易成本的下降也能在一定程度上对投资者的热情起到提振作用。

（一）基金市场与市场估值

中国证券投资基金业协会的数据显示，截至 2023 年 2 季度末，基金管理公司及其子公司、证券公司、期货公司、私募基金管理机构资产管理业务总规模约 68.07 万亿元，较 1 季度末的 67.28 万亿元增长了 1.17%。基金目前是投资市场资产管理业务的基础，在投资市场发挥着重要的作用，基金的投资需求会受国内外市场波动的影响，基金供给的变化则会对市场估值产生影响。基于此，我们从宏观市场视角对基金对市场估值的影响进行实证分析。

由于我国的国内外宏观经济环境在 2015 年后发生了较大变化，因此我们选择 2015 年作为分界点，分两阶段进行建模。由于基金公司季度末报告披露的主要仓位数据为季度数据，所以我们选择使用季度数据。第一阶段为 2004 年 1 季度—2015 年 4 季度，共有 48 个数据；第二阶段为 2016 年 1 季度—2023 年 2 季度，共有 30 个数据。两阶段合计有 78 个数据。实证模型主要包括两个内生变量：一是沪深 300 指数季末收盘价；二是基金市场结构，以开放式基金中投资股票的占比代表。

从表 7-5 和表 7-6 中的均值来看，2015 年前，开放式基金中投资股票的占比较高，均值为 55.78%，波动较大，最小值为 21.7%，最大值为 78.1%；2016 年后，基金投资股票的规模显著下降，均值为 20.51%，最小值为 12.34%，最大值为 28.21%。

表 7-5　2004—2015 年模型各变量基本统计描述

变量	变量名称及说明	均值	标准差	最小值	最大值
stock	基金市场结构：开放式基金中投资股票的占比	55.78%	0.157 8	21.70%	78.10%
csi	沪深 300 指数季末收盘价	2 553.87	—	878	5 580.81

表 7-6　2016—2023 年模型各变量基本统计描述

变量	变量名称及说明	均值	标准差	最小值	最大值
stock	基金市场结构：开放式基金中投资股票的占比	20.51%	0.046 8	12.34%	28.21%
csi	沪深 300 指数季末收盘价	3 979.97	—	3 010.65	5 580.81

为了使数据更平稳，消除异方差，本节将沪深300指数取对数处理，并对两个变量取一阶差分后进行单位根检验（ADF检验）。由表7-7和表7-8可知，上述三个时间序列在两个时间段均表现出了较强的稳定性。

表7-7 2004—2015年序列平稳性检验

变量	ADF统计量	5%临界值	P值	结论
dstock	−5.915 6	−2.926 7	0.000 0	平稳
dlncsi	−4.735 4	−2.926 7	0.000 0	平稳

表7-8 2016—2023年序列平稳性检验

变量	ADF统计量	5%临界值	P值	结论
dstock	−4.987 7	−2.971 9	0.000 0	平稳
dlncsi	−6.483 5	−2.971 9	0.000 0	平稳

下面对沪深300指数和基金市场结构两变量进行格兰杰因果检验。根据表7-9的结果，2016—2023年，在滞后阶数为4时，基金市场结构对于沪深300指数存在格兰杰因果关系，而其他滞后阶数下的结果并不显著；2004—2015年间滞后阶数均为1~4，二者之间不存在因果关系。

表7-9 2016—2023年格兰杰因果检验

滞后阶数	F统计量	P值	Chi2	P值
1	3.476 5	0.074 0	3.893 6	0.048 5
2	1.590 0	0.226 5	3.902 7	0.142 1
3	0.890 4	0.464 0	3.655 3	0.301 2
4	1.705 8	0.197 9	10.661 3	0.030 6

由于数据量较少，格兰杰因果检验的结果会受到一定程度的影响，因此我们尝试构建VAR模型来检验二者之间的因果关系。表7-10和表7-11中的回归结果表明，两变量之间并不存在统计学意义上的因果关系，因此基金市场结构并未对股票市场估值产生显著影响。

表 7-10　2004—2015 年 VAR 模型回归结果

Y＝lncsi	系数	标准差	t 值	P 值
Cons	0.016 746	0.014 296	1.171	0.241
L1. stock	0.080 175	0.309 771	0.259	0.796
L1. lncsi	0.272 826	0.244 846	1.114	0.265
L2. stock	0.111 974	0.306 543	0.365	0.715
L2. lncsi	−0.054 230	0.257 271	−0.211	0.833
L3. stock	0.279 207	0.317 601	0.879	0.379
L3. lncsi	−0.101 937	0.273 132	−0.373	0.709
L4. stock	−0.079 557	0.306 657	−0.259	0.795
L4. lncsi	−0.286 070	0.258 909	−1.105	0.269

表 7-11　2016—2023 年 VAR 模型回归结果

Y＝lncsi	系数	标准差	t 值	P 值
Cons	0.003 185	0.008 705	0.366	0.714
L1. stock	0.627 634	0.708 942	0.885	0.376
L1. lncsi	−0.400 545	0.326 487	−1.227	0.220
L2. stock	0.104 556	0.730 334	0.143	0.886
L2. lncsi	0.253 354	0.345 638	0.733	0.464
L3. stock	−0.642 145	0.734 201	−0.875	0.382
L3. lncsi	0.101 285	0.347 722	0.291	0.771
L4. stock	1.024 350	0.718 302	1.426	0.154
L4. lncsi	−0.701 430	0.346 791	−2.023	0.043

基于上述分析可以看到，股票基金对指数的影响并不显著。这表明：我国资本市场的投资功能尚未得到有效发挥，尤其在全球金融资产波动较大的情况下，投资者趋于谨慎，中国的债券市场可能更受欢迎。由于股票市场占总资产的比重相对较低，因此基金对于指数的影响较小，市场估值发生了一定程度的偏离，投资消极情绪影响交易行为和偏好，股票市场的价值被低估。

（二）机构投资者与市场估值

符合条件的专业机构投资者的变化理论上也会对市场估值产生以下影

响：一是增加市场流动性。符合条件的专业机构投资者的参与增加了市场的流动性，投资者的大额买卖使市场更具活力，降低了交易成本。二是引领市场方向。符合条件的专业机构投资者的资金规模较大，通常具有更大的市场影响力，其投资行为和决策会引导市场方向，推动股价上升或下降，从而影响股票的市场估值。三是稳定市场。符合条件的专业机构投资者通常拥有较长期的投资观念，不易受到短期市场波动的干扰，可以在市场动荡时提供支持，从而能减轻市场恐慌情绪。四是提高市场透明度。符合条件的专业机构投资者需要满足更严格的报告和监管要求，这有助于提高市场的透明度和规范性，减少操纵和不正当交易的机会，从而对市场进行更准确的估值。因此，从资本市场微观结构视角可以认为，符合条件的专业机构投资者在一级市场中发挥着发行定价的作用，并且能对二级市场指数产生影响。

1. 一级市场中的发行定价作用

在一级市场中，公司和政府通常通过发行新股票、债券或其他金融工具来筹集资金。符合条件的专业机构投资者在这个过程中扮演了关键角色，其投资决策和参与程度会直接影响新股的发行价格，从而进一步影响市场中类似资产的估值。例如，如果大量的专业机构投资者认为发行价低于估值，那么他们可能会积极参与认购，提高发行价，最终使市场价格趋于合理。我们将从国际对比与券商定价不当行为的负面影响两个角度来论述符合条件的专业机构投资者在一级市场中的发行定价作用。

为了对比中美资本市场的定价能力，本节选取2018—2023年A股、美股上市首日涨跌幅均值进行分析（结果见图7-13）。从A股和美股IPO首日市场表现的变化趋势来看，美股这些年发行首日涨跌幅均值多在10%以下，且相对保持稳定，而A股的上市首日涨幅均值为30%～160%，且波动幅度较大。A股与美股上市首日涨跌幅均值在2022年较为接近（这是由于2022年美股市场表现较为极端导致其首日涨幅均值显著上升），其余年份A股上市首日涨跌幅均远高于美股。从波动幅度来看，中国的市场估值波动较大，稳定性不强，极易产生估值偏离的情况，因此，发挥好符合条件的专业机构投资者在一级市场的定价作用对于资本市场健康发展具有重要意义。

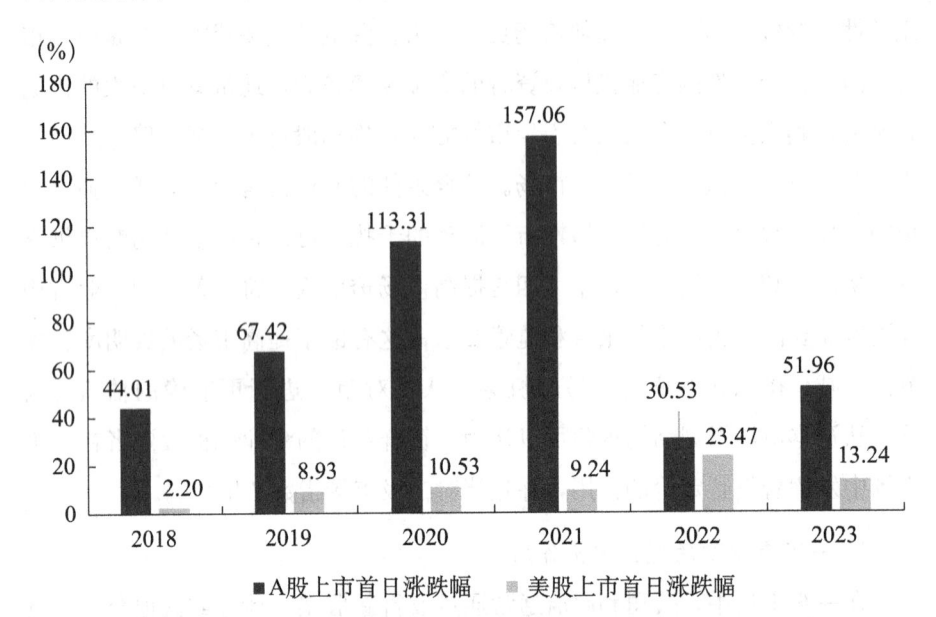

图 7-13 2018—2023 年 A 股、美股上市首日涨跌幅对比

资料来源：Wind 数据库.

当符合条件的专业机构投资者在一级市场定价不合理或在参与定价的过程中做出不合理报价时（林千惠等，2012；黄顺武等，2018），会从以下几个方面影响市场估值：一是导致投资者信心下降。如果券商在定价过程中存在不正当行为，那么会影响其他投资者的参与意愿，导致他们因担心市场不公平而失去投资信心。二是市场流动性减弱。不合理的定价和不合理的报价可能会导致市场的不稳定性增加，而投资者会避免参与不稳定的市场，因而交易量会下降，定价过程会更加扭曲。三是监管干预。监管机构会对相关券商进行调查，并采取处罚等行动来纠正不当行为，最终影响市场的估值判断。因此，要避免出现符合条件的专业机构投资者在定价过程中失误的事件。[①]

---

① 真实定价失误事件请见本章附录 1。

2. 对二级市场指数的影响

同一级市场的定价情况相似，符合条件的专业机构投资者也会在二级市场上产生影响。我们根据合格境内机构投资者（QDII）、合格境外机构投资者（QFII）、北向通与南向通数据，考虑二级市场中专业机构投资者对市场估值的影响并进行实证分析。

QDII 是在国内资本市场未完全开放的情况下，允许符合条件的境内金融投资机构到境外资本市场投资的机制。自 2007 年推出首款 QDII 基金以来，QDII 基金产品数量和规模不断壮大，市场认可度和参与度不断提升，并逐渐成为境内投资者实现跨境投资和全球资产配置的重要工具。公募基金管理人发行 QDII 基金，需要获批相应的 QDII 额度。截至 2023 年 9 月底，获得证监会批准的 QDII 投资资格的机构类型涵盖保险公司、商业银行、证券公司、信托公司、基金公司和资产管理公司六大类，合计获批投资额度达 1 655.19 亿美元（见图 7-14）。

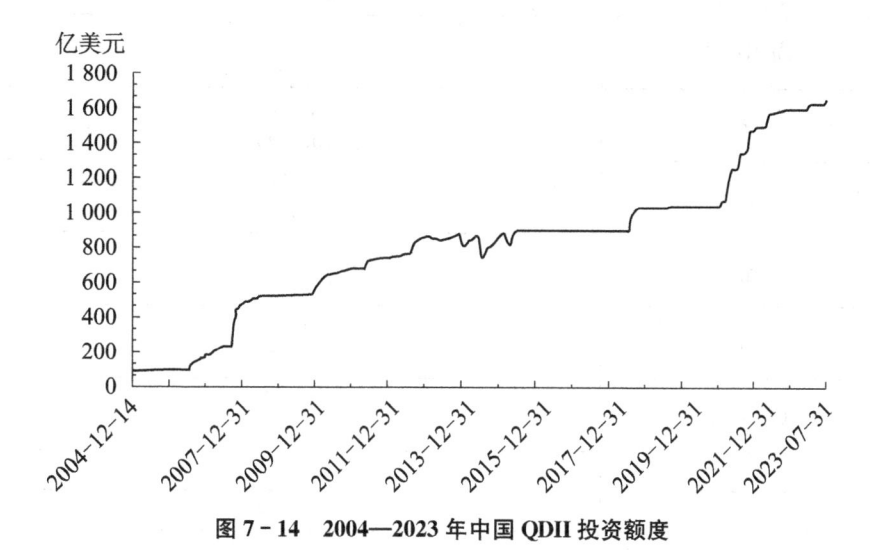

图 7-14　2004—2023 年中国 QDII 投资额度

资料来源：Wind 数据库.

从资金总量来看，2020 年底我国进入新一轮 QDII 投资额快速提升阶段。2020 年 8 月 QDII 投资额为 1 039.83 亿美元，2020 年 12 月为 1 257.19 亿美元，2021 年 12 月为 1 575.19 亿美元，2022 年全年稳定在 1 597.29 亿美元。2023年上半年QDII投资额维持在1 627.29亿美元的水平。从投资区域结构来看，目前QDII基金的投资区域涵盖欧美、中国香港、中国台湾、日本、韩国、新加坡等地区；从产品规模分布上看，中国香港和美国市场是QDII基金的主要投资区域，二者合计占比超过90%，其中中国香港市场占比接近70%。考虑到北向通与QDII同属于内循环的一部分，同时基于QDII基金对中国香港市场的高投资比例，以北向通或QDII作为自变量指标的线性回归结果具有高度一致性，因此我们在分析符合条件的专业机构投资者对市场估值的影响时将仅选取QDII数据进行实证回归，具体实证过程如下：

本节选取2012—2023年7月间的相关月度数据，构建OLS回归模型①，回归结果见表7-12。

表7-12　回归结果

变量名称	模型结果
QDII/VA	−10.582***
	(1.650)
i	−0.101***
	(0.024)
r_e	−2.944***
	(0.472)
r_{HS}	0.439***
	(0.175)
δ_{HS}	0.092***
	(0.017)
Constant	9.015***
	(0.046)
观测值	139
R^2	0.829 2

回归结果基本符合理论预期，即当QDII在市场总投资中所占的比例上升时，沪深300指数的市场估值会相应下降。实证结果证明：相比境内个人

---

① 详细实证过程请参见本章附录2.

投资者，机构投资者对市场估值较为谨慎客观，因此随着机构投资者在市场投资中的比例增大，从而市场估值的偏离得以矫正，机构投资者确实可以影响市场估值，促进定价效率的提升。其他系数结果基本也都符合理论预期与现实情况，即当利率水平上升时，企业与市场借贷成本增加，市场活跃度下降，资本市场估值水平自然下降；当存款准备金率上升时，整体货币供给收紧，紧缩的货币政策下资本市场估值下降；当市场收益率与流动性增加时，将会吸引投资者进入股票市场，从而在股票需求增加的情况下进一步推动市场估值上涨。

QFII 制度是指允许符合一定条件的境外机构投资者在一定投资额度限制下，通过在我国境内开立资金和证券账户，从境外汇入外币或人民币，开展符合规定的证券投资的制度。我国于 2002 年实施 QFII 制度，于 2011 年实施人民币合格境外机构投资者（RQFII）制度。两者之间除了涉及的汇出入币种不同外，在监管框架及流程、投资运作模式等方面基本相同。

QFII 制度是境外投资者投资境内金融市场的主要渠道之一，但此前由于存在投资额度管理等行政性限制，其投资额度使用率偏低。尽管在 2019 年 9 月，国家外汇管理局取消了对 QFII 投资总额度的限制，同时也取消了 QFII 单家投资额度备案和审批，但中国市场对 QFII 投资仍然存在一些限制。由于国际形势复杂等多方面原因，截至 2022 年末，QFII 及 RQFII 渠道净流入金额为 84 亿美元，仅占 A 股流通市值的 0.088%。截至 2023 年二季度末，QFII 投资额共计约为 1 136.32 亿美元，同时期 A 股流通市值为 712 757.03 亿元，QFII 总投资额度仅占 A 股流通市值的 1.13%。在过低的市场占比下，其仍难以充分发挥改善我国证券市场投资者结构、提高市场估值效率等作用。目前，在国际投资市场，国际消极投资策略即国际指数基金投资已成为主流策略，以跟踪 MSCI 指数的国际 ETF 为例，适当吸引国外增量资金对于股市健康发展具有重要作用（胡阳等，2019）。长期来看，当前中国的外资持股占比远低于周边东亚国家和地区的平均水平，国内市场外资增配 A 股仍有巨大空间。未来在"以国内大循环为主体，国内国际双循环相互促进"的大方向下，应继续坚定扩大对外开放的决心，为外来投资者提供更多便利，使其充分发挥应有的纠偏作用，促进我国资本市场估值水平及效率的改善。

与QFII相似，陆股通也是外资进入A股的主要渠道，截至2023年6月末，A股中北向资金持股市值达到2.3万亿元，占流通市值的比重为3.3%，资金体量在机构投资者中仅次于公募基金，位列第二。尤其是今年在国内A股增量资金约束的背景下，北向资金成为国内资本市场的重要边际变量。通常北向资金流入额与市场指数（以沪深300指数为例）呈现出相似的走势，但北向资金一般相较于市场指数会呈现出一定的滞后错峰波动（见图7-15）。

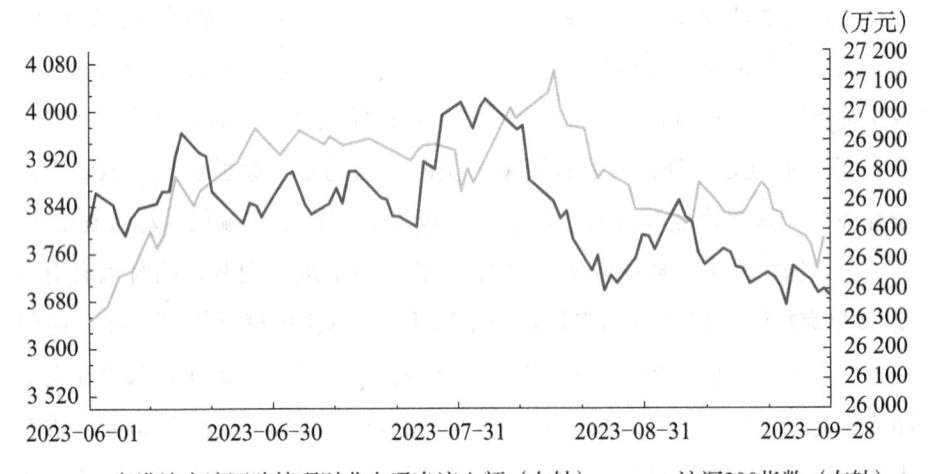

图7-15 2023年6—9月粤港澳大湾区跨境理财北向通净流入额与沪深300指数

资料来源：Wind数据库.

从图7-15中可以发现，2023年6月以来，国内股市表现和北向资金流动依旧呈正相关波动。但需要注意的是，2021年底至2023年7月，南北向资金累计净买入额始终保持同向增长，而2023年后南北向资金流动出现背离，北向资金开始呈现净卖出态势，且南向资金净买入陡增，两者走势呈现剪刀差（见图7-16）。

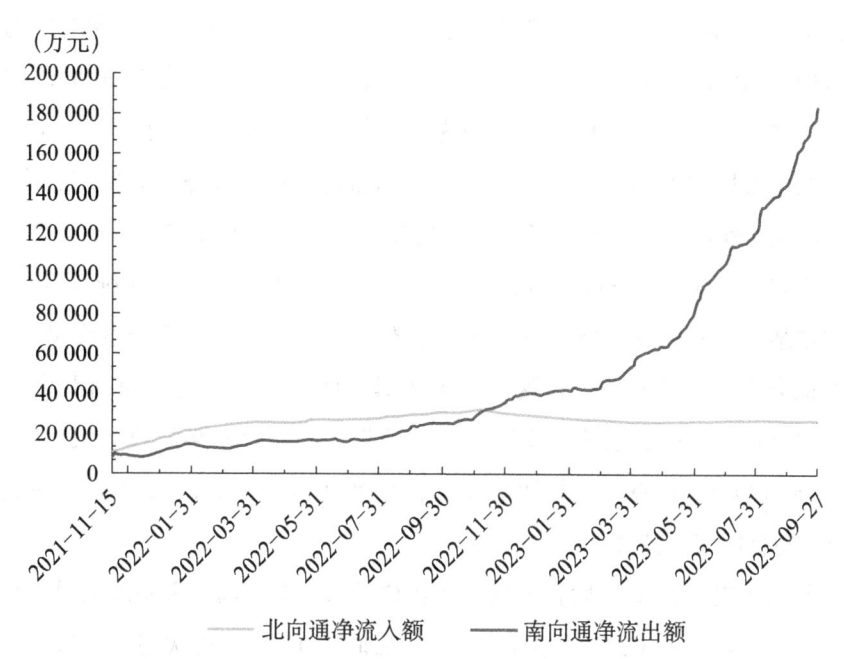

图 7-16　2021—2023 年北向通净流入额与南向通净流出额

资料来源：Wind 数据库.

（三）印花税调整与市场估值

有研究发现，税收改革能促进经济发展，改善资源分配，使企业和个体受惠（Stiglitz，2014）。理论上，税收减少可以在一定程度上降低交易成本、提高市场流动性、刺激企业个股上涨（龙月娥和黄娉婷，2016），更重要的是政府希望通过降低印花税释放市场宽松的信号，但实际上这对资本市场的影响是有限的。印花税调整政策公告往往会引发市场效率结构的显著变化，公告后市场效率短期内会显著提升，而公告前效率会大幅降低（史金凤和刘维奇，2014）；从中期看，印花税调整与估值关系不大，不应被作为刺激股票市场的手段（郝旭光等，2009）。在印花税调整后由于投资者行为与政府预期不同步，导致市场无感甚至起到相反作用（张凤娜，2009）。

目前我国 A 股证券交易费用主要包括过户费、经手费、证管费、券商交易佣金、印花税等，其中过户费、经手费、证管费双向收取，沪深两市这三项费用合计约为 0.064 1‰（北交所约为 0.155‰）；券商交易佣金约为 0.24‰（2022 年行业净佣金率，同为双向收取）；印花税则是向卖方单边征收，此前税率为 1‰。2023 年 8 月 27 日财政部、国家税务总局发布公告称，为活跃资本市场、提振投资者信心，自 2023 年 8 月 28 日起，证券交易印花税实施减半征收，自此印花税税率调整为 0.5‰。印花税是 A 股投资者投资成本中最主要的构成部分，减半征收证券交易印花税是降低证券交易成本、提升证券交易活跃度的重要税收政策工具。印花税政策调整对活跃资本市场、提升投资者信心起到了立竿见影的效果。印花税减半征收政策出台后，8 月 28 日当日，沪深 300 指数由 3 709.15 点上涨至 3 752.62 点，并在之后 5 个交易日内实现持续上涨。

回顾历史，2000 年后我国共对印花税做出 5 次下调，主要涉及税率高低和征收方式，其中本次调整为自 2008 年后时隔 15 年的再次调整。从历次调整来看，每次印花税下调均可以带动短期交易情绪上升，活跃金融市场。我们以第四次、第五次为例[①]，对 A 股调整印花税后市场指数的短期表现进行分析。

第四次调整发生在 2008 年 9 月 19 日，此次调整将证券交易印花税由双边征收改为单边征收，税率保持 1‰。当天沪指创下史上第三大涨幅，上证综合指数、沪深 300 指数、中证 500 指数分别实现收盘上涨 9.46%、9.34%、9.87%，A 股所有股票全部涨停。此后 5 个交易日上证综合指数、沪深 300 指数、中证 500 指数分别实现累计上涨 21.19%、17.28%、12.57%。但紧接着，在印花税调整 6 个交易日后，市场指数开始下跌，持续下跌 1 个月后，上证最低点 1 664 点出现。此后 2008 年 11 月起大盘止跌回升，在 4 万亿元财政刺激政策的助力下，市场指数实现连续上涨（见图 7-17）。

---

① 第一至第三次调整请参见本章附录 3。

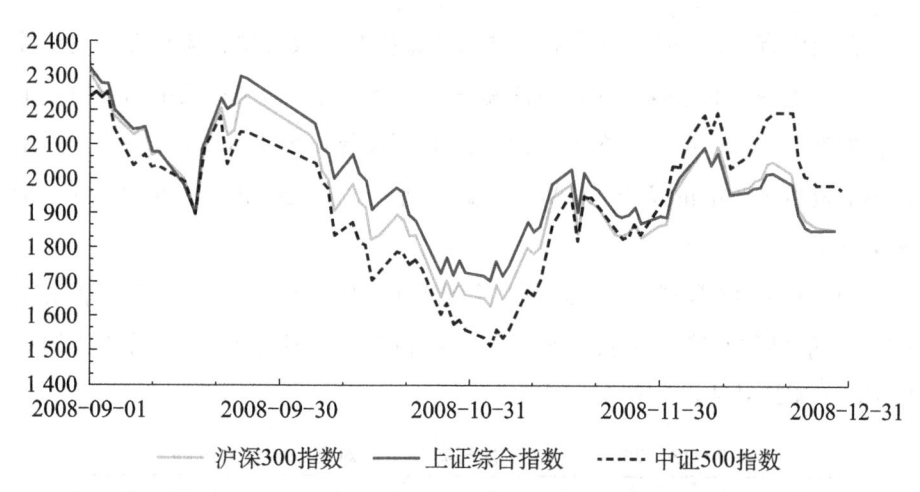

第七章 功能定位、减持规则与市场估值

图 7-17 2008 年 9 月 19 日印花税调整前后市场指数走势

资料来源：Wind 数据库.

可以看到，2000 年后市场对印花税税率下调反应较为迅速直接，短期内（一般为 1~2 周）政策具有提振市场信心的刺激效应，但与已有研究类似，中长期的有效性并不显著。

本次印花税下调后的市场指数走势与之前具有相似的特征。8 月 28 日当日，沪深 300 指数由 3 709.15 点上涨至 3 752.62 点，在之后 5 个交易日内实现持续上涨，但 6 个交易日后又开始逐步下跌，截至 9 月 28 日沪深 300 指数已回调至与此前相近的水平（见图 7-18）。

图 7-18 2023 年 8 月 27 日印花税调整前后沪深 300 指数走势

资料来源：Wind 数据库.

此前已有研究表明，印花税下调对股市指数、收益率、流动性、波动性等均会产生一定的影响。即，印花税是一种交易税，当交易成本增加时，证券价格就会下降；反之证券价格就会上升。Jackson 和 Donnell（1985）采用简单的资本资产定价模型（CAPM）进行研究，发现印花税每提高1‰，价格会下降10％。

为了检验数据观察的客观性及此前结果的适用性，我们借鉴康军（2014）的事件研究法进行实证研究，以检验印花税下调对市场估值的影响[①]，实证结果见表7-13。

表7-13　2000年以来五次印花税下调对市场指数的影响

调整时间及调整幅度	2001年11月（4‰→2‰）	2005年1月（2‰→1‰）	2008年4月（3‰→1‰）	2008年9月（双边→单边）	2023年8月（1‰→0.5‰）
调整前90日日均收益率	−0.251 (2.014)	−0.154 (1.177)	−0.699 (3.246)	−0.853 (2.854)	−0.105 (0.911)
调整后2个交易日CAR	0.534 (0.190)	1.841** (0.084)	11.034** (1.028)	16.923* (5.048)	2.369 (0.777)
调整后10个交易日CAR	2.573 (0.773)	4.969 (2.258)	18.603 (4.325)	13.656* (3.496)	1.879 (0.947)
调整后20个交易日CAR	5.044 (1.491)	8.370 (3.764)	20.200 (4.519)	13.780 (3.351)	2.902 (0.807)
调整后30个交易日CAR	7.536 (2.194)	7.726 (3.725)	22.009 (4.068)	11.682 (3.789)	—
调整后60个交易日CAR	15.013 (4.325)	4.511 (3.000)	24.864 (5.719)	58.755 (16.356)	—

说明：括号内数值为标准差，**、*分别表示在5％、10％的水平下显著。

从实证结果可以看出：印花税下调后，短期内存在正的异常收益率，但随着时间的延长，异常收益率虽然大部分仍在提高，但结果并不显著。同时，从显著性来看，只有2005年、2008年的印花税调整具有显著作用，但是这种显著作用也仅局限于调整后的10个交易日内，20个、30个、60个交

---

① 详细实证过程请参见本章附录4。

易日后这种作用均呈现不显著的状态。整体结果与此前的观察基本相符,即印花税下调短期内具有提振市场信心的效果,但中长期的有效性并不显著。

四、主要结论与建议

中国资本市场要实现从以融资为主向融资和投资并重转型,需要从资产供给端、需求端、交易端三个层面进行思考和改革。在资产供给端,要向市场不断注入具有成长性的优质资产;在资产需求端或资金供应端,要让资产供给速度与资金需求保持一种均衡态势;在资产交易端,要从交易有利性、便捷性和交易成本等维度提振投资者热情。三者当中,资产供给端是最重要的,需求端次之,交易端排在最后。

资产供给端改革的核心是让 A 股市场形成一条各方正常共处的生态链。这主要体现在 IPO、再融资、减持、融券等方面。在资产需求端或资金供给端,基金、保险资金、QFII 等机构投资者要发挥积极作用,促进资本市场发挥价值发现、优化资源配置等功能。同时,机构投资者的管理层或代理人要提高专业投资能力,履行自己的职责和合同义务,帮助投资机构的所有者或委托人实现资产的保值增值。当然,交易成本的下降也能在一定程度上对投资者热情起到提振作用,但最重要的仍是资产供给端的改革和优化。

回顾我国资本市场发展历史,IPO 发行、再融资、并购重组以及退市等相关政策在不同时期、不同阶段进行了不同的调整。特别是 2023 年 2 月 17 日以来,随着注册制的全面实施,我国资本市场也开启了新的篇章。企业的融资渠道相比之前更加畅通后,我国资本市场的功能定位需要从融资市场转向以财富管理为核心功能的投资市场。本章分别从融资市场和投资市场的视角,实证分析了 IPO、再融资、减持与基金、符合条件的专业机构投资者以及印花税减半征收六方面对市场估值的影响。结果表明:一是 IPO 数量和规模与市场估值之间呈现出正相关关系,注册制加速了二级市场对一级市场权益融资的反应速度。二是增发公告在短期内具有明显负向的股价效应。三是大股东减持前个股存在正向超额收益，而减持公告发布后当天与后一天股价下跌。减持公告发布后，股票超额收益消失，公司估值回归合理区间。这表明公司大股东具备一定的择时能力，同时减持信息会对公司估值产生负向影响。四是股票基金对指数的影响较弱，反映了我国资本市场的投资功能仍未完全发挥，导致市场估值发生了一定程度的偏离；投资者的情绪对交易行为和偏好产生了负面影响，从而导致股票市场的估值偏低。五是QDII、QFII等符合条件的专业机构投资者比例变化在一定时期内可以影响市场估值，并促进定价效率的提升。陆股通的流向变化也值得关注。六是印花税下调在短期有积极影响，但中长期效果不佳。整体上看，我国资本市场尚未形成以财富管理为核心功能的投资市场，居民投资意愿有待提高。

基于此，本章提出以下政策建议：一是加强对增发行为的监管。进行增发的企业应制定严谨可靠的定向增发方案，提高企业自身的信息透明度，健全内控制度，防止因信息不对称程度提高而引起投资者担忧，进而对股价形成负向冲击，避免融资成本升高，保护投资者利益。监管部门应继续完善增发相关制度，防止大股东利用增发进行利益输送，增强对大股东财富转移的约束，提高合谋的成本和代价，正确引导增发在资本市场的健康有序发展。二是加强对上市公司的减持限制。要约束大股东利用内幕消息套取超额收益，激励上市公司积极发展业务，提高公司经营水平和盈利能力，同时考虑广大投资者利益，提振股票市场投资者信心。三是优化基金市场功能。要提高基金管理公司的管理水平、加强投资者教育，以及降低基金产品的费用，吸引更多的投资者参与，提高市场流动性、估值效率和准确性。四是深化符合条件的专业机构投资者的市场参与。政府和监管机构可以进一步鼓励符合条件的专业机构投资者参与中国资本市场，通过简化投资程序、提高市场透明度、扩大QFII和QDII额度等方式来改善现状，通过扩大参与者比例来提高市场的国际化水平和投资效率。五是增强长期监管和政策稳定性。为了吸引更多符合条件的境内外专业机构投资者，政府需要提供长期稳定的监管政策，为投资者提供可预测的市场环境，以便更好地制定长期投资战略。六是客观看待印花税政策。印花税减半政策在短期内可能会产生积极影响，但中长期效果可能有限，政府和监管机构应以维护股票市场健康发展的思维出台政策，而非以刺激市场为目的。七是积极完善资本市场的相关配套政策。有关监管部门应稳定市场情绪，引导优质资金长期净流入，逐步开发建设以财富管理为导向的投资市场。

参考文献

[1] 郝旭光，闫云松，廉赵峰．印花税调整政策对股指的影响．经济与管理研究，2009（10）．

[2] 胡乃武，阎衍，张海峰．增发融资的股价效应与市场前景．金融研究，2002（5）．

[3] 胡阳，杨彩霞，李能飞．国际消极投资策略基金对中国股市的影响研究：以跟踪 MSCI 指数的 ETF 为例．会计之友，2019（22）．

[4] 黄顺武，汪宁，俞凯．IPO估值分歧关联、机构报价差异与新股抑价波动．贵州财经大学学报，2018（4）．

[5] 康军．政策调整对股票市场波动影响的实证检验．统计与决策，2014（8）．

[6] 林千惠，刘善存，宋殿宇．机构投资者串谋、IPO抑价与定价策略分析．系统工程，2012，30（7）．

[7] 刘顺融．股权再融资新规与定向增发公告效应的关系研究．商业会计，2022（20）．

[8] 龙月娥，黄娉婷．"营改增"税制改革与证券市场反应研究——基于机构投资者与证券估值双重视角．证券市场导报，2016（7）．

[9] 沈朝晖．流行的误解．"注册制"与"核准制"辨析．证券市场导报，2011（9）．

[10] 史金凤，刘维奇．印花税调整政策对股票市场效率的影响分析．数理统计与管理，2014，33（1）．

[11] 孙淑伟，梁上坤，阮刚铭，付宇翔．高管减持、信息压制与股价崩盘风险．金融研究，2017（11）．

[12] 王国松，张飞．创业板中大股东减持对股价影响的实证研究．价格理论与实践，2016（9）．

[13] 王建文，李蓓. 重要股东增减持行为市场效应及其影响因素分析. 财会月刊，2012（24）.

[14] 吴井峰. 定向增发后短期市场反应的实证检验. 统计与决策，2016（17）.

[15] 俞军，魏朱宝，杨春清. 投资者情绪、异质预期与定向增发公告效应. 广东财经大学学报，2016，31（3）.

[16] 张凤娜. 股票交易印花税税率调整对我国股市影响的实证分析. 税务研究，2009（7）.

[17] 张鸣，郭思永. 大股东控制下的定向增发和财富转移——来自中国上市公司的经验证据. 会计研究，2009（5）.

[18] 章卫东. 定向增发新股、整体上市与股票价格短期市场表现的实证研究. 会计研究，2007（12）.

[19] 赵玉芳，余志勇，夏新平，汪宜霞. 定向增发、现金分红与利益输送——来自我国上市公司的经验证据. 金融研究，2011（11）.

[20] 朱茶芬，李志文，陈超. A股市场上大股东减持的时机选择和市场反应研究. 浙江大学学报（人文社会科学版），2011，41（3）.

[21] Friedrich, S., Gregory, A., Matatko, J., et al. "Short-run Returns around the Trades of Corporate Insiders on the London Stock Exchange." *European Financial Management*，2002，8（1）.

[22] Hertzel, M. and Smith, R. L. "Market Discounts and Shareholder Gains for Placing Equity Privately." *The Journal of Finance*，1993，48（2）.

[23] Jackson, P. D. and Donnell, A. T. "The Effects of Stamp Duty on Equity Transactions and Prices in the U. K. Stock Exchange." Bank of England, Discussion Paper，1985，No. 25.

[24] Myers, S. C. and Majluf, N. S. "Corporate Financing and Investment Decisions When Firms Have Information That Investors Do Not Have." *Journal of Financial Economics*，1984，13（2）.

[25] Scholes, M S. "The Market for Securities: Substitution versus Price Pressure and the Effects of Information on Share Price." *Journal of Business*，1972，45（2）.

[26] Stiglitz, J. E. "Reforming Taxation to Promote Growth and Equity." White

paper，2014.

[27] Wruck, K. H. "Equity Ownership Concentration and Firm Value: Evidence from Private Equity Financings." *Journal of Financial Economics*，1989，23 (1).

附录 1

A. 某券商定价不合理

2023 年 6 月 17 日，海通证券因惠强新材、明峰医疗、治臻股份三个项目的保荐核查工作履职尽责不到位、保荐业务内部质量控制存在薄弱环节等问题受到了上海证券交易所的警示处罚，在收到交易所发出的《保荐业务现场督导通知书》后将材料撤回。Wind 数据库显示，截至 2023 年 6 月，海通证券已主动撤回 9 个保荐项目的材料，其撤单数与招商证券（600999.SH）并列第一。相较于保荐项目材料撤回，海通证券承销的索辰科技、智翔金泰因高估值发行引起了更广泛的讨论。索辰科技、智翔金泰在上市首日均出现了破发，在一定程度上打击了投资者认购新股的热情。

B. 某券商报价偏高太多

2022 年 5 月 11 日，由于西部证券对科创板新股思特威估出 960 元/股（高出发行价 30 倍）的天价，中国证券基金业协会发布《首次公开发行股票配售对象限制名单公告》，将"西部证券睿赫 1 号集合资产管理计划"列为唯一被点名的对象。思特威 2022 年 5 月 10 日披露的上市发行公告显示，公司此次发行的网下询价报价区间为 12.94～960 元/股。报价区间收尾相差超过 900 元，甚至高出第二高价 85 元/股十多倍。思特威最终的发行定价为 31.51 元/股，仅为最高报价的约 1/3，差距之悬殊引起了投资者和监管机构的广泛关注。该公司的上市发行公告显示，报出 960 元天价的是"西部证券睿赫 1 号集合资产管理计划"，申购数量为 30 万股，不过该报价最终被剔除。

附录 2

A. 数据选取与模型选择

在实证分析的数据选取上，由于某些所需数据在 2012 年之前存在空缺，因此本部分仅收集2012—2023年7月间的相关月度数据。在自变量选择上，由于QDII投资额度总量始终呈现增长趋势，且在此期间存在一个较长的投资额度不变的时期，所以选取QDII投资总量与增量作为自变量进行回归得到的结果是否有意义仍有待考量。因此，本章选择QDII投资额度/A股总流通市值（QDII/VA）作为自变量，以更好地反映符合条件的专业机构投资者对市场估值的影响。但因变量的选取与此前小节相同，仍然是沪深300指数的自然对数（lnHS）。此外，由于股市以及外部环境的一些特征同样会影响到市场指数的数值，所以需要加入控制变量以达到更好的拟合效果。对于控制变量的选择从宏微观层面分别进行考量，其中宏观层面选取利率（i）、存款准备金率（r_e）作为控制变量，微观层面选取标志性的指数收益率（r_{HS}）与波动率（δ_{HS}）作为控制变量。

B. 模型构建

对选取的QDII投资额度/A股总市值、利率、沪深300指数收益率与波动率等自变量进行共线性检验，VIF为2.1，自变量通过多重共线性检验。具体的OLS回归模型为：

$$\ln HS = \alpha_0 + \beta_1 QDII/VA + \beta_2 i + \beta_3 r_e + \beta_4 r_{HS} + \beta_5 \delta_{HS} + \varepsilon$$

最终的OLS模型回归结果如表7-14所示。

表7-14 OLS模型回归结果

变量名称	模型结果
QDII/VA	−10.582***
	(1.650)
i	−0.101***
	(0.024)
r_e	−2.944***
	(0.472)
r_{HS}	0.439***
	(0.175)
δ_{HS}	0.092***
	(0.017)

续表

变量名称	模型结果
Cons	9.015***
	(0.046)
观测值	139
$R-\mathrm{sq}$	0.829 2

说明：*** 代表在1%的水平下显著。括号内数值为标准差。

由该表可知，回归结果基本与预期相符，其中 QDII/VA 的系数显著为负，即当 QDII 在市场总投资中所占的比例上升时，沪深 300 指数的市场估值会相应下降，对此的解释是：相比境内个人投资者，境外机构投资者对市场估值较为谨慎客观，因此，随着境外机构投资者在市场投资中的比例扩大，市场估值的偏离得以矫正。实证结果表明：境外机构投资者确实可以影响市场估值，提高定价效率。

附录3

回顾历史，2000 年后我国共对印花税做出五次调整，主要涉及税率调整和征收方式调整，其中本次调整为自 2008 年调整后时隔 15 年的印花税再次调整。从历次调整来看，每次印花税下调均可以提升短期交易量，活跃金融市场。下面补充第一次至第三次印花税调整后 A 股市场指数的短期表现。

第一次印花税调整发生在 2001 年 11 月 16 日，具体来说是将印花税由 4‰ 下调至 2‰。调整次交易日，上证综合指数上涨 1.41%，5 个交易日内上涨 2.56%，10 个交易日内上涨 6.15%，在此期间涨幅超过 100 点。印花税调整后 12 个交易日上证综合指数达到短期高点，并开始下跌回调，直至两个月后才再次大幅上涨。

第二次印花税调整发生在 2005 年 1 月 23 日，具体来说是将印花税再次下调，由 2‰ 下调至 1‰。调整次交易日，上证综合指数上涨 1.73%，沪深 300 指数上涨 1.58%，中证 500 指数上涨 1.99%。一个月后，上证综合指数由 1 234.48 点上涨至 1 309.95 点，累计涨幅达 6.11%；沪深 300 指数由

982.60 点上涨至 1 045.46 点，累计涨幅达 6.40%；中证 500 指数由 988.52 点上涨至 1 024.45 点，累计涨幅达 3.63%。24 个交易日后，市场指数达到短期高点并开始逐步下跌回调，但此后 A 股迎来牛市，上证综合指数在 2007 年 10 月达到历史高点 6 124 点。

第三次印花税调整发生在 2008 年 4 月 24 日，具体来说是将印花税从 3‰ 下调至 1‰。调整当日，沪深 300 指数、上证综合指数均实现收盘大涨 9.29%，中证 500 指数上涨 9.19%，大盘接近涨停。5 个交易日内，上证综合指数上涨了近 400 点，沪深 300 指数与中证 500 指数均上涨了近 500 点。印花税调整近 12 个交易日后，各市场指数达到短期涨幅高点，并逐步下跌回调，30 个交易日左右跌至与印花税调整前相近的水平（见图 7-19）。此后延续跌势近 4 个月，直至 2008 年 9 月下旬政府再次将印花税由向双边征收改为向单边征收。

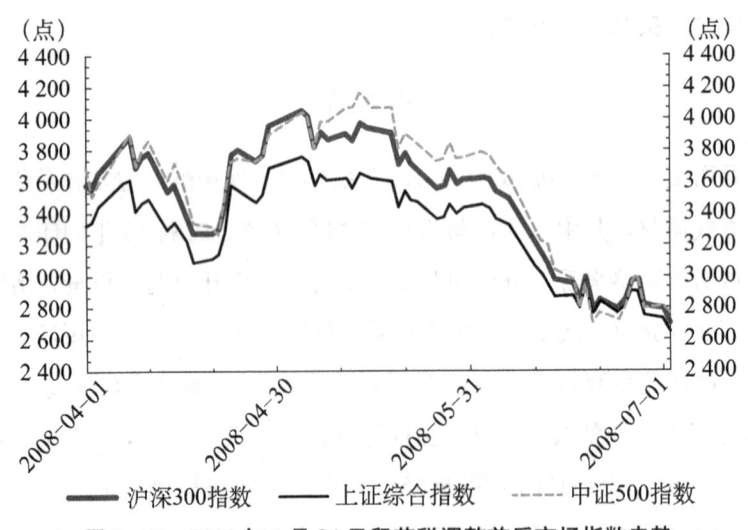

图 7-19 2008 年 4 月 24 日印花税调整前后市场指数走势

资料来源：Wind 数据库.

附录 4

A. 数据选取与模型选择

为了检验印花税下调对市场估值的影响，我们采用事件研究方法进行实证研究。考虑到 2000 年之前我国股市还不够成熟，且资本市场整体情况和外部环境与当前差距较大，故本附录在数据选取上只考虑 2000 年之后的五次印花税调整。通过比较印花税调整前后的累计收益率变化来考察印花税调整对市场估值的影响。

在针对我国 2000 年后的五次印花税调整进行事件研究时，我们将印花税税率调整作为一次事件，将印花税调整公告日定义为事件发生日，选取印花税调整前 90 个交易日作为事件窗口期。由于当前我国资本市场的有效性，股价对于新市场信息的反应存在一定的提前或滞后，因此需要采用较长的事件窗口期，但如果事件窗口期过长，那么又难以保证不受其他因素影响。因此，经过综合考虑，我们选取调整前后 2 个、10 个、20 个、30 个、60 个交易日作为事件窗口期，并通过比较印花税调整前后的累计收益率变化来考察印花税调整对市场估值的影响。

B. 模型构建

我们将股指收益率定义为 $r_t = \ln(P_t/P_{t-1})$，P_t 为 t 时点的沪深 300 指数。在计算正常收益率时，由于本节是针对市场指数本身而非个股进行计算，因此市场模型不太适用。同时，考虑到印花税调整一般发生在股市低迷较长时间后，若不进行调整，则低迷行情极可能持续下去，因此选取印花税调整前 90 日的日均收益率作为正常收益率，则异常收益率＝交易日的实际收益率－正常收益率。累计异常收益率（CAR）为一段时间内的异常收益率之和。为得到更具体的数值，此计算过程中将收益率全部乘以 100，计算得到的累计异常收益率如表 7-15 所示。

表 7-15　2000 年以来五次印花税调整对市场指数的影响

时间	2001-11	2005-01	2008-04	2008-09	2023-08
调整内容	4‰→2‰	2‰→1‰	3‰→1‰	双边→单边	1‰→0.5‰
调整前 90 日的日均收益率	−0.251 (2.014)	−0.154 (1.177)	−0.699 (3.246)	−0.853 (2.854)	−0.105 (0.911)
调整后 2 个交易日 CAR	0.534 (0.190)	1.841** (0.084)	11.034** (1.028)	16.923* (5.048)	2.369 (0.777)

续表

时间	2001-11	2005-01	2008-04	2008-09	2023-08
调整后10个交易日CAR	2.573 (0.773)	4.969 (2.258)	18.603 (4.325)	13.656* (3.496)	1.879 (0.947)
调整后20个交易日CAR	5.044 (1.491)	8.370 (3.764)	20.200 (4.519)	13.780 (3.351)	2.902 (0.807)
调整后30个交易日CAR	7.536 (2.194)	7.726 (3.725)	22.009 (4.068)	11.682 (3.789)	—
调整后60个交易日CAR	15.013 (4.325)	4.511 (3.000)	24.864 (5.719)	58.755 (16.356)	—

说明：括号内数值为标准差。**、*分别表示在5%、10%的水平下显著。

C. 实证结果与结论分析

从实证结果可以看出，印花税下调后，短期内存在正的异常收益率，但随着时间的延长，异常收益率虽然大部分时间仍在提升，但结果并不显著。同时，只有2005年、2008年的印花税调整产生了显著作用，但是这种作用也仅局限于调整后的10个交易日内，20个、30个、60个交易日后均不再显著。整体结果与此前的观察基本相符，即印花税下调短期内具有提振市场信心的效果，但中长期的有效性并不显著。

第八章

投资者结构与市场估值

摘　要：投资者是资本市场重要的参与主体，作为金融资产交易的购买方，他们从投资偏好、信息差异、非理性心理与行为等多个维度对资产定价和公司估值产生深刻的影响。此外，作为资金的获取方，上市公司天然地有迎合投资者偏好或者投资理念的动机。因此，从某种意义上来说，有什么类型的投资者，就会有什么类型的上市公司。当市场中投资者更关注公司短期概念而不是其长期盈利能力的时候，上市公司可能就会有更大的激励去迎合投资者，而不是专注于公司业务的发展和长期盈利能力的提升。尤其是当公司大股东有股权质押或者减持股份需求的时候，这种行为会进一步加剧。事实上，资本市场是否能够有效运行并发挥其资源配置的基础作用，很大程度上取决于市场参与主体的特征。本章将从投资者的视角分析投资者结构对公司估值的影响。

一、全球资本市场投资者结构的历史变化

不同国家的股票市场有不同的投资者结构。美国和英国的股票市场是典型的机构主导型市场，中国大陆 A 股市场个人投资者的参与度较高，中国台湾市场则是机构与个人交易占比相对均衡的市场。从股票市场发展历程来看，主要发达国家（地区）的股市在发展成熟之前，都经历了一个较为明显的投资者结构机构化并逐步稳定的过程（Aras and Müslümov，2005；Davis and Steil，2004）。然而，机构投资者和个人投资者在市场定价中各自发挥着不同的作用，过度的机构化和散户化都会导致市场走向某种极端。

(一) 全球资本市场投资者结构概况

不同国家资本市场投资者结构事实上存在很大差异。图 8-1 给出了 2017 年全球 54 个国家（地区）资本市场投资者结构状况。从该图可以看出：首先，经济发展水平和市场成熟度不同的国家，机构投资者持股比例的差异很大。美国、英国、加拿大等发达国家机构投资者持股比例相对较高，而印度、泰国、越南等新兴市场国家机构投资者持股比例相对较低。其次，中国、俄罗斯、越南、捷克、斯洛伐克、斯洛文尼亚等转型市场国家以及马来西亚、印度尼西亚、孟加拉国等发展中国家的公共部门持股比例显著高于市场化程度相对高的发达国家。最后，从区域层面看，美国、亚洲发达国家和欧洲的证券市场中，机构投资者持股比例显著高于拉丁美洲、亚洲除中国之外的发展中国家，以及其他发展中国家的水平（见图 8-2）。经济发展水平与机构投资者持股比例之间的正相关关系还是比较明显的。

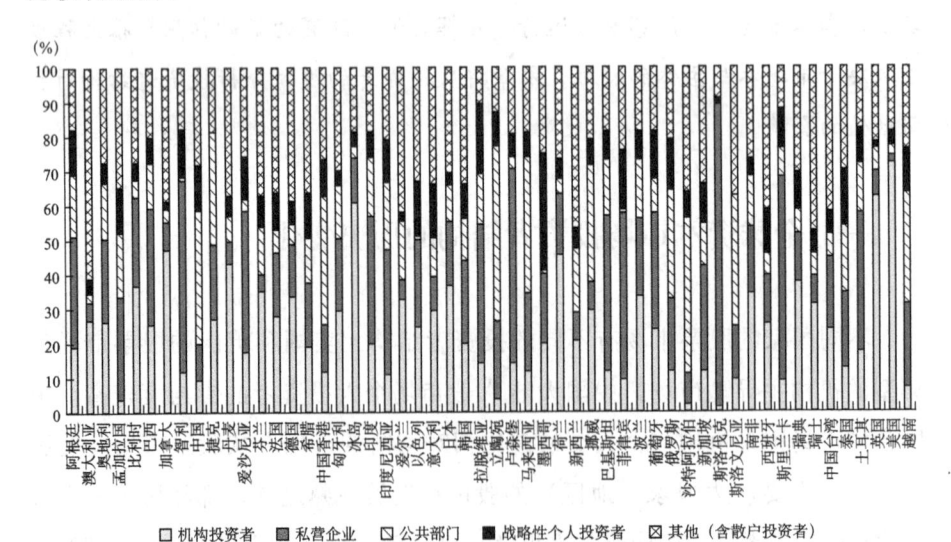

图 8-1　不同国家（地区）资本市场投资者结构概览（2017 年）

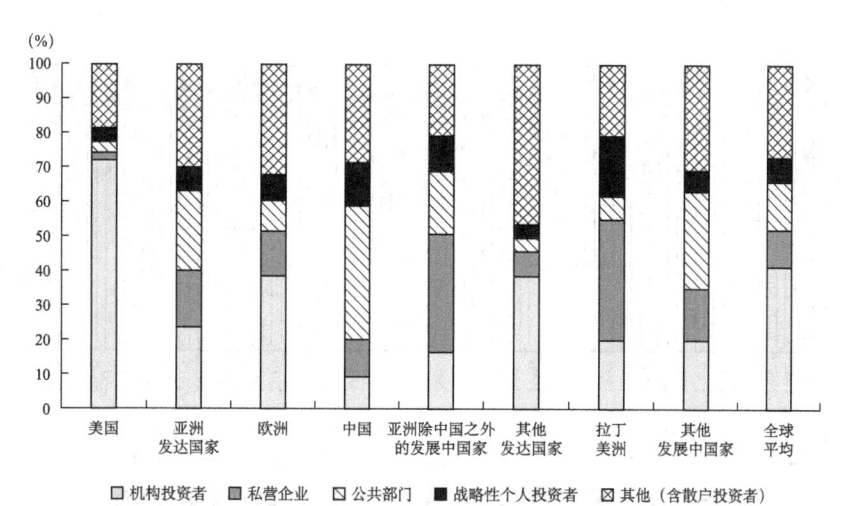

图 8-2 不同区域资本市场投资者结构概览（2017 年）

（二）发达资本市场状况

1. 美国

作为全球资本市场发展程度最高的市场，美国股票市场在历史上也曾经是高度散户化的市场。美联储历史资产负债表金融账户数据表明，1950 年前后美国股票市场中个人投资者持股占流通市值的比重一度达到 93%。此后，美国股票市场经历了漫长的"去散户化"过程。然而，截至 20 世纪 80 年代初，机构投资者持股比例也仅仅达到 40% 左右。直到 2000 年，美国股票市场机构投资者持股比例才首次超过 60%，并在之后 20 年的时间里长期稳定在 60%～65% 的区间（见图 8-3）。

受益于"401K 计划"对提前提取养老金征收惩罚性税款的制度性规定、严格的共同基金监管条例以及逐步完善的退市制度，美股的"去散户化"过程在过去 40 多年的时间里不断深入推进。这些制度规范使得机构投资者能够凭借资金、信息、专业能力等优势获得超出个人投资者的收益。伴随着机构投资者的资产管理能力的提升，个人投资者也逐步退出市场交易，转而将资金交予养老金等专业机构管理人。

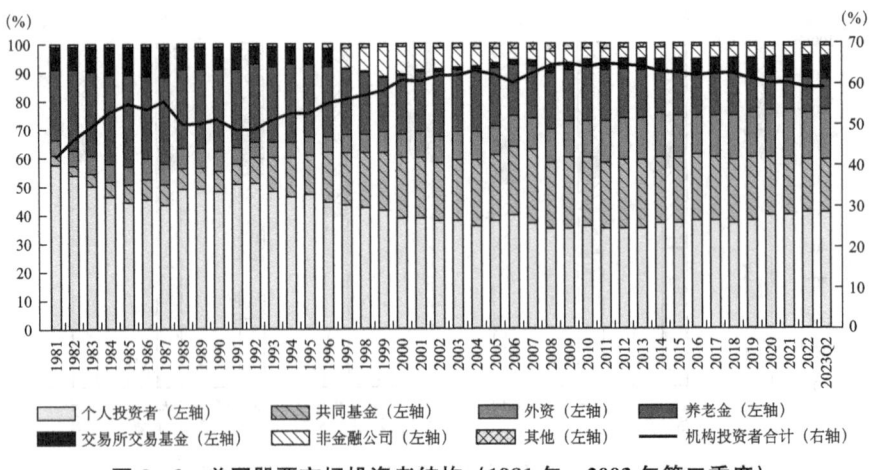

中国资本市场估值理论体系的要素分析

图 8-3 美国股票市场投资者结构（1981 年—2003 年第二季度）

结合数据可以发现，个人投资者持股由 90% 下降至 40% 的部分主要被养老金以及外资等吸纳。1981—1985 年，养老金持股规模迎来巅峰时期。1987 年养老金持股比例达到 30.6%。而共同基金则在 1991—2013 年期间乘势而上，持股比例从 7% 不断提升到 23.9%。1993—2013 年的 20 年间，共同基金和养老金合计持股比例始终在 40% 以上。此外，值得一提的是，随着全球优质资产在美国市场的聚集，加之美元的国际货币属性，外资持股比例由 1996 年的不足 6% 稳步上升至 2023 年第二季度的 17.4%，这成为美国股票市场资金端的重要来源，也为美国股票市场的长期繁荣提供了资金保障。

2. 英国

英国股票市场的投资者结构有其独特之处。首先，机构投资者持股比例很早就处于非常高的水平。1989 年，英国市场机构投资者持股比例就达到了 79.4%，2008 年之前，机构投资者持股比例持续上升，并一度达到 89.8%。次贷危机之后，这一比例虽然有所调整，但也都维持在 86.5% 之上。即便在发达国家里，英国股票市场的机构投资者持股比例也处于高水平。其次，从不同类型投资者持股比例的变化来看，1989 年以来，英国股票市场的一个重要变化就是外资持股比例从 1989 年的 12.8% 持续提升到 2020 年的 56.3%。

而同期养老金和保险资金的持股比例则分别从30.6%和18.6%一路下降到1.8%和2.5%（见图8-4）。伦敦是世界上最大的股票基金管理中心，伦敦证券交易所交易的外国股票远远超出英国本土的股票。

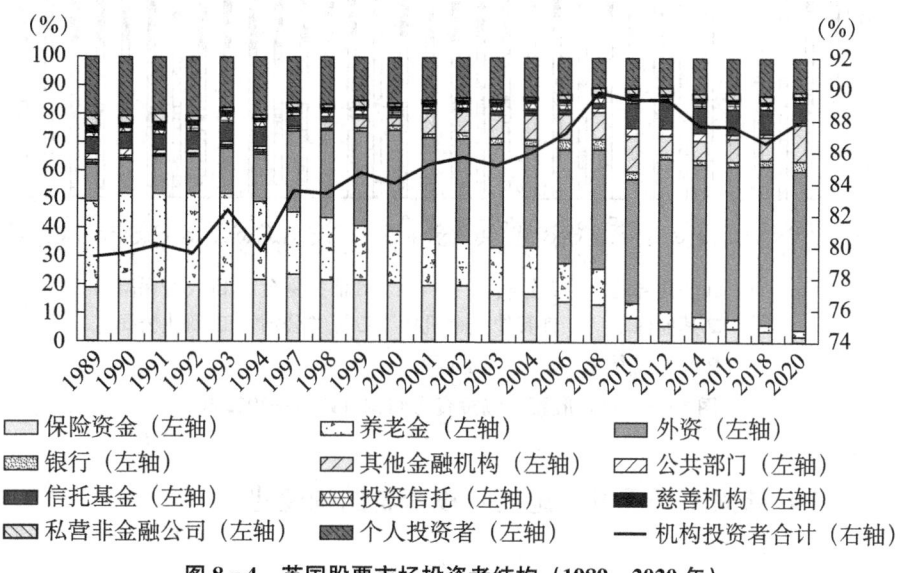

图8-4 英国股票市场投资者结构（1989—2020年）

3. 日本

日本经济在20世纪70年代末步入高速发展期，整体看，1970年之后日本股票市场的投资者结构呈现如下几个特征：第一，个人投资者持股比例持续降低。1970年，日本个人投资者持股比例达到37.7%，截至2022年，个人投资者持股比例仅为17.6%。第二，境外投资者持股比例持续提升。1970年，境外投资者持股比例仅为4.9%，然而，2003年，这一指标已经达到21.8%；截至2022年，境外投资者持股比例超过了30%，成为单一来源的最大持股类别。第三，金融机构类的投资者持股比例经历了先增后降的过程。1970年，金融机构持股占比为31.6%，该指标在1998年的时候达到顶峰41%；随后在接下来的20多年时间里，金融机构持股比例又逐年递减，2022年降至29.6%（见图8-5）。

图 8-5 日本股票市场投资者结构（1970—2022 年）

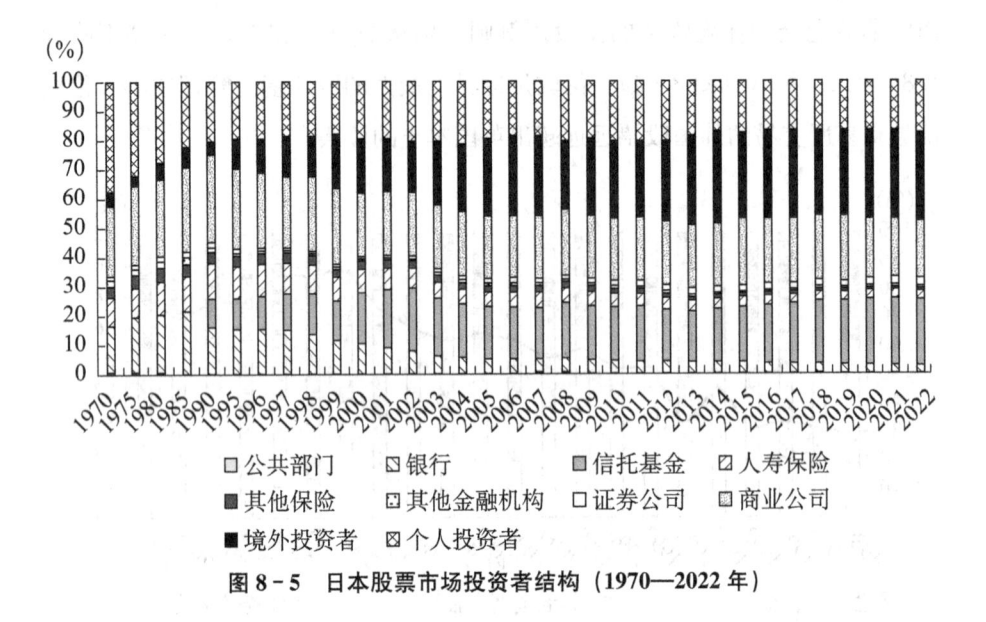

（三）新兴市场国家（地区）投资者结构变化

1. 印度

作为过去 20 年亚太地区乃至全球发展中国家经济快速增长的代表，印度的股票市场也得到了长足的发展。2001 年 1 月至 2023 年 9 月期间，印度股票市场指数从 3 997 点上涨到 65 828 点，累计涨幅达到 1 547%，年化收益率达到 12.7%。从投资者结构的角度看，2007 年以来，印度股票市场的机构投资者持股比例经历了一个先升后降的变化过程，但整体在 43.6%～46.3% 的区间内变化，波动幅度相对较小。如果进一步把不同类型投资者的持股比例的发展做个对比，那么可以看到，在过去 10 多年间，印度股票市场中无论是个人投资者、公共部门、境外投资者、金融机构还是非金融公司的持股比例都异常稳定（见图 8-6）。在印度市场，我们没有看到投资者结构与市场指数之间存在任何显著的相关性。

2. 中国台湾

中国台湾股票市场自 1983 年起逐步对外开放。1983 年，台湾股市开始

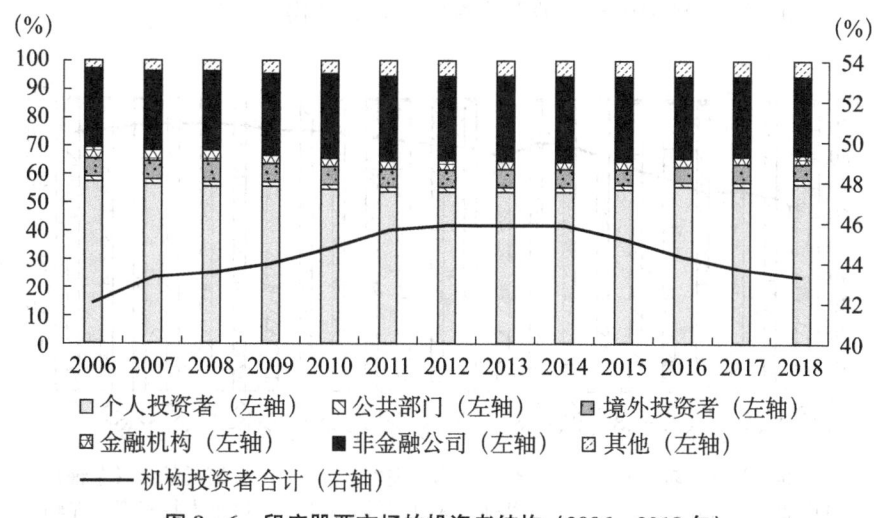

图 8-6 印度股票市场的投资者结构（2006—2018 年）

接纳岛内信托公司所募集的海外资金；1991 年，准许 QFII 进行直接投资；1996 年，台湾股市正式被纳入 MSCI，初始纳入因子为 50%；2003 年，QFII 制度被完全废除，MSCI 纳入因子提高至 100%，标志着台湾股市开始全面对境外投资者开放。1986—1993 年间，台湾地区股票市场投机炒作现象突出，股票交易年均换手率一直居高不下，1989 年更是高达 600%。在过度投机炒作氛围下，台湾地区市场人士也曾提出当时台湾的股票市场是一个"苦难深重"的市场。[①] 外资的快速涌入以及投资者结构的机构化客观上降低了当地市场的流动性。20 世纪 90 年代之前，台湾地区股市的成交量主要是由个人投资者贡献的。20 世纪 90 年代以后，随着台湾地区股票市场对外开放力度的加大，国际投资者交易占比快速提升，对当地个人投资者形成挤压效应，且逐渐主导了电子产业龙头企业（例如台积电）的定价权。目前台湾地区股市从成交量及成交金额角度看都呈现集中化现象，排名前 20 的个股占据股市三成的成交量，使得不少中小型个股出现流动性问题。图 8-7 列

---

① 戴立宁，郭建龙，谷重庆. 一以贯之：戴立宁的经历和坚持. 北京：中信出版社，2014：184.

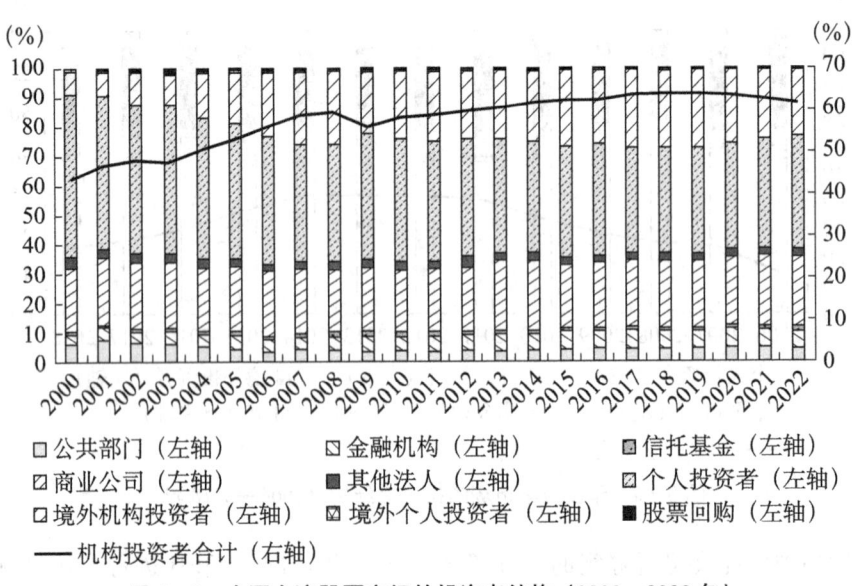

示了 2000—2022 年中国台湾股票市场的投资者结构。

图 8-7　中国台湾股票市场的投资者结构（2000—2022 年）

3. 中国香港

20 世纪 90 年代，中国香港股票市场规模位列全球第八，市场对外开放度和国际化程度极高，各类国际资金在香港股票市场持股比例一直维持在 40%～45% 的区间。从图 8-8 可以看出，2005 年以来，香港股票市场投资者结构发生了两个趋势性变化：一是本地个人投资者的持股比例持续下降，机构投资者合计持股比例波动提升。2005 年，本地个人投资者持股比例为 27.3%，2019 年该指标为 13.55%，降幅达约 50%。在上述时段内，机构投资者持股比例从 69.79% 上升到 79.74%，提升了近 10 个百分点。二是交易所参与者（主要为券商做市及自营）的持股比例大幅上升，从 5.4% 提升到 26.3%。

二、不同类型投资者对估值的影响

证券市场没有普适的完美的投资者结构。证券市场投资者结构的形成既

图 8-8 中国香港股票市场的投资者结构（2005—2019 年）

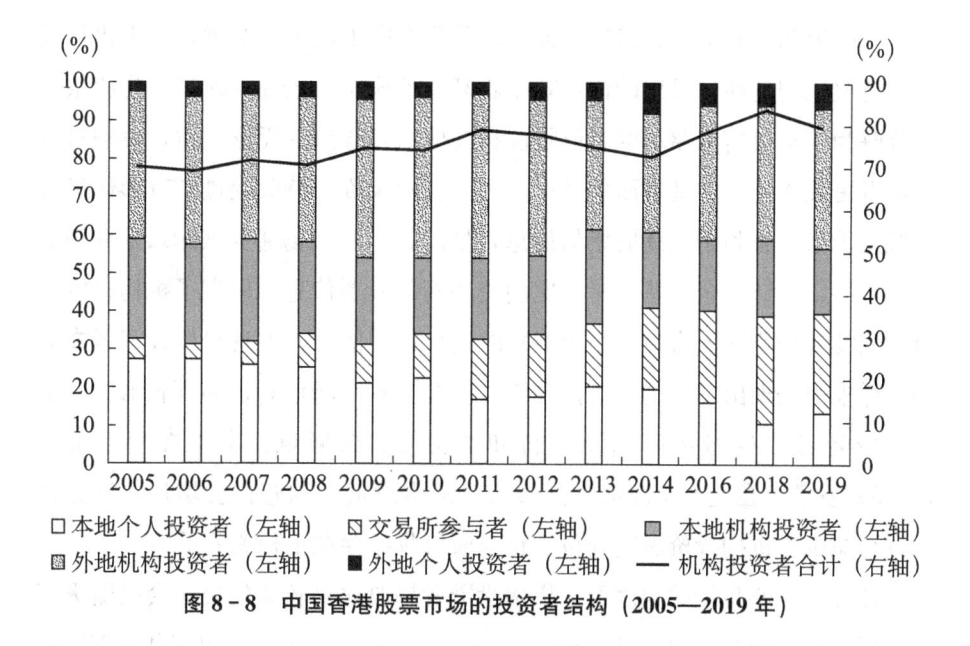

受市场发展历史、成熟度、对外开放度等因素的影响，也与国家或地区的经济发展水平、文化、价值观等有密切关系。不同类型的投资者对资产价格以及公司的估值有不同的影响，虽然大家普遍认为个人投资者在交易过程中缺乏理性，容易受情绪和直觉的影响，但是个人投资者客观上也为市场提供了流动性，有利于市场保持一定的活力。本节我们将从理论的角度对不同类型投资者在市场中发挥的作用进行梳理。

（一）机构投资者

1. 提升信息效率

与个人投资者相比，机构投资者拥有更大规模的资金支持、更丰富的专业知识，具备更强的信息解读能力和更少的非理性情绪，这些因素使得机构投资者在投资过程中更加理性（Lakonishok et al.，1992；Bartov et al.，2000）。例如，机构能够更好地解读公司的盈余操纵（Balsam et al.，2002），更好地运用信息（Cohen et al.，2002）等。

王咏梅和王亚平（2011）实证分析了深交所上市企业数据，发现机构投资者持股比例越高，股票的信息效率越高。蔡庆丰和杨侃（2013）将股票收益分解为基本面信息驱动的有形收益和其他信息导致的无形收益，发现机构投资者更关注公司的基本面信息；同时，机构投资者持股促进了有形信息进入股票价格，有利于提高股票的信息含量。张宗新和杨通旻（2014）使用股价同步性、会计盈余和基金持股比例变动衡量股票信息，研究了机构投资者对不同类型企业（大市值与小市值）的信息发现能力，发现机构投资者在大公司样本中表现出一定的信息挖掘能力。在资本市场信息透明度较低时，机构投资者可以通过内幕信息进行知情交易。余佩琨，李志文和王玉涛（2009）发现，在企业正面消息公布前，机构投资者的仓位会增加，反之其仓位会减少，机构投资者的仓位变化与股票收益存在正相关关系。

此外，从非直接的角度看，机构投资者持股比例较高的公司会吸引更多的分析师跟踪分析公司信息（Sias，1996），从而提高了公司的信息披露质量（Bushee and Noe，2000）；积极参加公司治理实践减轻了经理人的委托代理问题（Shleifer and Vishny，1986；Chen et al.，2007），减少了公司应计异常现象（Collins et al.，2003）。理性成熟的机构投资者更多地基于市场信息完成投资政策，而非理性投资者的投资决策更多地受到自身非理性情绪的左右。因此，当市场由理性成熟的机构投资者构成的时候，反映上市公司经营管理状况的信息会相对准确地进入市场价格，资产定价效率较高。而当市场主要是由非理性投资者构成的时候，只要非理性情绪发生不可预期的变化，资产价格就会随之变化。这意味着资产价格中信息含量降低，噪声含量增加，市场信息效率下降。

2. 促进市场稳定

传统观点认为，机构投资者不易受到非理性、市场噪声的影响，且机构投资者不会频繁更换其投资组合，因此机构投资者能够稳定股票价格。祁斌，黄明和陈卓思（2006）指出机构投资者持股比例越高，股票价格波动性越低，进而支持机构投资者可以稳定股票价格这一观点。史永东和王谨乐

(2014)使用得分匹配模型（PSM）对比了机构投资者重仓与未重仓的股票，发现在市场行情较差时，机构投资者能够降低股票的波动性，但在市场收益为正时，其交易行为加剧了股票价格波动。高昊宇，杨晓光和叶彦艺（2017）用股票价格的涨跌停次数作为对极端价格风险程度的度量，通过实证研究发现机构投资者持股比例越高的股票其涨跌停风险越小。吴悠悠（2017）讨论了投资者情绪的影响，发现尽管机构投资者的情绪会受到散户投资者的影响，但其能够起到平稳市场的作用。

然而，另一些研究也指出，由于羊群效应和短视行为，机构投资者降低了市场效率，加剧了市场波动（如 Stein，2009；Dennis and Strickland，2002；Brown et al.，2013；Cai et al.，2019）。蔡庆丰和宋友勇（2010）指出，"超常规发展"的机构投资者加剧了机构重仓股的波动，并未增强市场的稳定性和理性。曹丰等（2015）发现，机构投资者加剧了信息不对称水平，进而显著增加了公司股价未来崩盘的风险。孔东民和王江元（2016）使用赫芬达尔指数、机构投资者数量和前三大机构投资者相关信息衡量了机构投资者的信息竞争水平，发现机构投资者的信息竞争加大了股价崩盘风险。陈新春，刘阳和罗荣华（2017）及吴晓晖，郭晓冬和乔政（2019）根据基金持股数据构建了机构投资者网络，指出机构投资者抱团加剧了市场波动，放大了公司股价暴跌风险。

3. 改善公司治理

相比散户投资者，机构投资者持有公司股票的规模更大，可以更积极地参与公司治理活动，进而影响公司的财务报表质量、研发创新投入、融资约束、并购业绩等方面。

首先，机构投资者有利于提升上市公司财务报表质量。薄仙慧和吴联生（2009）从盈余管理的角度讨论了机构投资者的治理效应，发现在非国有企业中，随着机构投资者的持股比例增加，企业盈余管理水平显著降低；但在国有企业中未发现这一效应。杨海燕，韦德洪和孙健（2012）发现，随着机构投资者持股比例增加，上市公司盈余管理水平无显著变化，但财务报告整体透明度上升。李春涛等（2018）关注了QFII这一特殊的机构投资者群体，发现QFII持股水平与公司信息披露质量显著正相关，并指出QFII可以通过增加公司的分析师跟踪人数和高管薪酬业绩敏感性改善公司的信息披露质量。

其次，机构投资者有利于推进企业研发创新。付雷鸣，万迪昉和张雅慧（2012）以创业板上市公司为研究对象，讨论了机构投资者持股与企业创新投入的关系，发现机构投资者持股显著提高了企业的创新投入水平。温军和冯根福（2012）研究了机构投资者持股对主板公司研发创新的影响，其结果表明，机构投资者持股促进了民营企业的创新活动，但对国有企业的创新活动有负面效应。

再次，机构投资者有利于缓解企业融资约束。张敏，王成方和姜付秀（2011）关注机构投资者对企业融资约束的影响，发现机构投资者加剧了企业贷款的软约束程度。他们指出：我国机构投资者的投资活动尚以投机为主，其公司治理作用尚未体现。甄红线和王谨乐（2016）使用现金价值衡量公司的融资约束水平，证明了随着机构投资者的持股比例上升，公司现金的边际价值递减，即融资约束得到缓解。

最后，机构投资者有利于推动企业并购活动。周绍妮，张秋生和胡立新（2017）讨论了机构投资者持股对国有企业并购业绩的影响，发现换手率较高的交易性机构投资者的持股比例与国有企业并购业绩显著正相关，并指出交易性机构投资者对国有企业的非关联并购有较好的治理作用，但对于受政府干扰较大的关联并购，其监督失效。李安泰，张建宇和卢冰（2022）发现机构投资者持股显著降低了商誉减值风险，并通过机制检验验证了机构投资者通过提供并购前咨询服务、改善并购后公司业绩，可以抑制商誉减值风险。

（二）个人投资者

与机构投资者相比，散户投资者掌握的信息、技术、资金有限，往往在市场中扮演噪声交易者的角色（如 Kumar and Lee，2006）。散户投资者容易受到非理性行为［如过度自信（Gervais and Odean，2001），追求轰动（Barber and Odean，2008；Grinblatt and Keloharju，2009），偏好赌博类股票（Barber, et al.，2008；Kumar，2009；Dorn, Dorn, and Sengmueller，2015；陈文博，陈浪南和王升泉，2019；朱红兵和张兵，2020）］的影响，驱动股票价格偏离其基本面。徐浩峰（2009）发现我国散户投资者具有注意力集中特征，在公司盈余公告前净买入增加。罗进辉，向元高和金思静（2017）发现，散户投资者受名义价格幻觉的影响，偏好低价股，这导致了低价股溢价这一异象。与此同时，非理性投资者的大量存在会让理性投资者在投资过程中额外承担噪声交易者风险（Noise Trader Risk），进而扭曲理性投资者的投资行为。在理性框架下，投资者在决策过程中需要考虑的风险只有资产的基本面风险（Fundamental Risk）。然而，现实中非理性情绪的存在导致理性投资者除了承担公司基本面风险之外，还要承担非理性情绪波动带来的风险。在这种情况下，如果资产价格出现偏差，理性投资者会减少套利活动，导致资产价格偏差持续的时间进一步延长。这也是造成中国资本市场机构散户化现象长期存在的一个重要原因。

近年来，一些研究注意到了散户投资者对金融市场的积极影响。一方面，活跃的散户投资者作为机构投资者的对手方，为金融市场提供了流动性，在金融危机期间这一作用更加显著。另一方面，部分散户投资者能够利用盈余公告等公开信息，发现股票基本面价值，为市场提供价值信息（Kaniel et al.，2012；Kelley and Tetlock，2013；Boehmer et al.，2021）。徐浩峰和侯宇（2012）指出，我国散户投资者会"用脚投票"，即买入信息质量较高的股票，卖出信息质量较低的股票。

除通过交易影响公司股票价格外，在互联网时代，"积极主义"的散户投资者还可以通过社交媒体等表达对上市公司信息的关注，对公司的经营、决策产生影响。杨晶，沈艺峰和熊艳（2017）利用东方财富网的网络舆论数据发现，散户投资者的积极关注可以提高公司的股利发放水平，进而提高对中小投资者的保护水平。赵杨和吕文栋（2022）与尹必超，孔东民和季绵绵（2022）利用社交媒体数据讨论了散户积极关注对公司审计政策的影响，发现积极的散户能够提高上市公司审计报告质量，提高公司治理水平。

（三）境外投资者

在金融开放的市场中，境外投资者是一类重要的投资者群体。过去几十年中，证券投资的全球化趋势明显，跨国投资呈现爆发式增长。从上一节不同国家或地区的投资者结构的变化历史中也可以看出，随着金融对外开放程度的加深，股票市场中机构投资者的持股比例持续增加。图 8-9 给出了 2000 年和 2016 年两个时点英国、日本、北美洲、除中国以外的亚洲国家以及其他国家之间跨国股票投资规模的对比。从该图可以发现，10 多年间，不同国家或地区的跨国投资规模显著增加，跨国投资活跃度明显提升。

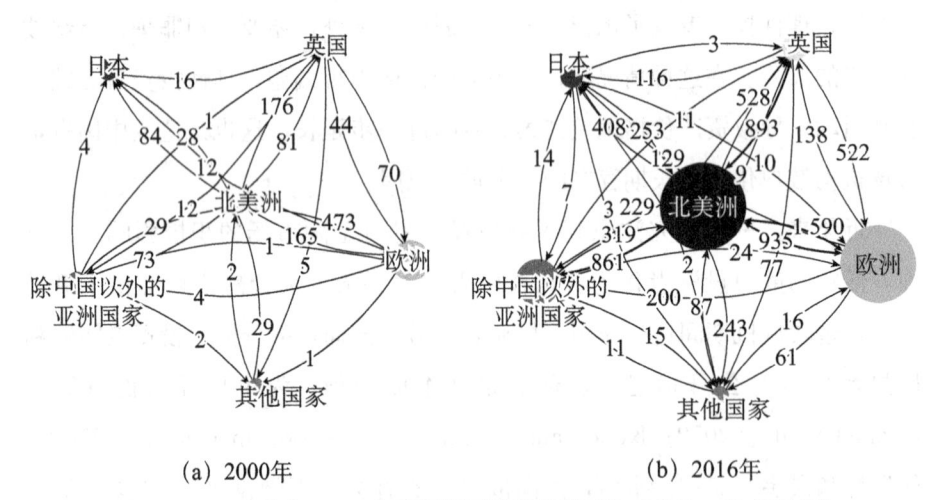

图 8-9　2000 年与 2016 年跨国股票投资规模对比（单位：10 亿美元）

资料来源：Kacperczyk et al.（2021）.

关于金融机构的跨国投资活动，一方面，考虑到个人薪酬以及家庭房产价值很大程度上会受到本国经济波动的影响，从分散化投资的角度可以很容易地得出投资机构应该从全球角度配置自己的资产。然而，另一方面，一些研究也认为，信息不对称的存在会阻碍国外资金从投资中获利，而知情的投资者为了更加充分地利用信息，应该呈现出本地偏好，因此，投资机构应该更多地配置本国资产。

Kacperczyk 等（2021）的研究表明，境外机构投资者的持股比例与股价的信息含量之间呈现显著的正相关关系。无论短期还是长期，这种现象都具有显著的统计与经济意义。本国的机构投资者也对股价信息含量有显著的正向影响，只是外资持股的效应相对更大。另外，相较于被动型投资者（指数基金、银行、保险公司等），主动型投资者（公募基金、对冲基金等）的作用更加明显。对此，一种可能的解释是：某些投资壁垒低的本国股票会吸引知情外国投资者的关注，而这些投资者是否进入本国市场，取决于利用信息交易获利的能力（信息优势）。由于外资进入有摩擦成本，所以信息优势必须能补偿进入成本。

（四）投资偏好

研究表明，与个人投资者相比，机构投资者更加偏好规模较大、治理水平较高的公司，机构在境外进行投资的时候，往往更加偏好持有交叉上市公司。

如果按照机构投资者与被投资公司的商业合作关系的紧密程度将机构投资者划分为独立型和非独立型两种[①]，那么可以发现，非独立型机构投资者由于与被投资公司之间存在较为紧密的商业合作关系，其自主决策权往往受到利益的制约，在参与公司治理和监督盈余质量方面受到各种牵制，在更严重的情况下甚至会做出逆向选择，为获得共同利益而与公司管理层合谋。而且，相比独立型机构投资者而言，非独立型机构投资者和被投资公司之间的利益关系更大，当上市公司股价大幅波动时，其受到的损失也可能更大。因

---

① 独立型机构投资者包括社保基金、QFII、企业年金；非独立型机构投资者包括证券投资基金、券商、保险公司、信托公司等。

此，非独立型机构投资者包庇管理层的盈余操纵行为的可能性也更大，即上市公司盈余质量降低的可能性更大。

三、A股市场投资者结构与行为

股票市场的投资者结构反映了市场参与主体的力量对比变化，会赋予市场相应的特性。过去30年，伴随着规模的扩张，A股市场投资者结构也在持续"进化"，包括公募基金、险资、外资等在内的多样化投资力量不断增强，市场机构化趋势越来越明显，这对市场投资理念、交易风格、估值体系产生了重要影响。本部分我们将从投资者结构出发，分析这种变化对A股市场走势和估值体系的具体影响。

（一）A股的投资者结构与变化

A股在建立之初是一个典型的散户市场，投资者结构相当单一，除控股股东（产业资本）外，散户几乎占据了市场全部的交易额。1997年11月《证券投资基金管理暂行办法》出台后，专业机构投资者占比逐步增大。1998年3月，首批公募基金获准设立；2003—2004年，社保基金、QFII、阳光私募和保险资金先后获准入市；2014—2016年，沪股通、深股通先后获批，A股市场从典型的个人投资者市场逐步转变为个人投资者、专业机构投资者、外资共同主导的多元市场。

1. A股投资者分类

对于股票市场的投资者结构，不同的机构有不同的分类标准。中国证券投资基金业协会（以下简称中基协）按照持股登记类型（各类投资者持有的流通股市值及占比）将全部投资者分为四大类，包括一般法人（主要是上市公司控股股东）、个人投资者（即散户）、境内专业机构投资者和外资。

申万宏源证券研究所根据投资者的资金来源和投资行为特征，进一步将

A股所有投资者分为五大类，包括产业资本（主要包括持股上市公司的集团和非金融类上市公司）、政府持股主体（包括中央和地方国资委、财政部、中央汇金、建银投资及地方国资运营平台直接持有的股份，此类股份的实际控制人多为国有出资人代表，不包括中国证券金融和中央汇金资管的持股）、专业投资机构（主要包括公募基金、基金子公司及专户、私募基金、保险、券商资管，以及以QFII和RQFII为代表的境外投资机构、沪股通、深股通资金等）、个人大股东（包括所有A股上市公司前十大流通股股东中的个人股东）、一般个人投资者（即广义上的散户）。

以上两种分类方法都有其缺陷，中基协的四分类法忽略了境内专业投资者的投资行为的巨大差异，没有进行进一步的细分，而申万宏源证券研究所的五分类法则忽略了外资对市场交易偏好、定价机制、市场情绪的巨大影响。为了更好地分析市场投资者结构，我们在前两种分类的基础上，按照不同投资者的投资行为，将A股投资者划分为产业资本、政府持股主体、境内专业机构投资者、外资、个人投资者五大类共11小类（见图8-10）。

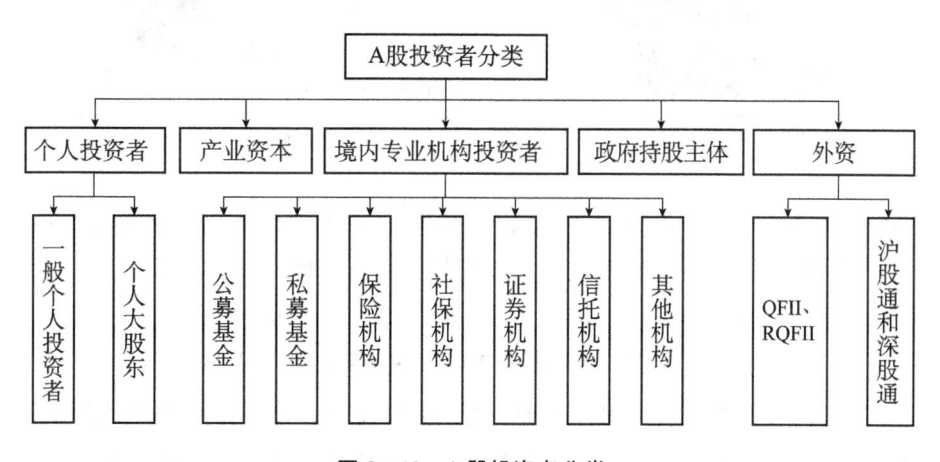

图8-10　A股投资者分类

2. A股投资者结构

华西证券的李立峰等（2023）按照中基协的四分类法，根据2023年A股上市公司半年报与机构半年报推算，流通市值口径下一般法人持股占比为

45.89%，境内专业机构投资者持股占比为 20.18%，外资持股占比为 4.67%，个人投资者持股占比为 29.29%［见图 8-11（a）］。其中，境内专业机构投资者中，公募基金、私募基金、保险机构、社保机构、证券机构、信托机构、其他机构流通市值占比分别为 7.82%、2.82%、3.60%、1.92%、0.99%、0.71%、2.32%。[①]

申万宏源证券研究所按照其五分类法测算得出，截至 2022 年末，产业资本、政府持股主体、专业投资机构、个人大股东和一般个人投资者的持股占比分别为 32.6%、5.5%、21.6%、6.8%和 33.5%［见图 8-11（b）］。在专业投资机构中，公募基金、私募基金、保险、外资、其他机构持股占 A 股流通市值的比重分别为 8.2%、4.0%、2.7%、4.9%和 1.8%。

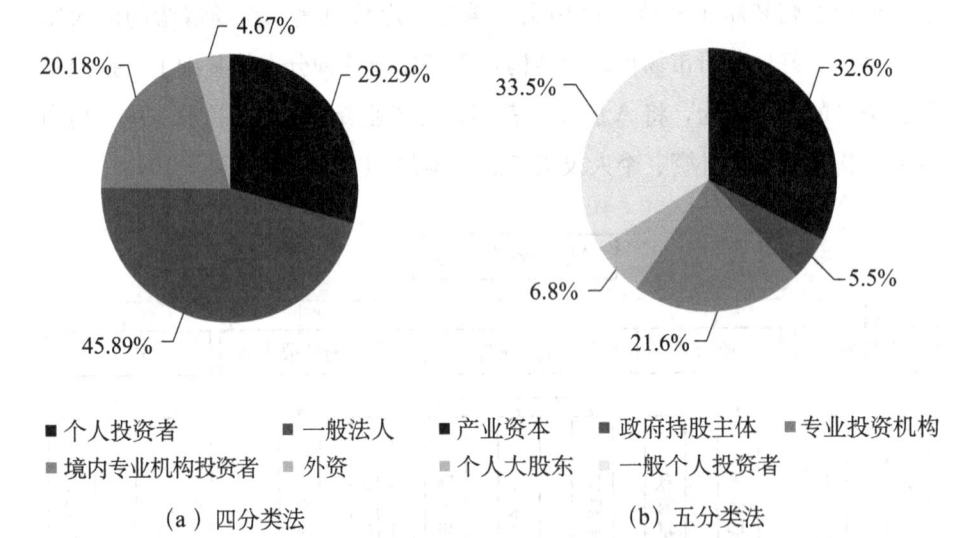

(a) 四分类法　　　　　　　　　(b) 五分类法

图 8-11　投资者结构（四分类法与五分类法）

由于数据均为推算而得，两者测算的数据略有差异，我们以两者测算的数据为基础，按照进一步细化的分类方法，细化各类投资者的具体占比，结果见表 8-1。

---

① 中国证券基金业协会有关投资者结构的数据仅公布到 2016 年，2016 年后有关投资者结构的数据根据公开数据推算而得。

表 8-1　投资者结构（2022 年）

投资者类别	占比（%）
产业资本	32.6
政府持股主体	5.5
境内专业机构投资者	16.7
个人大股东	6.8
一般个人投资者	33.5
外资	4.9

3.A 股投资者结构变化

2016—2022 年，A 股投资者结构呈现产业资本和政府持股主体的持股占比逐步下降，个人投资者、境内专业机构投资者、外资的持股占比逐步上升的趋势。与 2016 年相比，产业资本的持股占比下降了 1.9 个百分点，政府持股主体的持股占比下降了 2.8 个百分点，个人大股东的持股占比下降了 5 个百分点，但一般个人投资者的持股占比上升了 5.3 个百分点，境内专业机构投资者和外资的持股占比分别上升了 0.4 个、4 个百分点（见表 8-2）。

表 8-2　投资者结构变化对比（%）

投资者类别	2016 年	2022 年
产业资本	34.6	32.7
政府持股主体	8.3	5.5
境内专业机构投资者	16.3	16.7
个人大股东	11.8	6.8
一般个人投资者	28.2	33.5
外资	0.9	4.9

由此可知，A 股投资者结构变化呈现出以下特点：

第一，一般个人投资者的持股占比维持在 30% 左右的高位，且近几年呈现逐步上升的趋势。2014 年 A 股个人投资者的持股占比为 27%，到 2015 年底上升到 31.5%，到 2022 年继续上升到 33.5%。此外，近几年个人投资者中资金大于 500 万元的专业投资者的持股占比逐步增大,涌现出"小鳄鱼""方新侠""做手新一""赵老哥"等一批资产上亿元乃至几十亿元的大户游资,这些游资成为市场的重要参与者。中国证券登记结算有限公司的投资者市值分布数据显示,2016 年持仓流通市值在 1 亿元以上的自然人为 4 690 个,而到 2022 年底,这一数字已经达到 1.48 万人。

第二,个人大股东的持股占比有所下降。2012 年以来,随着初创企业、民营企业大规模进入资本市场,个人大股东成为投资者结构中重要的组成部分,这也是美股等发达股票市场的特点。2006 年时,个人大股东的持股占比约为 2.2%,之后持续增长,到 2016 年时达到 11.8%,近年来,又下降到 6.8%。从板块分布来看,个人大股东在北交所、创业板的持股占比最大,2022 年末在这两个板块的持股占比分别达到 13.3% 和 9.3%;在科创板的影响力持续上升,持股占比快速提升至 6.5%,沪市主板由于大盘蓝筹股较多,个人大股东持股比例仍在 5% 以下。

第三,境内专业机构投资者占比提升。近 10 年来,专业机构投资者的持股占比持续提升,2022 年较 2016 年提升了 0.4 个百分点,至 16.7%,达到 2009 年来的峰值水平。进一步分析各类境内专业机构投资者的持股占比变化可知,公募基金的持股占比从 4.9% 提升到 8.2%,私募基金的持股占比从 4.0% 提升到 4.2%,保险资金的持股占比从 2.7% 下降到 1.7%,其他机构的持股占比从 1.8% 上升到 4.3%。按照中基协的数据,截至 2022 年底,资产管理行业的总产品规模(包含公募基金、私募基金、养老金等)为 66.74 万亿元,较 2016 年增长了 27.9%。

第四,外资成为我国资本市场定价的重要参与者。外资进入 A 股之初对市场的影响并不大。在 2008 年前,周期类行业是外资配置的重点,2016 年后,随着北向通启动和 QFII 限制全面放开,外资的持股占比从 2016 年的 0.9% 上升到了 4.9%,已经成为影响市场的举足轻重的力量,比如,由于外资偏好消费,所以我国资本市场出现了食品饮料行业的第一次机构抱团,外资成为影响两市的重要资金力量。

第五，产业资本占比下降，股东套现明显。产业资本的持股占比从2016年的34.6%下降到2022年的32.7%，一定程度上反映了企业上市解禁期过后大量套现的现状，2022年A股第一大流通股股东的持股占比超过30%和50%的上市公司数量占比分别下降至29.7%和9.2%的历史新低。

（二）A股投资者的行为与市场走势

1. 投资者行为分析

一般法人股（实体大股东）和个人投资者是A股市场占比最高的投资者。作为上市公司控股股东，在企业IPO后，实体股东必须保持一定的控股比例以保证对企业的控制权，故其持股时间往往较长，又由于监管部门对大股东的行为有严格的监管，其增持和减持时间较长，且比例相对较小。

个人投资者是A股市场占比位居第二的投资者，虽然法人股占比最大，但实际上很大比例并不参与市场交易。所以从交易角度讲，个人投资者在国内占据很大比例，更有话语权。而个人投资者交易的投机性较强，倾向于考虑短期赚钱效应，较少考虑长期，往往追涨杀跌较多，是市场主要的投机力量。

我国专业机构投资者持股总体占流通市值的比重超过16%，是市场交易当之无愧的中坚力量，但不同机构的风险偏好和投资偏好也不同。具体来看，公募基金是流通市值口径下占比最大的机构交易者。截至2023年上半年，公募基金共持有A股总市值5.57万亿元，占A股流通市值的14.76%，而私募基金持有流通股市值2.60万亿元，占A股流通市值的3.65%。我国大部分基金公司实行投资决策委员会领导下的基金经理负责制，基金经理作为基金运作的核心人物，在很大程度上决定着基金业绩，而基金行业又存在充分的竞争，基金公司往往按照年度考核，对"基金经理"实行优胜劣汰，业绩靠前的基金经理往往会获得高额奖金激励和升职加薪，且业绩提升后管理规模也将一路走高，同时还会获得高额的管理费提成，而业绩靠后则可能黯然下课甚至失业，这种极端的绩效考核制度导致基金经理追求短期收益，强调追逐热点。虽然不少基金公司也会对基金经理的换手率进行考核，但

"成王败寇"的考核机制导致基金经理往往忽视长期收益率，形成"抱团取暖"和"追涨杀跌"的行为习惯。所以，公募基金持股的季节性特征十分显著，2010年以来表现得更为突出。年中和年末是公募基金持股市值的高峰时期，第1季度和第3季度往往是公募基金持股市值占比的低点，形成此种季节性特征的根源在于公募基金内部的评价和考核机制；公募基金每半年及每年的业绩和规模排名是对公募基金经理的重要考核指标，在排名压力下，公募基金在投资操作上有做多的冲动，在规模上有冲量的考虑，这都会在一定程度上提升其持仓比例。

保险资金也是A股市场的重要参与者，其持仓主要集中于金融与非银行业。保险公司是A股中长期投资的重要资金来源，按照监管机构的相关管理条例，保险公司的权益配置比例按照综合偿付能力充足率（CSR）进行不同的分配：对于CSR大于350%的险资，权益配置占总资产的比例可以达到45%；而对于CSR低于100%的险资，权益配置占总资产的比例不得超过10%（具体见表8-3）。但出于风险控制的角度，在资产负债匹配的约束下，保险公司的大类资产配置结构很难在负债端不发生根本性变化的情况下大幅改变。目前国内上市保险公司普遍没有达到权益资产配置比例监管上限，偿付能力是考虑因素，但不是主要的限制因素，大类资产配置结构、权益资产的风险收益特征才是是否配置权益的主要决定因素。

表8-3　保险公司权益配置比例上限

上季末综合偿付能力充足率（CSR）	权益配置占总资产的比例上限(%)
CSR<100%	10
100%≤CSR<150%	20
150%≤CSR<200%	25
200%≤CSR<250%	30
250%≤CSR<300%	35
300%≤CSR≤350%	40
350%<CSR	45

资料来源：《中国银保监会办公厅关于优化保险公司权益类资产配置监管有关事项的通知》。

外资是影响 A 股市场情绪和投资者行为的重要力量。截至 2023 年上半年，外资累计持有 A 股总市值 3.33 万亿元，占 A 股自由流通市值的 8.82%。外资主要包括 QFII 和北向资金。QFII 制度是指允许合格境外机构投资者在一定的规定和限制下汇入一定额度的外汇资金，并将其转换为当地货币，通过严格监管的专门账户投资当地证券市场，其资本利得、股息等经过批准后可转换为外汇汇出的一种市场开放模式。2002 年 11 月 8 日，中国证监会和中国人民银行联合下发《合格境外机构投资者境内证券投资管理暂行办法》，标志着 QFII 制度在中国的确立和实施。2019 年 9 月 10 日，外管局宣布取消额度限制，即外资通过 QFII 进入 A 股的资金不再受额度限制。北向资金包含了通过港交所来到 A 股的资金，沪股通和深股通的每日额度均为 520 亿元。此外，南向资金的每日额度均为 420 亿元。自从 2002 年我国开通 QFII 后，外资逐步成为 A 股市场的重要参与者，特别是 2014 年底深股通、沪股通开通试点后，最有代表性的北向资金已经成为 A 股市场举足轻重的力量，每天交易金额达到 1 000 亿元左右，占每日沪深两市交易额的 10%～20%。

外资的投资行为更加国际化。一方面，其投资决策主要取决于中国的经济基本面。在中国经济增长相对较快时，外资流入往往较多，比如在 2017 年，中国基本面都远好于海外，即使面临美联储的持续加息和缩表，海外资金依然大举流入中国市场，人民币持续走强，进一步推动了 A 股市场的龙头白马行情，港股也大幅上涨；而 2019 年二季度后，尽管美联储的货币政策已经转为宽松并最终降息，但由于彼时中国增长维持弱复苏态势，海外资金也未能大举流入，人民币相对美元一度反而走弱，直到年底中国库存周期再度企稳回升才发生逆转。另一方面，其投资决策也取决于风险收益率。如果风险增大，收益确定性降低，那么外资会减少在中国的投资头寸，比如 2022 年初受国际地缘政治、大国博弈等的影响，不少投资机构便减少了在 A 股市场的投资，外资呈现明显的流出状态。

2. 投资者结构与市场走势

投资者结构变化对A股市场的投资风格产生了明显影响,使长期波动率、换手率、板块估值呈现出新趋势、新变化。

首先,投资者结构变化带来板块的集中抱团与加速轮动。投资风格的集中化使得近年来A股不同板块之间的估值明显分化。一方面,行业估值发生分化,新兴行业与传统行业估值差距拉大。2020年科创板新发行公司较所属行业估值的平均溢价率高达102%,剔除极端值后平均溢价率仍为49%。同时,以采掘、钢铁和建筑为代表的传统行业估值持续走低,2021年6月底动态市盈率分别为14倍、12倍和8倍,与新兴行业整体约50倍的市盈率相比明显偏低。另一方面,由于机构偏好和业绩考核,出现了对业绩较好板块的"抱团"。比如,外资在A股的投资集中在食品饮料、医药生物、银行和电力设备四个行业,占比都在7%以上,推动了这些行业的"抱团",比如2016—2020年的食品饮料、医药生物行业大涨都对应外资快速增长。从表8-4中所列出的不同投资者的持股行业分布可以看出各类投资者的明显偏好。

表8-4 不同投资者的持股行业分布(%)

行业	公募基金	阳光私募	保险公司	社保基金	陆股通	QFII	信托
农林牧渔	1.55	1.15	0.12	0.83	1.14	1.97	0.09
基础化工	3.61	5.59	0.75	3.45	2.72	2.45	0.41
钢铁	0.61	0.48	0.17	0.70	0.77	0.18	0.00
有色金属	3.81	6.27	0.54	3.62	3.20	1.39	0.35
电子	9.34	7.19	1.15	3.74	5.04	6.01	0.67
汽车	3.52	4.35	0.56	2.48	2.66	1.20	0.75
家用电器	1.62	0.51	0.23	0.41	6.15	3.08	0.00
食品饮料	11.47	14.78	1.05	1.59	14.57	2.56	0.00
纺织服饰	0.39	2.43	0.14	0.73	0.16	0.40	0.00
轻工制造	0.96	1.32	0.18	1.22	0.83	0.84	0.00

续表

行业	公募基金	阳光私募	保险公司	社保基金	陆股通	QFII	信托
医药生物	11.79	8.86	0.99	5.07	9.26	9.90	0.28
公用事业	1.37	2.01	2.84	1.59	2.44	1.06	0.89
交通运输	2.47	1.52	0.77	6.19	2.92	2.11	2.29
房地产	1.85	2.65	3.38	0.80	1.21	1.16	0.38
商贸零售	1.15	1.91	0.58	0.10	2.30	0.51	0.00
社会服务	1.04	2.30	0.11	0.71	0.53	0.82	0.00
银行	3.52	0.00	28.18	36.62	7.52	35.48	29.28
非银金融	3.84	0.56	52.03	11.52	4.86	3.49	61.76
综合	0.06	0.17	0.15	0.00	0.01	0.02	0.00
建筑材料	1.00	1.19	0.48	1.11	1.96	3.95	0.00
建筑装饰	1.08	1.93	0.22	0.62	1.22	0.18	0.00
电力设备	15.04	5.39	1.68	4.27	14.14	7.85	0.61
机械设备	3.76	5.47	0.50	3.47	4.41	4.42	0.11
国防军工	4.35	2.81	0.39	2.17	0.68	0.55	0.00
计算机	5.18	9.47	0.78	2.64	3.36	2.81	0.10
传媒	0.95	1.70	0.14	0.26	1.46	1.20	0.21
通信	1.34	2.13	1.19	1.64	0.89	0.14	0.00
煤炭	1.14	1.27	0.24	1.09	1.56	0.51	0.00
石油石化	0.91	3.59	0.28	0.69	1.10	3.14	0.00
环保	0.42	0.80	0.15	0.49	0.13	0.16	0.00
美容护理	0.86	0.21	0.02	0.19	0.78	0.49	1.83

资料来源：Wind 数据库、申万宏源证券研究所.

其次，投资者多元化导致 A 股市场呈现长期波动率逐步下降、活跃度逐年提升的趋势。A 股历史上波动率最大的年份是 1992 年，当然这一年情况比较特殊，可以不用来做参考。2007 年大牛市后，A 股的振幅都呈现下降趋势，2015 年后基本上保持在 35% 以下（见图 8-12），而 A 股的活跃度则保持持续提升状态。以沪指为例，2005 年、2010 年、2015 年、2020 年四个年度的成交量分别为 1.92 万亿元，30.38 万亿元、132.12 万亿元（大牛市）、83.74 万亿元。

图 8-12 沪指各年度波动率（振幅）

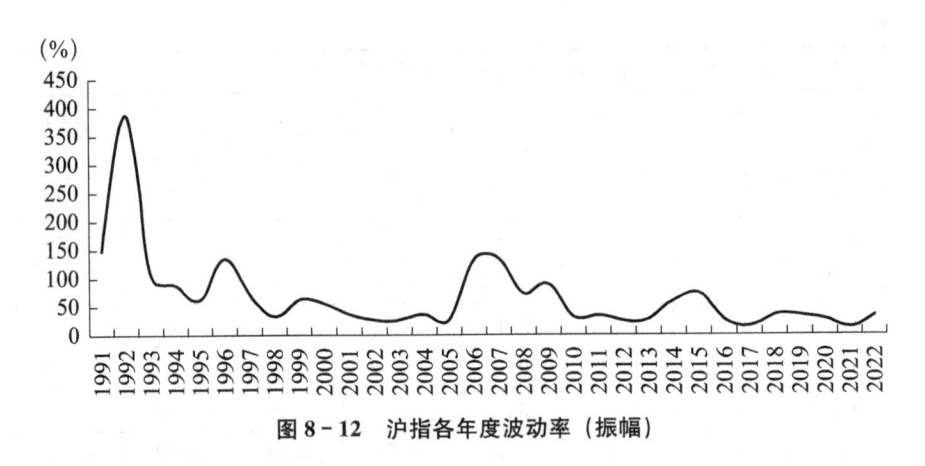

再次，量化资金对短线情绪造成明显影响。近年来受益于数字技术的发展，自动化交易快速兴起。中国证券投资基金业协会发布的私募基金统计分析简报披露，截至 2021 年末备案勾选量化的私募基金数量达到 1.69 万只，规模合计达到 1.08 万亿元，接近私募证券投资基金总规模的 16%。中国证券投资基金业协会发布的私募备案月报显示，截至 2022 年末私募证券投资基金规模约为 5.6 万亿元，按照 15% 的比例推算，2022 年末量化/对冲策略基金规模可能为 8 000 亿～9 000 亿元。据初步调研沟通，大型量化私募的日换手率平均为 10%～20%。按照 15% 的日均换手率（中小型量化私募的换手率普遍更高）估算，量化私募贡献的日交易金额可达 1 200 亿元以上，占 2022 年 A 股日均交易金额的 13%。尽管与美股相比，当前 A 股量化私募的绝对规模和相对交易占比都相对较低，但已经是 A 股市场交易结构中不可忽视的一部分。量化基金正在成为短期估值越来越重要的影响因素。

关于量化投资对资本市场的影响，存在一定的争议。然而，从理论上来讲，量化交易整体上对于提升市场信息效率，增强资产价格发现能力有着积极作用。第一，量化对冲策略通过运用对冲工具来管理并降低投资组合的系统风险以应对金融市场变化，为投资者提供绝对收益。我国大多数量化私募产品属于对冲策略类产品，2020 年末近 7 000 万量化基金中有 1 537 亿元的产品被中国证券基金业协会归为"仅对冲"，另有 3 292 亿元的产品被归为

"量化及对冲",含对冲策略的产品的占比达到66%。对α的追求要求策略更加注重对基本面的挖掘,这在一定程度上推广了价值投资理念。第二,不少量化策略注重套利交易机会,其交易本身可以纠正定价偏差,有利于提升我国资本市场的价值发现能力。第三,量化交易具有交易频次高、交易金额较大、交易费用高等特征,更适合资金实力较为雄厚、专业水平较高的专业投资机构,可以满足专业化投资者的投资交易需求,推动市场投资者向机构化发展。[①]

最后,外资受国际经济和政治的影响增大,对市场情绪产生明显扰动。受大国博弈、国际环境等的影响,外资容易出现组团减持或组团增持的集中式行为,叠加外部形势变化,容易对投资者信心和行为造成明显影响,如2022年3月的外资大幅流出和2023年8月以来的外资大幅流出,由于其持仓集中且权重较大,对指数造成了明显的抛压,引发了散户等投资者明显的"羊群效应"。

总体来看,A股仍然具有"散户主体、机构和外资主导"的特点,虽然近两年散户在交易量方面仍占主体,但是市场投资风格却受到机构的显著影响,近年来机构的偏好在很大程度上塑造了市场的热点,明星公募基金经理定期披露的基金持仓报告已经成为市场关注的焦点,涨幅也相当可观。2018年中美大国博弈加剧,外资由于占比越来越高,也成为影响市场定价的重要参与者,其集中行为容易造成市场的拥挤性出逃,需要予以重视并加强引导。

四、A股市场投资者结构存在的问题分析

(一)A股市场投资者结构存在的问题

长期以来,投资者结构不合理一直都是中国证券市场面临的重要问题。

---

① 揭秘!A股投资者呈现三大结构变化,资本亦有"六化"新趋势.证券时报,2023-08-27.

这主要体现在如下几个方面：

一是个人投资者规模庞大，非理性程度较高。近年来 A 股市场机构投资者的规模不断扩大，机构投资者的持股占比（占总市值的比例）已从 2007—2014 年的年均 11.4% 提升至 2022 年末的 27.7%（约 20 万亿元人民币）。如果进一步扣除大股东和关联方的自由流通市值，那么机构投资者的持股占比从 2007—2014 年的年均 32.6% 提升至 2022 年末的 56.7%（见图 8-13）。然而，从交易规模看，个人投资者的交易规模占比长期维持在 80% 左右，即便近年随着量化交易的发展，量化交易规模大幅提升，个人投资者的交易规模占比也远远超过机构的水平。

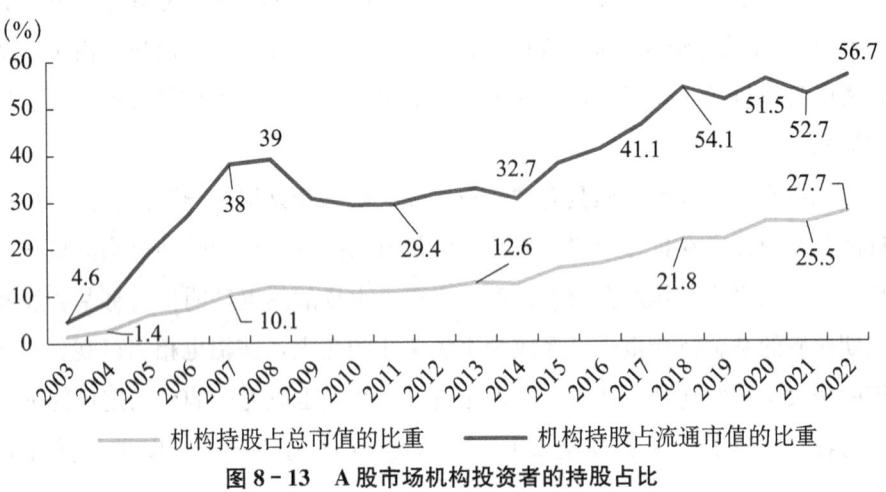

图 8-13 A 股市场机构投资者的持股占比

个人投资者占比过高带来的一个重要问题就是市场交易的非理性程度较高。西南财经大学中国金融研究中心发布的《中国投资者教育现状调查报告（2020）》显示，有 37.66% 的中国投资者认可"我会把股票看作彩票，愿意接受以小损失换取可能的大幅上涨"的表述，有近三成投资者偏好"追涨杀跌"的操作方式，有 36% 的投资者存在处置效应，有 74% 的投资者对自身金融知识过度自信。严重的非理性在交易中的一个体现就是过高的市场换手率。根据沪深交易所提供的数据，A 股的市场换手率水平长期处于高位，从分市场角度看，深市换手率常年维持在 400% 以上，沪市换手率常年维持在

200%以上（见图8-14），二者都远高于发达国家的成熟股票市场。

图8-14 沪深交易所换手率（2000—2021年）

二是机构的散户化特征明显。2001年以来，证券监管部门一直在不断加强机构投资者的建设。然而，迄今为止，我们看到中国资本市场以基金为代表的专业机构的投资能力远远无法满足市场的需要。中国机构投资者稳定市场价格、提高上市公司治理水平、提升市场信息效率等积极作用反复遭受学者的质疑。从市场实践的角度看，一方面，相对于个人投资者，机构有更强的专业能力，也更加理性；另一方面，机构也普遍存在"追涨杀跌""抱团取暖""泡沫骑乘"等可能加大市场波动的行为。从学术研究的角度看，不同文献往往会给出不同的结论。例如，祁斌，黄明和陈卓思（2006）发现，机构投资者持股与股票价格波动率之间存在负相关关系；侯宇和叶冬艳（2008）发现二者之间存在正相关关系；王咏梅和王亚平（2011）则认为，机构对市场的影响是通过持股和交易两条渠道产生的，二者的影响是不同的。与此同时，机构的短期机会主义（刘京军和徐浩萍，2012）、机构"抱团"导致的股价崩盘风险（吴晓晖等，2019）、机构的"泡沫骑乘"（陆蓉和孙欣钰，2021）等消极影响也成为学界和金融业界争议的焦点。塑造成熟的投资理念、行业文化和行为规范，提高机构投资者的投资能力成为改善投资者结构的重要环节。

三是长期资金入市缓慢。长期资金一般指全国社保基金、各类养老金、保险基金、住房公积金、信托基金以及 QFII、RQFII 等。目前我国长期资金大体包括全国基本养老、失业、工伤社会保险基金共 6.13 万亿元，企业年金 1.48 万亿元、全国社保基金 2.2 万亿元以及保险资金余额 16.4 万亿元等。截至 2019 年，基本养老金中仅有 5.4% 的资产委托社保基金理事会投资。2009 年修订后的《中华人民共和国保险法》颁布后，保险资金的投资渠道大幅拓宽了，但截至 2020 年，仅有 13.8% 的保险资金被用于股票和证券投资。企业年金长期以来受到投资范围和比例的限制，在实际应用中对股票等风险资产的配置比例相对较低。截至 2018 年底，全国企业年金基金实际运作的养老金产品仅有 324 个，养老金产品中权益类资产占比也仅有 6.4%。全国社保基金在入市过程中表现最为积极，2019 年底其对股票和基金的投资规模为 8 736.4 亿元，占全部社保基金的 39.3%，已十分逼近其 40% 的投资上限。

（二）投资者结构优化渠道

在注册制背景下，投资者需要拥有更加专业的知识才能对公司价值做出理性的判断。同时，随着发行上市难度降低，市场进一步扩容，这也需要更多的场外资金入市。从这两个角度而言，吸引长期资金入市都将成为股市繁荣发展的重要前提。

一是建立健全长短期资本利得税制度，通过税收政策激励投资者长期持有股票。在美国的股票市场上，对于持有股票时间少于或等于一年获得的收益需要缴纳短期资本利得税，该税率与个人所得税税率相同，远远高于长期资本利得税。2020 年美国个人所得税的边际税率从 10% 上升到 37%，而长期资本利得税与家庭收入相关，对大多数投资者而言不超过 15%。相比美国成熟的市场，目前我国股票市场仍缺乏资本利得税制度。因此，对于我国股票市场而言，需要建立良好的税收制度体系，以鼓励投资者长期投资，进而促进资本市场的稳定运行。

二是提升股票市场有效性，降低股票市场波动率，让股票市场更好地反映经济基本面，促进长期资金入市。一方面，散户投资者占比很高，但他们缺乏专业的金融知识以及理性的判断，在投资时往往会受到情绪的影响，因而降低了市场有效性。另一方面，根据证监会官网通报的数据，我国股票市场上仍存在较多的内幕交易。内幕交易等违法行为严重影响了资本市场发挥其应有的功能，破坏了市场的正常运行。加大对利用未公开信息交易股票等内幕交易行为的打击力度，是增强投资者信心、吸引和发展机构投资者、引导长期资金入市的必要举措。除此之外，信息披露的准确性也是有效定价的核心。例如，康美药业在2016—2018年的财务报告中虚增货币资金887.1亿元，其股价也在同一时期大幅上涨。而随着财务造假的罪行公开，康美药业的股价一落千丈，给长期持有的投资者带来了巨大的损失。可见只有监管层加大处罚力度，从严执法，净化市场环境，才能让股票市场有效定价，增强投资者信心，从而吸引更多长期资金进入。

三是吸引更多的外资资金进入，丰富长期投资者结构，引导价值投资理念，促进我国资本市场的良性发展。A股市场对海外资金的吸引主要是通过两条渠道实现的：一是QFII和RQFII制度。我国于2002年和2011年先后实施了QFII和RQFII制度试点。其中，QFII提供了境外资金投资A股的渠道；RQFII则允许境外机构在规定额度内直接使用人民币投资国内证券市场。从推行之初的投资额度限制，到2019年9月外管局宣布取消限制，再到2020年9月发布QFII/RQFII管理新规，进一步降低准入门槛、扩大投资范围、加强持续监管，历经多年多次修订和完善，该项制度的灵活性以及对境外投资者的吸引力均大大增强。二是互联互通机制。2014年11月，沪港通启动；随后，深港通和沪伦通分别于2016年12月和2019年6月正式运行。2022年3月，原有"沪伦通"正式拓展完善，设立"存托凭证互联互通"机制。在此期间，监管出台了一系列开放措施，包括取消互联互通总额度、扩大投资范围等活跃了跨市场资金流动，使得境内外中资股市场的互联互通日益强化。

然而,"管道式"对外开放对海外资金的吸引远远满足不了资本市场规模快速扩张的需求。截至 2022 年末,QFII/RQFII 持股市值大约为 0.98 万亿元,占 A 股流通市值的 1.5%;陆股通持股市值为 2.2 万亿元,占 A 股流通市值的 3.3%。即便加上其他渠道产生的外资持股数量,这一比例也仅有 9%。A 股市场国际化的道路依然漫长。

参考文献

[1] 薄仙慧,吴联生. 国有控股与机构投资者的治理效应:盈余管理视角. 经济研究,2009,44(2).

[2] 蔡庆丰,宋友勇. 超常规发展的机构投资者能稳定市场吗?:对我国基金业跨越式发展的反思. 经济研究,2010,45(1).

[3] 蔡庆丰,杨侃. 是谁在"捕风捉影":机构投资者 VS 证券分析师——基于 A 股信息交易者信息偏好的实证研究. 金融研究,2013(6).

[4] 曹丰,鲁冰,李争光. 机构投资者降低了股价崩盘风险吗?. 会计研究,2015(11).

[5] 陈文博,陈浪南,王升泉. 投资者的博彩行为研究:基于盈亏状态和投资者情绪的视角. 中国管理科学,2019,27(2).

[6] 陈新春,刘阳,罗荣华. 机构投资者信息共享会引来黑天鹅吗?:基金信息网络与极端市场风险. 金融研究,2017(7).

[7] 高昊宇,杨晓光,叶彦艺. 机构投资者对暴涨暴跌的抑制作用:基于中国市场的实证. 金融研究,2017(2).

[8] 侯宇,叶冬艳. 机构投资者、知情人交易和市场效率. 金融研究,2008(4).

[9] 孔东民,孔高文,刘莎莎. 机构投资者、流动性与信息效率. 管理科学学报,2015,18(3).

[10] 孔东民,王江元. 机构投资者信息竞争与股价崩盘风险. 南开管理评论,2016,19(5).

[11] 李安泰,张建宇,卢冰. 机构投资者能抑制上市公司商誉减值风险吗?:基于中国 A 股市场的经验证据. 金融研究,2022(10).

[12] 李春涛，刘贝贝，周鹏，张璇. 它山之石：QFII与上市公司信息披露. 金融研究，2018（12）.

[13] 刘京军，徐浩萍. 机构投资者：长期投资者还是短期机会主义者？. 金融研究，2012（9）.

[14] 陆蓉，孙欣钰. 机构投资者概念股偏好与股市泡沫骑乘. 中国工业经济，2021（3）.

[15] 罗进辉，向元高，金思静. 中国资本市场低价股的溢价之谜. 金融研究，2017（1）.

[16] 祁斌，黄明，陈卓思. 机构投资者与股市波动性. 金融研究，2006（9）.

[17] 史永东，王谨乐. 中国机构投资者真的稳定市场了吗？. 经济研究，2014，49（12）.

[18] 王咏梅，王亚平. 机构投资者如何影响市场的信息效率：来自中国的经验证据. 金融研究，2011（10）.

[19] 温军，冯根福. 异质机构、企业性质与自主创新. 经济研究，2012，47（3）.

[20] 吴晓晖，郭晓冬，乔政. 机构投资者抱团与股价崩盘风险. 中国工业经济，2019（2）.

[21] 吴悠悠. 散户、机构投资者宏微观情绪：互动关系与市场收益. 会计研究，2017（11）.

[22] 徐浩峰，侯宇. 信息透明度与散户的交易选择：基于深圳交易所上市公司的实证研究. 金融研究，2012（3）.

[23] 徐浩峰. 信息与价值发现过程：基于散户微结构交易行为的实证研究. 金融研究，2009（2）.

[24] 杨海燕，韦德洪，孙健. 机构投资者持股能提高上市公司会计信息质量吗？：兼论不同类型机构投资者的差异. 会计研究，2012（9）.

[25] 杨晶，沈艺峰，熊艳. "散户"积极主义与公司现金股利政策：以舆论关注为研究视角. 厦门大学学报（哲学社会科学版），2017（2）.

[26] 尹必超，孔东民，季绵绵. 散户积极主义提高上市公司审计质量吗. 会计研究，2022（10）.

[27] 余佩琨，李志文，王玉涛. 机构投资者能跑赢个人投资者吗？. 金融研究，

2009 (8).

[28] 张敏,王成方,姜付秀. 我国的机构投资者具有治理效应吗?:基于贷款软约束视角的实证分析. 经济管理,2011,33.

[29] 张宗新,杨通旻. 盲目炒作还是慧眼识珠?:基于中国证券投资基金信息挖掘行为的实证分析. 经济研究,2014,49 (7).

[30] 赵杨,吕文栋. 散户积极主义对审计决策的影响. 审计研究,2022 (3).

[31] 甄红线,王谨乐. 机构投资者能够缓解融资约束吗?:基于现金价值的视角. 会计研究,2016 (12).

[32] 朱红兵,张兵. 价值性投资还是博彩性投机?:中国 A 股市场的 MAX 异象研究. 金融研究,2020 (2).

[33] Aras, G. and A. Müslümov. "Institutional Investors and Stock Market Development: A Causality Study." *Istanbul Stock Exchange Review*, 2005, 29 (8).

[34] Balsam, S., Bartov, E., and C. Marquardt. "Accruals Management, Investor Sophistication, and Equity Valuation: Evidence from 10 – Q Filings." *Journal of Accounting Research*, 2002, 40 (4).

[35] Barber, B. and T. Odean. "All That Glitters: The Effect of Attention and News on the Buying Behavior of Individual and Institutional Investors." *Review of Financial Studies*, 2008, 21 (2).

[36] Barber, B. M., Lee, Y., Liu, Y., and T. Odean. "Just How Much Do Individual Investors Lose by Trading?" *The Review of Financial Studies*, 2009, 22 (2).

[37] Bartov, E., Radhakrishnan, S., and I. Krinsky. "Investor Sophistication and Patterns in Stock Return after Earning Announcements." *The Accounting Review*, 2000, 75 (1).

[38] Boehmer, E., Jones, C. M., Zhang, X., and X. Zhang. "Tracking Retail Investor Activity." *The Journal of Finance*, 2021, 76 (5).

[39] Brown, C. B., Wei, K. D., and R. Wermers. "Analyst Recommendations, Mutual Fund Herding, and Overreaction in Stock Prices." *Management Science*, 2014, 60 (1).

[40] Bushee, B. J. and Noe, C. F. "Corporate Disclosure Practices, Institutional In-

vestors, and Stock Return Volatility." *Journal of Accounting Research*, 2000 (38).

[41] Cai, F., Han, S., Li, D., and Y. Li. "Institutional Herding and Its Price Impact: Evidence from the Corporate Bond Market." *Journal of Financial Economics*, 2019, 131 (1).

[42] Chen, X., Harford, J., and K. Li "Monitoring: Which Institutions Matter?" *Journal of Financial Economics*, 2007, 86 (2).

[43] Cohen, R. B., Gompers, P. A., and T. Vuolteenaho. "Who Underreacts to Cash-flow News? Evidence from Trading Between Individuals and Institutions." *Journal of Financial Economics*, 2002, 66 (2-3).

[44] Collins, D. W., Gong, G. J., and P. Hribar. "Investor Sophistication and the Mispricing of Accruals." *Review of Accounting Studies*, 2003 (8).

[45] Davis, E. P. and B. Steil. *Institutional Investors*. Cambridge, MA: The MIT Press, 2004.

[46] Dennis, P. J. and D. Strickland. "Who Blinks in Volatile Markets, Individuals or Institutions?" *The Journal of Finance*, 2002, 57 (5).

[47] Dorn, A. J., Dorn, D., and P. Sengmueller. "Trading as Gambling." *Management Science*, 2015, 61 (10).

[48] Gervais, S. and T. Odean. "Learning to Be Overconfident." *The Review of Financial Studies*, 2001, 14 (1).

[49] Grinblatt, M. and M. Keloharju. "Sensation Seeking, Overconfidence, and Trading Activity." *The Journal of Finance*, 2009, 64 (2).

[50] Kacperczyk, M., Sundaresan, S., and T. Wang. "Do Foreign Institutional Investors Improve Price Efficiency?" *The Review of Financial Studies*, 2021, 34 (3).

[51] Kaniel, R., S. Liu, and G. Saar. "Individual Investor Trading and Return Patterns around Earnings Announcements." *The Journal of Finance*, 2012, 67 (2).

[52] Kelley, R. K. and P. C. Tetlock. "How Wise Are Crowds? Insights from Retail Orders and Stock Returns." *The Journal of Finance*, 2013, 68 (3).

[53] Kumar, A. "Who Gambles in the Stock Market?" *The Journal of Finance*, 2009, 64 (4).

[54] Kumar, A. and C. M. C. Lee. "Retail Investor Sentiment and Return Comovements." *The Journal of Finance*, 2006, 61 (5).

[55] Lakonishok, J., Shleifer, A., and R. Vishny. "The Impact of Institutional Trading on Stock Price." *Journal of Financial Economics*, 1992 (32).

[56] Shleifer, A. and R. Vishny. "Large Shareholders and Corporate Control." *Journal of Political Economy*, 1986, 94 (3).

[57] Sias, R. W. "Volatility and the Institutional Investor." *Financial Analysts Journal*, 1996, 52 (2).

[58] Stein, C. "Presidential Address: Sophisticated Investors and Market Efficiency." *The Journal of Finance*, 2009, 64 (4).

第九章

交易制度与市场估值

摘　要：中国资本市场的成熟离不开交易制度的不断完善，这是资本市场改革深化和经济高质量发展不可或缺的一环。我们需要深思如何通过完善交易制度来促进股票市场估值体系的建立。当前，我们的股票市场交易制度如何？与发达国家相比，我国股市的交易制度存在哪些不足？需要进行怎样的调整和改进？在本章中，我们将结合发达国家的发展经验和相关措施，以及已有的研究成果，对现货市场T+1制度、股票停牌机制、融资交易市场、自动化交易以及股指期货市场等交易制度进行对比和总结。A股市场的交易规则相对复杂，交易制度缺乏灵活性，风险控制机制不足，对价格有效性可能造成负面影响。我们需要审慎反思我国股市交易制度的不足之处，以科学合理的方式重新设计和调整整体交易制度，为资本市场估值体系的完善提供有力支持。

一、中国股票市场交易制度发展历程

（一）发行制度的演进

1. 审批制阶段

我国股票市场设立初期处于计划经济向市场经济转型的关键时期。其主要目标是利用国内高储蓄率为国有企业提供融资，因此，当时的股票发行制度与计划经济的特点契合。

(1) 地方审批制阶段（1993年以前）。

上海和深圳在1990年末发布了地方性法规，直接由地方监管机构负责新股发行的监管。然而，由于受地方计划的限制，股市发展受到了制约。证券发行的监管由中国人民银行上海分行和深圳分行负责，但由于缺乏完善的规章制度，新股发行数量有限。

(2) 额度管理制阶段（1993—1995年）。

1992年，国务院证券委员会和中国证监会成立，标志着中国股票市场监管体制的统一。1993年，国务院颁布了《股票发行和交易管理暂行条例》，确立了审批制度。证监会根据市场需求和经济情况设定年度股票发行总额度，经批准后分配给地方监管机构。因此，在这个阶段，新股需要经过证监会和地方部门的双重审核，并且受到发行规模和数量的限制。

(3) 指标管理制阶段（1996—2000年）。

这一阶段将"总额控制"方式改为了"总量控制、限制企业数量"的指标管理方式。证监会依然设定了股票发行的总规模，但对于分配给地方的股票发行指标做出了更多限制。地方机构负责提名企业，然后证监会需要对这些提名企业进行实质性审核。1997年发布的《中国证券监督管理委员会关于做好1997年股票发行工作的通知》强调了证监会应该参与上市公司的提名工作。这导致证监会和地方监管机构共同负责新股发行的前期审查。

这一时期中国股票市场的建立是为了协助国有企业渡过财务困境。当时的国有企业大多面临破产，急需获得更多资金以维持运营。政府寄希望于通过IPO项目来解决这些企业的资金问题。然而，由于当时国有企业的产权状况不明晰，公司治理结构尚未建立，资金利用效率低下，一些具有潜力的私有企业未能获得直接融资的机会，因为监管机构更倾向于将配额分配给国有企业。这导致审批制度下资源配置效率较低。此外，在审批制度下，发行额度和指标受到了严格管控，监管机构不仅是市场监管者，还是重要的市场参与者，加之发行价格被固定，这不可避免地引发了寻租和腐败问题。在这一阶段，一些公司为了获取IPO资格，甚至存在虚构招股说明书和财务报告等行为，这些公司上市的动机并非建立现代企业体系，而是受到 IPO 资金的吸引。因此，审批制度下上市公司难以摆脱体制性问题的束缚，无法满足投资者对优质公司的需求。

2. 核准制阶段

（1）通道制阶段（2001—2004 年）。

通道制是指证监会将计划上市公司的名额分配给各大券商，即规定每家券商可以审批的上市公司数量。券商只有在完成其所推荐公司的核准工作后，才能提交申请审批新的公司上市。这意味着拟上市公司需要在选择承销商后在通道中排队等待审核，同时证监会也对券商推荐上市公司的数量进行了限制。通道制最显著的特点之一是改变了原有的审批制度，取消了双重行政遴选，并将发行股票的权力授予了承销商，而证监会则负责合规性审核。

（2）保荐制阶段（2005—2018 年）。

尽管通道制有效地管理了新股发行的速度，减轻了市场扩张带来的冲击，但券商通道的稀缺性仍然可能导致寻租现象，从而增加公司的融资成本。2004 年 2 月，《证券发行上市保荐制度暂行办法》正式实施，这标志着股票发行制度由通道制转变为保荐制。这一变化意味着当前的股票发行制度进一步减少了政府干预成分，市场化程度得到进一步提升。

具体而言，在保荐制下，具备资质的保荐机构和保荐人不仅需要审慎核查拟上市公司提交的材料，还需要积极协助公司披露相关信息，并在公司上市后的一段时间内承担持续的监督职责。引入保荐制的目的在于将拟上市公司的质量与保荐人的利益直接挂钩，确保其所获得的收益与承担的风险匹配。保荐人对公司上市的全过程以及上市后的两个会计年度负有连带责任。

（3）试点注册制阶段（2019 年至今）。

实施注册制的关键在于加强信息披露。证监会只对上市公司提供的文件形式进行审核，而不对企业价值、投资风险等实质性内容做判断。这相当于将公司的质量评估交由市场自行判断，从某种程度上降低了上市门槛，同时也进一步强化了券商的"看门人"责任，让市场机制真正发挥作用。

2019年6月13日，上海证券交易所科创板市场正式开通并试点注册制，标志着我国资本市场向市场化方向迈出了关键的一步。随后的7月22日，首批科创板公司成功上市。2020年8月24日，深圳证券交易所创业板市场也启动了试点注册制改革，这标志着我国股票市场发行制度改革已经从增量试点向存量市场全面推广。因此，中国当前股票发行制度存在两种并行的模式，即核准制和注册制，除了科创板市场和创业板市场采用注册制外，沪深主板市场仍然维持核准制。

由于审批制存在多项限制，已无法适应股票市场的新发展需求，加之《证券法》的颁布为核准制的实施提供了法律基础，核准制成为政府推动型证券市场发展模式创新的必然结果。尽管核准制减少了审批制下的行政干预，但仍需要证监会进行实质性审查，发审委对公司是否能够上市拥有较大话语权。这导致股票发行阶段缺乏客观性，破坏了市场公平竞争机制，损害了投资者的合法权益，对股票市场的资源配置效率产生了不利影响。

同时，公司需要符合证监会设定的严格的财务标准，这理论上是为了排除业绩不佳的公司，但实际上导致了一些公司为满足上市条件，通过操纵财务报表、虚构收入等财务欺诈手段来提高业绩，以成功上市并筹集资金。股票发行制度似乎陷入了管制、松绑、再次管制、再次松绑的循环中。伴随着新股发行价格的波动以及二级市场的大幅波动，有形之手的深度干预并没有达到预期效果，导致新股发行多次停止，股票市场的价格发现功能也削弱了。

（二）发行定价制度的变迁

1. 1999年以前：行政化定价阶段

在股票市场初期，股票发行采用了审批制，带有计划经济的特点。IPO价格受到了严格的监管，由证监会直接确定，因此公司的质量与IPO价格之间没有直接关联。自1996年以来，我国股票市场开始采用相对固定的市盈率法来确定IPO价格。尽管相对于固定价格法而言，这一方法在一定程度上考虑了公司的基本面情况，但市盈率的范围被限制在12~15倍，导致新股发行价格与公司的内在价值之间仍存在较大的偏差。

2. 1999—2000 年：市场化定价阶段

1999 年 2 月，《中国证监会关于股票发行定价分析报告指引（试行）》提出了一系列政策措施，要求在确定 IPO 价格时全面客观地考虑公司状况和市场前景，这一过程由发行人和承销商共同决定，不再设定价格上限，并取消了对市盈率的监管，同时引入了累计投标询价制度。这些政策的初衷是提高新股的发行价格，以减小发行市场与交易市场之间的价差，从而降低投资者的打新热情。然而，实际情况与预期不符，市场炒新行为仍然严重。

3. 2001—2004 年：固定市盈率阶段

2001 年 6 月，由于国有股大规模减持，股票市场价格急剧下滑，出现了新股价格普遍低于发行价的情况。到了 2001 年 11 月，证监会重新实施市盈率控制政策，将市盈率严格限制在 20 倍以内，同时规定了 IPO 价格上下限不得超过 10%。这意味着新股发行定价再次受到行政管制。尽管采用了累计投标询价制度来确定发行价格，但发行人和承销商仍然必须在指定的价格区间内确定发行价格。

4. 2005—2008 年：隐性行政化定价阶段

自 2005 年 1 月起，我国股票市场正式引入询价制度，要求发行人和承销商必须采用询价方式来确定发行价格。询价面向六类网下机构投资者。一旦发布招股意向书，承销商就必须向潜在询价投资者提供拟上市公司的估值报告，并与发行人合作进行路演，以向询价投资者介绍拟上市公司。随后，询价投资者根据获得的信息来评估新股的价值，并将报价结果提交给保荐机构。发行人和承销商根据初步询价的结果来确定发行价格的范围，最终需要依据累计投标询价确定发行价格。在初期实施询价制度时，证监会规定市盈率不得超过 30 倍。

5. 2009—2011 年：准市场化定价阶段

2009 年 6 月，证监会发布了《关于进一步改革和完善新股发行体制的指导意见》，标志着新股发行定价制度再次发生了重要变革。在新股发行体制改革的第一阶段，取消了窗口指导过程，完善了回拨机制和中止发行机制，并且不再限制市盈率。随后，2010年10月，《关于深化新股发行体制改革的指导意见》的发布标志着市场化定价改革的第二阶段正式启动。这次改革的主要内容包括进一步扩大了询价对象的范围，并提出了相应的要求以增强定价信息的透明度。在此阶段，证监会对新股定价的行政干预明显减少，进一步实现了市场化定价的目标。

6.2012—2019年：隐性行政化定价阶段

2012年4月，证监会再次发布有关新股定价改革的指导意见，标志着第三轮改革正式启动。这一次改革再次对询价范围和配售比例进行了调整，重新对发行市盈率实施了一定的限制，强调了拟上市公司的市盈率应主要参考同行业市盈率，要求那些发行价格超过同行业市盈率25%以上的公司重新提交发审会审核。2014年6月，证监会将新股市盈率上限设定为23倍，并恢复了窗口指导流程，这一举措使我国股票市场在发行定价方面再次回到了管制阶段。

7.2019年以后：注册制市场化定价阶段

2019年7月22日，科创板首批试点注册制公司成功上市。接着，2020年8月24日，创业板试点注册制正式实施，这标志着发行定价注册制改革已从增量试点扩展到存量改革。最重要的是，这次改革突破了过去几轮发行制度改革一直难以解决的核心问题，即有形和无形的市场干预。在注册制下，公司在IPO时采用市场化的询价定价方式，询价对象限定为专业机构投资者，不包括个人投资者。经过市场化的询价过程后，主承销商和发行人最终确定了股票的发行价格。此外，还试行了保荐机构跟投机制、鼓励高管参与战略配售以及引入绿鞋机制等措施，以确保定价机制的市场化运作。

（三）涨跌幅限制制度的发展

1.探索时期

涨跌幅限制制度的实施最早可以追溯至1990年发布的《中国人民银行

第九章 交易制度与市场估值

深圳经济特区分行关于深圳目前股票柜台交易的若干暂行规定》，该文件规定委托买卖的价格范围不得偏离上一营业日收市价的10%。然而，在接下来不到一个月的时间里，深交所仅有的五只股票涨幅均超过100%，导致监管层对市场异常狂热的情况感到担忧。因此，1990年6月18日，深交所将涨跌幅限制缩小至±5%。随后，1990年6月26日，深交所再次调整涨幅限制，规定涨幅不得高于上一交易日收盘价的1%，而跌幅限制保持不变。此时政策导向是防止市场过于狂热。然而，11月20日，交易所将涨幅限制再次调整至仅为0.5%，而跌幅限制仍为5%，这导致投资者对市场失去信心，市场开始暴跌。于是，1991年1月3日，交易所将涨跌幅限制统一设定为±0.5%。此后，深圳股票市场经历了长达9个月的持续下跌，市场恐慌情绪严重，在1991年4月22日甚至出现了股票市场无委托订单成交的情况，迫使地方政府出手救市。最终，1991年8月17日，深交所彻底取消了每日价格限制。

上交所也曾多次调整涨跌幅限制范围。1990年12月19日，上交所正式开业，将涨跌幅限制设定为±5%。首批在上交所挂牌的老八股供不应求，股票价格持续涨停。为了控制市场风险和抑制投机行为，上交所在开市一周后将涨幅和跌幅都限制在上一交易日收盘价的1%以内。然而，这并没有降低投资者的热情。1990年的最后一天，上交所再次缩小涨跌幅限制范围至±0.5%。然而，在这一政策实施短短四个月后，涨跌幅限制范围又被调整回±1%。最终，1992年5月21日，上交所取消了所有股票的涨跌幅限制。

2. 固定涨跌幅限制时期

1996年下半年，上证指数涨幅高达120%，而深证指数更是暴涨超过300%。然而，到了1996年12月16日，上交所和深交所决定恢复涨跌幅限制。他们将股票交易价格相对上一交易日收盘价格的涨跌幅限制范围设定为±10%（首日上市除外），并规定任何超出这一限制范围的委托订单将被直接视为无效。这一固定的涨跌幅限制政策至今仍然适用于主板市场。

3. 放宽涨跌幅限制时期

2019年7月22日，科创板成功开市，伴随着涨跌幅限制制度的改革，涨跌幅限制范围被扩大至±20%。接着，2020年8月24日，创业板市场的交易规则发生了变化，导致存量创业板市场股票的每日涨跌幅限制范围从±10%扩大至±20%。然而，需要注意的是，试点注册制改革带来的存量市场涨跌幅限制范围放宽仅适用于创业板股票，而市场中其他板块的股票的涨跌幅限制范围仍然为±10%。

1991年8月17日，深交所宣布取消涨跌幅限制，随后的1992年5月21日，上交所也采取了同样的措施，允许股票市场价格自由波动。然而，自1992年5月至1994年7月，上证指数经历了剧烈的波动。1996年下半年，上证指数和深证指数的涨幅更是超过了一倍，这种极大的市场风险引起了监管部门的关注。尽管监管部门曾在1996年10月末连发12条风险警示，但未能降低股指的波动。最终，1996年12月16日，市场重新引入了涨跌幅限制制度，规定股票价格每日的涨跌幅不得超过10%（特殊情况和首日上市股票除外），这一规定一直延续至今，适用于核准制下的股票市场。设立涨跌幅限制制度的初衷是通过硬性规定来维护市场的正常运行，为投资者提供充足的时间来评估信息，以便做出正确的投资决策。然而，涨跌幅限制制度也会影响市场的定价效率和活跃度。

（四）融资融券制度的发展

1. 融资融券禁止阶段

股票市场在成立早期面临一系列问题，包括上市公司的流通股规模较小以及证券公司的风险控制能力不足等，这些问题使得当时并不具备适宜开展融资融券业务的基本条件。1999年7月首次施行的《证券法》明确规定，证券交易必须以现货方式进行，并即时结算交收。同时，证券公司不得从事向客户提供融资或融券交易的活动。由于当时股票市场缺乏卖空机制，所以投资者只能通过低价购买并高价出售股票来获利，这导致投资者普遍持看涨情绪，从而推高了股票价格。然而，当负面情绪积累到一定程度并突然释放时，股价就会急剧下跌，这进一步凸显了单边市场的不足，因此迫切需要引入融资融券制度。

2. 融资融券筹备阶段

2005年10月新修订的《证券法》规定，证券公司被授权向投资者提供融资融券服务，这意味着监管部门不再对融资融券业务进行硬性限制，从法律层面为卖空交易机制提供了实施空间。随后，2006年6月，证监会正式颁布了《证券公司融资融券业务试点管理办法》以及内部控制相关指引。同年8月，上交所和深交所分别发布了《上海证券交易所融资融券交易试点实施细则》和《深圳证券交易所融资融券交易试点实施细则》，而中国证券登记结算有限责任公司（以下简称中登公司）也发布了相关的登记结算业务操作内容。2008年4月，新发布的《证券公司监督管理条例》和《证券公司风险处置条例》明确规定了融资融券业务的经营范围以及账户管理等关键环节要求，从而基本构建了融资融券业务的规则体系。同年10月，11家证券公司与沪深交易所以及中登公司进行了联网测试，为融资融券试点工作的顺利推进做好了准备。

3. 融资融券试点阶段

2010年1月，国务院原则同意启动融资融券业务试点，标志着信用交易时代的开始。随后，2010年3月，证监会从资产规模、风险控制能力、合规经营等多个方面筛选了首批试点融资融券业务的证券公司，最终推荐了中信、国信、光大、海通、广发和国泰君安这六家证券公司作为首批试点券商，仅有90只蓝筹股被列为融资融券标的股票。首批券商平稳开展业务三个月后，第二批5家证券公司也获得了证监会的核准。同年8月，第三批试点券商也进行了联网测试。截至2010年底，共有25家证券公司开始了融资融券业务。2011年10月，证监会修改了《证券公司融资融券业务试点管理办法》以及内部控制相关指引，紧接着，上交所和深交所于11月分别发布了《上海证券交易所融资融券交易实施细则》和《深圳证券交易所融资融券交易实施细则》。与此同时，中国证券金融股份有限公司正式成立，并推出了转融通业务。

4. 融资融券实施阶段

中国融资融券制度的实施是分阶段逐渐推进的。首先，2011年12月，融资融券标的股票经历了首次扩容，从最初的90只标的股票增至278只，这些标的股票主要包括上证50指数、上证180指数、深证100指数以及深证成分指数的成分股。接下来的2013—2014年，融资融券标的股票经历了四次扩容，标的数量增加至900只。同时，投资者参与双融业务的门槛也逐步降低，从最初的50万元资金和18个月开户时长的硬性要求开始逐步放宽，促进了融资融券业务在短期内快速增长。然而，2015年股市崩盘后，双融政策开始收紧。2015年7月，证监会再次将资金达50万元作为开立信用账户的基本条件，沪深交易所要求杠杆交易的保证金比例高于100%，同时，一些证券公司采取了暂停融资融券业务的措施。

在试点注册制的科创板市场和创业板市场，双融机制得到了进一步优化。首先，试点注册制首发的股票可以从首个交易日开始作为融资融券标的。其次，转融通业务的出借券源得到了扩大，战略投资者可以出借他们获得的股票。此外，市场化约定申报方式的推出增强了交易的灵活性，允许出借方和借入方自主协商费率、期限等条件。最后，证券公司借入证券后当日就可供投资者融券卖出，大幅提高了交易效率。

中国融资融券业务由证券金融公司主导集中授信，属于单一轨制业务模式，监管部门可以有效控制资金和证券的供给。从2010年3月融资融券交易试点开始到2019年6月科创板试点注册制之前，沪深两市融资融券余额从0.07亿元增长至9 108.17亿元，标的股票从最初的90只增加到950只，开通融资融券业务的证券公司也从最初的6家扩展至93家。总体而言，中国融资融券交易得以迅猛发展，融资融券余额持续增加，但融资规模远远超过融券规模，导致融资融券交易结构失衡。科创板试点注册制实施之前，A股市场中融资交易规模占比高达99.40%，而融券交易规模占比不足1%，与发达市场上融券交易规模占比20%~30%相比，仍存在巨大差距。此外，融资融券业务的相关费率较高，平均融资利率为8.6%，而融券利率高达10.6%，远远高于同期贷款基准利率。因此，投资者参与融券交易的积极性受到限制，卖空机制的实际作用也受到了严重制约。

二、中美资本市场交易制度对比

（一）美国资本市场的发展历程

美国证券市场自 18 世纪末初现雏形以来已有数百年的历史，在此期间，美国市场逐步从混乱无序的投机市场转变成成熟健康的投资市场，为资源配置和实体经济发展提供了重要支撑。表 9-1 汇总了美国资本市场的发展历程。

表 9-1 美国资本市场的发展历程

阶段	市场状况	管理措施
初步发展阶段（1886—1929 年）	证券市场初步发展，但工业托拉斯逐渐形成，市场操纵和内幕交易比较严重，投机占据市场主流。	1916 年通过《克莱顿法案》，剥夺金融托拉斯的权利。
市场规范阶段（1930—1954 年）	证券市场监管框架初步建成，市场得到一定程度的规范化管理。股市进入投资时代，价值投资成为主流投资思想。	1932—1934 年举行"皮科拉听证会"，揭露信息披露不充分、内部人员交易等不正当行为； 1933 年出台《1933 年证券法案》，规范发行人信息披露机制； 1934 年出台《证券交易法》，对证券操纵和欺诈行为进行界定； 1935 年制定《公共事业持股公司法》； 1939 年制定《信托契约法》； 1940 年制定《投资公司法》。
稳定成长阶段（1955—1972 年）	股市从动荡中逐渐恢复稳定并进入成长投资阶段，20 世纪 60—70 年代出现了 4 次成长股投资热潮。	1968 年制定《威廉姆斯法》； 1970 年制定《证券投资者保护法》。
动荡调整阶段（1973—1981 年）	随着 1971 年战后布雷顿森林体系的崩溃、美元贬值和 1973 年第一次石油危机的爆发，美股进入了深度调整期，市场波动较为明显。	1975 年通过《有价证券修正法案》，实行佣金协商制，经纪业务竞争加剧； 1981 年推出"401K 计划"，养老金加快进入股市。

续表

阶段	市场状况	管理措施
市场过热阶段 （1982—1999年）	大量外国投资银行进入美国市场，美股在1989年创出了历史新高，市场出现非理性增长。	1984年通过《内幕交易处罚法》； 1988年通过《内幕交易及证券欺诈制裁法》，引入行政罚款制度。
规范调整阶段 （2000年至今）	2000年美股随着网络股泡沫的破灭而开始下跌，经济也开始步入衰退。金融危机后，监管在收紧和放松中调整。	2002年通过《萨班斯-奥克斯利法案》； 2010年通过《多德-弗兰克法案》，该法案是大萧条以来最严厉的金融改革法案； 2018年特朗普对《多德-弗兰克法案》和"信托规则"进行全面审查，命令大幅缩减该监管系统。

（二）中国资本市场发展历程

与美国相比，中国证券市场发展历程较短。改革开放以来，我们逐步恢复证券交易并发展证券市场。新时期以来，中国证券市场经历了快速的发展建设和制度创新，为实体经济注入了新的活力。中国证券市场的发展可以分为如表9－2所示的几个阶段。

表9－2　中国资本市场的发展历程

阶段	市场状况	管理措施
初步发展阶段 （1978—1991年）	1978年发行国债，1990年成立上交所，1991年成立深交所。	没有专门的管理机构，由上海、深圳地方政府进行管理。
初步规范阶段 （1992—2003年）	证券市场出现了违规操作、市场混乱等一系列问题。1992年成立证监会，开始形成一系列规章制度，1998年成立保监会，2003年成立银监会，实施分业监管。	1993年发布《股票发行与交易管理暂行条例》《证券交易所管理暂行办法》《企业债券管理条例》； 1997年发布《证券投资基金管理暂行办法》； 1998年通过《证券法》，奠定了我国证券市场基本的法律框架； 2002年颁布《合格境外机构投资者境内证券投资管理暂行办法》，启动QFII； 2003年通过《证券投资基金法》，培育机构投资者，完善股票发行和交易制度。

续表

阶段	市场状况	管理措施
规范发展阶段（2004—2008年）	这个阶段的一系列改革举措（以券商综合治理和股权分置改革为代表事件）有力地推动了证券市场的发展，但对市场认识的不深刻和监管的不完善也造成了市场的不理性； 2004年设置中小板。	2005年发布《关于上市公司股权分置改革试点有关问题的通知》； 2006年施行新修订的《证券法》和新修订的《公司法》； 2007年发布《证券公司分类监管工作指引（试行）》。
改革创新阶段（2009—2015年）	2009年推出创业板； 2010年推出融资融券、股指期货； 2012年召开券商创新大会，放松了行业管制，券商资管繁荣发展； 2013年新三板扩容至全国，产品创新不断推进； 2015年大牛市积累了风险，开始降杠杆，泡沫破裂。	2012年颁布《证券公司客户资产管理业务管理办法》《证券公司集合资产管理业务实施细则》《证券公司定向资产管理业务实施细则》； 2013年发布《中国证监会关于进一步推进新股发行体制改革的意见》； 2015年开始"降杠杆"，由鼓励创新变为稳中求进。
强监管阶段（2016—2018年）	央行、证监会、银监会和保监会针对大量资金在金融体系内空转的现象，颁布了一系列政策，引导资金脱虚向实，共同推进资管行业供给侧改革。	2016年颁布《证券期货经营机构私募资产管理业务运作管理暂行规定》，大幅降低结构化产品杠杆比例； 2018年出台《关于规范金融机构资产管理业务的指导意见》，开始整顿大资管。

（三）沪深300指数和标普500指数表现对比

接下来，我们将对沪深300指数和标普500指数进行比较和分析。沪深300指数和标普500指数是两个重要的成分股指数，分别代表着中国和美国股市的走势，可视为全球股市的风向标。与综合指数不同，成分股指数是按照一定的标准选择市场中代表性强的公司进行加权计算的，为投资者提供了具有可投资性、与市场关联紧密的指数产品。作为跨市场成分股指数，标普

500 指数和沪深 300 指数较好地反映了中美两国股市的整体表现，对投资者而言是重要的参考和投资工具。

尽管这两个指数在构造和表现等方面存在相似性，但也存在一些差异。标普 500 指数由标准普尔公司自 1957 年开始编制，代表了美国 500 家优秀上市公司的表现。标普 500 指数的成分股由指数编制委员会根据多项严格的标准进行选定。该指数样本广泛，代表性强，精确性高，连续性好，能够很好地反映市场趋势，因此是出色的股指期货标的物。

沪深 300 指数于 1998 年开始编制，由沪深证券交易所于 2005 年 4 月 8 日共同发布，是反映中国沪深两市整体股市走势的指数。在此之前，中国市场有上证综合指数、深证综合指数、上证 180 指数、深证成分股指数等指数，但沪深 300 指数是首个涵盖沪深两市的成分股产品。该指数的样本选自沪深两个证券市场，涵盖了大部分流通市值，其成分股具有很好的代表性和高流动性，反映了市场主流投资的表现，为指数化投资和衍生产品的设计提供了坚实的基础。表 9-3 对比了沪深 300 指数和标普 500 指数。

表 9-3 沪深 300 指数和标普 500 指数表现对比

	沪深 300 指数	标普 500 指数
编制方法	1. 着重关注公司成交金额和总市值。 2. 使用无限售条件的自由流通量，通过分级投档对市值进行阶梯形调整，便于投资者跟踪投资。 3. 定期抽样和临时抽样相结合。	1. 综合考虑总市值、交易量、资本化程度、基本面表现、产业类别等多个维度。 2. 使用已发布市值。 3. 在必要时进行临时调整。
行业结构	1. 总市值占比排名前三的行业分别为金融、工业和能源，三者分别占比 44%、11%、8%。 2. 总市值构成中金融行业遥遥领先，所占比重近半，而其他行业市值占比几乎都在 10% 以下，规模相对较小。	1. 总市值占比排名前三的行业分别为信息技术、可选消费和医疗保健，三者分别占比 29%、14%、13%。 2. 行业构成相对而言较为均匀，除信息技术行业占比稍大以外，可选消费、医疗保健、金融等行业市值相当，整体分布相对均匀。 3. 行业结构更为成熟和完善。

续表

	沪深 300 指数	标普 500 指数
个股权重	1. 自由流通市值排名前十的公司中，金融行业占据 6 席。 2. 中国平安的自由流通市值权重高达 6.05%，是苹果公司在标普 500 指数中权重的近两倍。	市值排名前十的公司主要是科技型公司。
近期走势	1. 短期波动更为频繁，幅度较大。 2. 标普 500 指数的整体估值远高于沪深 300 指数，且二者的相对差距近两年来几乎维持不变。 3. 上市公司的 ROE 自 2017 年以来呈现下滑趋势，目前处于历史低位。	1. 走势较平稳，不易出现短期大幅震荡。 2. 作为成熟的股票市场，其高市盈率主要反映了投资者对公司增长潜力的认同，而在以科技股为主心骨的美股市场上，高市盈率的出现是必然结果。 3. 上市公司的 ROE 呈现上升趋势，目前处于历史高位。

（四）科创板和纳斯达克对比

作为美国市场最为重要的一部分，纳斯达克（NASDAQ）成立于 1971 年，由全美证券交易商协会（NASD）设立，旨在规范混乱的场外交易并提供小型企业融资平台。作为全球首个股票电子交易市场，纳斯达克的创立初衷在于整顿美国场外市场，因而被视为纽约证券交易所（NYSE）的有益补充。然而，由于它在发展过程中展现出许多与主板市场不同的特点，如吸引了中小型高科技公司上市、上市标准和交易成本较低、交易体系独特等，纳斯达克在短时间内吸引了一批成功企业，声誉大增。在美国国内取得了巨大成功后，纳斯达克开始了国际化的步伐，与世界各大交易所展开合作，实现了"根植美国、辐射全球"的战略定位。纳斯达克为美国经济注入了长期健康发展的活力，成为美国乃至全球科技创新企业的重要支持力量。

相比之下，中国股市的发展历史相对较短，但一直以来都有着建设"中国纳斯达克"的愿景。中小企业板、创业板和新三板的设立都代表了朝着纳斯达克模式迈进的重要努力。这些市场的上市标准相对较低，但退市制度相对严格，它们致力于促进多元化公司的发展、创新和改进制度与管理方法，从而逐步推动中国资本市场的进步。然而，由于缺乏经验、投资市场不够成熟以及投资者不成熟等多种因素的影响，改革虽然取得了一定进展，但进展相对较为有限。表9-4对中国的科创板和美国的纳斯达克进行了对比。

表9-4 科创板和纳斯达克对比

	纳斯达克	科创板
成立时间	1971年	2019年
交易性质	场外	场内
交易制度	1. 实行做市商交易制度，最大限度地保证了证券市场的流动性、有效性和公开性。 2. 电子交易，在55个国家和地区设有26万余个计算机销售终端。	1. 竞价交易设20%涨跌幅限制，上市前后5天不设价格涨跌幅限制。 2. 盘后固定价格交易。 3. 未来可能实行做市商交易制度。
市场分层	1. 全球精选市场：针对全球范围内大型市值公司，制定严格的各类上市标准。 2. 全球市场：针对中型市值公司，需满足较严格的财务指标、流动性标准及公司治理标准。 3. 资本市场：针对较小市值公司，上市标准相对较低。	科创板本身暂无分层，但可与中小板、创业板等形成分层，也可在未来进一步实施分层。
上市标准	不同层次市场有不同的上市标准： 1. 全球精选市场：四套上市标准，三个层次中上市门槛最高，吸引大盘蓝筹企业和其他两个层次中已经发展起来的企业。 2. 全球市场：四套初次上市标准，上市门槛介于全球精选市场和资本市场之间，以吸引中等规模的企业。 3. 资本市场：三套初次上市标准，三个层次中上市门槛最低，吸引规模较小、风险较高的企业。	相对此前的主板、中小板、创业板有所放松，其具体上市条件如下： 1. 符合中国证监会规定的发行条件； 2. 发行后股本总额不低于人民币3 000万元； 3. 公开发行的股份达到公司股份总数的25%以上；公司股本总额超过人民币4亿元的，公开发行股份的比例为10%以上； 4. 市值及财务指标符合规则规定的标准； 5. 上交所规定的其他上市条件。

续表

	纳斯达克	科创板
退市制度	退市制度严格，其强制退市标准是其宽进严出、严苛监管的制度保障，每年被强制退市的企业比例大于8%。	史上最严退市制度：对于存在欺诈发行，重大信息披露违规，涉及国家安全、公共安全等行为，以及在交易所系统连续120个交易日实现累计股票成交量低于200万股，连续20个交易日股票收盘价均低于股票面值、市值均低于3亿元、股东数量均低于400人的科创板企业实行强制退市。
投资者准入门槛	无投资者准入门槛。	1. 50万元资产门槛、2年证券交易经验。 2. 不满足要求的中小投资者也可通过公募基金等产品参与科创板。
行业定位	立足于服务科技型、创新型、反传统商业模式的新兴企业，定位为科创落地的实现板块。	1. 符合国家战略、突破关键核心技术、市场认可度高的科技创新企业； 2. 高新技术产业、战略性新兴产业的科创企业； 3. 互联网、大数据、云计算、人工智能和制造业深度融合的科技创新企业。

（五）中美资本市场管理制度比较

中美两国资本市场的形成时间不同。美国证券市场已有超过200年的历史，而中国自改革开放以来才逐步建立了规范化的资本市场。回顾两国资本市场的发展历程可以发现，中国在相对较短的时间内快速构建了市场管理体系，并在许多方面建立了较为完善的管理机制。然而，通过与美国的管理措施的比较，我们也可以看到，我国资本市场管理仍有一些领域存在较大的提升空间。表9-5以信息披露、内幕交易、投资者保护基金、做空机制、再融资和退市制度以及对外开放为例，对比了中美资本市场管理的差异以及美国可供借鉴的管理经验。

表 9-5 中美资本市场管理制度对比

	中国	美国
信息披露	1. 目前逐步形成了以《证券法》为主体、行政法规和部门规章等为补充的上市公司信息披露制度体系。 2. 推行强制性信息披露和合规性管理的有机结合，以强制披露为主，自愿披露为辅，只要求披露相应的结论性意见。 3. 要求上市公司在会计年度结束后 120 天内提交年报。 4. 对上市公司虚假陈述的惩罚以行政处罚为主，主要是警告、罚款、没收非法所得、停牌退市等，民事责任一直以来相对较轻。 5. 目前仍然存在不少信息造假、披露不实的情形，主要表现为虚构购销业务、滥用会计准则等，这与市场监管者对信息披露不实的打击力度较小密切相关。	1. 通过建立公开透明的信息体系从源头控制市场风险，使投资者利益得到有效保护、市场得以稳定运转。 2. 1933 年的《1933 年证券法案》、1934 年的《证券交易法》以及后续一系列法案对信息披露的范围和流程做出了详细规定。 3. 要求公司将与投资者投资决策相关的所有信息完全公开，信息披露具有强制性，例如强制要求披露管理层关于公司财务和经营状况的详细分析和讨论。 4. 要求上市公司在会计年度结束后 90 天内提交年报。 5. 注重相关责任人的民事责任承担，对违反规定的上市公司及其管理人员实施严厉的民事处罚，要求违法者加倍返还非法所得。
内幕交易	1.《证券法》《关于依法从严打击证券违法活动的意见》《上市公司证券发行注册管理办法》等法律法规也对相关行为做出了规定。 2. 根据《最高人民法院、最高人民检察院关于办理内幕交易、泄露内幕信息刑事案件具体应用法律若干问题的解释》，"具有下列行为的人员应当认定为刑法第一百八十条第一款规定的'非法获取证券、期货交易内幕信息的人员'：（一）利用窃取、骗取、套取、窃听、利诱、刺探或者私下交易等手段获取内幕信息的；（二）内幕信息知情人员的近亲属或者其他与内幕信息知情人员关系密切的人员，在内幕信息敏感期内，从事或者明示、暗示他人从事，或者泄露内幕信息导致他人从事与该内幕信息有关的证券、期货交易，相关交易行为	1.《证券交易法》《内幕交易处罚法》《内幕交易及证券欺诈制裁法》等对内幕交易进行了限制。 2. 将内幕信息界定为非公开的重要信息，该重要性应有"被合理的投资人认为会严重改变整体信息背景的充分可能性"，美国法律法规禁止内部人士利用内幕信息直接实施交易或将内幕信息透露给他人并间接实施交易。 3. 对内幕交易行为的处罚十分严厉，从而给市场参与者施加了极大的威慑力，如 2002 年的《萨班斯-奥克斯利法案》规定可对内幕交易获益者处以最多 25 年的监禁。

续表

	中国	美国
	明显异常,且无正当理由或者正当信息来源的;(三)在内幕信息敏感期内,与内幕信息知情人员联络、接触,从事或者明示、暗示他人从事,或者泄露内幕信息导致他人从事与该内幕信息有关的证券、期货交易,相关交易行为明显异常,且无正当理由或者正当信息来源的。" 3. 实践中我国对相关行为的认定显得尤为困难,主要原因在于举证责任不同导致我国对内幕信息人的认定、信息形成时点的认定及交易者是否"利用"内幕信息的判别比较困难。 4. 我国《证券法(2019年修订)》第191条规定:"证券交易内幕信息的知情人或者非法获取内幕信息的人违反本法第五十三条的规定从事内幕交易的,责令依法处理非法持有的证券,没收违法所得,并处以违法所得一倍以上十倍以下的罚款;没有违法所得或者违法所得不足五十万元的,处以五十万元以上五百万元以下的罚款。单位从事内幕交易的,还应当对直接负责的主管人员和其他直接责任人员给予警告,并处以二十万元以上二百万元以下的罚款。国务院证券监督管理机构工作人员从事内幕交易的,从重处罚。违反本法第五十四条的规定,利用未公开信息进行交易的,依照前款的规定处罚。" 5. 证监会逐步通过执法实践丰富了内幕信息的类型、明确了非法获取内幕信息的认定标准,且查处及时性有所提高,从而逐步填补了法律规范的模糊之处。	
投资者保护基金	1. 2005年,我国国务院参照美国经验出资设立了中国证券投资者保护基金有限责任公司。	1. 美国证券投资者保护基金公司是一个非营利性组织,资金来源既包括国会、财政部和联邦储备银行提供的资金,也包括会员公司缴纳的会费以及公司的投资收益。

续表

	中国	美国
	2. 长期以来我国证券公司的风险积累导致中国证券投资者保护基金的资金需求量较大，但由于证券公司风险评级困难，所以只能就低收取费用，且该公司收入来源较窄，故该公司在资金运转方面仍存在一定的改进空间。	2. 该公司的宗旨是防范证券公司破产带来的投资人非交易损失，其业务范围涵盖股票、政府债券、共同基金、票据、股权、期权、货币市场基金和可转让存单等。 3. 当一家经纪机构面临倒闭时，该公司将帮助客户按登记的证券规模索取剩余客户资产，并在机构资产不足以满足索赔要求时用自身储备基金进行补充分配。
做空机制	1. A股市场严格来说是不允许做空的，但投资者可通过融券卖空或股指期货方式实现类似效果。 2. 2015年股市的疯涨与暴跌反映出了当时融资融券和股指期货交易存在的漏洞，于是，监管机构对相关交易做出了一系列要求。 3. 近年来，严格的管理措施使期指市场流动性滞缓，期货难以实现对现货市场的减振。从2017年起，股指期货交易规则又开始逐步常态化。	1. SEC认为正常情况下的做空交易对证券市场的健康发展具有积极意义，因为其可在资产价值被高估时进行修正，在需求激增时为市场提供流动性，且可用来构建对冲产品等。 2. 美国市场管理者对"裸空"等市场操纵行为和杀跌等过度投机行为进行了有效且适当的限制和规范。
再融资	我国对再融资募集资金从严把关，一是严格限制破发、破净上市公司再融资，要求上市公司再融资预案董事会召开前20个交易日、启动发行前20个交易日内的任一日，不得存在破发或破净情形。二是从严把控连续亏损企业融资间隔期，上市公司最近两个会计年度归属于母公司净利润（扣除非经常性损益前后孰低）连续亏损的，本次再融资预案董事会决议日距离前次募集资金到位日不得低于18个月。三是规定上市公司存在财务性投资比例较高情形的，必须相应调减本次再融资募集资金金额。四是从严把控前募资金使用，上市公司再融资预案董事会召开时，前次募集资金应当基本使用完毕，同时，上市公司需充分披露前募项目存在延期、变更、取消的原因及合理性，前募项目效益低于	SEC认为增发等再融资行为有助于提高资本市场活力并保护中小股东利益，故上市公司只需要符合有关法律法规即可随时发股筹资，发行不受时间和比例的限制。

续表

	中国	美国
	预期效益的原因，募投项目实施后是否有利于提升公司资产质量、营运能力、盈利能力等相关情况。五是明确再融资募集资金主要投向主业的相关要求，规定上市公司再融资募集资金项目必须与现有主业紧密相关，实施后必须与原有业务具有明显的协同性，以此督促上市公司更加突出主业，聚焦提升主业质量，防止盲目跨界投资、多元化投资。	
退市制度	1. 我国股市的退市情况罕见，据不完全统计，2001—2018年A股仅有51家企业退市，导致市场该退未退、借壳上市等情形屡有发生。 2. "连续三年亏损"的标准较为单一。 3. 退市程序需要由国务院证券管理部门决定，且在退市前有暂停上市机制的缓冲，因此退市的实际发生次数较少。 4. 科创板开始尝试更为严格的退市制度，包括对存在欺诈发行、重大信息披露违规等行为的公司及成交量、收盘价、市值等指标不达标的企业实施强制退市。	1. 美国市场一直实施相对成熟的退市制度，市场以"宽进严出"著称。 2. 退市量化指标更加具体，除持续经营指标外还包含流动性、持股市值等反映市场动态的指标。 3. 退市程序一般由证交所直接启动。
对外开放	1. 我国资本市场在前期发展阶段保持了一定的封闭性，在近些年才开始逐渐放开。 2. 我国期货发展历程较短，近两年来才逐步在原油期货、铁矿石期货、PTA期货等特定成熟期货品种中引入境外交易者，期货产品开放范围非常有限，期货产品种类仍然有限，境外交割区域仍有待扩宽。 3. 外资金融机构进入我国市场取得了明显进展，《外商投资证券公司管理办法》将外资持股比例上限提高至51%，同时业务范围逐步拓宽至本币业务、零售业务等。	1. 全球开放程度最高的发达市场之一。 2. 以期货产品为例，美国是全球期货市场最为成熟的国家，美国丰富的期货产品在全球范围内开放交易，境外成交量相当大，交易品种繁多，能充分满足交易者的投资需求，芝加哥商业交易所在世界各地拥有办事处和客户群体，境外交易者可在各地开户并投资美国期货市场。 3. 美国金融机构的外资持股比例原则上不受限制，但海外公司收购25%以上有投票权的股份须经美联储批准，审批时对公司资本标准、内部管理制度、信息披露等有严格的要求。 4. 虽然在特朗普政府管理下美国对境外投资的审查有所趋紧，但除特定行业和特殊情况外美国对外资进入基本没有限制。

（六）中国交易制度和交易结构差异

我国 A 股市场的交易制度与美国存在多方面的不同。在 A 股市场中，存在对交易单位、涨跌幅、交易时差等方面的严格限制。此外，对冲股市风险的衍生品种相对单一，做空机制相对薄弱，税费负担也较重，导致我国 A 股市场的交易制度和结构相对滞后于发达国家和地区的股票市场。与成熟的美国市场相比，A 股市场的交易规则较为单一且缺乏灵活性，这不仅未能有效保护中小投资者的权益，还未能发挥具有抗风险能力的投资者的财富管理功能。这种不同于发达国家市场的投资者结构更容易导致股市的集体非理性行为，如"追涨杀跌"，从而严重影响市场的价格发现功能。

A 股市场自 1995 年起一直实行 T+1 交易规则，不支持日内交易。这一规则旨在给投资者足够的时间进行理性判断，以维护市场的稳定性，尽量保护市场的价格发现功能，防止过度投机。然而，由于期货市场采用 T+0 交易规则，所以当股市出现突发性风险时，一些无法通过股市控制风险的投资者会通过期货市场来锁定风险，从而给整个期货市场造成下行压力，影响现货市场的走势。这两个市场不一致的交易规则设计使得它们的风险控制功能脱节，可能导致系统性风险的集中爆发等极端情况。

此外，我国股票市场的涨跌停制度需要在全面考虑我国的法规、文化和投资者结构等因素后进行深入分析和改革。尽管 T+1 交易规则和涨跌停制度在一定时期内对抑制过度投机行为、保护中小投资者权益发挥了一定作用，但随着我国股市的不断发展和交易品种的增多，这些制度已经难以有效地纠正价格扭曲，甚至成为市场炒作的手段。在 T+1 交易规则和涨跌停制度的双重作用下，市场发生异动还可能加剧投资者的恐慌情绪，恶化市场环境，增大发生市场危机的风险。正如 2015 年股市暴跌所示，A 股市场的涨跌幅限制导致市场无法迅速自我调整，风险得不到及时化解，进一步引发了集体非理性行为和持续的噪声交易，同时市场流动性也大幅下降，限制了衍生工具的风险对冲功能，使恐慌情绪进一步蔓延。表 9-6 总结了中美交易制度和交易结构差异。

表9-6 中美交易制度和交易结构差异

	中国	美国
交易单位	100股。	无限制。
涨跌幅限制	10%，2016年推出熔断机制后曾暂停使用。	无限制，有熔断机制： 1. 股指：实行三级熔断机制。以标普500指数为例，当股指下跌5%时，将暂时停盘15分钟；当股指下降10%时，将暂时停盘1小时；当股指下降20%时，将关闭股市1天。 2. 个股：如果某只个股的交易价格在5分钟内的涨跌幅超过10%，则需暂停交易；如果该个股的交易价格在15秒内仍未回到规定的"价格波动区间"内，将暂停交易5分钟。
衍生品种	除了股指期货外，其余交易品种几乎为零。	衍生品种众多。
做空机制	现货市场几乎没有。	指定可以做空的股票，做空机制众多。
交易时差	T+1。	1. 现金账户：账户总值低于2 000美元，只有在资金已经交割的情况下才可以T+0，否则将被禁止交易90天。 2. 普通融资融券账户：账户总值介于2 000美元和2.5万美元之间，实行T+1，但在5个交易日内，有三次T+0机会。 3. 典型回转交易账户：账户总值超过2.5万美元时，实行T+0，但此类账户必须遵守最低净值达2.5万美元的规定。
佣金	目前普遍0.03%，5元起。	交易时股价大于等于1美元的，按照交易量收费；小于1美元的，则按照成交金额的百分比收费，一般是按成交金额的3%收取。
印花税	对卖方单边征收1%。	无。
投资者结构	机构投资者比例非常低，截至2022年12月，持仓的个人投资者数量达2.12亿。	机构投资者的成交量占每天成交总量的95%以上，数量庞大的养老基金、各类捐赠式基金、保险基金、对冲基金、互惠基金和投资公司构成了美国资本市场的主体。

（七）融资融券制度的中美比较及反思

通过中美比较可以发现，中国对融资融券制度的监管力度相当强，设置了高门槛和苛刻的条件，尤其是保证金比例明显高于美国。然而，我国资本市场的发展尚不够成熟，市场参与者的专业投资水平和风险承受能力相对较低，监管部门的风险识别能力和防控能力也有待进一步提升。这些条件的重重限制导致了股市投资杠杆过高的局面。

融资融券制度存在的缺陷严重削弱了市场的价格发现功能。首先，融资业务迅速扩张，但融资和融券业务发展不平衡，融资业务过快发展导致市场呈现出单边走势，各种配资业务蓬勃发展，吸引了大量资金进入股市，这会在市场下跌时暴露出极大的风险，可能引发极端的暴跌。其次，杠杆比例没有受到严格的限制，而投资者的风险承受能力与高杠杆投机不匹配。信息登记不完善、金融产品设计的复杂性与多层次的杠杆叠加，使得对杠杆的风险控制变得困难。再次，配资业务的信息登记和数据监测系统不健全，后期的配资业务发展导致各类投资者通过多种途径进入股票市场，规避了"一人一户"的限制，大量配资来源不透明，实名登记存在明显缺陷。最后，市场环境相对不成熟，投资者的风险提示不足，股票市场的快速上涨吸引了大量投资者，但这些投资者对市场上涨的预期过于乐观，对复杂的金融产品的风险缺乏足够的认知，过度追涨可能导致在系统性危机发生时出现集体恐慌和抛售行为。表9-7比较了中美融资融券交易制度。

表9-7 中美融资融券交易制度比较

	中国	美国
客户资格条件	已经持有普通证券账户且已经在该证券公司从事证券交易半年或以上，多数券商的客户准入门槛为资产在50万元以上，开户时间在1年半以上。	1. 需要填报完整的信息资料，相对宽松，开户资金最低为2 000美元； 2. 从事日内融资融券交易的最低开户资金为2 500美元。

续表

	中国	美国
券商资格条件	1. 经营证券经纪业务已满3年的创新试点类证券公司。 2. 最近6个月净资本均在12亿元以上。 3. 客户交易结算资金第三方存管满足其他内控和风险控制、账户清理和高管人员有关规定。	1. 美国1934年《证券交易法》规定了券商的负债流动资产比在15∶1以下。 2. 若开业未满1年，则需要维持该比率在8∶1以下且净资产高于25 000美元。
标的证券	1. 在本所上市交易满3个月。 2. 融资买入标的股票的流通股本不少于1万股或流通市值不低于5亿元，融券卖出标的股票的流通股本不少于2亿股或流通市值不低于8亿元。 3. 股东人数不少于4 000人。 4. 近3个月内日均换手率不低于基准指数日均换手率的15%，日均涨跌幅的平均值与基准指数涨跌幅的平均值的偏离值不超过4%，且波动幅度不超过基准指数波动幅度的5倍。 5. 股票发行公司已完成股权分置改革。 6. 股票交易未被实行特别处理。 7. 其他条件。	在国家证券交易所上市的证券、店头可融资证券，以及依据1940年《投资公司法》注册的信托基金。
保证金比例	1. 融资、融券的初始保证金比例不低于50%，客户维持保证金比例低于130%时，会员应当通知客户在约定的期限内追加担保物。 2. 客户经会员认可后，可以提交除可冲抵保证金证券外的其他证券、不动产、股权等资产，且追加比例由会员和客户自行约定。 3. 维持保证金比例超过300%时，客户可以提取保证金可用余额的现金或冲抵保证金的证券，但提取后维持保证金比例不得低于300%。 4. 可冲抵保证金的证券有折算率规定。	目前信用交易的初始保证金比例为50%，而维持保证金比例由交易所自行指定，如NYSE规定融资和融券的维持保证金比例分别为总市值的25%和30%，如果证券市价低于5元，那么融券的维持保证金比例增加至总市值的100%。

续表

	中国	美国
交易限制	1. 在次交易日暂停其融资买入/融券卖出的监控指标：单只股票的融资监控指标达到25%，若降至20%，可恢复；单只交易型开放式指数基金的融资监控指标达到75%，若降至70%，可恢复。 2. 融券卖出的申报价格不得低于该证券的最新成交价格；当天没有产生成交价格的，申报价格不得低于其前收盘价。	1. 1938年X规则规定：禁止交易商以低于最后一次交易价格进行卖空，以防止股价下行时投资者的过度抛售行为； 2. 美国《1933年证券法案》第78条规定了展期信贷的规则，对于首次展期的信贷，其数额不得超过目前证券市场价格的55%或该证券前36个自然月中最低市场价的100%，但不高于现市场价的75%； 3. 美国1934年《证券交易法》规定，证券经纪商或自营商的负债不得超过净资本的20倍，以避免信用过度扩张。

回顾中美资本市场的发展历程可以看到，两国的交易制度设计者在各个阶段都采取了适当的规范管理措施，使市场逐步从混乱无序走向了公平高效。中国证券市场在几十年的发展中快速建立了市场交易制度和法律法规，通过借鉴发达市场的经验和不断实践，监管机构的规范管理取得了显著成果。

三、交易制度对估值的影响：理论与实证

（一）涨跌停制度与投资者的有限注意力

涨跌停制度对每只股票当天价格的涨跌幅予以限制，规定了交易价格在一个交易日中的最大波动幅度。涨跌停制度作为一种稳定市场的机制，其主要目的是避免股市的剧烈波动。

但同时，涨跌停制度也会吸引投资者的注意。由于涨跌停制度在A股市场是众所周知的交易规则，10%的限制将被视为股票交易的重要参考点，在

此参考点附近的股票将会由于搜寻成本降低而被投资者注意。此外，触及涨跌停板的股票在股票交易软件中的排名、媒体的报道中都更加突出，因而会进一步吸引投资者的注意。

根据 CSMAR 数据库提供的数据，平均每天有 3% 的个股的涨跌幅超过了 9%，这一事实说明 A 股市场的股票经常会出现触及涨跌停板的情况。图 9-1 刻画了 2006—2020 年间我国 A 股市场日收益率的波动情况。

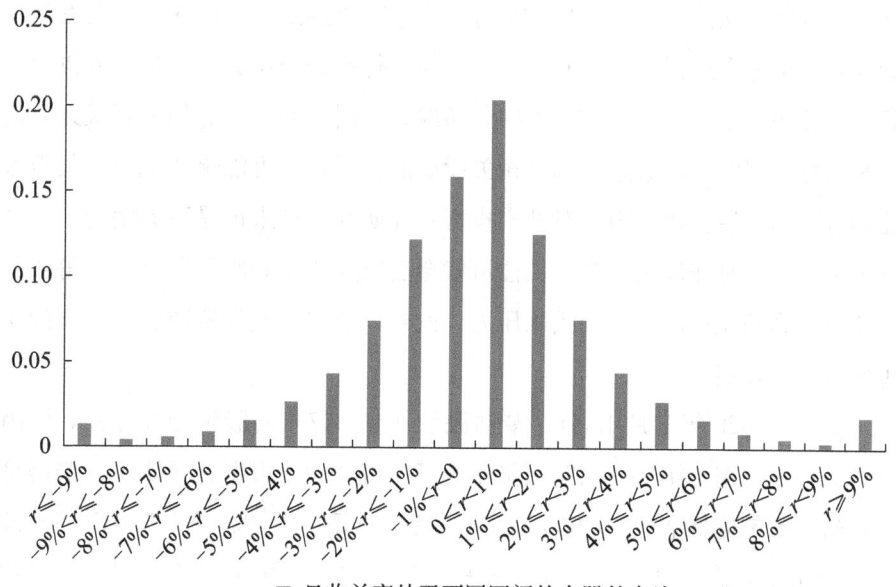

■ 日收益率处于不同区间的个股的占比

图 9-1 A 股市场日收益率分布

然而，人们的注意力是有限的。卡尼曼（Kahneman）指出：注意力是一种有限的认知资源，对刺激的加工需要占用认知资源，刺激越复杂或加工越复杂，占用的认知资源越多。因此，对一项任务的关注必然需要从其他任务中替代认知资源。当涉及投资决策时，投资者可获得的信息数量是巨大的，因此他们必然会面对有限注意力的约束，有选择性地处理信息。如果个体投资者不去全面地处理市场上的信息，只对吸引其关注的信息加以分析和判断，调整自己的投资行为，就会导致股票暂时性地出现定价偏差，这种偏差往往需要依赖套利者进行修正。

根据行为理论，引人注目的事件有助于缩小个人可能研究的股票范围，因此，当投资者将有限的注意力分配到触及涨跌停板的股票上时，将会产生诱导注意力的交易行为，从而影响股票价格的表现。

事实上，投资者的注意力不仅可以被触及涨跌停板的股票吸引，也可以被这些股票所关联的股票吸引。当一些股票跌停时，媒体和投资者论坛往往会列出可能与跌停股票有一定"联系"的"相关股票"。媒体和投资者论坛会在各个维度上选择相关的股票，比如同一行业的公司股票、客户或供应商相似的公司股票、位于同一城市的公司股票、同一基金持有的公司股票，甚至是名称相似的公司股票。选择相关股票的实际标准可能更加复杂，甚至可能随着时间发生变化，因此对散户投资者和研究人员来说是不透明的。在这样的情况下，对涨停板股票的关注可能会溢出到"相关股票"上，使得相关股票也受到关注冲击和短期买入压力。此外，散户大量投资的股票受到的这种影响更为强烈。

例如，2020年5月12日，梦洁股份（002397）的股价触及涨停，原因是该公司与"淘宝第一主播"薇娅签订了一份合同，根据合作协议，薇娅将把粉丝需求带进梦洁股份的产品设计与品控，是一种"客对厂"（C2M）模式。C2M的概念是全新的，没有人知道如何定义"相关"的范围，但是这个消息直接引爆了市场对C2M概念的关注，导致网红经济概念股、C2M概念股都受到了市场的追捧。

那么涨跌幅限制会使得哪一类型的股票更容易吸引到投资者的注意力呢？一种基本的假设是"对每日价格限制更敏感的股票代表着它们吸引了投资者的更多注意力"。为了衡量哪些股票对每日价格限制更敏感，需要借助以下方程，利用一个月内的日收益率数据计算 $\beta_{i,t}^{PL}$：

$$r_{id} = \mu_{i,t} + \beta_{i,t}^{PL}\delta_d^{LH} + \rho_{1,i,t}\mathrm{MKT}_d + \rho_{2,i,t}\mathrm{SMB}_d + \rho_{3,i,t}\mathrm{HML}_d + \rho_{4,i,t}\mathrm{UMD}_d + \varepsilon_{i,t}$$

其中，MKT、SMB、HML 根据 Fama-French（1993）的三因子模型得到，

UMD 是 Carhart（1997）的动量因子，δ_d^{NH} 是 Kelly 和 Jiang（2014）构造的指标，用于计算每日触及涨跌停板的股票数量。因此，$\beta_{i,t}^{PL}$ 度量了由涨跌停所带来的注意力抓取效应。$\beta_{i,t}^{PL}$ 越高，说明当越多股票触及涨跌停板时，该股票的收益率越高。APL_beta＝$\beta_{i,t}^{PL}$ 反映了股价表现和当日触及涨跌停板的股票数量的相关性。

结果表明，具有更高 APL_beta 的投资组合在当月会获得更高的收益，同时具有更高的换手率、更大的交易量和更低程度的订单不平衡（见表 9-8）。这样的结果符合"对每日价格限制更敏感的股票会吸引投资者更多的注意力"这一假设。

表 9-8 APL_beta 与注意力抓取效应

	当月收益率	换手率	交易量	订单不平衡		
				成交笔数	成交量	成交额
P1（低）	0.34%	0.492	20.798	0.005	−0.009	−0.009
P2	0.38%	0.494	20.809	0.004	−0.008	−0.009
P3	0.41%	0.501	20.809	0.005	−0.008	−0.008
P4	0.55%	0.511	20.830	0.005	−0.008	−0.008
P5	0.74%	0.528	20.841	0.005	−0.008	−0.008
P6	1.13%	0.557	20.880	0.005	−0.008	−0.007
P7	1.49%	0.589	20.933	0.005	−0.007	−0.007
P8	2.28%	0.638	21.007	0.004	−0.007	−0.007
P9	3.57%	0.720	21.112	0.005	−0.005	−0.005
P10（高）	8.61%	0.976	21.313	0.007	−0.001	−0.002
P10−P1	8.26%***	0.484***	0.515***	0.003***	0.007***	0.007***
	(19.87)	(23.74)	(20.81)	(3.60)	(6.74)	(8.12)

说明：*** 代表在 1% 的水平下显著，括号内为 t 值。

涨跌幅限制带来的注意力抓取效应会如何影响不同股票的价格表现呢？我们推测，这些股票在短期内定价过高，并将在后期逆转。具体而言，我们根据股票在第 t 个月的 APL_beta 将其分为十分位数投资组合。在形成期之后，我们计算每个投资组合在第 $t+1$ 个月的月均超额收益率。实证结果表明，投资组合在第 $t+1$ 个月的月均超额收益率与第 t 个月的 APL_beta 显著负相关。表 9-9 给出了 APL_beta 与股票的未来收益率。

表 9-9 APL_beta 与股票的未来收益率

	APL_beta	Raw Returns	CAPM Alphas	FF3 Alphas
P1	0.037	2.04%** (2.34)	0.87%** (2.54)	0.03% (0.23)
P2	0.114	2.11%** (2.43)	0.95%*** (2.81)	0.14% (1.26)
P3	0.193	2.03%** (2.28)	0.85%** (2.39)	0.00% (0.00)
P4	0.278	1.97%** (2.23)	0.80%** (2.26)	−0.04% (−0.32)
P5	0.373	1.82%** (2.11)	0.66%* (1.90)	−0.18% (−1.38)
P6	0.484	1.75%** (2.03)	0.59%* (1.71)	−0.24%** (−1.98)
P7	0.619	1.75%** (2.04)	0.58%* (1.66)	−0.26%** (−2.06)
P8	0.796	1.58%* (1.82)	0.41% (1.16)	−0.44%*** (−3.29)
P9	1.073	1.47%* (1.73)	0.30% (0.85)	−0.55%*** (−4.29)
P10	2.066	0.89% (0.99)	−0.30% (−0.79)	−1.14%*** (−6.94)
P10−P1	2.028	−1.15%*** (−6.01)	−1.18%*** (−6.34)	−1.17%*** (−6.76)

说明：***、**、* 分别代表在 1%、5% 和 10% 的水平下显著，括号内为 t 值。

图 9-2 给出了注意力抓取和股票的长期收益表现的关系。由于中国的卖空约束，APL_beta 导致的高估可能无法在短期内得到纠正。实证结果表明，这种高估需要大约 7 个月才能得到修正。

(二)"100+N"交易规则对估值的影响

2023 年 8 月 10 日，沪深交易所双双发文称，将沪深两市上市股票、基

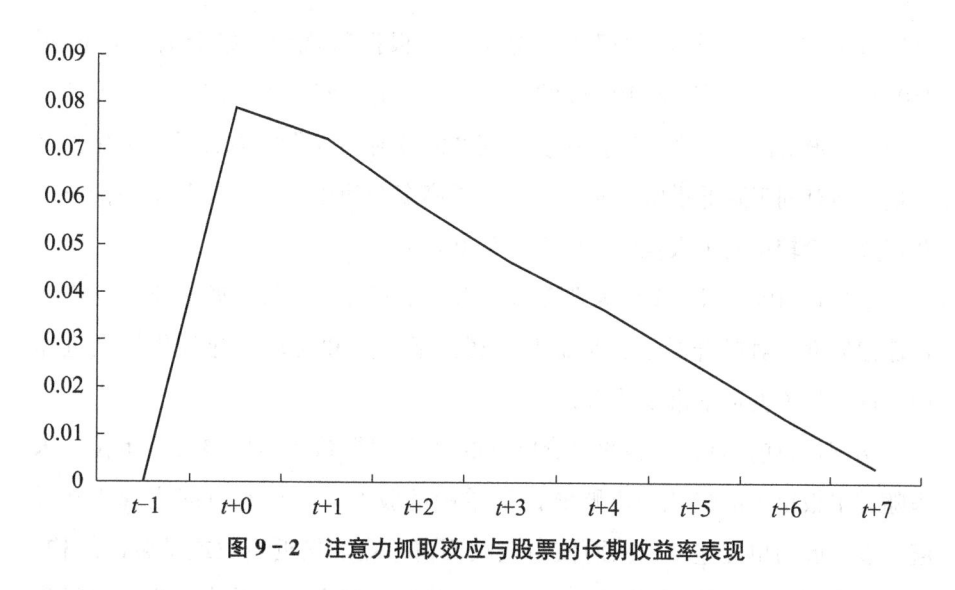

图 9-2 注意力抓取效应与股票的长期收益率表现

金等证券的申报数量要求由 100 股（份）的整数倍调整为 100 股（份）起，以 1 股（份）递增，简称为"100＋N"交易规则。

过去，由于技术系统性能受限，沪深交易所均规定了证券申报数量应为 100 股（份）或 100 股（份）的整数倍。近年来，随着科技不断进步，交易系统性能不断提升，交易所逐渐放松了对申报数量的限制。2019 年科创板开板时采用 200 股起，以 1 股递增的申报数量要求。2021 年北交所开市时采用 100 股起，以 1 股递增的申报数量要求。截至目前，科创板和北交所均运行良好。在前期市场调研中，市场机构也对沪深两市证券的申报数量要求提出了调整需求。

优化证券申报数量要求具有重要意义：既有利于降低投资者交易高价股的成本，便利投资者分散化投资，也可提高资金使用效率，增强价格发现功能和提升市场效率。另外，也有利于提升 ETF（交易型开放式指数基金）跟踪指数精准度，降低 ETF 申赎门槛，便利投资者配置 ETF，提振基金投资者和基金管理人信心。

第一，按照原有规则，投资者只能购买 100 的整数倍股票，对于价格超过百元，甚至千元的股票，购买动辄需要上万元甚至十万元以上的资金，若投资者的资金不充裕，则很难充分配置。根据新规则，投资者可以购买"100＋N"股，只要达到100股的门槛，操作的空间更大。因此，新规则有效降低了投资门槛，也使得投资者在资产配置时的操作更为灵活。优化申报数量限制有利于降低投资者交易成本，提高资金使用效率，尤其是高价股以及资金体量较小的个人投资者的受益程度较大。

第二，"100＋N"交易规则有望降低基金管理人的投资管理难度和产品跟踪偏离度，对提升股票、基金等市场的活跃度和流动性起到积极促进作用，进一步激发资本市场活力。

第三，目前ETF申购赎回清单中的A股股票数量是以整百为单位，未来随着申报单位的优化，申购赎回清单中的股票数量也有可能实现100股起，以1股为单位递增，从而使申购赎回清单更加接近指数或基金的结构，进而提升IOPV（实时的基金份额参考净值）和基金定价的准确性。对投资者来说，ETF盘中的申赎对价会更接近ETF的真实价值，一二级市场套利策略会更加有效，从而可以降低ETF的折溢价率；对ETF管理人来说，大额申赎对ETF跟踪误差的影响也会随之降低。

虽然"100＋N"交易规则具有上述诸多优点，但缺乏成长性。一个活跃的资本市场的健康运转取决于投资者的信心，如果没有信心，这一目标将难以实现。因此，为了确保市场的可持续增长，需要着眼于实体经济的发展。在现实情况下，中国的实体经济面临不小的挑战，因此需要采取措施来改善实体经济，以此巩固和发展资本市场。

（三）T＋1与T＋0交易规则对市场的影响

在A股市场的历史中，最开始被采用的是T＋0交易规则，即投资者可以在任意时间卖出其买入的股票。T＋0交易规则可以为市场注入活力，但是过度频繁的交易中，很大一部分是由投机性交易者贡献的，这使得市场波动幅度巨大，不利于普通投资者。为了稳定市场，1995年1月，证监会取消了A股的T＋0交易规则，转而采用T＋1交易规则，B股在2000年也转而采用T+1交易规则。T+1交易规则规定投资者只能卖出他至少一天前买入的股票，并禁止他卖出当天买入的股票，这有效防止了过度投机交易，从而符合散户投资者的利益。有关T+1交易规则对资本市场的影响的研究主要集中在其对价格波动率、市场流动性、股票回报率的影响上。

大多数研究都发现T+1交易规则可以降低市场的波动性。张艳磊等（2014）通过研究B股转而采用T+1交易规则的自然实验，运用双重差分等方法，发现采用T+1交易规则能降低股价波动率和买卖价差，对股票市场质量有一定改善。葛勇和叶德磊（2009）使用GARCH模型验证了T+1交易规则对于减少股市波动的作用。Guo等（2012）建立了一个动态价格操纵模型来研究T+1交易规则的影响。他们假设市场上存在三种交易者：战略交易者、机械性的趋势追逐者和流动性提供者。借助动态价格操纵模型，他们发现，T+1交易规则有效地减少了总交易量，降低了价格波动。另外，他们用B股转而采用T+1交易规则的前后两年的数据验证了他们的模型结论。

T+1交易规则也会对股票的价格产生一定的影响。这主要是由于T+1交易规则对买方和卖方具有不对称效应，投资者不能卖出他当天买入的股票，但对于他当天早些时候卖出的股票，并没有购买上的限制。如果一个交易者在早上买了一只股票，迫于T+1交易规则的限制，若股票价格在白天大幅上涨，那么他不能当天卖出，但如果他在开盘时卖出股票，那就可以将其资金用于其他操作。反之，收盘时买入股票无须承担在一个交易日中不能卖出的价格风险，但收盘时卖出股票后资金闲置的成本较高。因此，在每天开盘时投资者的卖出意愿大于买入意愿，随着交易时间的推移，投资者的卖出意愿不断减弱，买入意愿不断增强，这导致了股票在开盘时的价格表现相较于前一日收盘时会存在一定的折价。张兵和薛冰（2019）及Qiao和Dam（2020）都研究了T+1交易规则对股票收益率的影响，他们一致认为，A股市场的隔夜收益率显著为负这一现象主要是由T+1交易规则导致的。

T+1交易规则和T+0交易规则各有所长，但结合实际情况来看，A股并不需要转而采用 T+0 交易规则。首先，有研究认为，虽然 T+1 交易规则降低了市场的流动性，但 A 股的换手率已经居于世界前列，在鼓励长期投资的大背景下，通过采用 T+0 交易规则改善市场流动性这一举措并无必要。其次，在 T+0 交易规则下，一些资金规模较大的投资者可以采用算法进行高频交易，导致中小投资者在市场中处于劣势地位，加剧了市场的不公平性。最后，高频交易者在 T+0 交易规则下的活跃行为将会加剧市场的波动性。例如，2010 年 5 月 6 日，美国道琼斯工业指数在没有基本面利空消息的情况下盘中一度大幅下跌近 1 000 点，随后又迅速反弹，这一事件被称为"闪电崩盘"。股指跳水激发高频交易连锁反应，计算机以闪电般的速度接连发出卖单，疯狂寻求止损，埃森哲的股票甚至出现了 1 美分/股的成交价。出于以上几点考虑，采用 T+1 交易规则更有利于我国股市的健康发展。

(四) 套利限制指标与投资者情绪

如上一小节所示，涨跌停制度可以影响投资者注意力，但我国市场上存在很多交易制度，每种交易制度可能产生的影响也都不一样，那有没有一种指标可以度量整体的交易制度呢？Gu 等(2018) 对是否触及涨跌停板、是否纳入融资融券标的、是否纳入沪深 300 指数标的、流动性、成交量等指标进行了打分汇总，构建了一个综合的套利限制指标。该指标影响着套利行为，所以被命名为套利限制指标，但事实上，该指标也度量了我国资本市场上各种交易制度的综合影响。由于我国资本市场散户居多，投资者情绪非常重要，因此 Lin 和 Qiu（2023）研究了套利限制指标如何通过影响投资者情绪来影响股票的估值。本节根据 Lin 和 Qiu（2023）的部分结果，对套利限制指标的影响进行了分析。

在标准的金融模型中，不受情绪影响的理性投资者总会使得资本市场的价格等于预期未来现金流的现值。但现实情况显然与这一模型迥然不同，未来现金流的不确定性使得投资者只能对其形成一种信念，但这一信念并不能完全反映当前已有的事实，而是往往会受到周围信息、自身背景、偏好的影响。这种信念如果没有得到现有事实的证明，便是广义上的"情绪"。由于情绪的影响，投资者的行为会使得股票价格偏离其基本价值。

如何衡量情绪，并量化其对资产价格的影响？Baker 和 Wurgler 构造了一种自上而下的宏观方法，通过封闭基金折溢价率、市场换手率、IPO 数量、IPO 首日收益率、股利溢价率、新股发行的股权数量构造了情绪指数。易志高和茅宁（2009）在其基础上，融入了能反映中国股票市场投资者情绪变化的指标，使用封闭式基金折价、交易量、IPO 数量及上市首日收益率、消费者信心指数和新增投资者开户数等数据，同时控制了居民消费价格指数、工业品出厂价格指数、工业增加值和宏观经济景气指数等宏观经济变量，构造了中国股票市场投资者情绪综合指数。

在完美市场中，即使投资者情绪可能导致资产价格偏离基本价值，潜在的套利者也会通过套利行为消除这种错误定价。每当股票定价错误，即市场价格与基本面存在差异时，套利机会就会吸引理性投资者进行相应的交易。当某一资产的市场价格低于基本面时，套利者会买入资产，卖空具有相同基本面，即未来现金流的资产；当某一资产的市场价格高于基本面时，套利者会卖空该资产，并买入具有相同基本面的资产。因此套利者的行为会提升被低估的资产的价格，降低被高估的资产的价格，让市场价格与基本面趋同，套利者随之从中获利。

然而，套利过程在现实中存在风险和成本，与这些受到情绪影响的投资者进行对赌是成本高昂且有风险的。当面临高度的信息不确定性时，套利者不太愿意暴露在风险中。同时，交易成本、交易限制、流动性等因素带来的成本进一步阻碍了套利行为，在卖空受到高度限制的情况下，对于估值过高的股票而言，价格调整将需要更长的时间。因此，在套利存在限制时，情绪带来的错误定价并不能被立刻消除，而是会对股票的收益率产生重要的影响。中国 A 股市场的涨跌停制度、卖空约束等特定交易制度和股指期货的稀缺可能会使得这种影响更为强烈。

理论上，投资者情绪与预期收益率之间的关系取决于多种因素，包括

"套利限制"约束、套利者对市场情绪的感知，以及噪声交易者造成的极度看跌或看涨错误定价。正如 Kozak, Nagel 和 Santosh（2018）所指出的那样，由于各种因素可能在不同的方向上起作用，因此情绪风险可以被正面或负面定价。根据不同的市场条件，情绪风险可能与资产的预期收益率呈正相关或负相关关系。

在中国 A 股市场，情绪会对股票价格产生非常重要的影响，其原因体现在两个方面：首先，A 股市场存在对卖空的高度限制，导致 A 股市场套利限制较大，成本较高，无法及时对情绪产生的错误定价进行修正。其次，中国股市具有高度投机性，大多数现有交易者都是年轻且经验不足的散户投资者，而由情绪导致的错误定价主要来自缺乏经验的交易者的不知情交易。

Lin 和 Qiu（2023）利用回归方程

$$R_{it} - R_{f,t} = a + b_1 \text{MKT}_t + b_2 \text{SMB}_t + b_3 \text{HML}_t + b_4 \text{UMD}_t + b_5 \text{SENTIMENT}_{t-1} + \varepsilon_t$$

估计了情绪 beta。其中，MKT、SMB、HML 根据 Fama-French（1993）的三因子模型得到；UMD 是 Carhart（1997）的动量因子；SENTIMENT 代表中国股票市场投资者情绪综合指数（CICSI）。我们可以通过过去 36 个月的窗口估计得到中国 A 股的个股情绪 beta，捕捉个股暴露在情绪上的风险。

基于 A 股数据的实证研究表明，情绪 beta 会负向影响个股的下一期收益率，相较于情绪 beta 最低的组，情绪 beta 最高的组的收益率降低了 0.58 个百分点。这一结果表明，情绪会使得情绪 beta 较大的股票在当期被过高地定价，而这种错误定价会在下一期得到部分的修正。表 9-10 给出了具体结果。

表 9-10 情绪 beta 与个股收益率

	平均情绪 beta	等权重资产组合		市值加权资产组合	
		收益率（%）	t 值	收益率（%）	t 值
P1（低）	−0.009 0	2.29	2.46	1.65	1.84
P2	−0.004 5	2.38	2.62	1.66	1.96
P3	−0.002 8	2.41	2.68	1.82	2.30

续表

	平均情绪 beta	等权重资产组合		市值加权资产组合	
		收益率（%）	t 值	收益率（%）	t 值
P4	−0.001 5	2.32	2.59	1.69	2.16
P5	−0.000 5	2.32	2.58	1.52	2.01
P6	0.000 6	2.27	2.53	1.67	2.16
P7	0.001 6	2.22	2.41	1.40	1.68
P8	0.002 9	2.06	2.23	1.44	1.76
P9	0.004 8	1.81	1.95	1.06	1.24
P10（高）	0.010 3	1.71	1.71	0.95	1.04
P10−P1		−0.58	−2.30	−0.70	−1.95

仿照 Gu 等（2018）的研究，使用是否触及涨跌停板、是否纳入融资融券标的、是否纳入沪深 300 指数标的、流动性、成交量、分析师覆盖水平衡量个股的套利限制水平后，我们对 A 股在情绪 beta 和套利限制上进行了双分组，并计算了每个分组下一期的平均收益率。实证结果表明，只有在套利限制较高的组别中，情绪 beta 的高低会对下一期的股票收益率产生显著的负面影响，而在套利限制较低的组中，情绪 beta 不会对个股收益率造成显著的负面影响。这一结果证实，在套利限制较高的组中，错误定价的情况更为严重。表 9-11 给出了具体结果。

众多交易机制所产生的总体影响可能是加剧了由投资者情绪所引起的错误定价。

表 9-11 卖空限制指标、情绪 beta 与个股收益率

	情绪 beta 分组						
	P1	P2	P3	P4	P5	P5−P1	
	收益率（%）					收益率（%）	t 值
Panel A：等权重资产组合							
套利限制-低组	0.58	0.79	0.68	0.68	0.32	−0.26	−0.72
套利限制-中组	1.05	0.98	1.03	0.68	0.22	−0.83	−2.66

续表

	情绪 beta 分组						
	P1	P2	P3	P4	P5	P5－P1	
	收益率（%）					收益率（%）	t 值
套利限制-高组	1.83	1.85	1.81	1.47	1.00	－0.83	－2.85
高组－低组						－0.57	－1.68
Panel B：市值加权的资产组合							
套利限制-低组	0.13	0.65	0.41	0.47	0.27	0.14	0.31
套利限制-中组	0.75	0.62	0.85	0.50	－0.34	－1.09	－2.21
套利限制-高组	1.51	1.58	1.65	1.13	0.51	－0.99	－2.93
高组－低组						－1.14	－2.68

四、量化交易[①]的度量和公平性

我国是全球第二大经济体，拥有全球第二大股票市场。与美国股市不同，我国股市中存在较多的"赌博性"交易，并且主要由散户投资者主导。由于散户投资者通常会做出非理性、非最优的投资决策，成熟的机构投资者在中国股市中就会有很多的量化投资机会。然而，关于中国股市中的量化交易的研究却很少，这主要是因为量化交易活动很难识别和量化。一方面，难以确定中国股市的量化投资者具体是哪类投资者；另一方面，量化投资者的实时交易数据也未公开。所以，现有研究通常依赖常用的衡量套利限制的指标，例如交易限制、流动性和分析师覆盖水平来衡量量化交易。

Liu 等（2023）度量了中国股市的量化交易活动，用量化投资者买卖的股票过去的异常收益率之间的相关性来构建量化交易指标。该指标建立在 Barberis 和 Shleifer（2003）以及 Barberis 等（2005）的研究之上，他们认为量化投资者可以在他们所交易的股票之间产生与其基本面无关的、超额的收

---

① 此小节的量化交易是指基于数学模型，利用计算机技术进行套利的交易行为。

益率联动。

中国股市的反转异象极具特点。De Bondt 和 Thaler（1985）首先证明了，当根据过去的长期收益率构建投资组合时，过去收益率较低的股票未来收益率较高，而过去收益率较高的股票未来收益率较低，也就是会出现反转效应。在中国，这种现象在不同的实证设计下都非常稳健，并且不能被中国的三因子模型解释，我国股票在任何时间窗口（例如，1 个月、3 个月、6 个月、12 个月以及 5 年）的过去表现在未来往往会逆转，而标准的动量异象（用过去 2~12 个月的累计收益率衡量过去表现时，过去的赢家往往比过去的输家的未来收益率高）并不存在。这是中国股市的独特之处，与美国等许多发达市场不同。反转策略的另一个重要特征是，量化投资者并不是基于股票基本面（例如账面市值比或每股收益）决定股票需求，因此，并没有明确的阈值告诉量化投资者何时停止反转交易，并且在资本流动缓慢的情况下，量化投资者很可能会过度利用反转策略进行套利，而他们迟缓地平仓头寸会导致长期价格被过度修正。因为我国股市的效率和透明度较低，这样的情况更有可能发生。而且，反转策略在我国股市有强劲的盈利能力，在量化投资中被广泛应用。因此，可以利用反转策略引起的股票间异常收益率的相关性来衡量量化交易。

在 Liu 等（2023）的文章中，度量量化交易的变量 coreversal（简写为 CoREV）的构造过程如下：在每个月末，根据过去 12 个月的超额累计收益率将样本中的所有股票等分为十组。然后，分别计算输者（过去收益率最低一组）和赢者（过去收益率最高一组）中平均成对的股票收益率的相关性，并控制中国股市的市场、规模和价值因子。最后对输者和赢者的相关性进行平均，得到量化交易指标（CoREV）。CoREV 是一个月度时间序列，是过去 12 个月（即投资组合形成期）中的过去赢者组合和输者组合的异常收益率之间的相关性（控制了常见的风险因子后）的均值。之所以选择过去 12 个月作为投资组合形成期，是因为反转交易者可以利用短期（1~3 个月）和长期（6~12 个月）的过去收益率作为信号进行交易，因此应该在整个投资组合形成期间都产生过度的价格联动。在相对较长的形成期内衡量异常收益率之间的相关性，能够避免选择特定的反转策略构建的时间窗口，只需关注反转交易中的量化交易的强度。

图9-3绘制了CoREV的时序。为了进行比较，还同时绘制了反转投资组合排序中第五和第六个十分位的平均异常收益率之间的相关性。该图表明，CoREV表现出更明显的繁荣和衰退周期。

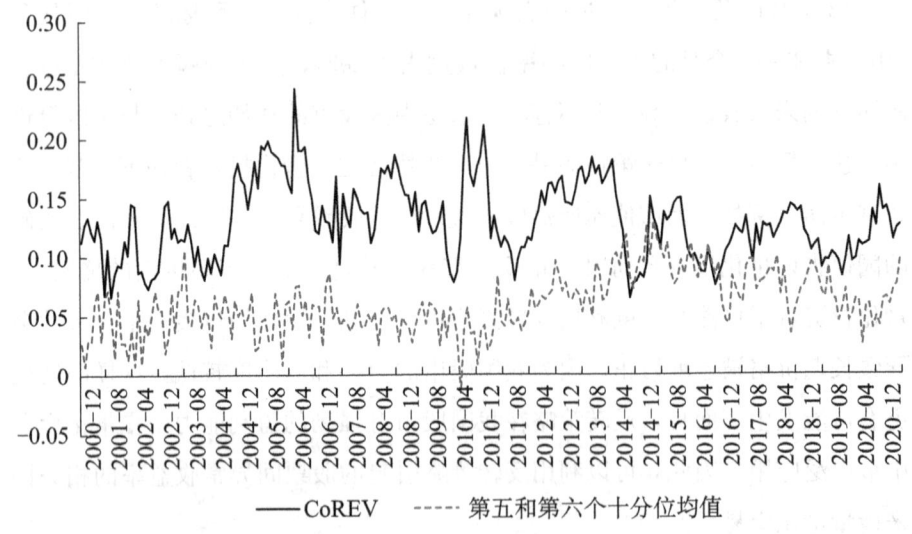

图9-3 CoREV的时序及反转投资组合排序中第五和第六个十分位的平均异常收益率之间的相关性

图9-3中CoREV的峰值（2006年、2010年和2013年）对应了中国股市量化投资交易活跃的时期。首先，2005—2006年，许多上市公司进行了非流通股改革，而股改显著提高了市场效率并吸引了投资者参与股市。自此，机构投资者，特别是共同基金，开始在中国股市中发挥重要作用。其次，2010年，中国逐渐摆脱了全球金融危机的负面影响，市场反弹回升，这是利用反转策略进行交易的大好时机。最后，2012年4月，监管机构扩大了QFII计划，允许更多外国投资进入中国股市。所有这三个时期都与量化投资交易的增加有关，而CoREV捕捉到了这些时期。

量化交易指标CoREV具有持续性。第0年（投资组合形成期）的平均

CoREV 为 0.130，第 1 年下降至 0.098，第 2 年下降至 0.077。图 9-4 绘制了 CoREV 的时间变化。图 9-4 显示，在相同的股票集下，CoREV 在第 0 年达到峰值，然后在接下来的两年中缓慢下降。并且，当第 0 年的 CoREV 较高时，这种规律更为显著。

反转套利本意是想纠正先前的错误定价，因此，价格调整的速度取决于反转套利的强度。在低反转套利（低 CoREV）时期，股价应该表现出延迟修正，并且随着时间的推移，反转交易会慢慢产生收益。相反，在高反转套利（高 CoREV）时期，错误定价应该很快得到纠正，反转收益会在短期（繁荣阶段）实现。然而，过度的反转套利是一把双刃剑。因为量化套利交易者并不知道当前市场上有多少资金投入在反转策略中，量化套利交易者可能会过度套利，导致长期价格过度修正，反转收益下降（萧条阶段）。换句话说，从长期来看，旨在快速纠正错误定价的套利活动可能会导致新的错误定价。这种反转套利强度与后续反转策略收益率之间的"繁荣与萧条"应该主要集中在套利限制低的股票中，因为这样的"繁荣与萧条"是由套利的"繁荣与萧条"驱动的。

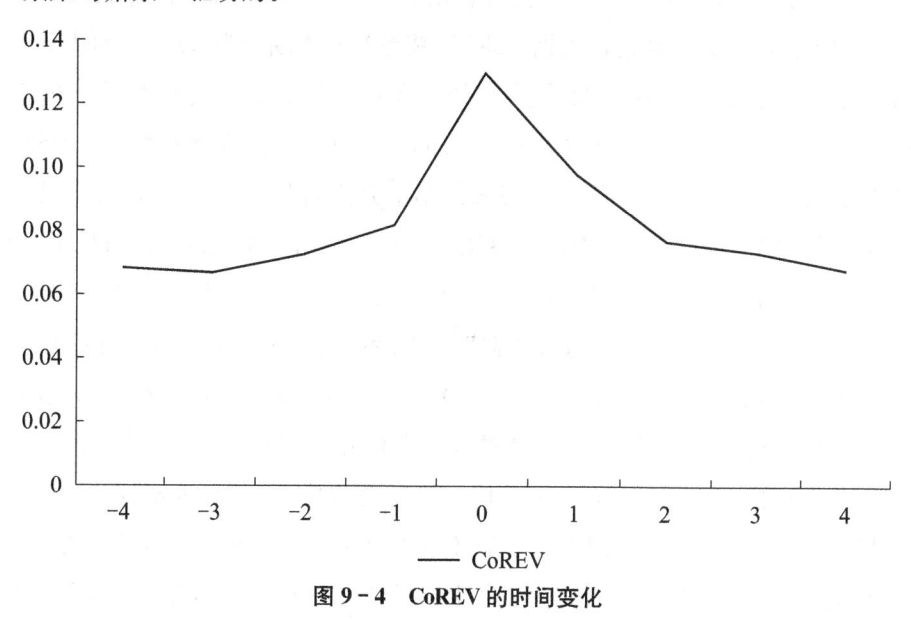

图 9-4 CoREV 的时间变化

图 9-4 CoREV 的时间变化（续）

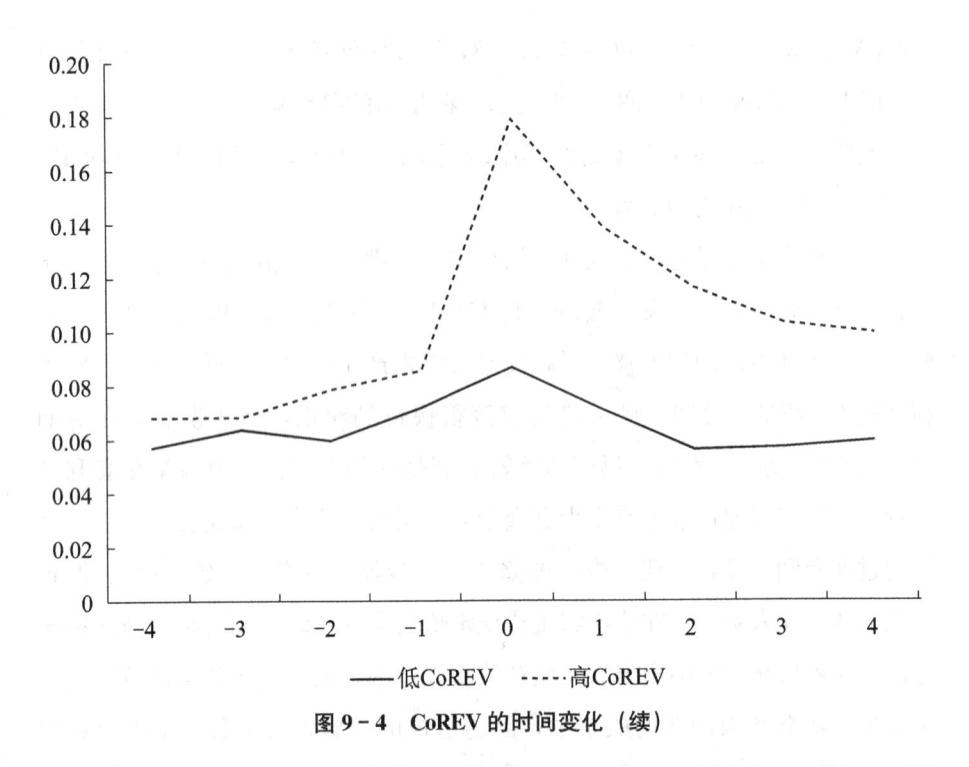

Liu 等（2023）通过检验反转套利强度与反转策略收益之间的关系，验证了以上猜测。具体地说，根据 CoREV 将整个样本期分为五组。CoREV 低于最小的五分位数（高于最大的五分位数）的月份的反转套利活动较低（高）。在每个 t 月底，根据过去 12 个月的累计收益率将股票平均分为十组，并构建市值加权反转投资组合，买入最小十分位的股票（输者），卖出最大十分位的股票（赢者）。接着，考察该策略从投资组合构建期（$t-11$ 月至 t 月，记为"第 0 年"）到随后三年（$t+1$ 月至 $t+36$ 月，分别记为"第 1 年"、"第 2 年"和"第 3 年"）的每月收益率。然后将这些收益率在不同的 CoREV 水平上取平均值，发现：对于 CoREV 最高 20% 的样本期，相比 CoREV 最低 20% 的样本期，反转策略在第一年的收益率高出 13.6%，在第二年又高出了 3.8%。换句话说，当 CoREV 较高时，输者股票的两年累计异常收益率比赢者股票高出 17% 以上。这表明，在高套利时期之后，错误定价确实会很快得到纠正。然而，这种规律在第三年发生了逆转。对于 CoREV 高的 20% 的样

本期，相对于 CoREV 低的 20% 的样本期，反转策略在第三年的异常收益率低 16.0%。换句话说，过度的反转套利导致第二年的价格被过度修正，长期内反转交易的收益率强劲回转下跌。这些结果不仅具有统计学意义，而且具有经济学意义。反转套利繁荣和萧条的趋势进一步证实，拥挤的套利活动引起的价格波动是由非基本面因素驱动的。此外，可能由于中国股市欠发达的发展现状，反转交易收益率的萧条现象是中国市场独有的，在美国股市观察不到。

图 9-5 展示了反转套利的繁荣和萧条，绘制了在组合形成后的接下来三年中，CoREV 在低和高时的反转策略的累计异常收益率。图 9-5 显示，当 CoREV 较低时，反转策略的累计收益率在前三年都较小；然而，当 CoREV 较高时，反转策略的累计收益率在前两年内达到 25.6%，是最高水平，然后在第三年回转下跌到接近 CoREV 较低时的水平。这说明，本想修正价格的量化交易可能会产生意想不到的后果，导致股票价格的过度波动。

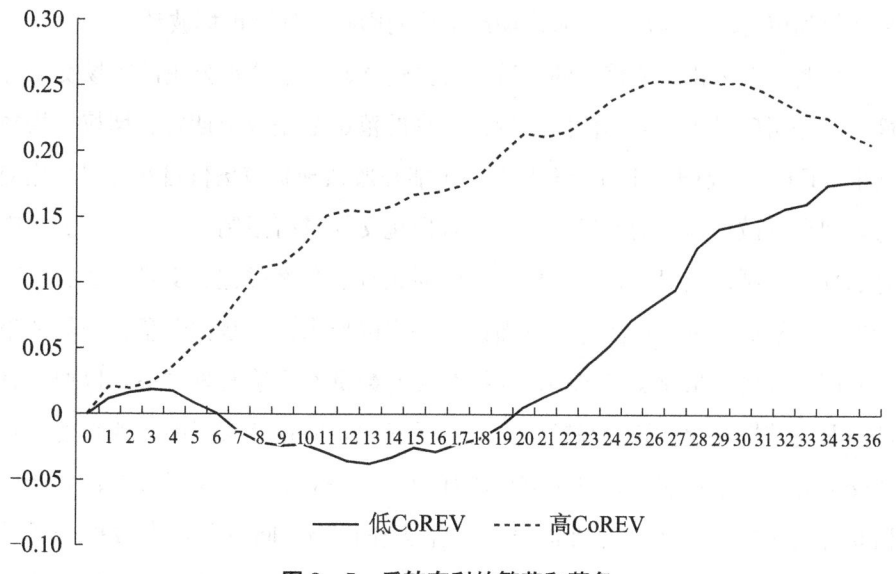

图 9-5　反转套利的繁荣和萧条

在金融市场上，量化交易正逐渐成为一种重要的交易方式。然而，这种交易方式引发了很多争议，其中最主要的问题在于它对普通投资者是否公平。下面将从不同投资者结构和市场投资生态链的角度来分析这个问题。

目前，在欧美等发达经济体资本市场，机构量化交易占比已达70%左右。而在国内市场上，量化交易的行业规模已超万亿元，量化交易在A股市场的成交量占比达两成左右。我国股市是以个人投资者为主的市场，大部分都是散户。中小散户在股市中是弱势群体，信息不灵通，没有资金实力，更没能力进行量化交易，在机构面前，大部分股民毫无优势可言。

量化交易具有很多优势，例如快速执行、低成本和高效率等。然而，它也存在很多不公平的地方。首先，量化交易利用高速计算机系统和算法优势，能够快速捕捉市场变化并做出反应，而普通投资者则难以做到这一点。其次，量化交易可以通过程序自动执行交易策略，避免了人为因素干扰，这对于普通投资者来说也是不公平的。再次，量化交易可以利用散户所不具备的信息优势、融券优势、交易优势、大规模操纵个股优势等，降维收割散户。最后，量化交易可以利用资金优势和信息优势，与普通散户相比，更容易捕捉到市场的套利机会，对市场产生单向影响，加剧市场波动。

因此，在量化交易盛行的背后，需要建立起一个公平公正的市场交易环境。一是明确量化交易的范围。量化交易的范围应是股指期货、期权、指数基金、ETF以及国有银行等大盘股。不能在股票现货市场盲目地发展量化交易，即在以散户为主的现货市场，应对量化交易进行限制。二是设立量化交易的准入机制。应对量化交易机构的资质条件、备案登记、交易算法、风险管理以及从业人员专业能力等方面设立一定的要求。三是完善量化交易的报告制度。应要求量化交易机构定期提交交易数据和风险管理方案，以便监管部门及时掌握量化投资和高频交易的应用状况，防范相关风险。四是建立量化交易算法的报备制度。量化交易监管的核心是对交易算法予以规范，所以监管部门应要求量化交易机构报备其算法和代码，同时利用大数据分析技术，对量化交易行为进行分析。五是适度提高量化交易的费用，如对量化交易的频繁撤单行为收取撤单费，加大量化交易中随意撤单的成本，在一定程度上抹平量化交易机构相对普通投资者的交易优势。六是应不断进行监管创新，通过市场调查研究，推出有关量化交易监管的法规，充分运用人工智能、大数据等现代科技手段对量化交易进行监管。

五、交易制度建设的主要任务和方向

（一）交易制度与市场估值的主要发现

1. 不同的交易规则可能会产生意想不到的影响

目前，我国A股实行T+1交易规则。一方面，该规则有助于稳定市场，减少投机行为。T+1交易规则能够有效降低市场参与者的交易成本，防止股票的大幅波动，也缓解了市场交易者因股市波动而产生的恐慌，更有利于长期持有股票的投资者。当市场存在外部冲击时，金融资产的价格发生剧烈波动，相应地，T+1交易规则作为价格稳定机制，可以提供充足的时间让信息在市场中传播，也能让市场参与者有充足的时间做出更加谨慎和理性的投资选择，不会因为一时冲动而进行股票购买或抛售，减少了股票市场价格波动。同时，在市场信息能够完全公开且及时披露的情况下，T+1交易规则还能减少游资在交易日内的操作，避免机构的"割韭菜"行为，在一定程度上可以限制内幕交易。另外，该交易规则会对股市流动性产生不利影响。投资者当天买进的证券最早只能在下一个交易日卖出，这增加了投资者交易的时间成本。研究发现，T+1交易规则是导致中国A股市场产生负隔夜收益率现象的主要原因，T+1交易规则的运行产生了较高的制度成本，使得投资者在开盘时买入股票的意愿弱于卖出股票的意愿，随着时间的推移，投资者行为、股价波动和市场流动性水平均会受到影响。在执行T+1交易规则的市场，临近开盘阶段的市场流动性水平显著低于其他时间段的流动性水平。

在交易方式上，我国股市要求买入股票的委托股数必须是100股的整数倍，卖出股票的委托股数则可以是任意股数。但是，这种交易方式在便于结算的同时，也会产生一些不良影响。由于最小股数要求较高，投资者可能需要购买更多的股票，这增加了交易成本，也可能会限制小额交易者的参与，降低市场的流动性，并对市场价格形成产生一定的影响，还可能会影响一些投资者的投资策略，导致他们无法灵活地进行交易。

在交易技术方面，人工智能技术在股市交易中的应用越来越广泛。人工智能技术可以通过分析大量历史数据和市场行情，预测未来股票价格的走势；可以通过程序化交易系统，自动执行交易策略，实现人工智能交易；可以通过分析市场行情和股票价格变化，自动识别和控制风险。但同时，人工智能技术也有一定的局限性，例如，人工智能技术需要借助大量的历史数据和市场行情数据进行分析和学习，因而数据的质量对预测的准确性有很大影响，如果数据质量不好，那么分析和预测的结果也会受到影响；人工智能技术需要使用复杂的机器学习算法进行分析和学习，这些算法需要大量的计算资源和时间，如果模型过于复杂，那么计算资源和时间将成为一大挑战；股票市场的变化是非常复杂的，人工智能交易虽然可以通过分析历史数据和市场行情进行预测，但是预测的准确性存疑。

Lin，Qiu 和 Zheng（2023）发现涨跌停制度可以通过影响投资者注意力来影响股票价格，而 Lin 和 Qiu（2023）发现用各种交易制度合成的度量套利限制的指标也对由投资情绪所带来的错误定价有影响。因此，当前我国市场上的很多错误定价很有可能就是由各种交易制度造成的。

2. 本想修正价格的套利交易可能会产生意想不到的后果，导致股票价格过度波动

套利的影响在学术界还未有定论。传统观点认为，更多的套利活动使市场的信息效率更高（Friedman，1953）。相反，近期的实证证据则表明，套利会产生过度的价格波动，破坏市场的稳定性。例如，Hong 等（2012）证明了，在未预期到的盈利消息出现后，卖空者会引起价格暂时上涨，随后又发生逆转，从而加剧经济冲击；Lou 和 Polk（2022）证明了，动量股票的收益率在动量交易拥挤时期后会快速逆转，说明套利会推动价格进一步偏离基本面。全球新冠疫情期间资本市场的表现也说明了机构对市场稳定的破坏性影

响。例如，Ma等（2022）认为固定收益共同基金是造成新冠疫情期间国债市场剧烈动荡的重要因素。在过去20年，我国股市的机构化程度越来越深，量化投资也越来越兴盛，因此，研究套利活动在中国资本市场中的作用至关重要。

Liu等（2023）的文章使用构建的套利交易指标CoREV研究了大型投资者使用套利策略对市场的影响。研究结果表明，本想修正价格的套利交易可能会产生意想不到的后果，导致股票价格过度波动。反转策略套利者并不基于股票基本面（例如账面市值比或每股收益）决定股票需求，因此，并没有明确的阈值告诉套利者应该何时停止反转交易，并且在资本流动缓慢的情况下，套利者很可能会过度利用反转策略进行套利，而他们迟缓地平仓反转头寸会导致长期内价格被过度修正。因为我国股市的效率和透明度较低，这样的情况更有可能会发生。

（二）资本市场交易制度建立的发展方向和基本目标

中国资本市场发展的基本方向可以用"三化"来概括，即市场化、法治化、国际化。"三化"是中国资本市场未来发展和改革的基本方向，制度变革、机制再造、政策调整都要朝着这"三化"进行。

市场化是"三化"的基础。过去，中国资本市场的市场化程度相对较低，特别是在发行和定价方面，监管部门起主导作用，决定了上市公司的定价和条件。然而，近年来，中国资本市场已经经历了一系列改革，其中注册制的实施是一个标志性变革。注册制的推行改变了定价机制，改为由市场机制来决定发行价格，这标志着市场化迈出了关键的一步。市场化定价的引入具有重要的意义，它允许市场根据供求关系、企业绩效和市场条件来决定发行价格，而不再依赖监管部门的直接干预。这一变革赋予了市场更大的自主权，让市场成为筛选哪些企业可以成为上市公司的主要机制。市场化定价不仅提高了市场的效率，还为投资者提供了更多的投资选择，同时也增强了市场的吸引力，鼓励了更多的企业进入资本市场。市场化在中国资本市场的成长中起到了基石的作用,它为市场带来了更多的灵活性和自由度,使市场更具活力,有助于提高市场的竞争性和创新性。此外,市场化也为国际投资者提供了更多的参与机会,有助于推动中国资本市场的国际化进程。

同时,中国资本市场必须进入法治化发展阶段。市场化改革的核心是引入注册制,其本质要求市场各个环节建立在法治化基础上。这意味着中国资本市场的法律体系和制度规则需要进行根本性调整,以适应市场化改革的要求,实现法治化发展。市场化改革推动了中国资本市场朝着法治化的方向迈进。改革中出现的特别投票人制度和诉讼代理人制度等标志性措施,引入了英美法系中有利于资本市场和科技型企业发展的法律元素,以弥补大陆法系在处理市场问题上的不足。这些改革为资本市场提供了更好的法治环境,有助于应对市场中出现的各种法律问题。然而,中国资本市场在法治化方面仍面临挑战,例如,退市机制在实施中面临的难题凸显了政府干预市场的现象,有些企业之所以不退市,往往是因为地方政府为了维护地方经济的发展和社会的稳定而进行干预,这种干预破坏了市场的法治环境。在信息透明的情况下,上市公司的退市不应引发社会不稳定,因此有必要解决政府干预市场的问题。法治化是中国资本市场未来发展的前提,法治环境的完善和稳定的法律预期将吸引更多国际投资者,并确保市场的稳定和可持续性。中国资本市场国际化的基石是坚若磐石的法治精神,中国应该为投资者提供稳定的法律保障,从而提高市场的吸引力和信任度。因此,中国资本市场应当不断加强法治化建设,以推动其未来成为国际金融中心。

国际化是中国资本市场的战略目标。市场化改革赋予了中国资本市场投资价值,促进了其通过市场机制来决定资本配置,可以帮助其进一步吸引国际投资者的目光。同时,法治化的发展为境外投资者提供了法律保障和可预测性,增强了其对中国市场的信心。这两方面的改革相辅相成,为中国资本市场的国际化提供了有力支持。市场化的发展使得中国资本市场更具竞争力,从而吸引了更多国际投资者。市场机制的引入改变了以往监管部门干预定价的模式,使市场能更好地反映供需关系和企业绩效,增强了市场的吸引力。然而，管道式开放，如QFII、RQFII、深港通和沪港通，虽然在一定程度上吸引了外资，但不能从根本上实现中国资本市场的国际化目标。要成为国际金融中心，中国资本市场必须实现全面开放，让国际投资者能更便捷地进入市场，同时允许中国资本流向国际市场。中国资本市场的国际化不是为国际化而国际化，而是为了提升其竞争力和服务国内外投资者，以建设成新的国际金融中心。全面开放将为中国资本市场引入更多国际投资者，促进更多外资流入，同时也将为国内投资者提供更广泛的投资机会，增强市场的活力和竞争力。国际化的中国资本市场将能更好地满足国内企业的融资需求，提高中国金融体系的国际地位，同时为全球投资者提供更多投资选择，共同推动中国的全球影响力提升。因此，全面开放是实现中国资本市场的国际化目标的必由之路，有望使其跻身全球金融中心的行列。

这十年，中国资本市场确立了明确的发展目标，即要打造规范、透明、开放、有活力、有韧性的资本市场。这个定位是恰当的，虽然前面的形容词、前缀很多，但每个前缀都有意义。

1. 规范

在中国资本市场的建设过程中，交易制度的规范性具有关键意义。规范的概念涵盖了法治市场的核心要素，是不可或缺的。法治市场作为理想的市场运行模式，强调市场规则的制度性、透明性和法律的权威性。保障市场交易的公平性和合法性，严禁任何无端干预市场的行为。中国资本市场的规范性建设可以分为多个方面。首先，法治市场的构建需要建立明确的法律法规框架，以规范市场参与者的行为。证券法、公司法和相关法规的制定是确保市场合规运行的基础，这些法规确立了市场参与者的权利与义务，为市场运行提供了法治基础。其次，监管机构在法治市场中扮演着至关重要的角色。这些机构负责监督市场的合规性，制定和实施监管政策，确保市场交易的公平性和透明度。监管机构的独立性、专业性和严格执法对于法治市场的建设至关重要。再次，法治市场的建设需要明确的市场规则和制度。市场交易规则、信息披露规定以及市场准入要求等都是确保市场有序运行的关键因素。

这些规则不仅要充分合规，还应当反映市场实际情况，以确保市场有效性和效率。最后，法治市场还需要为市场参与者提供维权渠道，以保护他们的合法权益。投资者保护机制、争端解决程序和法律诉讼等工具都应当为市场参与者提供法律保障，鼓励他们积极参与市场活动。

2. 透明

透明度在资本市场中具有至关重要的地位，而信息披露则被认为是构建透明市场的基石。在没有完善的信息披露机制的情况下，市场的运作将缺乏必要的透明度，从而影响市场的公平性和有效性。透明度的重要性体现在其为资本市场遵循"三公"原则提供了基础。"三公"原则包括公开、公平和公正，是资本市场运作的核心原则。透明度确保了市场交易和信息对所有市场参与者平等可见，消除了信息不对称，维护了市场的公平性。此外，透明市场还有助于确保市场交易的公正性，防止市场参与者通过不正当手段获得信息优势，从而损害其他市场参与者的利益。特别值得强调的是，高度透明的市场表明市场监管机构和相关参与者对资本市场运作的本质有了深刻理解，反映了他们对市场规则和交易透明度的共识。信息披露不仅仅是一种法律要求，更是对市场健康运行的一种自觉，表明市场各方愿意积极配合，以确保市场的公平和透明。在中国资本市场的建设中，强调透明度不仅体现在信息披露机制的构建上，还体现在信息披露的质量和时效性上。信息披露的质量关乎市场参与者能否真正理解和分析市场情况，信息披露的时效性则关系到市场参与者是否能够及时获取和利用信息。因此，中国资本市场的建设需要不断完善信息披露制度，以提高市场透明度，从而促进市场的稳定和可持续发展。

3. 开放

中国资本市场的对外开放始于2000年，当时推出了QFII制度，随后又引入了RQFII制度。这些开放措施为外国投资者提供了机会，使他们可以通过这些通道在中国资本市场进行投资。随着时间的推移，中国进一步采取了"深港通"和"沪港通"等措施，进一步扩大了资本市场的开放范围。这些措施为中国资本市场的国际化迈出了坚实的一步，吸引了更多的国际资本。然而，这些开放措施被视为过渡性的，是一种有限度的管道式开放。未来，中国资本市场必须朝着更广泛的全面开放方向发展。全面开放将涉及更多领域，包括更广泛的金融产品、更多的市场参与者以及更多的交易方式。这将有助于提高市场的国际化程度，使中国资本市场对国际投资者更有吸引力。全面开放和国际化是中国资本市场的战略目标，它不仅有助于吸引更多的外国资本，还有助于提高中国资本市场的国际竞争力，为中国经济的可持续增长提供支持。然而，全面开放也需要谨慎处理，以确保市场稳定性和风险可控，同时要与国际市场的规则和标准相协调，以建立互联互通、有序开放的资本市场体系。这需要政府、监管机构和市场参与者的紧密协作。

4. *活力*

中国资本市场是否能实现健康发展取决于其是否具备充分的流动性，以激发投资者积极参与市场的意愿。流动性在资本市场中具有至关重要的作用，因为它不仅影响市场的有效性，还直接影响市场的吸引力和可持续性。投资者的积极参与是资本市场活力的关键所在。如果投资者缺乏对市场的信心或者市场缺乏吸引力，那么他们可能会远离市场，导致市场流动性不足。因此，创造一个能够吸引和保留投资者的市场环境至关重要。这包括提供多样化的投资机会、建立透明的市场规则和信息披露机制，以及保护投资者的权益。市场的流动性与其是否具备投资价值紧密相关。有活力的市场通常是由有吸引力的投资机会构成的，这意味着市场中存在潜在的盈利机会，吸引了更多的投资者。投资者的积极参与反过来又增加了市场的流动性，因为有更多的交易活动和更广泛的资本流动。在中国资本市场的建设中，需要不断提高市场的吸引力，以激发投资者的参与意愿。这可以通过各种措施来实现，如提供更多的创新金融产品，加强市场监管，提高信息披露的质量和透明度，以及加强投资者教育和保护。此外，还需要确保市场运行稳定，规则公平，以增强投资者信心，促进资本市场健康发展。

5. 韧性

市场有韧性是指市场在面临各种风险和挑战时能够保持稳定，不至于因一时的波折而毁灭，即具备足够的弹性来应对不断变化的市场环境。这种有韧性的市场能够在发展过程中灵活应对各种风险和困难，而不至于崩溃，同时能够有效地管理和化解这些风险，从而保持市场长久的活力和生命力。在中国资本市场的发展背景下，有韧性的市场具有重要意义。市场在发展过程中常伴随着各种风险，如市场波动、经济衰退、金融危机等，而且市场制度的改革和调整过程中也可能面临困难和挑战。然而，有韧性的市场能够更好地应对这些挑战，通过灵活的制度安排、有效的监管和稳健的风险管理，保持市场的稳定性和可持续性。有韧性的市场会对金融产品提出更高的要求，包括：金融产品的设计和定价应当更具弹性，以适应不同市场条件下的变化；金融产品的透明度需要提高，以减少不确定性，增强市场参与者的信心；风险管理机制要得到进一步健全，以确保市场在面临挑战时能够有效地化解风险，减少脆弱性。

（三）进一步完善资本市场交易制度的主要措施

市场化和开放是成熟资本市场的标志，也是中国资本市场不断发展的必然趋势。未来，我国将加速资本市场的自由化和开放，同时加强监管和风险控制，以进一步保护投资者权益，促进证券市场的公平高效运作，降低市场异常波动，增强资本市场的价格发现功能。我们已经看到，我国市场管理正在交易机制、产品设计、外资引入等方面逐步放宽门槛。例如，股指期货交易规则的正常化有助于进一步稳定市场，有效对冲风险；丰富的产品种类和融资渠道满足了投资者和公司的多样化需求；提高资本市场的开放度有助于形成以价值为导向的投资理念，提升资本市场的稳定性和竞争力。因此，深化我国资本市场改革，完善市场交易制度，扩大金融对外开放是我国资本市场管理的总体发展方向，也是促进金融市场更好地服务实体经济的重要举措。

第九章 交易制度与市场估值

自2019年以来，MSCI扩大了对A股和科创板的纳入，表明市场化的信号仍在持续释放。与此同时，中国央行行长易纲在中国发展高层论坛上宣布了缩减负面清单、扩大金融业开放等利好政策，加速了我国资本市场的自由化和开放化进程。然而，在市场不断发展的过程中，有效而有力的交易制度仍然至关重要。首先，我国需要进一步建立健全相关法律法规体系，从制度建设的角度更全面、更具体地规范市场。我们已经看到，证监会在科创板推出后迅速发布了一系列相关规章制度，这反映了我国在管理规则制定方面的效率提升和经验积累。其次，我们可以观察到中美市场管理在对违法违规行为的认定和惩治方面仍然存在差异，美国对市场不当行为的威慑和制裁更为严厉。根据最近几年的发展趋势，我国证监会和其他管理机构正在逐步加强对高频违法行为的打击力度，未来还可以进一步构建资本市场的风险预警体系，并加强多方合作监管。最后，我国可以根据实践经验不断创新管理方式，以更好地适应我国资本市场的发展情况。例如，2019年3月29日，证监会宣布成立投资者保护工作领导小组，旨在加强证监会对投资者保护工作的指导和落实，这意味着市场管理者将加强对市场各个方面的协调和统筹，更切实地保护投资者权益。综合来看，我国对资本市场的交易监管正在不断完善，对市场行为的规范和对投资者的保护已经适应了市场的迅速发展和不断创新。

与美国资本市场的交易制度相比，我们认为中国资本市场的交易管理存在以下改进空间：

1. 围绕注册制改革，以市场化改革为导向，全面深化资本市场各个环节的改革，并在适当时候在全市场推行注册制

注册制改革在中国资本市场的发展中具有广泛而深远的影响，尤其是在强调市场机制和透明度的有关政策的推动下。虽然当前的焦点在于发行制度的改革，但注册制改革的范围实际上涵盖了资本市场各个环节，包括发行、上市、交易、并购重组、信息披露、监管体制、退市机制、法律调整等方面的改革和调整。这一全面的变革旨在提高市场的效率和透明度，以满足不断

增长的投资者需求。

注册制改革的核心是将发行和定价交由市场，以实现市场化的定价。这一改革消除了以往监管部门在发行过程中的干预，赋予市场更大的自主权，有助于吸引更多投资者，并为市场提供更多投资机会。然而，注册制的实施也需要在其他领域进行深度改革，其中信息披露是一个重要方面。信息披露的透明度至关重要，因为它为投资者提供了决策所需的重要信息，确保了市场的公平和公正。

传统的实质性监管以监管部门对各环节的干预和管理为核心，旨在确保市场的稳定和对投资者利益的保护。然而，实质性监管难以应对快速变化的市场情况和复杂的投资环境，因此，注册制改革将监管的焦点转向透明度监管。这种监管更强调信息披露的充分性、真实性和及时性，以保证市场的公平和公正。透明度监管强调了信息的公开性，它是实现市场公平和公正的前提。

中国资本市场的发展与退市机制、并购重组、交易制度等方面的改革密不可分。这些元素在增强市场活力、提高市场效率以及吸引投资者方面发挥着至关重要的作用。本节将探讨这些因素，并在更广泛的背景下阐述它们对中国资本市场国际化的作用。

（1）退市机制的重要性。

退市机制是资本市场健康运行不可或缺的一部分。它的作用是让那些没有任何价值或不再适合在市场上交易的企业退出市场，从而维持市场的投资价值。这个机制的有效性关系到市场的定价功能和投资者的信心。低效率的退市机制将严重影响市场的定价功能，混淆市场视听，导致不当的定价，从而使投资者无法做出明智的投资决策。

（2）并购重组作为市场成长的机制。

并购重组是资本市场的灵魂，是市场成长的重要机制。它不仅为企业提供了成长和扩张的机会，还提高了市场的活跃度和竞争度。世界上许多成功的跨国公司都是通过并购重组实现的，这一机制有助于市场的博弈和定价，改善现有公司治理结构。因此，并购重组是市场规律的一部分，其存在使市场充满活力。

（3）外部监管与市场自律。

在资本市场中，监管机构扮演着重要的角色，以确保市场的秩序和公平。然而，随着市场的发展，监管不应仅仅局限于实质性监管，而应更多地强调透明度监管。实质性监管通常涉及对市场的直接干预，其目标是维护市场稳定和促进投资者保护。然而，难以预测的市场变化和复杂的投资环境使实质性监管不再适用。透明度监管的核心在于信息披露，它是确保市场公平和公正的前提。监管机构应确保信息披露是充分、完整、真实和及时的，以满足投资者的需求，并维护市场的透明度。

（4）市场的"三公"原则。

资本市场的"三公"原则包括公开、公平、公正。其中，公开性被认为是最为重要的原则。没有充分的信息披露，就不可能实现市场公平和公正，因为公开性是确保市场透明的基础。从实质性监管向透明度监管的转变代表着监管体制的重大变化，它强调了信息的公开性，有助于提高市场的竞争力，吸引更多国际投资者，为市场的可持续增长打下坚实的基础。

（5）关于交易制度的争议。

在中国资本市场的发展过程中，有关交易制度的建议引发了争议。其中一个建议是恢复 T+0 交易规则，这一提议的支持者认为该交易规则可以提高市场流动性。然而，这一观点受到了质疑，因为中国资本市场的流动性已经非常充裕，而 T+0 交易规则可能会扭曲市场预期并助长投机。此外，T+0 交易规则可能导致交易错误无法及时纠正，而 T+1 交易规则允许投资者有更多时间来冷静思考和做出决策。

另一个建议是建立做市商制度，然而，这一提议也引发了讨论。中国资本市场已经非常活跃，其交易量迅猛增长，换手率极高。因此，一些人认为，市场流动性已经足够充分，不需要进一步引入做市商制度。需要通过更多的实践和研究来确定这一建议是否适合中国资本市场的发展目标。

(6) 全方位改革的重要性。

最后，为了全面推进注册制改革，中国资本市场需要进行全方位的改革。这包括信息披露、监管体制、退市机制等多个领域的改革。通过深化资本市场各个环节的改革，中国可以在适当的时机全面实行注册制，进一步提高市场的透明度和效率，吸引更多的国际投资者，从而促进中国资本市场的国际化。这一发展将有助于中国资本市场成为全球金融中心，并推动中国经济的可持续增长。

2. 着力推动产品和制度创新，提升资本市场服务实体经济的能力，促进上市公司的结构升级

资本市场在服务实体经济的同时，与科技创新和高科技企业发展有紧密的内在耦合关系。其关联性主要源于资本市场对于成长性、高风险和不确定性企业的支持，而这些特征主要在科技创新和高科技产业中显著存在。传统产业通常不具备这些特点，因此与资本市场的耦合关系相对较弱。风险和不确定性是资本市场吸引投资者的主要方面，二者与高科技企业和创新型企业的特点契合。资本市场的多样性和前端业态的发展对于孵化高科技企业、促进技术创新和产业升级至关重要。高科技企业的崛起对中国经济的未来发展至关重要，因为其技术水平和创新能力将推动产业升级和提高技术竞争力。中国经济发展重点已经开始向科技领域转变，而要支持这种转变，必须有适应高科技企业成长的金融环境。因此，前端资本业态的发展至关重要，因为它们可以孵化高科技企业，帮助它们渡过初创阶段的风险期。这些前端业态包括天使基金、VC/PE 基金、私募基金、并购基金等，它们为资本市场提供了成长的资源，将成为未来市场的主力军。

独角兽企业实际上指的是处于成长期、代表未来潜力的高科技中小型企业，而并非传统产业中的企业。这种企业的增多将改变中国上市公司的产业结构，为中国资本市场带来新的投资机会。目前，中国上市公司前十名中主要包括传统产业中的企业，如酒类企业、商业银行和传统能源企业。未来的发展目标应该是在中国上市公司前十名中引入更多类似于华为的高科技企

业。这将引起中国资本市场结构和投资价值的巨大变革。为实现这一目标，前端业态的培育至关重要，因此需要对金融业态进行改革，以支持新兴金融业态孵化高科技企业，从而为中国资本市场的国际化奠定坚实的基础，为未来十年的发展设定重要目标。

在此背景下，中国已开始具备相应的法律制度条件，以吸引高科技企业和成长型企业在国内上市，而不再因受到法律约束而被迫选择去海外上市。这一变化为中国资本市场的国际化发展提供了机会，同时也将推动中国经济的高质量增长，使其更多地依赖科技和创新驱动。未来成功的关键在于积极推进金融体制改革，培育前端业态，吸引高科技企业上市，为中国资本市场的进一步发展打下坚实的基础。

3. 宏伟而艰难的任务是扩大乃至全面开放，努力将中国资本市场建设成新的国际金融中心

中国资本市场的发展不仅为中国企业和投资者提供服务，更重要的是将资本市场的资源配置能力和空间拓展至全球，实现全面开放，从而推动其成为国际金融中心。目前，境外投资者在中国资本市场的投资占比已经有所提高，但距离国际金融中心的目标还有差距。为了实现这一目标，中国资本市场需要进行一系列改革，这些改革涉及人民币的自由兑换、法律体系的完善、契约精神的增强、透明度的提高、创新能力的培养、国防能力的维持等多个方面。

(1) 人民币的自由兑换。

要使中国资本市场成为国际金融中心，必须推进人民币的自由兑换。人民币的自由兑换是吸引境外投资者的重要因素。只有实现了人民币自由兑换，境外投资者才能更加自由地进行资金移动和汇兑操作，从而提高他们在中国资本市场的投资占比。这一改革是建设国际金融中心的基础。

(2) 法律体系的完善。

中国资本市场必须确保依法治国和依法治市深入人心，法律体系成为市场的灵魂。在国际金融中心的背景下，坚实的法治基础至关重要。只有有了坚若磐石的法治精神，确保投资者的权益受到法律的保护，合同得到严格执行，市场规则得到遵守，国际投资者才会有信心。

(3) 契约精神的增强。

契约精神是市场有效运行的关键。政策必须保持稳定和可预测，政府与市场之间的契约应该是不可改变的。频繁的政策变动会扰乱市场预期，从而影响市场的发展。因此，良好的契约精神对于吸引境外投资者和维护市场的稳定非常重要。

(4) 透明度的提高。

投资者的决策是基于市场披露的信息，因此信息披露的透明度至关重要。透明度是市场公平和公正的基石。只有在信息充分、完整、真实和及时披露的环境下，投资者才能做出明智的决策。因此，中国资本市场必须致力于提高信息披露的透明度，以增强市场的吸引力。

(5) 创新能力的培养。

经济的持续创新能力对于资本市场的成功发展至关重要。没有创新能力，经济和市场将难以维持增长，市场的稳定也将受到威胁。因此，中国必须建立一个良好的制度平台和政策环境，以激发经济的持续创新能力，促进市场的可持续增长。

(6) 国防能力的维持。

最后，中国资本市场必须保持应有的"国防能力"，以确保所有投资者在中国投资都是安全的和可信任的。国际金融中心必须提供一个安全的环境，以吸引境外投资者的资金。

总之，将中国资本市场发展成国际金融中心的目标是可行的，但需要坚实的法治基础、契约精神、透明度、创新能力和国防能力的支持。中国资本市场已经具备了硬条件，但还需要改善软条件，才能进一步提高国际化程度，最终成为国际金融中心。中国应该有信心迎接这一挑战，为自己和全球金融市场的繁荣做出贡献。

参考文献

[1] 陈海强，范云菲．融资融券交易制度对中国股市波动率的影响：基于面板数据政策评估方法的分析．金融研究，2015（6）．

[2] 葛勇，叶德磊．"T＋1"交易对中国股市波动性的影响：基于1992～2008年时间序列数据的实证分析．经济论坛，2009（3）．

[3] 刘佳宁．注册制下创业板发行定价效率与交易制度变革效果研究．吉林大学，2023．

[4] 皮六一．中国证券交易制度的设计与变革研究．华东师范大学，2013．

[5] 吴晓求，等．中国资本市场：第三种模式．北京：中国人民大学出版社，2022．

[6] 吴晓求，方明浩．中国资本市场30年：探索与变革．财贸经济，2021，42（4）．

[7] 易志高，茅宁．中国股市投资者情绪测量研究：CICSI的构建．金融研究，2009（11）．

[8] 曾繁振．国际化背景下中国多层次资本市场体系及其构建研究．中共中央党校，2013．

[9] 张兵，薛冰．T＋1交易制度下的资产定价模型研究：基于隔夜收益率视角．金融论坛，2019，24（8）．

[10] 张艳磊，等．股票市场需要恢复T＋0交易吗？：基于A＋B股的实证研究．投资研究，2014，33（8）．

[11] Barberis, N., Shleifer, A., and Wurgler, J. "Comovement." *Journal of Financial Economics*, 2005, 75 (2).

[12] Barberis, N. and Shleifer, A. "Style Investing." *Journal of Financial Economics*, 2003, 68 (2).

[13] Carhart M. M. "On Persistence in Mutual Fund Performance." *The Journal of Finance*, 1997, 52 (1).

[14] De Bondt, W. F. and Thaler, R. "Does the Stock Market Overreact?." *Journal of Finance*, 1985, 40 (3).

[15] Fama E. F. and French K. R. "Common Risk Factors in the Returns on Stocks and

Bonds." *Journal of Financial Economics*, 1993, 33 (1).

[16] Friedman, M. *Essays in Positive Economics*. Chicago: University of Chicago Press, 1953.

[17] Gu M., Kang W., and Xu B. "Limits of Arbitrage and Idiosyncratic Volatility: Evidence from China Stock Market." *Journal of Banking & Finance*, 2018 (86).

[18] Guo M., Li Z., and Tu Z. "A Unique 'T+1 Trading Rule' in China: Theory and Evidence." *Journal of Banking & Finance*, 2012, 36 (2).

[19] Hong, H., Kubik, J. D., and Fishman, T. "Do Arbitrageurs Amplify Economic Shocks?" *Journal of Financial Economics*, 2012, 103 (3).

[20] Kelly B. and Jiang H. "Tail Risk and Asset Prices." *The Review of Financial Studies*, 2014, 27 (10).

[21] Kozak S., Nagel S., and Santosh S. "Interpreting Factor Models." *The Journal of Finance*, 2018, 73 (3).

[22] Lin, F., Qiu, Z., and Zheng, W. "Cranes Among Chickens: The General-Attention-Grabbing Effect of Daily Price Limits in China's Stock Market." *Journal of Banking and Finance*, 2023 (150).

[23] Lin, F. and Qiu, Z. "Sentiment Beta and Asset Prices: Evidence from China." *Emerging Market Finance and Trade*, 2023, 59 (1).

[24] Liu, X., et al. "Coreversal: The Booms and Busts of Arbitrage Activities in China." *Journal of Empirical Finance*, 2023 (71).

[25] Lou, D. and Polk, C. "Comomentum: Inferring Arbitrage Activity from Return Correlations." *Review of Financial Studies*, 2022, 35 (7).

[26] Ma, Y., Xiao, K., and Zeng, Y. "Mutual Fund Liquidity Transformation and Reverse Flight to Liquidity." *Review of Financial Studies*, 2022, 35 (10).

[27] Qiao, K. and Dam L. "The Overnight Return Puzzle and the 'T+1' Trading Rule in Chinese Stock Markets." *Journal of Financial Markets*, 2020 (50).

第十章

市场估值的校正

摘　要：市场估值既遵循一般理论逻辑，也受到交易噪声的干扰。市场估值校正需要定位准确的资本市场功能、良好的资本市场发展土壤、合格的资本市场主体。市场估值的修复需要弥补制度和法律的缺陷与不足，压缩制度性套利空间，减少影响市场估值功能有效发挥的各种噪声。首先，中国资本市场的定位要从融资市场向投资市场转型，更加重视财富管理功能，为投资者提供与风险相匹配的收益，由此进入股权分置改革2.0时代。其次，中国资本市场要以透明度建设为重点，坚定不移地加强制度和法治建设。再次，中国上市公司既要重视股东价值最大化的传统目标，推动企业创新能力的提升，发挥并购重组的市场功能，还要融合股东们对环境保护、社会责任承担等非金钱价值的追求。最后，在全面实行注册制的背景下，中国资本市场还需要进行一些配套改革，包括退市制度的完善、对违法违规行为的侦查与打击、机构投资者的能力建设等。此外，随着人工智能等新技术的运用和推广，监管部门要积极应对量化交易带来的挑战。

一、市场估值的基本理论框架

如何预测股票等金融资产的未来价格是金融领域研究最具挑战性且最有吸引力的问题。综合基于"理性人"假设的传统金融理论和重视"非理性"偏差的行为金融理论两个理论体系可知，资产价格变化一方面取决于风险波动以及对待风险的态度，另一方面取决于行为偏差和市场摩擦。

传统金融理论认为，市场应该满足"有效市场假说"，即所有可得到的信息总能充分地反映在资产价格变化中。该假说是尤金·法马在1970年提出的，主要建立在完全竞争、信息充分流动、投资者完全理性等假设的基础之上。如果市场是有效的，那么股票的价格变化主要取决于风险的变化以及投资者的风险态度。在一个没有摩擦的市场，一旦股票价格偏离其内在价值，套利者就会迅速通过交易获得无风险收益，直至套利空间消失，于是股票价格重新回到其内在价值。然而，市场往往不是在完美的假设条件下运行，而是存在非理性行为、交易成本、信息流动不充分等问题，导致股票价格的变化无法完全反映股票的风险特征。

Shiller（1984）观察到了市场中的非理性行为，提出了噪声交易者模型，认为市场由理性投资者和噪声交易者（Noise Traders）构成。Black（1986）指出噪声交易是针对信息噪声的交易。噪声交易者以为拥有了新的信息，但事实上这一信息只是假象。从客观的角度来看，噪声交易者不进行交易是更好的选择。他们误将噪声当成了真正有用的信息，会针对信息噪声进行交易，但也为市场提供了流动性。由于噪声交易者根据"噪声"而非"信号"来交易，因此，资产的价格同时反映了信号和噪声。

金融市场的信噪比很低。大量的噪声包围着微弱的信号，使得从它们之中剥离出信号难上加难。噪声交易者的广泛存在导致资产的价格往往偏离其内在价值。现实中，市场往往存在大量摩擦，导致市场套利是有限的，进而限制了套利者对价格的修正作用。同时，投资者的理性是有限的，存在过度自信、认知误差、注意力有限、模糊厌恶等心理层面的偏差，导致市场中的价格可能长期偏离价值且无法被修正。表10-1对市场估值的两大理论框架进行了对比。

表 10-1 市场估值的两大理论框架

	传统金融理论	行为金融理论
基本假设	"理性人"假设、信息充分流动、市场没有摩擦	"非理性"偏差
核心理论	有效市场假说；套利无成本、无风险；股价反映公司内在价值	有限套利；认知偏差，包括过度自信、乐观主义、代表性偏差、可获得性偏差、偏好不一致等；市场存在大量的噪声交易者

续表

	传统金融理论	行为金融理论
理论启示	市场运行和价值评估存在一定的逻辑和规律，不能违背基本的市场原则，要创造良好的市场环境来促进估值体系的形成	市场存在大量的噪声，这些噪声会导致投资者错误定价，且这种错误定价可能长期存在，使股价难以回到合理水平，因此，要消除一些不合理的市场规则和缺陷，减少噪声的产生及其对估值的干扰

我们必须理性地认识这些非理性行为及其产生的错误定价问题。基于中国资本市场的发展情况，本书前面的大量章节重点总结了影响市场估值的传统或常规因素，试图找出中国股市估值体系存在的错误定价问题，并为市场估值体系的修复提供建议。这些常规因素是市场估值的基础和核心，需要得到优化和修复，从而减少噪声的产生，使得资产的价格长期趋向于其内在价值。因此，本章简要地总结影响中国资本市场估值的常规因素，并在此基础上更深入地分析一些非常规因素导致的估值问题，旨在揭示中国资本市场制度和规则可能存在的一些缺陷和相互冲突之处，加深对中国资本市场估值问题的理解和认识，从而有效地修复市场估值和功能。

二、中国资本市场估值的常规影响因素

从市场估值的影响变量看，影响估值的要素数不胜数，但是这些变量之间往往有很强的相关性。本章主要从制度因素、经济变量、市场行为三个层面对中国资本市场估值体系的传统或常规要素进行分析。

制度因素是影响市场估值的深层次原因。本书从三个方面展开，一是金融文化和法律模式；二是经济制度和股权结构；三是营商环境。首先，从金融文化看，不同文化背景下的储蓄和投资习惯、对风险的偏好程度等均存在差异，进而对市场估值产生影响。法律模式方面，英美法系和大陆法系国家在资本市场发展方面存在明显差异，特别是在投资者保护方面，英美法系具有更好的表现，也更有利于资本市场的发展。其次，在经济制度上，中国实

中国资本市场估值理论体系的要素分析

行的是社会主义市场经济,与一些发达资本市场的制度环境截然不同。社会主义制度是我国的根本制度,发展市场经济必须在社会主义制度的框架下进行。在这样的经济制度下,我们还必须深入思考国有企业与非国有企业的估值差异以及股权结构的影响。最后,本章从营商环境角度分析了中国资本市场估值。这实际上分析了不同地区的市场化程度、法治化水平等,以观察各地区在估值方面的差异和背后存在的问题及其原因。表10-2列出了中国资本市场估值理论体系的要素及启示与展望。

表10-2 中国资本市场估值理论体系的要素及启示与展望

要素分类	估值理论体系的要素	启示与展望
制度因素	金融文化、法律模式	英美法系国家在投资者保护方面有着更好的表现,有利于资本市场的发展
	经济制度、股权结构	国有企业,特别是一些地方国企或处于竞争性产业的国企要利用并购的流动性溢价功能
	营商环境	优化营商环境,有助于提升当地企业估值
经济变量	宏观经济运行及政策	稳定的政策有助于形成一致的市场预期,从而减少政策不确定性的影响
	科技创新、产业周期	科技创新是企业成长的根本动力,也是估值的重要影响因素;产业周期的发展离不开技术进步,且会对估值产生周期性影响
	公司财务	财务基本面是估值的基本要素,但对于高科技企业的财务要求与传统工业企业有所不同,关注的财务指标也在发生变化
市场行为	功能定位、减持规则	中国资本市场要重视投资功能,需要对大股东等的减持行为施加一定的财务约束
	投资者结构	发展不同类型的机构投资者,引导长期资金进入股市,促进上市公司的公司治理结构优化
	交易模式	不需要过多关注"T+0""100+1"等交易规则,而需要关注量化交易等交易技术对市场的影响及其监管应对

市场估值受一系列经济变量,包括宏观层面变量和微观层面变量的影响。首先,本章从宏观经济运行政策入手,研究了宏观经济运行的重要核心指标对市场估值的影响,也研究了经济周期以及宏观经济政策逆周期调节对

市场估值的影响。这些实际是经济基本面分析。其次，本章强调技术进步在估值中的重要性，以及科技创新对估值理论及模式的革命性影响。同时，本章分析了产业周期对估值的影响。最后，本章回到公司的财务基本面上，分析了一些主要变量对估值的影响。

除制度因素和经济变量外，本章还从市场的功能定位、微观结构、交易机制等方面讨论了市场行为对估值的影响。首先，本章探讨了资本市场的功能定位，从投资市场角度分析了市场的资金供求关系，并就减持规则及其影响进行了讨论。其次，本章研究了投资者结构对估值的影响，包括发达市场与新兴市场的对比、不同类型机构投资者的比较等。最后，本章探究了不同交易模式对估值的影响，包括交易规则、交易方式和交易技术。

三、估值功能转型——股权分置改革 2.0 版本

资本市场本质上不是为企业融资提供便利而设计的，而是为投资者提供具有成长性的资产。这是因为投资的过程是对风险进行定价的过程，其回报是不确定的。尽管投资者的风险偏好不同，但他们都期望得到与风险相匹配的收益。资本市场在给那些具有不确定性的高科技企业高估值的同时，还会为它们提供资本支持。相应地，投资者期望并要求市场带来高回报。资本市场在发挥融资功能的同时，要为市场提供足够高的回报，要实现财富管理功能。只要有足够高的回报，融资就可以持续，否则就难以为继。因此，中国资本市场要完善市场功能，一定要深入到制度设计层面，实现从融资市场向投资市场的转型。

（一）从股权分置改革 1.0 版本到 2.0 版本

20 世纪 90 年代初，受社会环境和人们认知的影响，上市公司发起人股东、控股股东或实际控制人股东的股份是不能流通的，其中国有股占到 70% 左右，导致在制度上人为地使股权处于流通股和非流通股两类股东分置的状

态。股权分置是进入 21 世纪以后中国资本市场最迫切需要改造的重大基因缺陷之一。股权分置下两类股东的利益诉求存在重大差别，一方面，上市公司控股股东绝大多数都是非流通股股东，他们总是想尽各种办法通过高溢价发行增厚净资产价值，但没有太大激励促进企业未来利润增长和资产价格上升；另一方面，对流通股股东而言，利润增长了，股票的流通溢价自然就有了。

这样的利益分配机制存在严重缺陷，控股股东即非流通股股东不受市场利益驱动，即利润增长多少、资产价格上升多少与他们的利益没有关系。竞争和激励机制的欠缺导致股东的前进动力不足，造成了中国经济快速增长但资本市场长时间停滞不前的局面。要通过改革来纠正体制机制上的缺陷，使全体股东形成共同的利益诉求——既要有分红，也要有流动性溢价。缺乏激励机制的上市公司和资本市场是不可能成长起来的，股权分置改革就是要弥补有缺陷的激励机制，让所有股东在共同利益机制下都关注企业利润的增长和创新能力的提升，因为它们会对公司股票价格产生重要影响。

此外，20 世纪 90 年代末期，有企业通过减持国有股来解决社保资金不足的问题，也有企业为了盘活国有资产的存量，出让一部分股份，然而，由于国有股占比较大，减持有可能对原有市场的估值和定价体系产生冲击。例如，原来只有 30% 的股票在流通，减持后可能有 70% 的股票在流通，物以稀为贵，流通股增加后势必会对股票市场的估值和定价都产生影响，这不仅会影响市场预期，也会影响原有流通股股东的利益。在多方面因素的推动下，股权分置制度到了必须改革的时候，因为它不仅涉及公司微观层面，还关系到股票市场的稳定运行。监管层必须想办法在解决上述问题的同时形成稳定的市场预期，保证市场的长远发展。

2005 年 4 月，中国证监会出台《关于上市公司股权分置改革试点有关问题的通知》，正式启动股权分置改革。改革的核心措施是非流通股支付"对价"[①] 来赎买其市场流通权。在全流通情况下，非流通股获得了在二级市场

---

① 在股权分置改革方案的实施过程中，大多数公司非流通股的对价率为七折左右。

上出售的权利，必然会冲击股价。因此，为了获得流通权，非流通股股东需通过送股、回购等方式向潜在的利益受损者进行补偿。同时，证监会遵循"统一规则、分散决策"的原则，表示不介入试点公司的具体方案制订。任何股改方案均由上市公司的所有股东自行谈判制订，但必须经过三分之二流通股股东同意及三分之二全体股东同意。在稳定市场预期方面，证监会还明确规定，试点公司的大股东必须承诺其持有的非流通股在改革方案通过后的12个月内不上市交易或者转让，承诺期满后，非流通股上市也应按照步骤有序进行。

如果说过去的股权分置改革是1.0版，那么现在的改革则是股权分置改革的延续，可以称为股权分置改革2.0版。股权分置改革1.0版的核心是股票的全流通，股权分置改革2.0版的核心是推动中国资本市场的功能转型，即向投资市场转型。一方面，中国资本市场改变过去为企业融资、纾困的思路，要为投资者提供更多优质的上市公司资产，为成长性企业创造良好的市场环境，使它们能够专注于主业，实现专业化经营。另一方面，中国资本市场要在制度上进行优化，要找出存在的制度缺陷和法律漏洞，特别是限制大股东或实际控制人利用制度缺陷和信息优势进行套利，从而损害公众的利益；要增强对大股东的约束，激励他们将公司经营放在首位，为全体股东创造价值和财富。表10-3比较了股权分置改革1.0版本和2.0版本。

表10-3 股权分置改革：从1.0版本到2.0版本

	股权分置改革1.0版本	股权分置改革2.0版本
问题	1. 市场流动性不足。 2. 非流通股特别是国有股需要减持，存量资产有待优化。 3. 两类股东的利益诉求不一致，非流通股股东缺乏激励。	1. 投资者信心不足，股市持续低迷，长期下行。 2. 市场存量资金漏出严重，新增资金缺乏动力。 3. 市场投资功能较弱，投资者回报不够。 4. 制度性套利现象严重，不利于股市健康发展。
目标	股票全流通，解决股权分置问题。	推动中国资本市场从融资市场向投资市场转型。

续表

	股权分置改革 1.0 版本	股权分置改革 2.0 版本
改革措施或思路	1. 非流通股股东支付"对价"。 2. 对非流通股增加限售期，期满后也应按步骤有序推进非流通股上市。 3. 监管部门遵循"统一规则、分散决策"的原则，不介入具体实施方案的制订。	1. 资产供给端：对减持、IPO、融券、增发等制度或规则进行优化。 2. 资产需求端：创造良好的市场环境，提供优质的上市公司资产，改善上市公司质量。 3. 资产交易端：不需要过多关注"T＋0""100＋1"等交易规则，可以适当降低交易成本，如印花税、佣金等，需要关注量化交易等交易技术对市场的影响及其监管应对。

2023 年 7 月 24 日，中共中央政治局会议指出，要活跃资本市场，提振投资者信心。当前资本市场投资信心不足的背后，是资产的供给与需求存在失衡。中国资本市场要恢复投资功能、财富管理功能，需要从三个层面进行思考和改革：一是在资产供给端，要向市场不断注入具有成长性的优质资产；二是在资产需求端或资金供应端，要实现资产供给速度与资金需求保持均衡态势；三是在交易端，要从交易有利性、便捷性和交易成本等维度提升投资者热情。其中，资产供给端是最重要的，需求端次之，交易端排在最后。

（二）资产供给端改革

资产供给端改革的核心是让 A 股市场能够形成一条各方正常共处的生态链。从目前来看，资产供给端改革主要体现在四个方面，分别是减持制度、IPO 规则、融券机制、增发规则。

第一，减持制度的改革。减持已经成为中国股市资金漏出的一个重要原因，严重影响了市场的存量资金规模。中国长期存在 IPO 排队现象，其背后原因主要是企业上市后能够带来个人财富的大幅增长，且存在约束力不足的减持变现机会。尽管控股股东或实际控制人等持有的股票在上市后有一定的限售期，但是一旦限售期结束，大规模减持股票所变现的收益或财富就是巨大的，甚至远远超过公司长期经营所产生的持续回报。如果发起人或实际控制人也不看好公司的长期价值和未来前景，只是为了获得排队性溢价而忍受IPO排队和股票的限售期，直至大量股票变现，那么他们的减持行为对外部投资者和中小投资者是不公平且不利的。倘若发起人或实际控制人为了最大化私人收益，并没有推动公司价值的整体提升和全体股东的财富增长，那么仅靠限售期的约束是不够的。在成熟的资本市场上，机构投资者或战略投资者一旦发现控股股东或大股东高位减持股票，很快就会将上市公司股价打压到足够低的水平，甚至可能导致上市公司面临被收购的威胁，从而迫使控股股东无法继续减持。中国资本市场尚未形成类似的投资者结构和市场约束机制，所以我们要在限售期这个必要条件的基础上，再加上一定的充分条件来约束发起人、控股股东或实际控制人等的减持行为。这种约束主要体现在财务约束或投资者回报方面。

第二，IPO规则的优化。注册制改革是中国资本市场市场化改革的重大事件，是让市场发挥资产筛选和定价功能的重要举措。尽管注册制侧重于对信息披露的质量和真实性的审核，但是也不能过分放松上市条件，导致风险在交易所市场累积。譬如，放松高科技企业上市的盈利要求，并不意味着可以忽视企业的可持续经营能力，不遵守企业是营利机构这一基本市场原则。尽管高科技企业上市时不一定要盈利，但必须可以预期到未来的盈利情况。缺乏持续经营能力的企业一旦上市，就会为市场和投资者带来巨大的风险和不确定性。这些风险超出了二级市场投资者的承受能力，应该交由一级市场的投资者，譬如天使投资人或风险投资等来承担。特别地，科创板上市条件中关于市值及财务指标的部分规定[①]存在明显的寻租机会和政府干预空间。相关规定可能会破坏市场机制，违背基本的经济规律，应当进一步优化。

第三，融券机制的改革。目前来看，限售股出借对市场产生了较大的反

---

① 《上海证券交易所科创板股票上市规则》关于这方面的规定为："预计市值不低于人民币40亿元，主要业务或产品需经国家有关部门批准，市场空间大，目前已取得阶段性成果。"

响，当中存在一些机制问题。所谓限售股，就是在一定期限内不能进行转让的股票，其目的在于避免限售股所有者（如控股股东或实际控制人）通过欺诈上市、财务造假等手段高价发行股票来获得不当利益。即使实际控制人在上市前存在造假行为，市场也能够在限售期内使公司股价跌至合理的水平，因此股东在限售期结束时也无法获得这部分不合理收益，进而可以抑制发行人的违法违规动机。由此可见，限售股通过限制发行人进行短期套利而减少其违法违规动机。一旦存在短期的套利机会，那么发行人就有动机进行财务操纵，甚至造假，进而影响股价。从战略投资者限售股融资出借的一些案例来看，如金帝股份，存在内部人通过在上市首日大量融券出借，收取高额的出借费用，从而在短期获得高额回报的现象。这违背了限售股限制其所有者短期获利的基本逻辑。因此，限售股可以成为融券标的的规则违背了限售股的基本逻辑，需要通过修订、更正回到其本源状态。

第四，增发规则的优化。增发与IPO一样，能够使发行人以较低的成本获得巨额的收益。缺乏合理约束的增发可能会演变成不当套利和寻租的工具，所以对于增发要制定更为严格的条件，如同对于IPO的审核和要求一样，要适当增加对于财务等方面的考核。

（三）资产需求端与交易端改革

资产需求端不属于改革范畴。无论个人投资者还是机构投资者，都是基于风险收益做出投资决策。动员投资者入场，与他们自主入场是截然不同的。市场需要创造一种能吸引这些大型机构资金与新增资金自愿入场的环境。活跃资本市场的关键在于投资者信心，投资者信心主要来自市场的成长性，而市场的成长性依赖于实体经济的良好发展。当前中国实体经济存在一定的困难，要想办法激活实体经济，把资本市场成长的基础做实。因此，提振实体经济和做好资产供给端改革是需求端大量资金入市的重要前提。

某些资产交易端的改革不是很必要，因为它完成不了市场功能的转型。如交易股数"100+1"的改革没有解决实质问题，反而会扰乱市场。"T+0"和

"延长交易时间"同样没有实质性意义。交易端政策调整中有一定意义的是降低印花税和佣金，因为这能够降低交易成本，在一定程度上有活跃交易的作用。

2023年8月27日，中国证监会发布公告，对相关制度进行调整和优化。在资产供给端，一是阶段性收紧IPO与股票增发节奏，促进资本市场投融资两端的动态平衡。二是进一步规范股票减持行为，重点限制控股股东、实际控制人的减持行为，特别是那些破发、破净以及近三年未分红或年均分红不足净利润的30%的上市公司。这些新规则要求上市公司给予投资者较高的回报，从而改善中国资本市场的风险收益比，促进A股市场逐步成为投资市场。此外，在市场需求端，三大证券交易所调降融资保证金比例，支持适度融资需求。由此，资产的供给与需求失衡问题能够得到有效的改善。

由此看来，证监会出台的系列措施是正确可行的，会对未来市场产生长期的影响，但可能需要比较长的时间才能见效。长期来看，中国资本市场一定要完成功能转型，而功能转型一定要在制度层面上完成。

四、估值土壤培育——资本市场法律体系的完善与透明度建设

中国资本市场过去的发展模式是以融资为导向的、金融压抑的。如今，中国资本市场发展面临三方面的需求：一是日益多样化的市场融资需求；二是提升市场财富管理功能的需求；三是积极响应国家发展战略转型的需求。进入高质量发展阶段后，中国要构建现代金融体系，一方面，必然要顺应金融"脱媒"的基本趋势和科技创新的发展态势，充分发挥市场配置资源的效率优势；另一方面，在长期以银行体系为主导的社会融资模式下，仍需要有效利用信贷资金的规模优势。因此，中国需要探索出一种与经济发展战略相适应的、市场与银行"双峰"主导型金融体系下的资本市场发展新模式。

（一）基于法律制度与透明度的资本市场基础设施建设

资本市场是一个基于信息进行交易的市场。交易者或投资者基于对信息

的判断确定价格，而股票、债券等有价证券则成为价格相关信息的交易载体。信息的有效产生与透明公开，直接影响资本市场的稳定运行和资源配置。资本市场秩序的核心是维护市场透明度，这是因为市场透明度是资本市场赖以存在和发展的基础，是资本市场功能得以有效发挥的必要条件。资本市场的发展需要一套完整的市场基础设施，包括统一的信息披露规则、严格的证券立法和有效的证券违法执法体系、高质量的会计准则、高效率的结算支付体系等。因此，只有加强资本市场基础制度建设，特别是以透明度为核心的法治建设，才能更好地发挥资本市场的功能和效率，从而促进中国资本市场新模式的发展。

La Porta 等（1998）较早研究了法律制度对金融体系的影响和作用，并指出各国资本市场和银行业发展的现状都可以追溯到其法律渊源的不同，其中英美法系国家对外部投资者保护得更好，资本市场也相对发达，而大陆法系国家则相反。中国资本市场的发展除了遵循资本市场一般性原则和英美市场的理论内核外，还做出了自己的一些探索，形成了适应中国经济发展的资本市场制度体系。特别地，中国资本市场制度体系不仅从体系上进行了全面完善，还在大陆法系的基本架构上，针对资本市场的一些新变化吸取英美法系的优点，如独立董事制度、特殊投票权制度、代表人诉讼制度等，在一定程度上实现了大陆法系与英美法系的融合（吴晓求等，2022）。这些制度和法律体系的改革都促进了公司治理机制的优化和治理水平的提升。

从历史看，中国资本市场的规范存在实践先于制度的现象，包括信息披露制度等基础设施是在市场建立以后逐步形成的。随着中国资本市场在市场化、法治化、国际化的方向上不断前进，法律制度与透明度等基础设施的建设成为资本市场发展的重点。目前，中国股票市场已经进入全面注册制时代，其核心理念是：保证市场信息公开及时、完整、真实，使市场机制得以有效运行，发挥优胜劣汰的作用。监管部门的职责在于加强资本市场的法治建设，减少行政手段对市场运行的干预，对披露虚假信息和破坏市场秩序的行为予以严厉打击。

因此，透明度建设既要保证信息的充分公开，也要在法律制度不断完善的条件下形成一套有效的体制机制加以保证。只有有了完善的法律制度和足够的市场透明度，中国资本市场才能更好地发挥各项功能，从而使企业的融资需求和投资者的收益要求都得到满足。

（二）法律制度与规则之间的系统性与协调性问题

法治建设一直是资本市场发展的重点，其重要性随市场配置资源的能力的提升而不断加强。随着《证券法》的颁布与多次修订，我国已针对资本市场初步形成全方位的法律体系，包括证券法律制度、行政法律制度、民诉法律制度、刑事法律制度，并按照"建制度、不干预、零容忍"的指导原则开始依法治市，处理的违规处罚事件数日益增加，市场的法治水平不断提升。

中国资本市场采取行政规范先行的办法，并按照从无到有、由粗到细、先地方后全国的思路，制定和修改相关法律法规，成熟一条就修改补充一条。在资本市场的初创时期，率先形成的法律规范多服务于探索中的资本市场建设，具有较强的实践性，表现出"先发展、后规范"的特征。因此，初期形成的法律规范缺乏一定的系统性与稳定性，呈现出较浓的行政化与政策化色彩，加上资本市场立法政出多门，所以有些规则之间甚至互相脱节、互相矛盾。这些规则上的缺陷容易形成监管套利，严重影响市场估值体系的正常运行。

以限售股出借为例。从现有法规来看，限售股出借的相关规则存在明显的缺陷和矛盾之处。中国证监会发布的《证券发行与承销管理办法》第21和第23条规定[1]，发行人的高级管理人员与核心员工可以通过设立资产管理计划参与战略配售；参与战略配售的投资者在承诺的持有期限内，可以按规定向证券金融公司借出获得配售的证券。由此可见，战略投资者的限售股可以进行融券出借，且战略投资者可以由高管和核心员工构成。然而，根据《上海证券交易

---

[1] 《证券发行与承销管理办法》第21条规定："参与战略配售的投资者在承诺的持有期限内，可以按规定向证券金融公司借出获得配售的证券。"第23条规定："发行人的高级管理人员与核心员工可以通过设立资产管理计划参与战略配售。前述资产管理计划获配的证券数量不得超过本次公开发行证券数量的百分之十。"

所融资融券交易实施细则（2023年修订）》（简称《融资融券细则》）第61和63条的规定①，限售股不得融券卖出。显然，该细则的规定与《证券发行与承销管理办法》存在明显的矛盾之处。值得注意的是，该条规则最后强调："本所另有规定的除外。"这一例外体现为《上海证券交易所转融通证券出借交易实施办法（试行）（2023年修订）》第20条的规定②，即注册制下首次公开发行股票的战略投资者可以融券出借限售股。这与《证券发行与承销管理办法》的规定一致，但是与《融资融券细则》矛盾，成为一个例外。目前来看，这个例外已经造成了很大的市场反响，监管部门也开始进行阶段性的调整。③

总的来看，中国资本市场的法治建设和透明度建设仍存在一些明显的不足，主要体现在以下几个方面：（1）资本市场的监管立法规范较为庞杂，且相关法律文件的法律位阶较低，缺乏上位法的支撑。（2）资本市场相关规范的制定过程存在透明度不足，例如大量的法律规范并非通过立法程序形成，授权立法存在被授权主体的规范性文件制定活动不符合立法的诸多要素等问题，缺乏对规范性文件的司法审查制度。（3）资本市场监管权力的运行缺乏一定的可预期性、透明度与制约性。由于中国资本市场发展时间较短，监管者往往会承担更多的市场发展任务，被赋予更多的权威与权力，容易对资本市场活动予以事先的父爱主义式干预。（4）股票发行、信息披露等制度的透明度建设不足，存在资本市场信息披露参与主体单一，对信息披露质量的监督力量匮乏等

---

① 《上海证券交易所融资融券交易实施细则（2023年修订）》第61条规定："投资者持有上市公司限售股份的，不得融券卖出该上市公司股票，且不得将其普通证券账户持有的上市公司限售股份提交为担保物。"第63条规定："参与注册制下首次公开发行股票战略配售的投资者及其关联方，在参与战略配售的投资者承诺持有期限内，不得融券卖出该上市公司股票，本所另有规定的除外。"

② 《上海证券交易所转融通证券出借交易实施办法（试行）（2023年修订）》第20条规定："可参与证券出借的证券类型包括：（一）无限售流通股；（二）参与注册制下首次公开发行股票战略配售的投资者（以下简称战略投资者）配售获得的在承诺的持有期限内的股票；（三）符合规定的其他证券。战略投资者在承诺的持有期限内，不得通过与转融券借入人、与其他主体合谋等方式，锁定配售股票收益、实施利益输送或者谋取其他不当利益。"

③ 2023年10月14日，证监会宣布，阶段性收紧融券和战略投资者配售股份出借。同时，沪深北交易所发布相关业务通知，将融券保证金比例由不得低于50%上调至80%，取消上市公司高管及核心员工通过参与战略配售设立的专项资产管理计划出借，同时禁止持有转让限制股份的投资者及关联人融券卖出相应股票。

问题,且存在"信息堆积"现象,如内幕交易案件的对外公开。(5)在为投资者提供高透明度的救济规范方面,有关投资者保护的制度安排仍有待完善。

(三)中国资本市场违规行为分析

中国资本市场一直存在大量的违法违规事件,且被侦查和处罚的案件数整体呈快速上升趋势(见图10-1)。这些违规处罚事件主要来自上市公司自身、大股东、管理层、中介机构、机构或个人投资者等,涉及的违法违规行为通常包括违规披露、财务造假、内幕交易、欺诈上市、操纵股价等。从表10-4来看,上市公司违规事件主要集中在信息披露方面,其中推迟披露、重大遗漏、虚假记载、违规买卖股票等违规行为发生频率较高。保荐机构是与上市公司紧密相关的中介机构,是市场信息生产的重要参与者,但保荐机构的违规处罚案件也频频发生。此外,保荐机构的违规事件主要发生在重大事项、年报审计、IPO等方面,都与公司的信息披露密切相关。然而,由于监管部门对违法违规行为的侦查和认定存在一定的概率,实际可能还存在大量违法违规行为尚未被侦查出来。

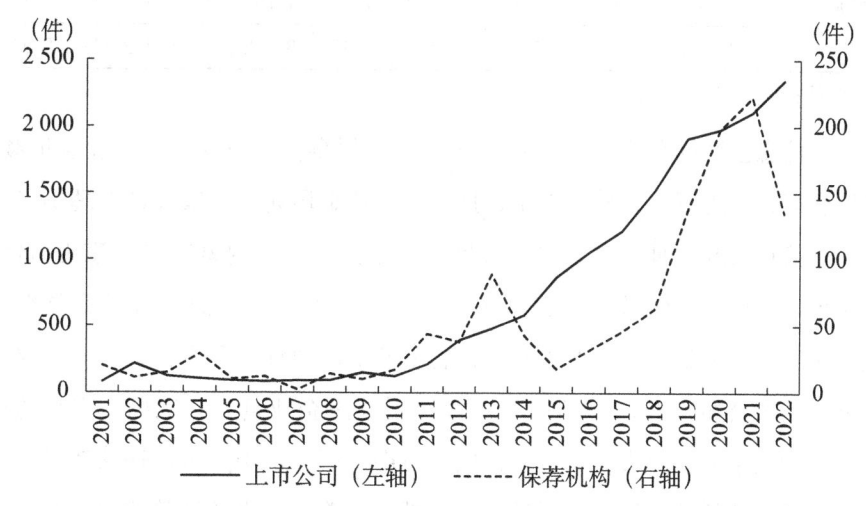

图10-1 2001—2022年上市公司和保荐机构每年违规处罚案件数

资料来源:Wind数据库、CSMAR数据库.

表 10-4 中国上市公司违规处罚案件分类统计情况

违规类型	1999—2022	2022	2021	2020	2019	2018	2017
推迟披露	5 587	780	705	742	672	548	390
重大遗漏	3 665	547	498	482	378	259	272
虚假记载（误导性陈述）	3 600	637	544	458	466	346	247
违规买卖股票	3 085	508	458	338	336	285	257
一般会计处理不当	984	103	130	147	120	67	68
占用公司资产	940	179	187	142	122	43	40
违规担保	634	99	108	116	115	30	19
虚构利润	507	105	74 459	50	42	40	52
披露不实（其他）	314	2	12	39	16	21	28
内幕交易	289	15	33	32	30	35	25
擅自改变资金用途	252	28	27	26	31	21	14
虚列资产	82	16	8	8	7	6	12
操纵股价	32	3	6	5	1	2	5
欺诈上市	17	1	2	0	0	0	0
其他	8 570	1 527	1,279	1 167	1 064	744	574
合计	28 558	4 550	78 456	3 752	3 400	2 447	2 003

资料来源：CSMAR 数据库。

从信息公开的角度来看上市公司各类违规事件，披露不实、虚假记载、虚构利润、虚列资产、欺诈上市、擅自改变资金用途、一般会计处理不当等都属于信息公开的真实性和准确性问题，重大遗漏、内幕交易、违规担保、占用公司资产、操纵股价、违规买卖股票等主要涉及信息公开的完整性问题。实际上，大量违规的产生都与信息公开的时效性和公平性有关。只要严格要求上市公司及时向全体股东或投资者披露企业真实、准确、完整的信息，就能大幅减少上市公司弄虚作假的机会。因此，绝大多数违法违规案件都与信息公开的及时性、公平性、真实性、准确性、完整性等相关，归根结底就是透明度不足问题。

不可否认的是，近年来各类违法处罚事件的增加既可能与市场规模快速扩张有关，也可能与资本市场法治建设和监管部门执法水平的提高有关。就目前而言，法治建设仍是中国资本市场长远发展的重中之重，除弥补一些基础性制度缺失外，关键还在于加强透明度建设。透明度建设的作用至少体现在两个方面：一是促进市场信息的有效公开，使违法违规行为无所遁形；二是在完整的市场体系下，抑制违规行为的动机。因此，透明度建设既要充分考虑如何细化规则来明确相关主体的责任，强制促进信息有效公开，又要提升监管部门的侦查能力和判决水平，通过法治威慑力和自我约束力来减少违规的动机，同时要推动市场自律体系下外部监督机制的形成，作为对有限行政资源的有效补充。

五、估值主体改革——以上市公司为主体的市场化改革

（一）传统范式下企业市场化改革的重点

根据传统的分析范式，公司经营是以利润最大化为目标的，管理层和董事会是以股东价值最大化为目标的，二者是高度统一的。除此之外，公司没有其他任何目标，包括社会目标。传统观点认为，在一个完全竞争的经济体中，一家公司利润的增长能够带来价值的提升，进而可以在不影响其他任何人的财富或价格的情况下增加公司股东的财富，使他们的预算约束得以放松，从而能够获得更高的效用水平。因此，股东们一致赞成股东价值最大化（即使他们也关心其他人的境遇）。本着股东至上的理念，股东价值最大化或收益最大化已经成为主流标准和商业准则。

从中国实际出发，国有企业不单单以利润最大化为目标，还要承担部分由政府赋予的经济发展目标和社会责任。就机会成本而言，国有企业会放弃一些有利润的投资机会，去承担更多的社会责任。同时，国有企业的激励机制以及容错机制较为不足，可能会更倾向于一些低风险的项目，以减

少损失的发生。尽管科技创新是高风险、高投入、长周期的活动，但它在企业成长和市场竞争中越来越重要。然而，国有企业既缺乏利润的驱动，也缺乏对管理层和技术人才的有效激励，由此导致国有企业的创新动力相对不足。

科技创新已经在市场估值体系中占据至关重要的地位，特别是在当前新一轮技术革命推动新兴产业大发展、全球科技与产业竞争加剧等背景下。创新不足导致企业成长性较差，市场对其的估值也保持在较低的水平。不论是国有企业还是非国有企业，都要将创新能力的提升放在至关重要的地位。尽管国有企业的目标较为多元，但保持盈利是企业存活下去的基本前提，所以国有企业在自身创新水平相对不足的情况下，更应该通过创新来应对日益激烈的市场竞争。国有企业可以通过多个方面的创新，包括管理创新、组织创新、产品和技术创新等，来提升其估值水平。

除科技创新外，企业还需要重视并购对估值的影响。在一个股权自由流通的市场中，企业价值若被长期低估，就会吸引战略投资者或机构投资者来收购股份，从而获得企业达到合理市场估值时所产生的超额收益。战略投资者增持公司股份的过程会推动公司股价的上升。战略投资者如果能够完成并购交易，则会通过对公司的经营策略和管理模式的调整，获得更多的利润和更高的公司价值。当然，公司如果不愿意被并购，也会通过拉高股价的方式来提高战略投资者的并购成本，直至并购终止或双方协商一致。即使战略投资者没有并购成功，其举动也向市场发出了信号，这对公司的估值也有积极的推动作用。由于国有企业存在一定的特殊性，所以国有股份特别是控股股份的流动性较差，几乎不可能被战略投资者并购，导致并购所带来的流动性溢价无法实现。实际上，在一些竞争性行业，特别是非国民命脉行业，可以适当放松股权交易的限制。如果战略投资者能够提升公司的整体价值，那么国有股份同样可以得到增值，即使持股比例可能有所下降。

与传统范式确立时相比，当今社会的上市公司规模更大、组织更复杂、权力更大，委托代理问题也更为复杂，特别是第一类代理问题和第二类代理问题。国有企业的第一类代理问题与非国有企业存在一定的差异，但可以肯定的是，国有企业管理层受到的约束更多，其目标也与非国有企业有所差异。从中国实际来看，大股东与中小股东之间的代理问题更为严重，这一点在非国有企业更为明显。由于股权相对集中，大股东有能力也有动机利用信息优势获得更多的私人利益，而不一定是为了实现公司价值最大化，使所有股东都受益。因此，要通过完善公司治理和提升企业信息透明度，来避免大股东的掏空行为，特别是以损害其他股东利益为代价的行为。

（二）新兴理念下的公司目标与变革

实际上，股东们的价值追求不单单是经济层面的利润或金钱，还有道德和社会层面的诉求。近年来，股东对环境、社会等方面问题的参与度越来越高，上市公司也越来越重视对企业社会责任的信息披露。传统理论忽视外部性的存在，认为外部性是可以通过最优税收政策消除的。政府通过税收方式来赔偿受企业污染等负外部性损害的个体。

弗里德曼认为，偏离公司利润或偏离价值最大化的行为相当于对（某些）股东征税。例如，当有社会责任感的股东说服管理层增加清洁设备来控制污染物的排放，从而导致生产成本增加且利润下降时，这相当于对那些赞成利润最大化的股东征收了一笔税。反过来，如果社会责任感不强的股东劝说管理层不要减少废物排放，那么这也相当于对社会责任感强的股东征收了一笔税。弗里德曼认为，当政府力不能及时，公司用利润资助环境保护等工作，与股东要求公司支付股息后用其来支持环保是等效的，并不违背公司的利润最大化或股东价值最大化原则。这被称为弗里德曼分离定理。

然而，弗里德曼分离定理并不是普适的。通过慈善捐赠来支持环境保护等工作是一个特殊的例子。慈善捐赠与企业的商业活动可以分开，但很多情形下，企业产生负外部性的活动是与生产或经营活动密不可分的。例如，企业在包装过程中要使用大量塑料制品，减少塑料制品的使用或将其替换成可降解材料，能够减少污染，但也降低了企业利润。此时，分离定理不成立，公司利润最大化原则与社会责任产生了冲突。由于股东并不能轻易替公司进行决策，这些负外部性活动必须由董事会和管理层从公司内部进行处理。同时，政府的监督往往存在一定的局限性，尤其是应对诸如气候变化等全球外部性问题时。

为此，Hart 和 Zingales（2017，2022）提出，公司的目标应该是股东福利最大化，而不是股东价值最大化。所谓股东福利最大化，就是将股东的社会责任等纳入效用函数中，使股东获得包括消费和履行社会责任等在内的效用最大化。利润最大化简单地将效用最大化等价于股东财富增加所带来的消费增加。企业的利润最大化目标可能会产生一些负外部性，且这些负外部性并非都能被分离或受到政府的有效监督，于是一些社会责任感较强的股东的福利将会遭受损失。

目前，市场对 ESG 等问题的重视，正是基于中国乃至全世界对生态环境保护日益重视的背景，也是对利润最大化这样的公司目标进行修正的体现。在中国，国有企业往往背负着更多的社会责任，承担着政府制定的部分目标，需要兼顾社会责任目标与利润最大化目标。如果国有企业除了利润最大化以外的目标能够得到社会主流的道德认同，那么即使估值较低或许也能得到更多股东的价值认同。在欧美等国家，股东们已经开始积极地参与上市公司承担社会责任的决策，提出相关提案或对其进行表决，即使这些决策可能会降低利润。如杜邦公司（DuPont）81%的股东批准了一项提案，要求该公司披露每年向环境中排放多少塑料，并评估杜邦公司污染治理政策的有效性。这样的趋势同样值得中国企业关注，因为投资者的观念和偏好正在受社会文化和道德的影响，且越来越敏感，特别是年轻的一代。

六、估值导向调整——与科技创新紧密耦合

资本市场和科技创新、高科技企业高度耦合。在推动科技创新方面，资本市场有着独特的作用。首先，能推动高科技企业成长，实现从新技术到新

产业的转化。多样化的资本业态通过融资功能分散了科技企业的成长风险。其次，资本市场提供了财富管理的功能。它既鼓励更多企业家和创业者投身于高风险、高回报的科技创新，也让投资科技企业资产的投资者分享了经济增长的福利与效益。

（一）发挥引导基金对科技创新的积极作用

在更好地服务符合国家经济战略转型需求的战略性新兴产业方面，政府引导基金只能起到引导作用，作为主导者是不恰当的，因为政府引导基金无法建立起激励机制、责任机制和受益主体的平衡。

在服务高科技产业、攻克"卡脖子"技术难题方面，要走国家政策引导、市场机制运作的路子。引导基金可以做母基金、种子基金，但不能直接投资，更不能大包大揽。政府要发挥宏观政策的支持和引导作用，剩下的则要交给市场。

因此，国家可以在关键的、急需的科技领域投资，同时推动立法，制定税收优惠、利率优惠政策，但不应该对单个投资项目进行扶持。政府可以根据国家的战略需求、科技产业发展的规律和周期性特点设立投资白名单。引导基金根据白名单进行引导性投资，但资金的主体应该是市场化基金。

（二）注册制全面实行下的配套改革

全面实行注册制标志着中国资本市场市场化改革的时代真正来临了。注册制最核心的含义是让市场去选择上市公司，让市场进行市场化的定价。同时，注册制适应了中国经济发展向创新驱动转型的需要，更加强调为科技创新型企业服务。

但注册制改革是全链条式的改革，虽然以股票发行制度为突破口，但不局限于发行制度。信息披露、退市机制、监管体制及违规违法行为处罚、法律体系等一系列制度规则都要体现注册制的原则和精神。其中，退市机制是未来注册制改革的一个重点。没有有效的退市机制，市场就难以承受扩容。

退市机制可以保持市场的均衡。如今资本市场不缺上市企业，缺的是具有成长性与竞争力的上市企业，所以要严格按标准执行退市机制。

注册制推行之后，必然会出现大量的欺诈上市、内幕交易、虚假信息披露等违法违规行为。中国必须通过法律严格约束此类行为，因此对相关法律制度的调整非常重要。目前法律对违法违规行为的处罚未能适应注册制改革的要求，例如，处罚重点局限于行政处罚，对民事赔偿和刑事处罚的重视程度不够；未形成完整的集团诉讼机制；等等。与此同时，法律完善程度、法官的理论水平和专业水平都有待提高。这些问题不能等到条件成熟再解决，而应该在改革过程中逐步完善。

（三）加强机构投资者能力建设

风险投资、私募股权、产业基金等资本市场前端的各类资本业态和后端市场同样重要。没有前端的市场，后端的市场就没有有效的增量资产进入，市场的成长性就会受到严重影响。没有后端的市场，前端的投资市场就没有动力。这些金融业态承担了企业成长周期前段的风险，为有创新精神的企业家和创业者提供了有力的支持，让企业与投资者共担风险、共享收益，形成良性循环。

当前的"募资难"和"退出难"应该以市场化原则看待。机构遇到此类问题时，首先应该加强专业能力建设。具体到一、二级市场存在的估值倒挂问题，应该根据市场化原则处理。二级市场是重要的风向标，它的价格信号指引了资本的流动。如果机构担心估值倒挂，就不应该投资，而应该让市场达成均衡。

当前很多私募股权基金侧重于后端，因为各类基金的特点和资产结构有所不同，只能在市场中达到动态的平衡，这是资本市场分工合作的结果。因此，让机构寻找到自己的定位即可。

在引导长线资金投向科技领域方面，社会资金寻求短期的资本回报是可以理解的，因此要依靠社会资金形成长线的战略性资本不太现实。但战略性资本对国家整体的经济发展至关重要，因此只能依靠特定的投资人。这些特定的投资人不以短期盈利为目标，而是服务于国家的战略性需求，可以忍受5年、10年甚至更长时间没有足够的回报。

（四）重视并购重组的市场功能

并购重组是资本市场成长的重要机制，很少有企业是从原生态发展起来的，大多数企业的真正成长是通过并购重组实现的，所以要高度重视市场的并购重组功能。通过并购重组可以扩大企业的规模、提升企业的竞争力、提升市场的财富管理功能。

过去一段时间，并购重组带有相当浓厚的投机色彩，所以在当时的条件下我国采取了严加防范的制度设计和监管措施。在全面注册制的政策、规则建立起来后，内幕交易将面临严重的处罚。当前要转变对并购重组在制度中的作用和地位的看法，不能再像"防贼一样"监管，要鼓励并购重组，并让并购重组成为市场成长的重要力量。但仍要防止并购重组过程中的利益输送，因为这是对投资者与公众利益的严重损害，是不公平的。

七、估值挑战应对——量化交易带来的监管挑战

中国的量化交易起步较晚，但是发展较为迅速，对股票市场的影响日益显著。中国证券投资基金业协会和中信证券的统计数据显示，2019年末量化私募基金的管理规模为4 000亿元，2020年末为7 000亿元，2021年末为1.18万亿元，2022年末为1.5万亿元，占私募基金的比重在25%左右。[①]

所谓量化交易，是指借助现代统计学和数学的方法，利用计算机技术来进行交易的证券投资方式。从积极的方面来看，首先，高频量化交易整体有助于市场流动性的提升（Baldauf and Mollner，2020）。高频交易者通过迅

---

① 数据来源于新浪财经。

速买入和卖出的操作增加了市场交易订单量和市场的交易深度，提高了市场的流动性。其次，高频交易通过缩小交易价差（Menkveld and Zoican, 2017；Hasbrouck and Saar, 2013），降低交易成本，并且带来更频繁的交易机会，提高了市场效率。最后，量化交易具有提高资产定价效率的作用（Anagnostidis and Fontaine, 2018）。在标准化合约交易的公开市场中，通过市场参与者的持续报价与撤单，资产的价格水平可以在一定程度上向其内在价值收敛。一般来说，市场参与者越多，市场交易越活跃，收敛速度越快。

然而，量化交易也会带来一些负面影响。首先，量化交易会加剧市场的波动（Brown, 2011；邢会强, 2016）。邢会强（2016）认为，程序化交易条件下批量操作与事先制定的买卖策略相结合，容易形成抛售的恶性循环，进而使得市场暴跌。此外，电子交易系统难免会出现故障，不能提交订单，或者提交过量的订单。市场出现技术故障或人为操作失误等会带来操作风险，进而导致市场波动性增加。其次，量化交易会造成交易的趋同性。大规模使用模型、机器程序、人工智能算法等，会导致预期出现高度一致化的趋势，对市场产生较大的冲击。再次，高频交易可能还会造成市场信息不对称的问题。高频交易者以很快的速度获取和分析市场信息，并快速执行交易策略，这使得他们能够更快地获得市场价格变动的相关信息，而其他参与者对该类信息的获得相对滞后。这种信息不对称可能会导致高频交易者能够更容易地操纵市场价格，从而影响市场的公平性和透明度（Martin, 2015）。最后，量化交易会造成交易机制的不公平问题，这主要体现在两个方面：一是融券和衍生品的套作。由于普通散户缺乏做空工具以及相应的知识，所以只有做多才能盈利。但是在没有趋势的市场里，利用做空机制可以做到卖空、买空，这对无法抱团的个人投资者形成了巨大的压力，而这仅仅是利用工具上的优势，还不涉及算法策略。二是T＋0机制。高频量化，特别是指数增强策略，可以在有一定现货的基础上叠加衍生工具，从而实现T＋0机制，这对个人投资者是不公平的。

由此可见，量化交易、高频交易在增强市场流动性、提升定价效率的同时，也容易引发交易趋同、波动加剧、有违市场公平等问题。进一步地，本节为探讨市场波动性与流动性之间的关系，选取沪深300指数期货2023年8月21日9：30至2023年9月28日15：00每1分钟的逐笔数据，共计7 020个观测值作为数据样本，使用单位时间内成交量引起的价格变动幅度来表示市场流动性[①]，使用历史波动率来表示市场波动性，由此计算出并绘制市场流动性与市场波动性之间的散点图，如图10-2所示。图10-2表明市场流动性与波动性之间大致呈正相关关系，即市场流动性越大，市场波动性也越大。

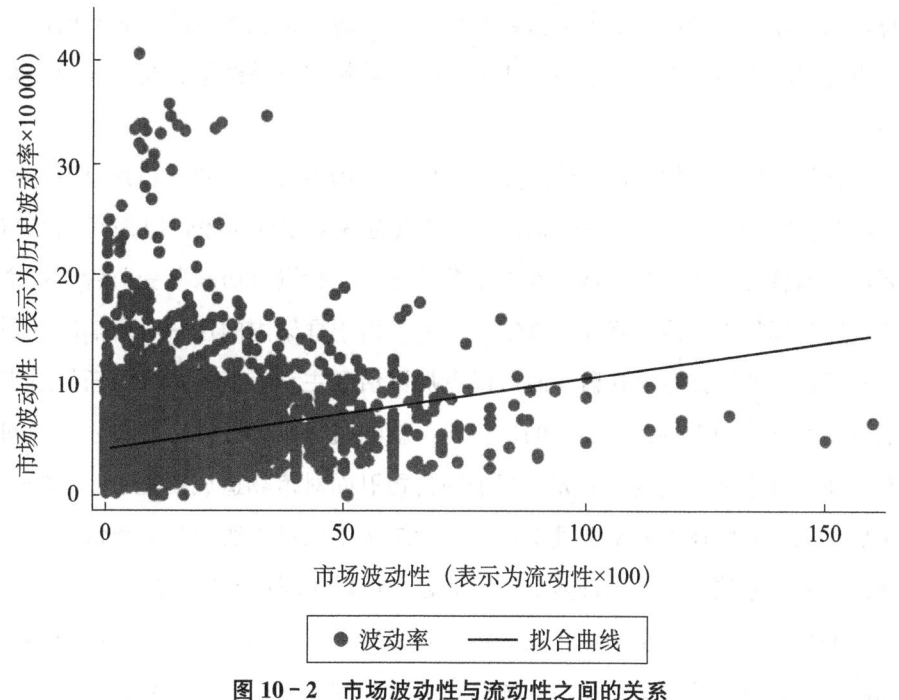

图 10-2 市场波动性与流动性之间的关系

---

① 本节将股指期货的流动性定义为：

$$Liq_t = \frac{H_t - L_t}{V_t}$$

其中，Liq_t 为当日股指期货市场的流动性，H_t 为当日市场最高价，L_t 为当日市场最低价，V_t 为当日市场成交量。

传统的投资方法看重公司的基本面信息，因此监管层更多从信息披露的角度对上市公司进行监管，进而实现对投资者利益的保护。然而，量化交易的出现使得上市公司的股票是否值得"买入"更多取决于股票的市场表现，投资者更多偏向交易层面的博弈，而不是对公司本身的分析。研究范式从投资者范式（注重公司基本面分析）转向消费者范式（注重交易本身）（Martin，2015），这也迫使监管层重新审视对量化交易的监管。

市场参与者、金融产品交易规则和市场本身的变化使得监管机构需要有一套新的监管方法来维护市场的稳定。Martin（2015）提出了全市场监管框架，从重点监管个别公司转向监管整个市场——参与者、金融产品和市场本身，以确保市场稳定。全市场监管的核心在于防范系统性风险，而不仅仅是上市公司的个体风险。在这种范式下，需要对整体交易框架和模式进行全面检查。

在传统监管结构下，监管的重点对象是市场参与者。公司和其他参与者（经纪公司、做市商、交易所等）一直被视为重点监管对象，但是其他参与者的受监管强度比公司要低。在大多数情况下，投资者历来不受监管。在全市场监管框架下，需要将投资者纳入其中。由于框架内的任一对象都应受到监管干预，所以证监会在监管时可以更加灵活和主动，其能够采取任何适当的行动达到维护市场公平的目的。此外，新的监管框架还可以解决公司丑闻和公司治理带来的问题。首先，当个别公司丑闻对市场造成损害时，市场似乎更有能力从整体上恢复。其次，新监管结构不仅可以实现与基于信息披露体系的监管结构下相同的许多目标，而且还可以实现更多的目标。

邢会强（2016）从法律角度提出了证券期货市场高频交易的监管框架。风险监管、行为监管、竞争监管和信息监管共同构成了一个具有普适性的高频交易监管框架。首先，监管者有能力侦查交易行为，能够找出谁在与谁交易、交易什么、何时交易；其次，监管者要对交易策略支配的交易行为进行处理和评价，识别交易模式以及其是不是违法的、有害的；再次，监管者可以针对交易策略采取行动，这需要风险监管的配合以及行为监管制度的授权；最后，竞争监管体现了对高频交易的政策导向——不鼓励，但也不是要全面禁止，而是要进行适当限制。

为维护市场秩序，保护投资者合法权益，可从以下六个方面加强对量化交易的监管，具体如表10-5所示。

表10-5 对量化交易的监管

主要方面	具体内容
明确量化交易的范围	量化交易的范围应该是股指期货、期权、指数基金、ETF以及国有银行等大盘股。对于交易已经很活跃、个人投资者参与度高、中小市值的股票，需要严格控制量化交易的参与。
完善量化交易的准入制度	确定量化交易机构的具体资质条件、备案登记、交易算法、风险管理以及从业人员专业能力等方面的要求。
加强量化交易的信息披露	一是要求量化交易机构定期报告交易数据和风险管理方案，提高持仓透明度，以便监管部门及时掌握量化投资和高频交易的应用状况，防范相关风险。二是通过奖惩引导规范交易行为，处罚操纵市场的违法交易行为，鼓励贡献流动性的合法交易行为。
完善量化交易算法的报备制度	量化交易监管的核心在于对交易算法的规范，监管部门应要求量化交易机构报备其算法和代码，同时利用大数据分析技术对量化交易进行分析。
提高量化交易的费用	对量化交易的频繁撤单行为收取撤单费，加大量化交易随意撤单的成本，在一定程度上抹平量化交易机构相对于普通投资者的交易优势。
适当限制量化交易的融券行为	量化交易通过融券制度间接实现了T+0交易，这对大量个人投资者造成了不公平，应适当限制量化交易在同一交易日内对同一标的的融券规模。

监管者应该不断进行监管创新，把量化交易纳入监管范畴；通过市场调查研究，推出有关量化交易监管的法规，充分运用人工智能、大数据等现代科技手段对量化交易进行监管。此外，监管机构还可以对高频量化交易进行差异化管理，即交易所可以视情况，对高频交易采取调整异常交易认定标准、增加程序化交易报告内容等措施，扩大监管的视野。

参考文献

[1] 吴晓求，何青，方明浩．中国资本市场：第三种模式．财贸经济，2022．

[2] 吴晓求．资本结构和公司治理关联性分析．经济理论与经济管理，2003（7）．

[3] 邢会强．证券期货市场高频交易的法律监管框架研究．中国法学，2016（5）．

[4] Anagnostidis, P. and Fontaine, P. "Liquidity Provision, Commonality and High Frequency Trading." *SSRN Electronic Journal*, 2018.

[5] Baldauf, M. and Mollner, J. "High-Frequency Trading and Market Performance." *Journal of Finance*, 2020, 75 (3).

[6] Black, F. "Noise." *Journal of Finance*, 1986, 41 (3).

[7] Brown, N. D. "The Rise of High Frequency Trading: The Role Algorithms, and the Lack of Regulations, Rlay in Today's Stock Market." *Appalachian Journal of Law*, 2011.

[8] Fama, E. F. "Efficient Capital Markets: A Review of Theory and Empirical Work." *Journal of Finance*, 1970, 25 (2).

[9] Hart, O. and Zingales, L. "The New Corporate Governance." *University of Chicago Business Law Review*, 2022 (1).

[10] Hart, O. and Zingales, L. "Companies Should Maximize Shareholder Welfare Not Market Value." *Journal of Law, Finance, and Accounting*, 2017 (2).

[11] Hasbrouck, J. and Saar, G. "Low-latency Trading." *Journal of Financial Markets*, 2013, 16 (4).

[12] La Porta, R., et al. "Law and Finance." *Journal of Political Economy*, 1998, 106 (6).

[13] Martin, J. "Changing the Rules of the Game: Beyond Disclosure Framework for Securities Regulation." *West Virginia Law Review*, 2015, 118 (1).

[14] Menkveld, A. J. and Zoican, M. A. "Need for Speed? Exchange Latency and Liquidity." *The Review of Financial Studies*, 2017, 30 (4).

[15] Shiller, R. J., Fischer, S., and Friedman, B. M. "Stock Prices and Social Dynamics." *Brookings Papers on Economic Activity*, 1984 (2).

后　记

估值问题一直是现代金融研究特别是资本市场研究中十分关注的一个理论问题。对估值问题的理论研究的深化，在一定程度上推动着现代金融理论的发展。制度因素在已有的资产定价或估值理论模型中通常是作为一个稳定的变量而存在，市场经济制度是研究的一个既定前提。最近一个时期，有人提出了一个问题：是否存在中国特色的估值理论？也就是说，不同所有制性质的企业，如国有控股、央企控股的上市公司是否存在不同的估值逻辑？具有国企、央企背景的上市公司是否存在估值溢价？等等。基于此，需要对中国资本市场的估值问题做一个多角度、多要素的系统分析，以期进一步完善估值理论的分析框架。

我们的研究从全球资本市场估值差异的实证分析开始，主要从制度因素、经济变量和市场行为三个维度分析了中国资本市场的估值问题，并试图从中找到一些有价值的点。估值的本质是对风险进行定价。研究估值问题，既要研究资产收益的折现，又要研究风险的影响因素及其定价，因此，风险因素始终是研究者关注的核心问题。

我负责起草了本研究详细的研究大纲，并于 2023 年 7 月 29 日举行研究团队内部学术研讨会，同时确定了写作分工。各章作者分别是：导论，吴晓求、谭松涛、郭彪；第一章，应展宇、王瀚晨、毕燕璐、柳昊；第二章，郭彪、李春丽；第三章，汤珂、何致衡、付亚东；第四章，何青、冯浩铭、姚天宇；第五章，陆超、李永森、张斯毓、祝天琪、刘庭竹；第六章，方明浩、邹杨、朱宇、宁祺器、田文涛；第七章，赵锡军、宋科、张霞、赵扬、巫佳鹏；第八章，谭松涛、高敏、瞿强；第九章，邱志刚、曹世祥、申路瑶、邵心怡；第十章，吴晓求、许荣、方明浩。初稿完成后，我翻阅了全书，并对部分章节提出了修改建议。

中国人民大学中国资本市场研究院赵振玲女士做了大量协调和编辑工作。

中国人民大学出版社崔慧玲编审和韩冰编辑高水平、高效率的编辑工作使得本书能在较短时间内如期高质量出版，谨此致谢！

吴晓求

2023 年 11 月 1 日于

中国人民大学中国资本市场研究院